はしがき

　平成29年1月1日，男女雇用機会均等法と育児介護休業法の改正法が施行され，使用者（以下，本書全体を通じ総称して「会社」といいます）には，マタニティ・ハラスメント（以下，本書全体を通じて「マタハラ」といいます）の防止措置が義務づけられることになりました。これにより，従前は，会社として行う不当な行為，すなわち，妊娠や育児休業の取得等を理由とする解雇，退職勧奨，配置転換など，会社が従業員を不利益に取り扱う行為が禁止されていたところ，今後は，そのような会社によるマタハラだけではなく，従業員間のマタハラ，すなわち，上司から部下，又は，同僚間の，妊娠や出産に対する嫌がらせや，育児休業等の制度利用を萎縮させるような言動についても，会社は，防止・撲滅に向けて積極的に動き出さなければならないことになりました。

　会社が有効な防止・撲滅策を講じるには，マタハラとは何か，どのような言動がマタハラに当たるのか，起こりやすいマタハラにはどのようなものがあるか，そして，マタハラが起こる背景には何があるのかなどを正しく理解することが肝要です。しかし，マタハラは，事象としては古くから存在しているものの，さほど裁判例は集積しておらず，判例法理の十分な形成を待つことなく先に立法化が進んだため，会社として，マタハラを正しくイメージし，マタハラへの理解を深めることがなかなか難しい状況にあります。

　そこで，本書では，会社から日々人事労務関係の相談を受けている弁護士と社会保険労務士，そして，会社内で日々人事労務問題に取り組んでいる弁護士が加わり，執筆者間でマタハラに関する相談事例を持ち寄って検討し，その豊富な題材をもとにQ&A方式でどのような行為がマタハラになるのか，適法・違法の線引きが必ずしも明瞭ではないマタハラ問題を，可能な限りわかりやすく解説するよう努めました。また，本書をマタハラ事例集としてもお使いいただき，マタハラを防止・撲滅して，全従業員がワークライフバランスを保ちながら活躍できる職場環境の整備にお役立ていただけましたら，執筆者一同，大変嬉しく思います。

　最後になりましたが，本書の刊行にあたっては，最初から最後まで，労働開発研究会の宮重洋暁様に多大なご協力と柔軟なご対応をいただきましたこと，ここに厚く御礼申し上げます。

　　　　　　　　　　　平成29年12月　編者　小山博章・町田悠生子

目次

第1章 マタハラとは

- Q1 マタハラとはどのようなことを指すのか……………………… 1
- Q2 マタハラ防止措置が法に盛り込まれるまでの立法経緯は…… 12
- Q3 妊娠した女性従業員に対して会社が行うべき対応とは……… 16
- Q4 産前産後休業について会社が最低限持っておくべき知識は… 20
- Q5 育児休業について会社が最低限持っておくべき知識は……… 24
- Q6 幼い子どもを養育する従業員について会社が行うべき対応とは… 28
- Q7 マタハラがトラブルに発展した場合に考えられる紛争形態は… 32

第2章 妊娠に関するマタハラ

I 採用・試用期間

- Q8 妊娠を理由に内定を取り消したり，採用面接時に妊娠しているか質問することはできるか ……………………………………… 35
- Q9 妊娠を告げずに採用された従業員に対して懲戒処分をすることができるか ……………………………………………………… 40
- Q10 妊娠を理由として試用期間中の従業員を本採用拒否することができるか ……………………………………………………… 42
- Q11 試用期間中の妊娠している従業員について試用期間を延長することはできるか……………………………………………… 45

II 配置の決定・変更

- Q12 妊娠した従業員を夜勤から外すことはできるか ……………… 48
- Q13 妊娠した従業員の配置を変更する際にはどのような点に留意すべきか ……………………………………………………… 51

Q14 妊娠が明らかとなった従業員の海外赴任命令を取り消すことはできるか ……… 56

Ⅲ 契約内容の変更
Q15 妊娠した従業員について裁量労働制の適用を外すことができるか … 58

Ⅳ 降格
Q16 妊娠中の軽易業務への転換を契機として女性従業員を降格させることができるか（いわゆるマタハラ判決について）………………… 61

Ⅴ 人事評価
Q17 妊娠中の体調不良に起因する労働能率の低下等を人事考課に反映させることはできるか ……………………………………………… 68

Ⅵ 賃金・賞与の取扱い
Q18 妊娠した従業員の体調不良を理由とする業務離脱を賃金控除の対象とできるか ……………………………………………………… 73
Q19 妊娠中の軽易業務への転換に伴い賃金を減額することはできるか … 76
Q20 妊娠を原因とした不就労や労働能率の低下を理由に賞与を減額することはできるか ……………………………………………………… 80

Ⅶ その他の人事上の措置・処遇
Q21 軽易業務転換請求として労働時間帯や業務形態を指定することはできるか ……………………………………………………………… 82
Q22 妊娠した女性従業員につき居眠りが多い場合，どのような対応を採るべきか（会社に求められる勤務時間の変更や勤務の軽減等の措置について）………………………………………………………… 85
Q23 居眠りの多い妊娠中の従業員に対し上司が声をかける際の留意点 … 88
Q24 会社は，妊娠した従業員に対し，産業医の診断や主治医の診断書の提出等を求めることができるか ……………………………… 91

Ⅷ 解雇・退職

- Q25 妊娠による職務への支障を理由として解雇することができるか …… 94
- Q26 育児休業中に退職を勧められ復職できなかった従業員は会社に対して賃金の支払いを求められるか …… 97
- Q27 妊娠中の従業員が退職したとの取扱いは認められるか …… 100
- Q28 業務遂行等に問題がある妊娠中の従業員を普通解雇することはできるか …… 103
- Q29 妊娠した従業員に対する期間満了又は能力不足を理由とする雇止めはできるか …… 107
- Q30 妊娠した従業員に対する欠勤や早退等を理由とした雇止めはできるか …… 111

第3章 産前産後休業・育児休業の取得に関するマタハラ

Ⅰ 休業制度の利用

- Q31 うつ病により休職中の従業員につき産前産後休業・育児休業の取得を認めなければならないか …… 115
- Q32 養子を迎え入れる従業員，事実婚や同性カップルの従業員につき，妊娠や育児に関する制度の利用を認める義務はあるか …… 118
- Q33 育児休業終了後に必ず職場に復帰する旨の誓約書を提出させることに問題はあるか …… 124

Ⅱ 配置の決定・変更

- Q34 同じ部署に所属している夫婦から同時期に育児休業を取得する申出があった場合，あらかじめ夫婦のどちらかを異動させてよいか …… 127
- Q35 出向受入中の従業員が育児休業を取得する場合に出向を解除し出向元に戻せるか …… 130

Ⅲ 降格

Q36 産前産後休業及び育児休業の申出をした従業員につき部長職を解いてもよいか …………………………………………………………… 133

Ⅳ 賃金の取扱い（賞与を除く）

Q37 産前産後休業中の従業員への賃金の支払いをやめ，代わりに出産手当として一時金の支払いに変更できるか …………………………… 138

Q38 産前産後休業及び育児休業を取得した従業員の役割グレードを下げ，役割報酬を減額し成果報酬をゼロと査定することに問題はあるか ……………………………………………………………………… 142

Q39 産前産後休業や育児休業を取得した従業員に対して，労働協約に基づき，稼働率が80％以下であったことから賃上げの対象外とする扱いに問題はあるか ………………………………………… 146

Q40 前年度に3か月以上の育児休業を取得した従業員につき翌年度の定期昇給において昇給させない扱いに問題はあるか ……………… 149

Q41 ある年度に3か月以上の育児休業を取得した従業員につき同年度の人事評価の対象外とし昇格試験の受験資格を認めない扱いに問題はあるか ……………………………………………………………… 154

Q42 育児休業期間中は一律で定期昇給の対象外とし，育児休業からの復帰後，次の定期昇給までの時期は，休業前の賃金額を維持する扱いに問題はあるか ………………………………………………… 159

Ⅴ 賞与の取扱い

Q43 産後休業を取得し，復職後は育児短時間勤務をしている従業員について，出勤率が基準を満たさないことを理由に賞与を全額支給しないことはできるか …………………………………………… 163

Q44 従業員が産前産後休業や育児休業を取得した際，その休業期間は評価を0点として賞与を減額する扱いに問題はあるか …………… 168

Q45 賞与の算定期間中に産前産後休業及び年次有給休暇を取得した上で支給日直後に退職した従業員に賞与を支給する義務はあるか … 170

Ⅵ その他の人事上の措置・処遇
Q46 産前産後休業及び育児休業期間を永年勤続表彰制度における勤続年数の算定期間から除外することは問題ないか …………………… 175
Q47 育児休業中の従業員を社内研修に参加させなければならないか … 177

第4章 育児休業等からの復帰に関するマタハラ

Ⅰ 復帰時の配置・職位
Q48 育児休業から復帰する従業員が希望した配置転換に伴い賃金を減額することは問題か ………………………………………………… 180
Q49 産前産後休業及び育児休業期間中に担当業務が消滅した場合の配置転換の可否 ………………………………………………………… 183
Q50 マタハラを理由として育児休業終了後に異動したいとの希望があった場合は必ず異動させなければならないか …………………… 187
Q51 育児休業期間終了後に職場に復帰する際、部長職を解き、他の部署の室長に任命することは問題ないか ………………………… 191
Q52 育児休業からの復帰時に配置転換する取扱いに問題はあるか …… 196
Q53 管理職が育児休業を取得した場合、復帰後に非管理職として勤務させることはできるか ………………………………………………… 201

Ⅱ 雇用の終了
Q54 育児休業期間満了後も保育所が見つからず復帰できない従業員につきどのように対応すべきか ………………………………………… 204
Q55 整理解雇の対象者に、育児休業から復帰して間もない従業員や産前産後休業中又は育児休業中の従業員を含めてよいか …………… 209

目次 ｜ v

第5章　育児短時間勤務等の制度利用に関するマタハラ

I　育児短時間勤務（時短）

- Q56　育児短時間勤務制度の利用者に一律に残業を一切命じないという取扱いは許されるか……213
- Q57　育児短時間勤務制度はフレックスタイム制度があっても導入すべきか……218
- Q58　所定労働時間の短縮に伴って減額できる賃金の範囲……222
- Q59　育児短時間勤務制度を利用した場合に定期昇給幅を減縮することは許されるか……227
- Q60　短時間勤務制度の適用対象者を広げる場合の留意点……231
- Q61　育児短時間勤務制度の利用者にも育児時間を与えなければならないか……234
- Q62　育児短時間勤務制度の利用と管理職としての処遇の取扱い①（本人の希望により管理職から外すことに伴い賃金を減額してよいか）……237
- Q63　育児短時間勤務制度の利用と管理職としての処遇の取扱い②（制度を利用する管理職の賃金の取扱いと労働時間の把握）………242

II　子の看護休暇

- Q64　子の看護休暇の突発的な取得を理由に管理職を解くことはできるか……247
- Q65　子の看護休暇の突発的取得を抑制するための方策はあるか………251
- Q66　子の診断書を提出しなかった場合，子の看護休暇の取得を認めなくてもよいか……255
- Q67　子の診断書の取得費用は会社が負担しなければならないか………259
- Q68　子の看護休暇を取得する派遣労働者の交替を求めることはできるか……262

Ⅲ 所定外労働の免除

Q69 所定外労働の免除制度の利用を賞与額の算定に反映させることはできるか ……………………………………………………………265

第6章 育児・子育てと仕事の両立

Q70 育児中の従業員を別の部署に配置転換することはできるか ………269
Q71 育児中の従業員に転居を伴う異動を命じることはできるか ………274
Q72 子どもの看護を理由とする欠勤等を人事考課でマイナス評価できるか …………………………………………………………278

第7章 マタハラ防止措置体制等の構築

Ⅰ マタハラ防止措置義務

Q73 マタハラ防止措置として会社は何をしなければならないか ………281
Q74 従業員に対して最小限行うべき周知・啓発とは ……………………291
Q75 事業所ごとの特色に配慮したマタハラ対策とは ……………………294
Q76 ハラスメント相談窓口の制度設計運用上の留意点 …………………300
Q77 業務上の指示がマタハラとなることはあるか ………………………307
Q78 従業員からマタハラの申出があった場合の対応の留意点 …………311

Ⅱ 妊娠・出産・育児等に関する制度設計

Q79 従業員に妊娠の報告義務はあるか ……………………………………315
Q80 妊娠の早期報告を呼びかけるには ……………………………………318
Q81 育児中の従業員に限定して土日勤務を免除することはできるか …321
Q82 育児・介護従事者にのみ時間単位の年休を認めることができるか …324
Q83 子連れ出勤制度を廃止することはできるか …………………………328

Q84　女性のキャリアアップのための制度設計の留意点 …………… 332

第8章　出産・育児休業等にまつわる社会保険・助成金

Q85　妊娠・出産・育児・職場復帰に関し公的保険関係で会社が行うべき手続きは ……………………………………………………………… 336
Q86　育児休業の制度充実を図る企業を支援する助成制度について知りたい ……………………………………………………………………… 348
Q87　出産手当金・育児休業給付金の支給額の決定のしくみについて知りたい ……………………………………………………………………… 353
Q88　育児休業給付，社会保険給付及び保険料免除の要件について知りたい ……………………………………………………………………… 357
Q89　出産後まもなく子が死亡した場合の手続について知りたい ……… 361
Q90　産前産後休業・育児休業期間中の給与計算の取扱いについて知りたい ……………………………………………………………………… 364
Q91　育児休業給付金の延長支給を受けるための留意点について知りたい ……………………………………………………………………… 368
Q92　育児休業期間中の在宅勤務実施の際の留意点について知りたい … 372
Q93　「育休復帰支援プラン」について知りたい …………………………… 376
Q94　男性従業員の育児休業取得時の公的保険手続きについて知りたい … 383

◆巻末資料

資料①　均等法施行通達（抜粋掲載）…………………………………… 390
資料②　育介法施行通達（抜粋掲載）…………………………………… 401
資料③　性差別指針…………………………………………………………… 419
資料④　マタハラ指針………………………………………………………… 437

資料⑤	育介指針……………………………………………………… 444
資料⑥	派遣通達……………………………………………………… 458
資料⑦	均等法指針…………………………………………………… 464
資料⑧	厚生労働省　妊娠・出産・育児休業等を契機とする不利益取扱いに係るQ&A ……………………………………………………………… 469
資料⑨	厚生労働省　H29育介法改正対応Q&A ………………… 473
資料⑩	厚生労働省　H28育介法改正対応Q&A ………………… 477
資料⑪	厚生労働省　H21育介法改正対応Q&A ………………… 492

凡例

《法令》

- 均等法　＝　雇用の分野における男女の均等な機会及び待遇の確保等に関する法律
- 均等則　＝　雇用の分野における男女の均等な機会及び待遇の確保等に関する法律施行規則
- 育介法　＝　育児休業，介護休業等育児又は家族介護を行う労働者の福祉に関する法律
- 育介則　＝　育児休業，介護休業等育児又は家族介護を行う労働者の福祉に関する法律施行規則
- 労基法　＝　労働基準法
- 労基則　＝　労働基準法施行規則
- 労契法　＝　労働契約法
- 派遣法　＝　労働者派遣事業の適正な運営の確保及び派遣労働者の保護等に関する法律
- 健保法　＝　健康保険法
- 厚年法　＝　厚生年金保険法

《行政通達・指針》

均等法関係：

- 均等法施行通達　＝　「改正雇用の分野における男女の均等な機会及び待遇の確保等に関する法律の施行 について」雇児発第1011002号H18.10.11（最終改正H28.8.2雇児発0802第1号）【巻末資料①】
- 性差別指針　＝　「労働者に対する性別を理由とする差別の禁止等に関する規定に定める事項に関し，事業主が適切に対処するための指針」H18.10.11厚生労働省告示第614号（最終改正H27厚生労働省告示458号）【巻末資料

③】
- マタハラ指針 ＝ 「事業主が職場における妊娠，出産等に関する言動に起因する問題に関して雇用管理上講ずべき措置についての指針」H28厚生労働省告示312号【巻末資料④】
- 均等法指針 ＝ 「妊娠中及び出産後の女性労働者が保健指導又は健康診査に基づく指導事項を守ることができるようにするために事業主が講ずべき措置に関する指針」H9.9.25労働省告示第105号【巻末資料⑦】
- セクハラ指針 ＝ 「事業主が職場における性的な言動に起因する問題に関して雇用管理上講ずべき措置についての指針」H18年厚生労働省告示第615号（最終改正H28.8.2厚生労働省告示第314号）

育介法関係：
- 育介法施行通達 ＝ 「育児休業，介護休業等育児又は家族介護を行う労働者の福祉に関する法律の施行について」職発0802第1号・雇児発0802第3号H28.8.2（最終改正H29.9.29雇均発0929第3号）【巻末資料②】
- 育介指針 ＝ 「子の養育又は家族の介護を行い，又は行うこととなる労働者の職業生活と家庭生活との両立が図られるようにするために事業主が講ずべき措置に関する指針」（H21厚労省告示第509号）【巻末資料⑤】

派遣法関係：
- 派遣通達 ＝ 「労働者派遣事業の適正な運営の確保及び派遣労働者の保護等に関する法律第47条の2及び第47条の3の規定の運用について」雇児発0802第2号H28.8.2【巻末資料⑥】

《文献》

- 民集 ＝ 最高裁判所民事判例集
- 労判 ＝ 労働判例
- 労経速 ＝ 労働経済判例速報
- 判時 ＝ 判例時報

- ジャーナル　＝　労働判例ジャーナル
- 菅野「労働法」　＝　菅野和夫「労働法　第十一版補正版」（平成29年，弘文堂）

第1章 マタハラとは

I 「マタハラ」とは

マタハラとはどのようなことを指すのか

Q1 マタハラとは，具体的にはどのようなことを指すのでしょうか。また，どのような法律で，どのようなことが，マタハラとして禁止されているのでしょうか。

A マタハラとは，①妊娠・出産，産前産後休業，育児休業等を理由として会社が行う不利益な取扱いと，②妊娠・出産，産前産後休業，育児休業等に関する上司や同僚によるハラスメントです。均等法や育介法によって禁止されています。

[解説]

1 マタハラについて

(1) マタハラの語源と社会問題化

「マタハラ」は，マタニティ・ハラスメントの略語です。この本では，マタニティ・ハラスメントのことを，「マタハラ」と表記していきます。

「マタハラ」の語源は，平成21年に出版された杉浦浩美著「働く女性とマタニティ・ハラスメント－『労働する身体』と『産む身体』を生きる－」（大月書店）とされています。その後，平成25年5月に日本労働組合総連合会（連合）が実施した「マタニティ・ハラスメントに関する意識調査」をきっかけに，「マタハラ」という言葉が社会に広く知られるようになり，マタハラに関する最高裁判所の初の司法判断である広島中央保健生協事件判決（最判平

26・10・23民集68巻8号1270頁）が出たことで、更に社会の注目を集めました。そして、平成26年12月1日には、「平成26年ユーキャン新語・流行語大賞」が発表され、「マタハラ」がトップ10に入選しました。

このように、マタハラが社会的に注目されるようになり、上記最高裁判所の判決を契機に、本書で紹介していくように、国は、様々な行政通達を発するとともに、均等法、育介法の法改正を行うなど、マタハラの防止に本格的に取り組むようになりました。

（2）マタハラとは

マタハラは、次のとおり、会社が主体になるもの、従業員個人が主体になるものに大別されます（詳しくは、後記「2」「3」で解説します）。

- 会社が主体となるもの：
  妊娠・出産、産前産後休業、育児休業等を理由とする解雇、異動、減給、降格等の不利益な取扱い
- 従業員個人が主体となるもの：
  妊娠・出産、産前産後休業、育児休業等に関するハラスメント

（3）マタハラに関する法律

マタハラに関する法律は、均等法と育介法の2つです。平成29年1月1日に、これらの改正法が施行されるまでは、均等法9条3項において妊娠・出産等を理由とする不利益取扱いの禁止が、育介法10条等において育児休業・介護休業等を理由とする不利益取扱いの禁止が規定されているのみでした（いずれも会社が主体）。しかし、法改正により、平成29年1月1日からは、会社に対して、次の義務が課せられるようになりました。

- 均等法11条の2
  会社に対し、上司・同僚からの妊娠・出産等に関する言動により妊娠・出産等をした女性従業員の就業環境を害することがないよう、女性従業員からの相談に応じ、適切に対応するために必要な体制の整備その他の雇用管理上必要な措置など防止措置を講じることが義務付けられました。

- 育介法25条
  会社に対し，上司・同僚からの育児・介護休業等に関する言動により育児・介護休業者等の就業環境を害することがないよう，従業員からの相談に応じ，適切に対応するために必要な体制の整備その他の雇用管理上必要な措置など防止措置を講じることが義務付けられました。

（4）マタハラに対する対応の必要性

このようにマタハラは，法律によって禁止されるとともに，その防止措置を講じることを義務付けられています。法律で規定されているわけですから，会社としては，知らなかったでは済まされず，きちんとした対応が求められます。

セクハラについては，会社の対応も進んできましたが，マタハラも，同様の対応をしなくてはなりません。特に，マタハラは，世代間や性別間での認識の差異が大きいため，他のハラスメント以上に，正しい理解と適切な対応策の実施が必要になります（会社がとるべき対応については，第7章参照）。

2 妊娠・出産・育児休業等を理由とする不利益取扱いの禁止

（1）妊婦・出産等を理由とする不利益取扱いとは

均等法9条3項では，次の図のとおり，女性従業員の妊娠・出産等厚生労働省令で定める事由を理由とする解雇その他不利益取扱いを禁止しています。禁止される不利益取扱いの具体的内容については，厚生労働省の行政指針である性差別指針（巻末資料③）に明記されています。

これらの妊娠・出産等を理由とする不利益取扱いの例は，あくまでも例示列挙にすぎず，これらの例に限定されるものではありません。

> 均等法9条3項
> 「事業主は，その雇用する女性労働者が妊娠したこと，出産したこと，その他の妊娠又は出産に関する事由であって厚生労働省令で定めるものを理由として，当該女性労働者に対して解雇その他不利益な取扱いをしてはならない。」

厚生労働省で定める事由(均等則2条の2)

1. 妊娠したこと
2. 出産したこと
3. 産前休業を請求し,若しくは産前休業をしたこと又は産後の就業制限の規定により就業できず,若しくは産後休業をしたこと
4. 妊娠中及び出産後の健康管理に関する措置(母性健康管理措置)を求め,又は当該措置を受けたこと
5. 軽易な業務への転換を請求し,又は軽易な業務に転換したこと
6. 妊娠又は出産に起因する症状※により労務の提供ができないこと若しくはできなかったこと又は労働能率が低下したこと

※「妊娠又は出産に起因する症状」とは,つわり,妊娠悪阻,切迫流産,出産後の回復不全等,妊娠又は出産をしたことに起因して妊産婦に生じる症状をいいます。

7. 事業場において変形労働時間制がとられる場合において1週間又は1日について法定労働時間を超える時間について労働しないことを請求したこと,時間外若しくは休日について労働しないことを請求したこと,深夜業をしないことを請求したこと又はこれらの労働をしなかったこと
8. 育児時間の請求をし,又は育児時間を取得したこと
9. 坑内業務の就業制限若しくは危険有害業務の就業制限の規定により業務に就くことができないこと,坑内業務に従事しない旨の申出若しくは就業制限の業務に従事しない旨の申出をしたこと又はこれらの業務に従事しなかったこと

妊娠・出産等を理由とする不利益取扱いの例(性差別指針)

1. 解雇すること
2. 期間を定めて雇用される者について,契約の更新をしないこと
3. あらかじめ契約の更新回数の上限が明示されている場合に,当該回数を引き下げること
4. 退職又は正社員をパートタイム労働者等の非正規社員とするような労働契約内容の変更の強要を行うこと
5. 降格させること
6. 就業環境を害すること
7. 不利益な自宅待機を命ずること
8. 減給をし,又は賞与等において不利益な算定を行うこと
9. 昇進・昇格の人事考課において不利益な評価を行うこと
10. 不利益な配置の変更を行うこと
11. 派遣労働者として就業する者について,派遣先が当該派遣労働者に係る労働者派遣の役務の提供を拒むこと

(2)育児休業の申出・取得等を理由とする不利益取扱いとは

　育介法10条等は,以下のとおり,育児休業等の申出・取得等を理由とする解雇その他不利益取扱いを禁止しています。禁止される不利益取扱いの具体

内容は，行政指針である育介指針（巻末資料⑤）に明記されています。

> 育介法10条
> 「事業主は，労働者が育児休業申出をし，又は育児休業をしたことを理由として，当該労働者に対して解雇その他不利益な取扱いをしてはならない。」
> ※育児休業の他，介護休業，子の看護休暇，介護休暇，所定外労働の制限，時間外労働の制限，深夜業の制限，所定労働時間の短縮等の措置について申出をし，又は制度を利用したことを理由とする解雇その他不利益な取扱いについても以下の各条で禁止
> （育介法16条，16条の4，16条の7，16条の10，18条の2，20条の2，23条の2）

不利益取扱い禁止の対象となる制度

- 育児休業（育児のために原則として子が1歳になるまでに取得できる休業）
- 介護休業（介護のために対象家族1人につき通算93日間取得できる休業）
- 子の看護休暇（子の看護のために年間5日間（子が2人以上の場合10日間）取得できる休暇）
- 介護休暇（介護のために年間5日間（対象家族が2人以上の場合10日間）取得できる休暇）
- 所定外労働の制限（育児又は介護のための残業免除）
- 時間外労働の制限（育児又は介護のための法定時間外労働を制限（1か月24時間，1年150時間以内））
- 深夜業の制限（育児又は介護のための深夜業を制限）
- 所定労働時間の短縮措置（育児又は介護のため所定労働時間を短縮する制度）
- 始業時刻変更等の措置（育児又は介護のために始業時刻を変更する等の制度）

育児休業等の申出・取得等を理由とする不利益取扱いの例（育介指針）

1. 解雇すること
2. 期間を定めて雇用される者について，契約の更新をしないこと
3. あらかじめ契約の更新回数の上限が明示されている場合に，当該回数を引き下げること
4. 退職又は正社員をパートタイム労働者等の非正規社員とするような労働契約内容の変更の強要を行うこと
5. 就業環境を害すること
6. 自宅待機を命ずること
7. 労働者が希望する時間を超えて，その意に反して所定外労働の制限，時間外労働の制限，深夜業の制限又は所定労働時間の短縮措置等を適用すること
8. 降格させること
9. 減給をし，又は賞与等において不利益な算定を行うこと
10. 昇進・昇格の人事考課において不利益な評価を行うこと
11. 不利益な配置の変更を行うこと
12. 派遣労働者として就業する者について，派遣先が当該派遣労働者に係る労働者派遣の役務の提供を拒むこと

　これらの育児休業等の申出・取得等を理由とする不利益取扱いの例も，あくまでも例示列挙にすぎず，これらの例に限定されるものではありません。

（3）妊娠・出産等を「理由として」とは

　ア　「理由として」＝因果関係

　　上述のとおり，妊娠・出産・育児休業等を理由とする不利益取扱いは禁止されています。もっとも，あくまでも，均等法や育介法が禁止しているのは，妊娠・出産・育児休業等を「理由として」不利益な取扱いをすることです。つまり，何らかの不利益な取扱いをする場合であっても，それが妊娠・出産・育児休業等を理由としたものでなければ，禁止されません。

　　これを法的に説明すると，妊娠・出産，育児休業等の事由と不利益取扱いとの間に，「因果関係」があることが必要ということになります。

　イ　因果関係がある場合に法違反

　　妊娠・出産，育児休業等の事由を「契機として」不利益取扱いを行った場合は，原則として「理由として」いる事由と不利益取扱いとの間に因果関係があると解され，法違反となります（前掲広島中央保健生協事件）。

　　「契機として」の解釈については，厚生労働省が発表している「妊娠・出産・育児休業等を契機とする不利益取扱いに係るＱ＆Ａ」（巻末資料⑧）によれば，原則として，妊娠・出産，産前産後休業，育児休業等の事由の終了から１年以内に不利益がなされた場合は，「契機として」いると判断されます。ただし，事由の終了から１年を超えている場合であっても，実施時期が事前に決まっている，又は，ある程度定期的になされる措置（人事異動，人事考課，雇止めなど）については，事由の終了後の最初のタイミングまでの間に不利益取扱いがなされた場合は，「契機として」いると判断されることになります。

　ウ　因果関係の２つの例外

　　妊娠・出産，育児休業等と不利益取扱いの間に因果関係がある場合であっても，次の場合には，例外的に均等法又は育介法違反とならない，とされています（均等法施行通達（巻末資料①），育介法施行通達（巻末資料②））。

〈例外①〉
(1) 円滑な業務運営や人員の適正配置の確保などの業務上の必要性から支障があるため当該不利益取扱いを行わざるを得ない場合において,
(2) その業務上の必要性の内容や程度が,均等法9条3項の趣旨に実質的に反しないものと認められるほどに,当該不利益取扱いにより受ける影響の内容や程度を上回ると認められる特段の事情が存在すると認められるとき

〈例外②〉
(1) 契機とした事由又は当該取扱いにより受ける有利な影響が存在し,かつ,当該従業員が当該取扱いに同意している場合において,
(2) 当該事由及び当該取扱いにより受ける有利な影響の内容や程度が当該取扱いにより受ける不利な影響の内容や程度を上回り,当該取扱いについて事業主から従業員に対して適切に説明がなされる等,一般的な従業員であれば当該取扱いについて同意するような合理的な理由が客観的に存在するとき

　これを,わかりやすく図にすると,次のとおりです。また,以上の点については,厚生労働省の「妊娠・出産・育児休業等を契機とする不利益取扱いに係るQ＆A」（巻末資料⑧）も参照して下さい。

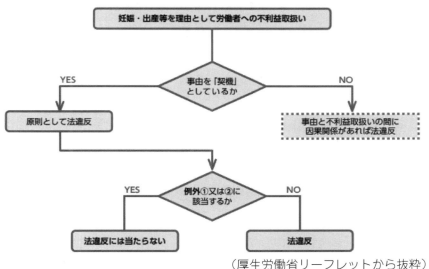

（厚生労働省リーフレットから抜粋）

(4) まとめ

　これらの妊娠・出産，育児休業等を理由とする不利益取扱いの行為主体は会社になります。注意が必要なのは，採用，人事評価，雇止め，解雇などそれぞれの場面で，これまでの社内では当たり前と思っていた対応が，禁止される不利益取扱いに該当し，意図せず，マタハラを行ってしまうことがしばしばあることです。

　上記2つの禁止される不利益取扱いをまとめると，下の表のとおりになります。人事制度を運用する人事担当者は，妊娠中・産後，育児中等の従業員に対する対応を考えるとき，必ず，この表に該当していないか，を確認する必要があります。

　本書では，それぞれの場面でのマタハラに該当しうる事例についてたくさん紹介していますので，具体的には，各Qを参照してください。

対象者	不利益取扱いの理由	不利益取扱いの例
妊娠中・産後の女性従業員	・妊娠，出産 ・妊婦健診などの母性健康管理措置 ・就業制限 ・産前産後休業 ・軽易な業務への転換 ・時間外労働，休日労働，深夜労働をしない ・育児時間 ・つわり，切迫流産などで仕事ができない，労働能率が低下　　　　等	・解雇 ・雇止め ・契約更新回数の引下げ ・退職や正社員を非正規社員とするような契約内容変更の強要 ・降格 ・減給 ・賞与等における不利益な算定 ・不利益な配置変更 ・不利益な自宅待機命令 ・昇進・昇格の人事考課で不利益な評価を行う ・仕事をさせない，もっぱら雑務をさせるなど就業環境を害する行為　等
子どもを持つ従業員	・育児休業 ・短時間勤務 ・子の看護休暇 ・時間外労働，深夜労働をしない　　　　　　　等	

8　第1章　マタハラとは

3 妊娠・出産，育児休業等に関するハラスメント

（1）マタハラに該当する言動が明確に

　平成29年1月1日から，均等法及び育介法の改正により，上司・同僚による，職場における妊娠・出産，産前産後休業，育児休業等に関するハラスメントを防止する措置を講じることが，会社に義務付けられました（均等法11条の2，育介法25条）。

　この点については，均等法に基づくマタハラ指針（巻末資料④），育介法に基づく育介指針（巻末資料⑤）において，具体的に定められています。

　これらの指針により，職場において，妊娠・出産，産前産後休業，育児休業等の制度の利用に関する言動により，従業員の就業環境が害される場合，その言動がマタハラに該当することが明確にされました。

（2）マタハラに該当する言動の具体例

　防止措置の対象となる言動，つまりマタハラに該当する言動は，次頁の表とおりです。

　業務分担や安全配慮等の観点から，客観的にみて，業務上の必要性に基づく言動については，マタハラにはなりませんが，その判断は難しく，次頁の表を踏まえて従業員（特に管理職）に対し，きちんと啓発する必要があります。

　また，次頁の表はあくまでも例示であり，これ以外の言動についても，マタハラに該当することがありますので，注意が必要です。

〈妊娠・出産等に関するハラスメントの防止措置の対象となる言動について〉

事由		行為者	行為類型
〈制度等の利用への嫌がらせ型〉			
・母性健康管理措置 ・坑内就業・危険有害業務 ・産前休業 ・軽易業務転換 ・時間外・休日・深夜業の制限 ・育児時間関係	①利用の請求等をしたい旨を伝えた	上司	解雇その他不利益な取扱いを示唆，請求等をしないように言う（※1）
	②利用の請求等をした		解雇その他不利益な取扱いを示唆，請求等を取り下げるように言う（※1）
	③利用した		解雇その他不利益な取扱いを示唆，繰り返し又は継続的に嫌がらせ等をする（※2）
	①利用の請求等をしたい旨を伝えた	同僚	繰り返し又は継続的に請求等をしないように言う（※1）
	②利用の請求等をした		繰り返し又は継続的に請求等を取り下げるように言う（※1）
	③利用した		繰り返し又は継続的に嫌がらせ等をする（※2）
〈状態への嫌がらせ型〉			
・妊娠，出産 ・坑内就業 ・危険有害業務 ・産後休業 ・妊娠，出産に起因する症状関係	妊娠した，出産した，つわり等による労働能率の低下等，就業制限により就業できない	上司	解雇その他不利益な取扱いを示唆 繰り返し又は継続的に嫌がらせ等をする（※2）
		同僚	繰り返し又は継続的に嫌がらせ等をする（※2）

※1　客観的にみて，女性従業員の制度等の利用が阻害されるものが該当します。
※2　客観的にみて，女性従業員の能力の発揮や継続就業に重大な悪影響が生じる等，女性従業員が就業する上で看過できない支障が生じるようなものが該当します。

〈育児休業等に関するハラスメントの防止措置の対象となる言動について〉

事由		行為者	行為類型
〈制度等の利用への嫌がらせ型〉			
・育児休業 ・子の看護休暇 ・所定外労働の制限 ・時間外労働の制限 ・深夜業の制限 ・所定労働時間の短縮等	①利用の請求等をしたい旨を伝えた	上司	解雇その他不利益な取扱いを示唆、請求等をしないように言う（※1）
	②利用の請求等をした		解雇その他不利益な取扱いを示唆、請求等を取り下げるように言う（※1）
	③利用した		解雇その他不利益な取扱いを示唆、繰り返し又は継続的に嫌がらせ等をする（※2）
	①利用の請求等をしたい旨を伝えた	同僚	繰り返し又は継続的に請求等をしないように言う（※1）
	②利用の請求等をした		繰り返し又は継続的に請求等を取り下げるように言う（※1）
	③利用した		繰り返し又は継続的に嫌がらせ等をする（※2）

※1 客観的にみて，従業員の制度等の利用が阻害されるものが該当します。
※2 客観的にみて，従業員の能力の発揮や継続就業に重大な悪影響が生じる等，従業員が就業する上で看過できない支障が生じるようなものが該当します。

（冨田　啓輔）

Ⅱ　マタハラ等に関する法律の立法経緯

マタハラ防止措置が法に盛り込まれるまでの立法経緯は

Q2 マタハラ等に関連する立法の経緯を教えて下さい。

A マタハラに関する法律で中心的なものは，均等法と育介法です。これらの法律は，社会状況を踏まえて改正が繰り返されて現在の内容になりました。改正経緯を理解しておくことは法の背景をふまえて理解を深めるために大切です。

［解説］

1　均等法の制定と改正

（1）均等法の制定（昭和60年）

　均等法は，日本初の女性差別禁止法として昭和60年に成立しました（以下，成立時の均等法を「昭和60年制定法」といいます。）。昭和60年制定法は，差別禁止の対象を男性に比べて不利な状況に置かれている女性のみに保護対象を限定し，男女の均等な取扱いを確保することに主眼がありました。

　そのため，男女差別において重要な位置を占める募集・採用，配置・昇進に関する均等待遇原則は，努力義務とされていました。妊娠・出産・産前産後休業の取得を理由とする解雇の禁止については，従来は民法90条の公序良俗を理由に無効とされていましたが，初めて法律で禁止されるに至りました。

（2）平成9年改正

　平成9年の改正では，募集・採用，配置・昇進に関する均等取扱い義務が禁止規定となったほか，初めてセクシュアル・ハラスメント（セクハラ）に対する配慮義務規定が導入されました。

（3）平成18年改正

　平成18年の改正では，妊娠，出産，産前産後休業の取得を理由とする解雇の禁止規定の中に，解雇以外の不利益取扱いの禁止規定が加わりました。

　この規定が施行されるまでは，不利益取扱いに違反した場合に，同法により「私法上も無効となるのか」が議論され，最高裁判所は，同法違反を公序良俗（民法90条）違反と捉えて無効としてきました（日本シェーリング事件・最判平元・12・14民集43巻12号1895頁，学校法人東朋学園事件・最判平15・12・4労判862号14頁）。

　しかし，平成18年の改正で解雇以外の不利益取扱いの禁止規定が加わったため，広島中央保健生協事件（最判平26・10・23民集68巻8号1270頁）では，最高裁判所は，均等法9条3項が強行規定であることを理由に，同法違反の措置は私法上も無効となる，と明確に判示しました。

（4）平成28年改正

　平成28年の改正では，妊娠・出産等に関するハラスメント（マタハラ）の防止措置義務が新設されました（均等法11条の2第1項）。詳細については，本章Q1を参照してください。

2　育介法の制定と改正

（1）育介法の制定（平成7年）

　育介法は，平成3年に制定された育児休業法に，介護休業制度が加わる形で平成7年に成立しました。

　不利益取扱いの禁止について，育児休業の申出や取得を理由とする解雇の禁止は平成13年改正法前から存在していましたが，解雇以外の「その他の不利益取扱い」の禁止は，同年の改正によってはじめて追加されました。

（2）平成21年改正

　平成21年の改正により，育児休業の申出や取得以外の措置の申出や取得を理由とする不利益取扱いの禁止も追加されました。

　禁止される「不利益な取扱い」の内容については，行政指針で具体的に例示がなされるようになりました。

（3）平成28年改正

　平成28年の改正により，均等法の改正とともに，職場において育介法上の

権利や措置に関して行われるハラスメントの防止や適切な対応のために，会社に措置義務が課せられるようになりました。これに伴い，行政指針も改正されました（改正後のものが巻末資料⑤の育介指針です）。

　平成28年の改正までは，上記の通り，育児休業等を理由とする解雇その他の不利益取扱いのみが禁止されていましたが，同年の改正は，不利益取扱いに加えて，育児休業等に関する言動により従業員の就業環境を害する行為を新たに「ハラスメント」として位置づけ，会社に対してマタハラ防止のための措置を講じることまで義務づけたことに特徴があります（詳細についてはQ1参照）。

3　女性活躍推進法の制定

（1）女性活躍推進法の制定

　我が国は，超少子高齢化社会を迎え，労働力人口の減少に瀕しています。そのような状況を踏まえ，第2次安倍政権は，「『日本再興戦略』改訂2014」において，「女性の力」を最大限発揮できるようにすることが，人材の確保にとどまらず，企業活動，行政，地域等の現場に多様な価値観と創意工夫をもたらすなど成長の源泉となるとして，「女性の活躍」を成長戦略の1つの主要政策として掲げました。そして，同政権は，2020年までに指導的地位における女性比率を30％まで引き上げるとの目標を設定し，その目標達成のために，平成27年に「女性活躍推進法」（正式名称「女性の職業生活における活躍の推進に関する法律」）を成立させました。

（2）女性活躍推進法の目的

　女性活躍推進法の目的は，「近年，自らの意思によって職業生活を営み，又は営もうとする女性がその個性と能力を十分に発揮して職業生活において活躍することが一層重要となっていることに鑑み，男女共同参画社会基本法の基本理念にのっとり，女性の職業生活における活躍の推進について，その基本原則を定め，並びに国，地方公共団体及び事業主の責務を明らかにするとともに，基本方針及び事業主の行動計画の策定，女性の職業生活における活躍を推進するための支援措置等について定めることにより，女性の職業生活における活躍を迅速かつ重点的に推進し，もって男女の人権が尊重され，かつ，急速な少子高齢化の進展，国民の需要の多様化その他の社会経済情勢の変化に対応できる

豊かで活力ある社会を実現すること」と規定されています（同法1条）。

　また，同法においては，職業生活を営む女性が結婚，妊娠，出産，育児，介護その他の家庭生活に関する事由によりやむを得ず退職することが多いこと等を踏まえ，家庭と仕事の両立を推進する必要な環境の整備等がうたわれています（同法2条）。

（3）数値目標・行動計画の策定等が義務化

　同法の施行によって，女性従業員が，その個性と能力を十分に発揮できる社会を実現するために，女性従業員の活躍推進に向けた数値目標を盛り込んだ行動計画の策定・公表や，女性の職業選択に資する情報の公表が，企業に義務付けられました（常時雇用する労働者が300人以下の民間企業等にあっては，努力義務とされています）。

4　まとめ

　このように，社会全体として，従業員が妊娠・出産，育児と職業生活を円滑に両立できるように，環境整備が進められています。一方で，会社は，これまでの前例や運用にとらわれ，急速に変化する考え方の変化に追いついていない現状が見受けられます。

　そのため，マタハラの防止に関する取り組みを，急ぎ本格化する必要があります。

（冨田　啓輔）

Ⅲ 妊娠した女性従業員に対しとるべき対応

妊娠した女性従業員に対して会社が行うべき対応とは

Q3 女性従業員から，妊娠したとの報告がありました。妊娠した女性従業員に対し，どのような配慮・対応を行っていくことが必要でしょうか。

　①母性健康管理措置，②時間外・休日労働・深夜業の制限，変形労働時間制の適用制限，③軽易業務への転換，④危険有害業務の就業制限，⑤不利益取扱いの禁止，⑥育児休業等に関する定めの周知等の措置などの対応が必要になります。

［解説］

1　母性健康管理措置

　会社は，女性従業員の妊娠を認識した段階で，母性健康管理措置を講ずる義務を負います。母性健康管理措置の具体的な内容は，以下のとおりです。

（1）保健指導又は健康診査を受けるための時間の確保

　会社は，女性従業員が妊産婦（妊娠中及び産後1年を経過しない女性のことです）のための保健指導又は健康診査の受診に必要な時間を確保しなければなりません（均等法12条）。これは，妊産婦に対する保健指導又は健康診査の受診が勧奨されていますが，仕事をしていると受診の時間を確保することが困難な場合もあるため，会社に対して必要な時間を確保することを義務付けたものです。

　健康診査等を受けるために必要な時間を確保しなければならない回数は，次頁の表の通りです（均等則2条の4第1号）。ただし，医師又は助産師が異なる指示をしたときは，その指示に従って，必要な時間を確保しなければなりません。また，産後（出産後1年以内）についても，医師又は助産師の指示に

従って，必要な時間を確保する必要があります（均等則2条の4第2号）。

妊娠23週まで	4週間に1回
妊娠24週から35週まで	2週間に1回
妊娠36週から出産まで	1週間に1回

　なお，「健康診査を受診するために必要な時間」の賃金については，必ずしも有給にしなければならないものではありません。もっとも，トラブル回避の観点からは，就業規則に賃金支給の有無を，明記しておくとよいでしょう。

（2）医師等からの指導事項を守ることができるようにするための措置

　妊娠中及び出産後の女性従業員が，健康診査等を受け，医師等から指導を受けた場合は，その女性従業員が，医師からの指導事項を守れるように，会社は，勤務時間の変更，勤務の軽減等必要な措置を講じなければなりません。具体的な措置は，次のとおりです（均等法13条）。

- ○　妊娠中の通勤緩和（時差通勤，勤務時間の短縮等の措置）
- ○　妊娠中の休憩に関する措置（休憩時間の延長，休憩回数の増加等の措置）
- ○　妊娠中又は出産後の症状等に対応する措置（作業の制限，休業等の措置）

（3）母性健康管理者指導事項連絡カードの活用

　医師又は助産師から受けた指導事項の内容を会社に的確に伝えることができるように「母性健康管理指導事項連絡カード」があります（巻末資料⑦参照）。これは，行政指針（巻末資料⑦）に基づき様式が定められています。

　女性従業員から，この連絡カードが提出された場合，会社は，その記載内容に応じ，均等法13条に基づく適切な措置を講じる義務があります。

2　就労にあたっての配慮

（1）時間外，休日労働，深夜業の制限，変形労働時間制の適用制限

　妊娠した女性従業員が，時間外労働，休日労働，深夜業の免除を請求した場合には，会社は，これらの労働をさせることはできません。また，変形労働時間制がとられている場合であっても，妊娠した女性従業員が，1日及び1週間の法定労働時間を超えて労働しないことを請求した場合には，会社は，これら

の労働をさせることはできません（労基法66条）。

　これらは，あくまでも女性従業員から請求があった場合に会社に生じる義務です。妊娠中の女性従業員の体調は個人差が大きいため，女性従業員から請求がないにもかかわらず，（良かれと思って）時間外労働等を禁止すると，「マタハラである」などと言われ，トラブルになることもありますので，十分にコミュニケーションをとって進めることが重要です。

（2）軽易業務への転換

　妊娠した女性従業員は，他の軽易な業務への転換を請求でき，会社は，これに対応しなければなりません（労基法65条3項）。ただし，行政解釈（昭61・3・20基発151号）によれば，新たに軽易な業務を創設して与える義務まで課したものではない，とされています。

　軽易業務への転換に伴う降格について，広島中央保健生協事件（最判平26・10・23民集68巻8号1270頁）が，女性従業員に対して軽易業務への転換を契機として降格させる措置は，原則として，不利益取扱いに該当すると判断しました。ただし，この事件においても，次の2つの場合には，不利益取扱いに該当しない，と判断されました（詳細については第2章Q16参照）。

> ① 当該従業員が自由な意思に基づいて降格を承諾したものと認められるに足りる合理的な理由が客観的に存在するとき
> ② 当該従業員について降格の措置を執ることなく軽易な業務への転換をさせることに円滑な業務運営や人員の適正配置の確保などの業務上の必要性から支障がある場合であって，降格の措置につき妊娠を理由とする不利益取扱いを禁止した法律の趣旨及び目的に実質的に反しないと認められる特段の事情が存在するとき

（3）危険有害業務の就業制限

　会社は，妊産婦（妊娠中及び産後1年を経過しない女性）である女性従業員を，一定以上の重量物の取扱い業務，有毒ガスを発散する場所における業務その他妊産婦の妊娠・出産・哺育などに有害な業務に就かせてはいけません（労基法64条の3第1項，女性労働基準規則2条1項）。

3 不利益取扱いの禁止

　均等法9条3項は，女性従業員が，妊娠したことや上述の各配慮措置等を請求しようとし，もしくは請求したこと，又はこれらの規定による措置を受けたことを理由とする解雇その他の不利益取扱いを禁止しています。そして，不利益取扱いに該当する措置は，無効とされます（詳細についてはQ1参照）。

4 育児休業等に関する定めの周知等の措置

　平成29年10月1日施行の改正育介法により，会社は，従業員やその配偶者が妊娠・出産したこと等を知った場合に，当該従業員に対して，個別に育児休業等に関する制度（育児休業中・休業後の待遇や労働条件など）を知らせる努力義務が創設されました（育介法21条）。

　この措置は，従業員のプライバシーを保護する観点から，従業員が自発的に妊娠の事実を知らせることを前提としています。そのためには，従業員が自発的に知らせやすい職場環境が重要であり，相談窓口を設置する等の育児休業等に関するハラスメントの防止措置を講じておくことが必要となります。

　また，この措置は努力義務ではありますが，妊娠した従業員に対して，又は配偶者が妊娠した従業員に対して，妊娠，出産，育児中に利用することができる制度やその概要を説明する際に，従業員の体調を確認したり，必要としている配慮の内容を確認するなど密なコミュニケーションをとりつつ進めることが，一番のトラブル防止につながるでしょう。

（冨田　啓輔）

Ⅳ 産前産後休業の取得，産後休業後の復職

産前産後休業について会社が最低限持っておくべき知識は

Q4 産前産後休業の取得，産後休業後の復職について，最低限知っておくべきことは何でしょうか。

A 産前休業は原則出産予定日の6週間前から請求によって取得可能です。産後休業は，請求の有無にかかわらず出産の翌日から原則8週間休業させなければなりません。産後休業後の復職にあたっては，①育児時間，②母性健康管理措置，③時間外，休日労働，深夜業の制限，変形労働時間制の適用制限，④短時間勤務制度，⑤子の看護休暇等の制度があります。

[解説]

1 産前休業・産後休業の取得等

（1）産前休業

　妊娠した女性従業員は，出産予定日の6週間前（双子以上の場合は14週間前）から，産前休業を請求すれば，取得することができます（労基法65条1項）。産前休業は，産後休業とは異なり，請求があった場合に認めればよいものです。

　なお，出産予定日後に出産した場合には，予定日から出産当日までの期間は産前休業に含まれ，産前休業が延びたとしても，産後8週間は，産後休業として確保されます。

（2）産後休業

　出産した女性従業員は，出産の翌日から8週間は，就業することができません。ただし，産後6週間を経過後に，本人が請求し，医師が認めた場合は就業できます。

なお、産後休業の「出産」とは、妊娠4ヵ月以上の分娩をいい、死産や流産も含まれます。出産当日は、産前休業に含まれます（労基法65条2項）。

（3）解雇制限

産前産後休業の期間及びその後30日間の解雇は、禁止されています（労基法19条）。

2 産後休業後の復職

女性従業員の多くは、産後休業後に復職するか、育児休業を取得することになります。産後休業後、育児休業を取得せずに復職した女性従業員が利用することのできる制度は、以下の通りとなります。

（1）育児時間

生後1年に達しない子を育てる女性従業員は、1日2回各々少なくとも30分間の育児時間を請求できます。会社は、育児時間中、当該女性従業員に業務をさせてはいけません（労基法67条）。

この育児時間をどの時間帯に請求するかは、原則として女性従業員が自由に決めることができます。例えば、始業時刻のすぐ後、終業時刻の直前に請求してきた場合であっても、会社は、託児施設の有無を問わず、拒否できないこととされています（昭33・6・25基発4317号）。

育児時間における「1日2回各々少なくとも30分」は、所定労働時間が8時間の場合です。パートタイマーなどで所定労働時間が1日4時間を下回るような場合には、1日に1回の育児時間で足りるとされています（昭36・1・9基発8996号）。

育児時間については、必ずしも有給としなければならないものではなく、無給とすることも可能ですが（昭25・7・22基発2314号）、あらかじめ就業規則等で賃金支給の有無を明記しておくのがよいでしょう。

（2）時間外労働、休日労働、深夜業の制限等

産後1年を経過しない女性従業員は、妊娠中と同様に、時間外労働・休日労働・深夜業の制限、変形労働時間制の適用制限、危険有害業務の就業制限の対象になります（労基法64条の3、66条）。また、育介法に基づく所定時間外労働の免除、法定時間外労働の制限、深夜業の制限を申し出ることも可能です

(育介法16条の8,17条,19条)。

(3) 母性健康管理措置

産後1年を経過しない女性は,医師等から指示があったときは,健康診査等に必要な時間の確保を申し出ることができます。会社は,医師等から指示・指導があった場合には,必要な措置を講じなければなりません(均等法12条,13条)。この健康診査に必要な時間については,無給とすることも可能です。ただし,この点についても,あらかじめ就業規則等で明記しておくのがよいでしょう。

(4) 短時間勤務(時短)制度

会社は,3歳未満の子を養育する男女の従業員について,短時間勤務制度(1日原則として6時間)を設けなければなりません(育介法23条1項)。ただし,次のいずれかに該当する従業員は,育児短時間勤務を取得することができません。

① 日雇従業員
② 1日の所定労働時間が6時間以下である従業員
③ 労使協定によって除外された次の従業員
　ア 入社1年未満の従業員
　イ 1週間の所定労働日数が2日以下の従業員
　ウ 業務の性質又は業務の実施体制に照らして,短時間勤務制度を講ずることが困難と認められる業務に従事する従業員

(5) 子の看護休暇等

小学校入学前の子を養育する男女の従業員は,会社に申し出ることにより,年次有給休暇とは別に,1年につき子が1人なら5日まで,子が2人以上なら10日まで,病気や怪我をした子の看護,予防接種及び健康診断のために休暇を取得することができます(育介法16条の2)。ただし,日雇従業員及び労使協定によって除外された次のいずれかに該当する従業員は,看護休暇を取得できません。

① 入社6か月未満の従業員
② 1週間の所定労働日数が2日以下の従業員

また,平成29年1月1日施行の改正育介法によって,半日(1日の所定労

働時間の2分の1。ただし，労使協定によりこれと異なる時間数を半日と定めた場合には，その半日。）単位での取得も可能となりました（育介法16条の2第2項）。ただし，1日の所定労働時間が4時間以下の従業員や，労使協定で除外された半日単位で子の看護休暇を取得することが困難と認められる業務に従事する従業員は，半日単位での取得はできません。

　この看護休暇を取得した日の賃金は必ずしも有給でなければならないわけではなく，無給とすることも可能です。ただし，あらかじめ就業規則等において賃金支給の有無を明記しておくとよいでしょう。

　　　　　　　　　　　　　　　　　　　　　　　　　　（冨田　啓輔）

V 育児休業の仕組み

育児休業について会社が最低限持っておくべき知識は

Q5 育児休業について，最低限知っておくべきことは，何でしょうか。

A 育児休業は，原則として子が１歳になるまで取得可能ですが，育介法の平成29年改正により，保育園等に入れない等一定の要件を満たせば，最長で子が２歳になるまで育児休業を延長できるようになりました。

[解説]

1　１歳までの育児休業

（１）育児休業を取得できる従業員

　１歳に満たない子を養育する従業員（日雇従業員を除く）は，男性・女性を問わず，希望する期間，子を養育するために休業することができます（育介法５条～９条）。正社員だけではなく，契約期間の定めのある従業員であっても，一定の要件を満たしていれば，育児休業を取得することができます。具体的には，休業取得を申し出た時点において，次の①②のいずれにも該当する契約期間の定めのある従業員は，育児休業を取得することができます。
　① 　入社１年以上であること
　② 　子が１歳６か月（下記４の休業申出にあっては２歳）になるまでに契約期間が満了し，更新されないことが明らかでないこと

（２）申出の手続・回数

　育児休業の取得を希望する従業員は，原則として，育児休業を開始しようとする日の１か月前（１歳６か月又は２歳までの休業の場合は，２週間前）までに，会社に申し出なければなりません。
　また，申出は，次のいずれかに該当する場合を除き，子１人につき１回限り

とされています。ただし，産後休業をしていない従業員（男性従業員）が，子の出生日又は出産予定日のいずれか遅い方から8週間以内にした最初の育児休業については，1回の申出にカウントされません。したがって，例えば，男性従業員が，子の出生日から2週間の育児休業を取得した場合には，再度，育児休業の申出をすることができます。

① 1歳までの育児休業をした者が1歳6か月までの休業の申出をしようとする場合，又は1歳6か月までの育児休業をした者が2歳までの休業の申出をしようとする場合
② 配偶者の死亡等特別の事情がある場合

(3) 申出を受けた会社がすべきこと

育児休業の申出がなされた場合には，会社は速やかに当該従業員に対し，育児休業開始予定日及び育児休業終了予定日等を通知しなければなりません。

2 両親ともに育児休業をする場合の特例（パパ・ママ育休プラス）

父母がともに育児休業を取得する場合は，次の要件を満たせば，子が1歳2か月に達するまでの間に，父母それぞれ1年間まで育児休業を取得できます（育介法9条の2）。

① 育児休業を取得しようとする従業員の配偶者が，子の1歳に達する日（1歳の誕生日の前日）以前において育児休業をしていること
② 育児休業を取得しようとする従業員の育児休業開始予定日が，子の1歳の誕生日以前であること
③ 育児休業を取得しようとする従業員の育児休業開始予定日が，配偶者がしている育児休業の初日以降であること

なお，出産した女性従業員の場合，出生日，産後休業期間と育児休業期間をあわせて1年間になります。

3 1歳6か月までの育児休業

次のいずれにも該当する従業員は，子が1歳6か月に達するまでの間で必要な日数について育児休業をすることができます（育介法5条3項）。ただし，

育児休業を開始しようとする日は，原則として子の１歳の誕生日に限られます。
　（1）従業員又は配偶者が原則として子の１歳の誕生日の前日に育児休業をしていること
　（2）次のいずれかの事情があること
　　①　保育所等に入所を希望しているが，入所できない場合
　　②　従業員の配偶者であって育児休業の対象となる子の親であり，１歳以降育児に当たる予定であった者が，死亡，負傷，疾病等の事情により子を養育することが困難になった場合

4　２歳までの育児休業

　平成29年10月１日施行の改正育介法では，１歳６か月から２歳までの育児休業が認められるようになりました（育介法５条４項）。
　次のいずれにも該当する従業員は，子が２歳に達するまでの間で必要な日数について，育児休業をすることができます。育児休業を開始しようとする日は，子が１歳６か月に達する日の翌日（１歳６か月の誕生日応当日）です。
（1）従業員又は配偶者が子の１歳６か月の誕生日応当日の前日に育児休業をしていること
（2）次のいずれかの事情があること
　　①　保育所等に入所を希望しているが，入所できない場合
　　②　従業員の配偶者であって育児休業の対象となる子の親であり，１歳６か月以降育児に当たる予定であった者が死亡，負傷，疾病等の事情により子を養育することが困難になった場合

5　給与等の取扱い

　育児休業中は，賃金を無給とすることができます。育児休業中は，育児休業給付金が支給されるほか，社会保険料が免除されます。
　賞与や退職金の算定の際に出勤日数や勤続年数が考慮される場合には，育児休業を取得した期間を出勤日数・勤続年数から除外することができます。ただし，実際に休業した日数・期間を超えて不就労と扱うことは，不利益取扱い

（育介法10条）に該当します。

　年次有給休暇の権利発生のための出勤率の算定の際は，育児休業をした日は出勤したものとみなさなければなりません（労基法39条8項）。

（冨田　啓輔）

Ⅵ 幼い子どもを養育する従業員への配慮

幼い子どもを養育する従業員について会社が行うべき対応とは

Q6 幼い子どもを養育する従業員への配慮等について最低限知っておくべきことは，何でしょうか。

幼い子どもを養育する従業員のための制度として，育介法上，①短時間勤務制度，②所定外労働の免除，③時間外労働の制限，④深夜業の制限，⑤子の看護休暇等の制度があります。

[解説]

1 育児のための短時間勤務制度

（1）会社は，3歳未満の子を養育する男女の従業員（日雇従業員を除く）について，短時間勤務制度（1日原則として6時間）を設けなければなりません（育介法23条）。ただし，次のいずれかに該当する従業員は対象外とすることができます。

　① 1日の所定労働時間が6時間以下である従業員
　② 労使協定によって除外された次の従業員
　　ア 入社1年未満の従業員
　　イ 1週間の所定労働日数が2日以下の従業員
　　ウ 業務の性質又は業務の実施体制に照らして，短時間勤務制度を講ずることが困難と認められる業務に従事する従業員

（2）短時間勤務制度は，1日の所定労働時間を原則として6時間とする措置を含むものとしなければなりません（育介則74条1項）。

　ここでいう「1日の所定労働時間を原則として6時間」とは，1日の所定労働時間を6時間とすることを原則としますが，所定労働時間が7時間

45分である事業所において短縮後の所定労働時間を5時間45分とすることなども認められています。また，1日の所定労働時間を6時間とする措置を設けた上で，そのほか，例えば1日の所定労働時間を7時間とする措置をあわせて設けることも可能です。

なお，3歳から小学校に入学するまでの子を育てる男女の従業員について，所定労働時間の短縮等の措置を講ずることは，努力義務として求められています（育介法24条1項）。

2 所定外労働の免除

（1）会社は，3歳未満の子を養育する男女の従業員（日雇従業員を除く）から請求があった場合は，事業の正常な運営を妨げる場合を除き，所定時間外の労働をさせてはいけません（育介法16条の8）。労使協定によって適用除外とされた次の従業員は，対象外とすることができます。
　①　入社1年未満の従業員
　②　1週間の所定労働日数が2日以下の従業員
（2）「事業の正常な運営を妨げる場合」に該当するか否かは，その従業員の所属する事業所を基準として，その従業員が担当する作業の内容，作業の繁閑，代替要員の配置の難易等諸般の事情を考慮して客観的に判断されますが，限定的に考えるべきでしょう。

3 （法定）時間外労働の制限

（1）小学校の入学前の子を養育する男女の従業員（日雇従業員を除く）から請求があった場合は，事業の正常な運営を妨げる場合を除き，1か月24時間，1年150時間を超える時間外労働をさせてはいけません（育介法17条）。ただし，次に該当する従業員は請求できません。
　①　入社1年未満の従業員
　②　1週間の所定労働日数が2日以下の従業員
（2）もっとも，就業規則や時間外労働協定（36協定）等で定めた時間外労働の上限時間が，1か月について24時間，1年について150時間を下回る場合は，就業規則や時間外労働協定等で定めた時間外労働の上限時間が優

先されます。
（３）「事業の正常な運営を妨げる場合」に該当するか否かは，その従業員の所属する事業所を基準として，その従業員が担当する作業の内容，作業の繁閑，代行者の配置の難易等諸般の事情を考慮して客観的に判断されますが，限定的に考えるべきでしょう。

4　深夜業の制限

（１）会社は，小学校就学の始期に達するまでの子を養育する従業員（日雇従業員を除く）が，その子を養育するために請求した場合においては，事業の正常な運営を妨げる場合を除き，深夜時間帯（午後10時から午前5時まで）に労働させてはいけません（育介法19条）。所定外労働の延長として深夜に及ぶことになった場合にも，請求できます。また，契約期間の定めのある従業員も請求できます。ただし，次に該当する従業員は，深夜業の制限を請求することはできません。
  ①　入社1年未満の従業員
  ②　深夜においてその子を常態として保育できる同居の家族がいる従業員
    ※「深夜においてその子を常態として保育できる同居の家族」とは，16歳以上の同居の家族であって，次のいずれにも該当する者，をいいます（育介則60条）。
      ・深夜に就業していないこと（深夜における就業日数が1か月について3日以下の場合を含みます）。
      ・負傷，疾病等により子の保育が困難な状態でないこと。
      ・6週間（多胎妊娠の場合は14週間）以内に出産する予定であるか，又は産後8週間を経過しない者でないこと。
  ③　1週間の所定労働日数が2日以下の従業員
  ④　所定労働時間の全部が深夜にある従業員
    ※「所定労働時間の全部が深夜にある従業員」とは，労働契約上労働すべき時間として定められている時間のすべてが午後10時～午前5時の間にある従業員，をいいます。
（２）「事業の正常な運営を妨げる場合」に該当するか否かは，その従業員の所

属する事業所を基準として，その従業員が担当する作業の内容，作業の繁閑，代替要員の配置の難易等諸般の事情を考慮して客観的に判断されますが，限定期に考えるべきでしょう。

5 子の看護休暇

（1）小学校入学前の子を養育する男女の従業員（日雇従業員を除く）は，会社に申し出ることにより，年次有給休暇とは別に1年につき子が1人なら5日まで，子が2人以上なら10日まで，病気や怪我をした子の看護，予防接種及び健康診断のために休暇を取得することができます。ただし，労使協定によって除外された次のいずれかに該当する従業員は取得することができません。
　　① 入社6か月未満の従業員
　　② 1週間の所定労働日数が2日以下の従業員
（2）また，平成29年1月1日施行の改正育介法によって，半日（1日の所定労働時間の2分の1。ただし，労使協定によりこれと異なる時間数を半日と定めた場合には，その半日）単位での取得も可能となりました（育介法16条の2，16条の3）。ただし，1日の所定労働時間が4時間以下の従業員や，労使協定で除外された半日単位で子の看護休暇を取得することが困難と認められる業務に従事する従業員は，半日単位での取得はできません。
（3）この看護休暇を取得した日の賃金は必ずしも有給でなければならないわけではなく，無給とすることも可能です。ただし，あらかじめ就業規則等において賃金支給の有無を明記しておくとよいでしょう。

（冨田　啓輔）

Ⅶ マタハラトラブルの紛争への発展

マタハラがトラブルに発展した場合に考えられる紛争形態は

Q7 マタハラが原因でトラブルが発生してしまった場合，どのような形で紛争に発展することが考えられますか。

A 民事訴訟や団体交渉の他に，雇用均等室からの指導，均等法に基づく紛争解決援助制度，育介法に基づく調停制度などがあります。

[解説]

1 従業員が都道府県労働局の雇用環境・均等室に相談した場合

　都道府県労働局に設置されている雇用環境・均等室（以下「雇用均等室」といいます）は，従業員から相談があった場合，まず，マタハラの事実の有無を確認します。具体的には，ハラスメントに関する言動の有無及びそれに対する会社の対応や，妊婦・出産・育児休業等を契機として行われた不利益取扱いがあるか等を，当該従業員から聴取することになります。

　その結果，法違反等が認められた場合には，雇用均等室は，会社に対し，助言・指導・勧告を行い，是正を求めます（均等法29条，育介法56条）。厚生労働大臣名での勧告書を交付しても，なお是正されない場合には，企業名が公表されることがあります（均等法30条，育介法56条の2）。

2 紛争解決援助制度

　均等法17条，18条，育介法52条の4，52条の5に基づき，紛争解決援助制度が設けられています。これは，マタハラ等に関する問題について，当事者の一方又は双方の申し出があれば，雇用均等室が，紛争の早期解決のための援

助を行う制度です。具体的には、当事者に対して、助言、指導又は勧告を行うことによって紛争の早期解決のための援助を行います。

会社は、従業員が援助を求めたことを理由として、解雇その他不利益な取扱いをしてはいけません（均等法17条2項、育介法52条の4第2項）。

3 調停制度

都道府県労働局長は、妊娠・出産・育児休業等に関する不利益取扱い等のマタハラ全般やマタハラ防止措置、育介法上の制度利用等に関し、紛争の当事者である従業員、会社の双方又は一方から調停の申請があった場合において当該紛争の解決のために必要があると認めるときは、学識経験者などの専門家で構成される第三者機関である「機会均等調停会議」（均等法）又は「両立支援調停会議」（育介法）に調停を行わせることができます（均等法18条1項、育介法52条の5第1項）。

これらの調停会議は、必要に応じ当事者や参考人から意見を聴いた上で、調停案を作成し、当事者に対して受諾勧告を行うことができます。

調停による紛争の解決が見込めない場合や調停により紛争を解決することが適当でない場合には、調停を打ち切ることができます（均等法23条、育介法52条の6）。

会社は、従業員が調停の申請をしたことを理由として、解雇その他不利益な取扱いをしてはいけません（均等法18条2項、育介法52条の5第2項）。

4 民事訴訟等

従業員が弁護士を代理人にたてて、裁判所に対し、不法行為に基づく損害賠償や会社が行った措置の無効確認を求めて訴訟を提起したり、また労働審判を申し立てたりすることも考えられます。

最近では、マタハラが耳目を集めているため、ニュース等になることも多く、会社としては、レピュテーションの観点から早期に解決することが求められているといえます。

5 団体交渉

　マタハラを受けた従業員が外部の組合に加入し，組合から団体交渉の申入書が会社に突然届くといったこともあります。この場合，団体交渉の申入れを受けた会社は，誠実団交義務があるため，必ず団体交渉に応じなければなりません（労働組合法7条2号）。

　マタハラ等のハラスメントの問題は，レピュテーションや被害者の負担を考えても，社内で解決することが最善であり，社内においてハラスメントについて相談しやすい環境を整えておくことが何より重要といえるでしょう。相談窓口の整備も会社に義務づけられたマタハラ防止措置のひとつです（詳しくは第7章参照）。

（冨田　啓輔）

第2章 妊娠に関するマタハラ

I 採用・試用期間

妊娠を理由に内定を取り消したり，採用面接時に妊娠しているか質問することはできるか

Q8 採用内定者から，勤務開始日前に，妊娠をしたという報告を受けました。
(1) 入社当初から妊娠しているという状態では，きちんと勤務できるか不安ですし，仕事を覚える間もなくすぐに産前休業に入ってしまうのでは，そもそも採用した意味がありません。直ちに内定を取り消すことはできるでしょうか。
(2) 今後は，同様のことが起こらないよう，採用面接時に，女性の応募者には一律に，妊娠又はその可能性の有無を質問することとしたいのですが，問題はありますか。

A 妊娠を理由として内定を取り消すことはできません。また，採用面接時に妊娠の有無を質問することは不適切です。

[解説]

1 採用内定の法的性質と内定取消事由について

　小問（1）では，妊娠を理由とする採用内定取消しが法的に認められるかが問題となります。この問題を考えるに当たって，まず，「採用内定」とは法律上どのような状態であるのか，その法的性質を確認します。
　採用内定の法的性質は，一般的には，会社の募集に対する従業員の応募が

労働契約の申込みであり、これに対する会社の採用内定通知が、その申込みに対する承諾となり、これにより始期付きの労働契約が成立すると解されています（その効力が発生し、従業員に就労義務が発生するのは、勤務開始日です）。また、採用内定は、特に新卒採用のように内定日と勤務開始日とに時間的離隔がある場合、勤務開始日までに一定の事由（始期における勤務開始を困難とする事由等）が生じた場合は会社は内定を取り消すことができる、という解約権の留保を伴うことがあります。

　小問（１）との関係でポイントとなるのは、採用内定の段階で労働契約は成立する、ということです。よって、内定の取消しは、労働契約の解約、すなわち解雇となります。内定時に留保した解約事由（内定取消事由）が発生したことを理由とする内定取消しは、勤務開始後の通常の解雇の場合よりも、その有効性（労契法16条）は緩やかに解されますが、解約事由（内定取消事由）が発生したからといって直ちに許されるわけではなく、解約権留保の趣旨、目的に照らして客観的に合理的と認められ社会通念上相当として是認できる場合に限って留保した解約権を行使することができる、というのが判例の立場です（大日本印刷事件・最判昭54・７・20民集33巻５号582頁）。また、留保解約権の行使が法的に認められるには、その前提として、解約事由（内定取消事由）自体が客観的に合理的なものでなければなりません。

2　妊娠報告機に内定を取り消すことの可否（小問（１））

（１）内定取消事由

　一般的に、内定取消事由として「妊娠したこと」などと定めている会社はないでしょう。したがって、内定者の妊娠は、解約権として留保されていませんので、それを理由とする内定取消しはできません。

　では、「妊娠したこと」という内定取消事由を定めれば内定取消しができるのでしょうか。あるいは、「勤務をすることが困難である」といった一般的な内定取消事由に当てはまるとして、内定を取り消すことはできるのでしょうか。この点については、均等法９条３項が禁止する妊娠を理由とする不利益な取扱いに当たるのではないかが問題となります。

（2）均等法9条3項について

　均等法9条3項は，「事業主は，その雇用する女性労働者が妊娠したこと…（中略）…を理由として，当該女性労働者に対して解雇その他不利益な取扱いをしてはならない。」と定めています。

　内定取消しの法的性質は，上記1で説明したとおり，留保解約権の行使による労働契約関係の解消であり，解雇と同質ですから，均等法9条3項が禁止する不利益な取扱いに該当します。均等法9条3項は強行規定ですので（広島中央保健生協事件・最判平26・10・23民集68巻8号1270頁），仮に，内定取消事由の一つとして「妊娠したこと」をあらかじめ入れておいたとしても，その約定（解約権の留保）は，無効となるでしょう。

　よって，そもそも妊娠を内定取消事由とすることはできませんし，妊娠した内定者につき「勤務開始日において勤務をすることが困難である」といった一般的な内定取消事由に当てはめて内定を取り消すことも，均等法9条3項が禁止する不利益取扱いに該当するため，できません。

（3）妊娠したことを「理由として」不利益な取扱いをするとは

　それでは，妊娠したこと自体ではなく，その後間もなく産休に入ることに着目し，採用直後に長期間にわたって就労義務が果たされなくなる見込みであることを理由とした内定取消しは許されるでしょうか。

　この点については，性差別指針（巻末資料③）に考え方が示されています。同指針によれば，均等法9条3項の「理由として」とは，「妊娠・出産等と，解雇その他不利益な取扱いとの間に因果関係があることをいう。」とされています。

　小問（1）の事案において，表面的には妊娠を直接の取消事由としない場合であっても，妊娠以外に取消原因は存在せず，結局のところ，妊娠していなければその取消しはなされないという意味において，妊娠と内定取消との間に明確な因果関係が認められますので，内定を取り消すことはできません。

3　採用面接時の質問について（小問（2））

　では，会社が事前の予防策として，採用面接時に妊娠やその可能性を質問することは，そもそもできるでしょうか。

　確かに，会社には，採用の自由の一環として調査の自由を有しています。しかし，応募者の人格やプライバシーなどの侵害になるような態様での調査は許されませんし，調査の事項についても，応募者の職業上の能力・技能や従業員としての適格性に関連した事項に限られると解されています（菅野「労働法」218頁）。これに関して，経歴詐称を理由とする解雇の有効性が争われたKPIソリューション事件（東京地判平27・6・2労経速2257号3頁，解雇有効）において，裁判所は「使用者は，労働力の評価に直接関わる事項や企業秩序の維持に関係する事項について必要かつ合理的な範囲で申告を求め，あるいは確認をすることが認められ，これに対し，労働者は，使用者による全人格的判断の一資料である自己の経歴等について虚偽の事実を述べたり，真実を秘匿してその判断を誤らせることがないように留意すべき信義則上の義務を負う」と述べており，ここからも，使用者が採用面接時に質問・確認することができるのは，「労働力の評価に直接関わる事項や企業秩序の維持に関係する事項」に限られることがわかります。

　また，厚生労働省は，「公正な採用選考の基本」を公表し，企業に対して，就職の機会均等の確保のための取り組みを呼び掛けています。「公正な採用選考の基本」の中では，採用選考に当たり「応募者の基本的人権を尊重すること」と「応募者の適正・能力のみを基準として行うこと」が重要であることが示されており，応募者の適性や能力に関係がない事項を尋ねることは避けるべきであるとされています。

　妊娠していることを理由として，その従業員の能力や適性がないなどと判断することは，まさにマタハラを生み出す発想であり，直ちに排除されなければなりません。妊娠しているか否かは，本人の適性や能力とは何ら関連性のないことですから，採用面接で妊娠の事実やその可能性を確かめることは，不公正な採用方法，もしくは，妊娠を理由とする差別的採用（不採用）と評価され，適切ではないと考えられます。

　さらに，妊娠あるいはその可能性の有無というのは，非常にプライベートなことですし，妊娠中の状況（体調の変動）も人によって様々です。そのような事柄を，採用面接という一般的には会社側の方が優越的な立場にあるところで尋ねることは，応募者に対して大きな負担，不利益を与えることにもなりかね

ず，応募者を尊重するという観点からも，適当なことではありません。

　したがって，採用面接時に妊娠や妊娠の可能性の有無を一律に質問することは，妊娠中に就業制限がかかる業務（坑内業務：労基法64条の２，危険有害業務：同法64条の３）に従事する者を募集するような例外的な場面を除き，原則として避けるべきです。

（古屋　勇児）

妊娠を告げずに採用された従業員に対して懲戒処分をすることができるか

Q9 当社で最近採用した従業員から，採用後間もなくして，妊娠している旨の報告を受けました。報告のタイミングからすると，その従業員自身は，当社での面接の時点で妊娠の事実を分かっていた可能性が高いです。

このように，妊娠の事実を会社に秘匿して採用されたことについて，この従業員に対して，懲戒処分をすることはできないでしょうか。

A 採用面接の際に妊娠の事実を告げなかった場合，会社からの質問に妊娠していないと虚偽回答した場合，いずれについても，懲戒処分をすることはできません。

[解説]

1 妊娠の事実を告げなかった場合

一般に，採用の際に自身の経歴（学歴，職歴，犯歴等）を詐称したことを，就業規則において懲戒事由や普通解雇事由として定めていることがあります。

これに対して，妊娠しているか否かは，そもそも採用の際に従業員の方が積極的に告げなければならない事項ではありません。Q8でも述べたとおり，妊娠していること自体は，その人の能力や適性とは関係がないことであり，これを，学歴や職歴等と同じように扱うことはできません。

したがって，従業員が採用の際に，積極的に妊娠の事実を告げなかったことは，経歴詐称に準じる懲戒事由（経歴詐称が懲戒事由として定められていることを前提とした包括条項である「その他これに準じる事由」等）に該当するとはいえませんので，懲戒処分はできません。

2 会社からの質問に妊娠していないと虚偽回答した場合

では，採用時に会社が妊娠の有無を確認した際に，従業員が実際には妊娠し

ていると分かっていたのに，妊娠していないと虚偽の回答をした場合はどうでしょうか。

確かに，このような虚偽回答は，虚偽という点において労使間の信頼関係を破壊する側面を有していることは否定できません。しかし，Q8で述べたとおり，そもそも，会社側が採用面接において，通常は妊娠の事実の有無を確認すること自体が適切とは言い難く，また，面接を受ける側からすれば，妊娠しているかを問う会社からの質問に対して，採用を拒否されることを恐れて咄嗟に妊娠していないと答えることもあり得るところです（なお，設問とは状況が異なりますが，「採用を望む応募者が，採用面接に当たり，自己に不利益な事項は，質問を受けた場合でも，積極的に虚偽の事実を答えることにならない範囲で回答し，秘匿しておけないかと考えるのもまた当然」との価値判断を示した裁判例として学校法人尚美学園事件（東京地判平24・1・27労判1047号5頁）があります）。これらの状況をふまえると，経歴詐称に準じる懲戒事由への該当性自体が認められず，懲戒処分をすることはできないと考えます。

3 妊娠を理由とする不利益取扱いの禁止

以上のとおり，設問の事例では懲戒事由が存在しないため懲戒処分はできないと考えられますが，このほか，妊娠を理由として懲戒処分のような不利益な措置を行うことは禁止されています（均等法9条3項）。詳しくはQ1を参照して下さい。

（古屋　勇児）

妊娠を理由として試用期間中の従業員を本採用拒否することができるか

Q10 当社は，従業員10人程度の小さな会社です。当社で採用し，現在，試用期間中である女性従業員から，妊娠した旨の報告を受けました。

　この女性従業員は，経理部で欠員が生じたため，中途採用したのですが，試用期間終了後，間もなく産休に入るとなると，そもそも採用した意味がなくなってしまいます。そこで，この女性従業員を，本採用せずに試用期間満了により雇用を終了させたいと考えていますが可能でしょうか。

A 妊娠していることや，試用期間終了後間もなく産休に入ると想定されることを理由として，本採用を拒否することはできません。

[解説]

1 試用期間とは

　試用期間とは，従業員を採用した後，一定の期間その従業員に勤務をさせながら，その能力や適格性を判断し，本採用するかどうかを決定するための期間です。

　試用期間の法的性質については議論があり，具体的な契約の構成等によっても異なり得ますが，一般的には，従業員が不適格である場合に会社において解約することができる権限を留保した労働契約であると説明されています。

2 本採用拒否（試用期間満了による解約）について

　どのような場合に本採用拒否ができるかについて，判例は，「採用決定後における調査の結果により，又は試用中の勤務状態等により，当初知ることができず，また知ることが期待できないような事実を知るに至った場合において，そのような事実に照らしその者を引き続き当該企業で雇用しておくことが適当でないと判断することが，解約権留保の趣旨，目的に徴して客観的に相当であ

ると認められる場合には，留保した解約権を行使することができる」旨の判断をしています（三菱樹脂事件・最大判昭48・12・12民集27号11巻1536頁）。

　試用期間というのは，従業員の能力や適格性を判断するための試験的な採用であるということができますので，通常の解雇（本採用後の解雇）に比べて会社側の解雇の自由は広いと考えられます。しかし，無限定に解雇が許されるわけではなく，客観的に相当といえるような事情がなければなりません。

3　妊娠等を理由とする本採用拒否の可否

　本採用拒否は，試用期間中の留保された解約権の行使であり，解雇（会社による一方的な労働契約の解消）の一形態です。

　よって，妊娠を理由として本採用を拒否することは，まさに均等法9条3項が禁止する「妊娠を理由とする解雇」に当たり許されません。また，均等法9条4項は，妊娠を理由とする解雇は無効であることを明記していますので，このような本採用拒否も無効です。

　さらに，上記2で説明した本採用拒否に関する判例の考え方に照らしてみても，妊娠していることは従業員の能力や適格性とは何ら関係のない事項ですので，本採用拒否が適法とされる「解約権留保の趣旨，目的に徴して客観的に相当であると認められる場合」に当たりません。

　設問では，小規模の会社であるため，試用期間後すぐに産休に入られてしまっては，採用した意味がなくなってしまうといったことも理由に挙げられています。しかし，このような事情による本採用拒否は結局のところ，従業員の妊娠を理由として行っていると評価せざるを得ないものですから，やはり許されません。

　なお，産休の取得を理由として解雇等の不利益取扱いをすることも，均等法9条3項及び均等則2条の2第5号により禁止されています。こうした規定からすれば，本採用後間もなく産休に入ることが想定されるからといって，これを理由に本採用を拒否することも不利益取扱いとして禁止され，無効といえるでしょう。

4 まとめ

　以上のとおりですので，従業員が妊娠により試用期間後，間もなく産休に入ることが想定されたとしても，これを理由として本採用を拒否することはできないでしょう。

5 その他の留意点（試用期間は有期雇用契約としている場合）

　会社によっては，採用後まずは有期雇用とし，その契約期間を事実上の試用期間としているという例もあるでしょう。この場合に，契約期間の満了をもって雇用を終了させること（いわゆる雇止めであり事実上の本採用拒否）についても，均等法上の不利益取扱禁止規定が及びますので注意が必要です。

　すなわち，性差別指針（巻末資料③）では，「解雇その他不利益な取扱い」の例として「期間を定めて雇用される者について，契約の更新をしないこと」，つまり雇止めをすることについても定めています。したがって，採用当初は有期雇用契約とする例であっても，妊娠を理由として雇止めをすることは，均等法9条3項に反する不利益な取扱いとして許されません。

（古屋　勇児）

試用期間中の妊娠している従業員について試用期間を延長することはできるか

Q11 ある女性従業員が妊娠によるつわりなどの体調不良により、しばしば欠勤したため、試用期間中に就業状況を十分に把握できませんでした。そのため、試用期間を延長したいと考えていますが、問題はないでしょうか。

 従業員の適格性等を判断するために十分な勤務日数に足りていなかったという事情がある場合には、試用期間を延長することが可能であると考えられます。

[解説]

1　試用期間の延長について

　試用期間は、採用した労働者の実際の働きぶりを見つつ人物・能力を評価して本採用とするか否かを決定するための期間として設けられるものです。労働契約や就業規則において、この期間中又は期間満了時に本採用とすることが不適格であると使用者が判断した場合には解雇することができる旨の約定（解約権の留保）が設けられます。すなわち、従業員にとっては、試用期間中は、本採用されるか否かが不透明である不安定な状態に置かれますから、あまり長い期間を試用期間とすることは許されず（長すぎる試用期間の定めは公序良俗（民法90条）に反し無効となります。ブラザー工業事件・名古屋地判昭59・3・23労判439号64頁）、3か月程度から6か月程度とするのが一般的です。

　このような観点からすると、試用期間の延長は、従業員にとって不安定な状態をさらに長引かせるものとなりますので、就業規則等で延長の可能性及びその事由、期間などが明定されていない場合には、使用者が一方的に延長することはできないとされています（菅野「労働法」289頁参照）。

2 妊娠に伴う体調不良を理由とする欠勤と，試用期間の延長の可否

（1）問題の所在

　試用期間を延長するには，延長に関する規定が就業規則等に設けられていることがまずは必要となります。

　次に，そのような規定があったとしても，試用期間の延長は上記のとおり従業員にとって不安定な状況を長引かせるものであることから，妊娠に伴う体調不良による欠勤を理由とする試用期間の延長が妊娠を理由とする「不利益な取扱い」（均等法9条3項）として禁止されるのではないかが問題になります。

（2）試用期間の延長が不利益取扱いに当たるか

　性差別指針（巻末資料③）では，均等法9条3項の「解雇その他不利益な取扱い」に該当する例が掲げられていますが，その中に，試用期間の延長は含まれていません。

　もっとも，同指針の挙げる「不利益な取扱い」は例示にすぎません。試用期間という本採用されるかどうかわからない不安定な状態を長引かせることは，原則として「不利益な取扱い」に当たるでしょう。

（3）妊娠を「理由とする」不利益取扱いに当たるか

ア　法律や指針の定め

　均等法9条3項が禁止するのは，妊娠等を「理由として」不利益な取扱いをすることです。つまり，何らかの不利益な取扱いをする場合でも，それが妊娠等を理由としたものでなければ，禁止されません。この「理由として」の意味について，性差別指針（巻末資料③）は「妊娠・出産等と，解雇その他不利益な取扱いとの間に因果関係があることをいう」と定めています。

イ　設問の検討

　設問は，当初の試用期間中に欠勤日数が多く，従業員の勤務状況を十分に把握できなかったことを理由として，試用期間を延長しようとするものです。試用期間を設ける趣旨が，実際の仕事ぶりをみて従業員としての適格性を判断することにあることからすると，度重なる欠勤により適格性の判断材料を十分に得ることができなかったのであれば，まさにその延長は，試用期

間の趣旨に即したものといえるでしょう。また，設問の事例では，欠勤の理由が妊娠による体調不良にありましたが，他の理由による欠勤であっても，会社は同様の取扱いをするであろうと考えられます。

　すなわち，設問では，その従業員の適格性等を判断するために十分な勤務日数に足りなかったということ自体を理由として試用期間を延長するもので，欠勤の理由（妊娠）を問題としているわけではありません。したがって，このような場合であれば，妊娠と試用期間の延長との間に因果関係があるとはいえませんので，妊娠を「理由とする」不利益な取扱いには当たらず，試用期間を延長することは可能であると考えられます。

　もっとも，例えば，通常は，数日程度の欠勤では試用期間の延長はしていないのに，妊娠を原因とする場合にのみ，欠勤日数がわずかであるにもかかわらず試用期間を延長するというような取扱いは問題があります。確かに，形式的には，就業規則等で定めている試用期間の延長事由に該当するかもしれませんが，他の事例との比較において，欠勤理由が妊娠ではなければ試用期間は延長しないであろうという場合には，結果的に妊娠を理由とする試用期間の延長であるといわざるを得ません。このような場合には，上記とは異なり，妊娠を「理由とする」不利益取扱いに該当するでしょう。

　このように　欠勤の事実さえあれば，常に試用期間を延長できるわけではありませんので，欠勤の日数や試用期間での実際の勤務状況等から，当初の試用期間ではその従業員の適格性等を判断するのに不十分であったかを慎重に判断する必要があります。妊娠を「理由とする」不利益取扱いであるかは，実際の就業状況（欠勤日数の程度や，出勤時の勤務状況等），従来の試用期間の取扱いも踏まえて個別具体的に判断される点に留意してください。また，会社としては妊娠を「理由とする」不利益取扱いではないと考えていても，妊娠している女性従業員の側からすれば，妊娠を理由とするものだと受けとめることもあるでしょうから，マタハラではないかとの指摘を受ける可能性をも視野に入れ，試用期間を延長する必要性について，当初の試用期間でその従業員の適格性等を判断するのに足りなかったといえるかを慎重に検討してください。

（古屋　勇児）

Ⅱ 配置の決定・変更

妊娠した従業員を夜勤から外すことはできるか

Q12 当社では，業務の性質上夜勤があり，従業員を雇用する際には，夜勤がありうることを前提に採用をし，基本的にローテーションで従業員に夜勤を担当してもらい，その代わりに，割高な夜勤手当を支給することとしています。

今回，当社では，従業員が妊娠した場合には，夜勤から一律に外す取扱いとしたいと考えていますが，このようなことは可能でしょうか。

A 妊娠したことを理由として一律に夜勤から外すことは適切ではなく，個々の従業員の事情をふまえて柔軟に対応することが望ましいです。

[解説]

1 妊娠した従業員と深夜業

労基法66条3項は，妊産婦が請求した場合には，深夜業（午後10時から午前5時までの労働）をさせてはならない旨を定めています。したがって，採用時に夜勤が予定されていたとしても，妊娠した従業員から深夜業の免除の請求があれば，会社は，その従業員に深夜業をさせることはできません。

では，妊娠した従業員から免除の請求がない場合の深夜業や，深夜業にはあたらない夜の時間帯の勤務について，会社の方から一方的に勤務を外すことはできるでしょうか。

2 妊娠した従業員を夜勤から外すことについて

（1）均等法9条3項は「事業主は，その雇用する女性労働者が妊娠したこと…（中略）…を理由として，女性労働者に対して解雇その他不利益な取扱い

をしてはならない。」と定めています。この規定を受けて，性差別指針（巻末資料③）では，「解雇その他の不利益な取扱い」に当たる例として，「正社員をパートタイム労働者等の非正規社員とするような労働契約内容の変更の強要を行うこと」や「不利益な配置の変更を行うこと」を掲げています。

　本設問の事例で夜勤から外すことは，もともと労働契約で定められていた勤務時間のうちの夜勤という一部の時間帯の勤務をさせないというものですから，労働契約上の勤務時間（所定労働時間）自体を変更するものではなく，「労働契約内容の変更」には当たらないと考えられます。また，妊娠した従業員の部署等を異動させるわけではないので，直ちに「配置の変更」にも当たりません。

（2）もっとも，上記指針は，あくまでも例を挙げているものですので，これに当たらないからといって当然に均等法9条3項の禁止する不利益取扱いに該当しないというものではありません。

　従業員が妊娠をした場合に一律に夜勤から外すということは，妊娠を理由として特定の業務を担当させないようにするものであるということもでき，これが不利益取扱いに該当するか否かについては，「不利益な配置の変更」の考え方が参考になります。

　上記指針は，この「不利益な配置の変更」に当たるかどうかの考え方について，「配置の変更の必要性，配置の変更前後の賃金その他の労働条件，通勤事情，労働者の将来に及ぼす影響等諸般の事情について総合的に比較考量の上，判断すべきものである」としています。その上で，例として，「妊娠した女性労働者がその従事する職務において業務を遂行する能力があるにもかかわらず，賃金その他の労働条件，通勤事情が劣ることとなる配置の変更を行うこと」や，「妊娠に伴いその従事する職務において業務を遂行することが困難であり配置を変更する必要がある場合において，他に当該労働者を従事させることができる適当な職務があるにもかかわらず，特別な理由もなく当該職務と比較して，賃金その他の労働条件，通勤事情が劣ることとなる配置の変更を行うこと」を挙げています（第4の3（3）ヘ）。

　これを，夜勤の場合に置き換えて考えると，その従業員の夜勤を回避する必要性があるかどうかや，労働条件の変更等の不利益等を十分に検討する必

要があるというべきでしょう。つまり，夜勤という一般に心身への負担の大きい業務の担当から外れることになるので，そのような負担を回避し，妊娠した従業員の母体の健康の管理のために必要な場合には，夜勤から外したことをもって，妊娠を理由とする不利益な取扱いであるとされることはないといえます。

　ただし，設問では，個々の従業員ごとに夜勤を回避する必要性を判断するのではなく，妊娠した場合に一律に夜勤から外すという取扱いをするという点に問題があります。妊娠中であるといっても，体調や，それがどの程度業務に影響があるかは，個々の従業員によっても，時期によっても様々です。また，一括りに夜勤といっても，その業務の内容によって，心身への負担も大きく異なります。したがって，個々の従業員の具体的な状況や，職務内容を考慮せずに，「一律に」夜勤から外すということは，その従業員の夜勤を回避する必要性を踏まえたものであるとはいえません。

　さらに，設問では，夜勤を外れることによって割高な夜勤手当が支給されなくなるという点にも留意すべきです。この点については，夜勤をしない場合に夜勤手当が支給されないということは，労働契約で定められたとおりに取り扱っているにすぎず，負担の大きい夜勤をしなくて済んでいるという利点もあるので，当然に不利益を生じさせていることにはなりませんが，他方で，個々の従業員の状況を勘案することなく割高な夜勤手当を得られる可能性を会社が一方的に剥奪するという観点からは，不利益な配置の変更に類するものと評価される危険もあるでしょう。

4　まとめ

　妊娠した従業員の母体の健康管理を適切に行うことは，会社にとっても非常に重要なことです。しかし，設問のように，一律に夜勤から外すという取扱いをすることは妥当ではありません。妊娠をしたといっても，事情は個々の従業員によって様々ですから，従業員一人一人とコミュニケーションをとって，夜勤から外すべきかどうか，外さないにしても，どの程度夜勤を担当してもらうこととするかなど，柔軟に対応することが望ましいです。

　　　　　　　　　　　　　　　　　　　　　　　　　（古屋　勇児）

妊娠した従業員の配置を変更する際にはどのような点に留意すべきか

Q13
当社の従業員Ａ，Ｂから妊娠したという報告を受けました。
（１）従業員Ａが現在所属している部署は，他の部署に比べて残業や出張が多くなっています。そこで，当社の判断により，この従業員を，残業や出張の比較的少ない部署へ異動させることを考えていますが，何か問題はありますか。
（２）従業員Ｂが妊娠の報告をしてきた際に担当していた仕事は，段ボールなどの重量物の持ち運びが非常に多いものでしたので，妊娠の報告を機に，会社の判断で，重量物の取り扱いのないサービスカウンターへ異動させました。従業員Ｂは出産後に当社を退職したのですが，その後，従業員Ｂが，「私は妊娠したことを会社に伝えただけで，異動したいとは言っていないのに異動させられた」との不満を繰り返し述べていたことが退職後に発覚しました。当社が従業員Ｂを異動させた判断は，違法だったのでしょうか。

配置変更の必要性や適切性，配置変更により生ずる不利益の内容や程度を十分に検討することが必要であり，また，従業員とのコミュニケーションを図ることが重要といえるでしょう。

［解説］

1　妊娠を理由とする配置の変更について

（１）問題の整理
　小問（１），（２）の事例とも，妊娠の報告をした従業員を会社の判断で異動させるというものです。異動の理由は，その従業員が妊娠したということ以外にはありませんので，妊娠を理由とする配置の変更であるといえます。
　そのため，このような配置の変更が，均等法９条３項が禁止する，妊娠を理

由とする不利益な取扱いに当たるものかどうか、より具体的には「不利益な配置の変更」に当たるかどうかが問題となります。

（2）指針の考え方

この問題の検討についても、Q12で説明した性差別指針（巻末資料③）で示されている考え方が参考になります。

同指針の「不利益な配置の変更」に当たるかどうかを考えるポイントは、①配置変更の内容に関する事情（配置変更の必要性や変更後の配置の適切性）、②配置変更前後での労働条件等の不利益の内容や程度、③配置変更に伴い将来生じ得る不利益の内容や程度といった点です。

2 小問（1）の検討

（1）「不利益な配置の変更」に当たるか

小問（1）は、残業や出張の多い部署から、少ない部署に異動させたというものです。会社の意図としては、現在の部署は残業や出張による心身への負担が大きいことから、妊娠中の従業員の心身への配慮として、こうした負担が小さい部署へ異動させたというものであると考えられます。

一見すると、このような配置の変更は、従業員への負担が軽くなるものですから、不利益性はないようにも思われます。

しかし、その従業員の体調等や職務内容に鑑みて、現在の部署で健康面を含め全く問題なく勤務できているという場合には、上記①の配置変更の必要性がないということもあり得ます。また、単に、現在の部署は残業や出張が多いという抽象的な理由だけでは、配置変更の必要性があるということは困難でしょう。

さらに、例えば、部署の異動によって勤務場所が変わり、通勤時間が延びるような場合には、仮に残業が減ったとしても、通勤時間や通勤自体にかかる負担が増えるようなことも考えられます。この場合、形式的には従業員の負担を減らすための異動であっても、従業員の実質負担はかえって増加することにもなりかねません（上記1の②の点）。また、この従業員が現在いる部署が、将来のキャリア形成に有利であるような場合には、異動によって将来的な不利益が生じるという可能性もあります（上記1の③の点）。

(2) 取扱いの留意点

　会社として，妊娠中の従業員の健康を適切に管理するために，出張や残業の負担を回避するということは，非常に重要なことです。

　しかし，妊娠したということだけで，その従業員が置かれている個別具体的な事情を考慮することなく，会社が一方的に配置変更を命ずることは，場合によっては，上記（1）のような観点から「不利益な配置の変更」に当たるものと評価される可能性があることは否定できません。

　よって，まずは，従業員とよくコミュニケーションを図り，仮に配置の変更をするとしても，従業員の理解や納得が得られるよう努めることが望ましいでしょう。

　なお，設問では，会社の方が妊娠中の従業員の業務を変更しようとするものですが，これとは逆に，妊娠中の従業員は会社に対して，他の軽易な業務への転換（労基法65条3項）や，（法定）時間外労働・（法定）休日労働・深夜業の免除の請求をすることができます（労基法66条1～3項）。会社は，これらの請求があった場合には，軽易業務へ変更しなければならず，また，時間外・休日・深夜労働に従事させることはできません。

3　小問（2）の検討

(1) 危険有害業務の就業制限

　労基法64条の3第1項は，「使用者は，妊娠中の女性及び産後1年を経過していない女性（以下「妊産婦」という。）を，重量物を取り扱う業務…その他妊産婦の妊娠，出産，哺育等に有害な業務に就かせてはならない。」と定めています。この「重量物を取り扱う業務」に当たる重量等については，女性労働基準規則2条1項1号で下表のとおり定められています。

年齢	断続作業の場合	継続作業の場合
満16歳未満	12kg	8kg
満16歳以上満18歳未満	25kg	15kg
満18歳以上	30kg	20kg

　したがって，会社は，上表の重量以上の重量物を取り扱う業務に関しては，

妊娠中の従業員を従事させてはいけません（これに違反した場合は，6か月以下の懲役又は30万円以下の罰金に処せられる可能性があります。労基法119条1号）。これに対して，設問における重量物が前頁の表に達しない場合であっても，労基法64条の3第1項の妊産婦保護の趣旨は及びますし，同項の「その他…有害な業務」に含まれる可能性もありますから，従前の業務を妊娠前と量的・質的に同程度に遂行していくことが妊娠にとって有害となる危険性がある場合には，その危険性の回避を理由に妊娠した従業員を他の業務へ異動させることは，「不利益な」取扱いには当たらないと考えられます。ただ，この異動の必要性は，その従業員のいる部署において，重量物を取り扱う業務がどの程度の割合を占めるのか，部署内での担当業務の変更等ができるのかといったことなどについて，当該業務との関係，当該従業員との関係において，個別具体的に検討することが必要です。

　また，性差別指針（巻末資料③）では，配置の変更が不利益な取扱いに該当する一例として，「妊娠した女性労働者が，その従事する職務において業務を遂行する能力があるにもかかわらず，<u>賃金その他の労働条件，通勤事情等が劣ることとなる配置の変更を行うこと</u>」「妊娠・出産等に伴いその従事する職務において業務を遂行することが困難であり配置を変更する必要がある場合において，他に当該労働者を従事させることができる適当な職務があるにもかかわらず，<u>特別な理由も無く当該職務と比較して，賃金その他の労働条件，通勤事情等が劣ることとなる配置の変更を行うこと</u>」（第4の3（3）ヘ）を挙げています（下線は筆者による）。このことを踏まえると，配置の変更（業務の変更）をする場合には，賃金その他の労働条件，通勤事情については，従前の水準を維持する方向で検討すべきです。そして，賃金その他の労働条件，通勤事情が維持されるのであれば，妊娠した従業員の配置変更は，一定の業務上の必要性に基づき，会社の裁量によって行うことができるでしょう。

（2）その他の留意点

　上記のとおり，別の業務に異動させるべきかどうかは，個別の事案毎に判断すべきであり，その前提として，まずは従業員本人と十分なコミュニケーションを図るべきでしょう。小問（2）では，従業員Bが「妊娠したことを伝えただけで，望まない部署に異動させられた」として不満を述べているとのことで

あり，このことは，コミュニケーションが不十分であったことを示すものといえます。会社としては，妊娠している従業員の利益のためを思って行ったことであっても，従業員の側が必要以上に「マタハラ」へ敏感になっていることも十分に想定されます。妊娠を理由とした画一的な取扱いや，従業員の意向を確認せずに行う一方的な業務変更等は，不用意に「マタハラ」の疑念を生み，無用のトラブルを引き起こしかねませんので，会社としても，妊娠した従業員に対する先入観を持つことなく，例えば，会社としては，重量物を取り扱う業務のない部署への異動は，労基法の規制や趣旨にも沿ったものであることを説明したり，異動に際しての希望を従業員に聴いたりするなど，従業員側の「心情」への配慮も，トラブル防止の観点からは重要です。

（古屋　勇児）

妊娠が明らかとなった従業員の海外赴任命令を取り消すことはできるか

Q14 当社では、ある女性従業員に、海外の現地事務所への赴任を命じ、そのための準備を進めていました。ところが、渡航直前になって、その従業員が妊娠したことが判明しました。

従業員本人は、予定どおり赴任したいと言っていますが、この現地事務所には日本人スタッフが1名しか常駐しておらず、業務等のフォローも難しい状況ですので、万が一にも業務が母体への悪影響を及ぼさないよう、海外赴任命令を取り消したいと考えていますが、問題はないでしょうか。

A 赴任国の医療、福祉等の状況や、現地事務所での業務内容等の事情によっては、海外赴任命令を取り消すことが可能であると考えられます。

[解説]

1　問題の整理

海外赴任を命ずるということは、従業員の配置の変更に当たるものです。そのため、いったんした海外赴任命令を取り消すということも、配置の変更に当たります。設問では、その配置の変更を、女性従業員の妊娠が発覚したことを機に行うものですので、妊娠を理由とする不利益取扱い(均等法9条3項)に該当しないかが問題となります。

2　妊娠を理由とする配置変更

(1)「不利益な配置の変更」とは

均等法9条3項は、妊娠を理由とする不利益な取扱いを禁止しています。性差別指針(巻末資料③)は、同項の不利益な取扱いの例として、「不利益な配置の変更」を挙げています。

同指針によれば、配置変更の不利益性は、①配置変更の内容に関する事情

（配置変更の必要性や変更後の配置の適切性），②配置変更前後での労働条件等の不利益の内容や程度，③配置変更に伴い将来生じ得る不利益（経済的不利益だけではなく精神的不利益を含む）の内容や程度を総合的に比較考量して判断します。

（２）設問の検討

　海外赴任による経験等が積めないことにより，その従業員のキャリア形成（昇進・昇格）にとってマイナスとなる可能性があり，将来的に，不利益（主として経済的な，時に精神的な不利益）が生ずることが考えられます（上記の③の点）。

　しかし，他方で，赴任国の医療や福祉等の状況によっては，母体（出産時を含む）の安全性が懸念される場合もあるでしょう。また，設問の事例では，現地事務所の日本人スタッフが１名のみで代替要員がおらず，たとえ出産後，いかに早く仕事に復帰したとしても，欠員が出てしまう期間が生ずることが避けられません（なお，日本では，労基法上，産後６週間の休業は，従業員側の意向にかかわらず，必ず確保しなければなりません。労基法65条２項）。その事務所の業務内容，特に日本人スタッフが勤務していることが必須であるような場合には，この従業員の海外赴任を回避するべき業務上の必要性も高いといえます（上記の①の点）。また，実際には，まだ海外渡航前ですので，この従業員の現状の労働条件等自体が変更されるわけではありませんから，不利益の程度としても必ずしも大きいとまではいえないと考えられます。

　赴任国の状況や現地事務所における業務内容等の事情にもよりますが，以上のような点を総合的に考えると，今回のケースでは，「不利益な配置の変更」とまではいえず，妊娠を理由とする不利益取扱いには当たらないと考えることができるでしょう。

（古屋　勇児）

Ⅲ 契約内容の変更

妊娠した従業員について裁量労働制の適用を外すことができるか

Q15 裁量労働制を適用している従業員から妊娠したという報告を受けました。この従業員は，時には長時間働くこともあるため，妊娠を機に裁量労働制の適用から外したいと考えています。ただ，裁量労働制の適用から外すと，これまで支給されていた裁量手当がなくなるため，従業員からの反発も予想されます。

このような場合に，この従業員について裁量労働制の適用を外すことはできるでしょうか。

A 会社が一方的に裁量労働制の適用から外すことは不利益取扱いにあたる可能性が高いので，従業員の業務の状況や体調等に応じて，個別に判断することが望ましいと考えられます。

［解説］

1 裁量労働制について

裁量労働制とは，業務の性質上その遂行の方法を従業員の裁量にゆだねる必要があるため，業務遂行の手段や時間配分の決定を会社が具体的に指示することが困難である場合について，所定の要件や手続きの下で，一定の時間の労働をしたものとみなすという制度です（労基法38条の3，38条の4）。

この制度は，簡単に言えば，労働時間による厳格な規制がなじまないような業務遂行の方法をとるような職務について，業務の遂行や時間配分について従業員の裁量を幅広く認めるというものです。

2 妊娠と裁量労働制の適用除外の可否について

妊娠を機にその従業員を裁量労働制の適用を外すことは，均等法9条3項が禁止する妊娠を理由とする不利益な取扱いに当たらないでしょうか。

(1) 裁量労働制の適用を外すことは「契約内容の変更」か

性差別指針（巻末資料③）では，「不利益な取扱い」の例として，「正社員をパートタイム労働者等の非正規社員とするような労働契約内容の変更の強要を行うこと。」を挙げています（第4の3(2)ニ）。つまり，一定の「契約内容の変更」は，不利益取扱いに当たります。

この点，裁量労働制の適用対象者について，就業規則において対象部署等が定められている場合と，個別の雇用契約において当該従業員について適用対象とする旨が定められている場合（主に中途採用の場合）とがあります。設問がいずれであるかは不明ですが，後者であれば，裁量労働制の適用から外すことは「契約内容の変更」にあたります。また，前者であっても，裁量労働制が適用される部署からの異動が雇用契約上予定されていない場合は，後者と同様，「契約内容の変更」にあたるといえます。

(2) 「不利益な」変更か

会社がある従業員について裁量労働制の適用を一方的に除外したことの適否が問われた日立コンサルティング事件（東京地判平28・10・7労判1155号54頁）で，裁判所は，裁量労働制について「労働者にとっても使用者による労働時間の拘束を受けずに，自律的な業務遂行が(ママ)可能とする利益があり，裁量労働制に伴って裁量手当その他の特別な賃金の優遇が設けられていれば，その支払を受ける利益もあるから，ある労働者が労働基準法上所定の要件を満たす裁量労働制の適用を受けたときは，いったん労働条件として定まった以上，この適用から恣意的に除外されて，裁量労働制の適用による利益が奪われるべきではない。ことに一般的な新卒者採用ではなく，その個別の能力，経験等を勘案して裁量労働制の適用及び裁量手当を含む賃金が個別労働契約で定められている事情があるときは，労働者の裁量労働制の適用及びこれに対する賃金の優遇に対する期待は高い。」と分析しています。この裁判例の考え方を前提とすると，裁量労働制の適用を外すことは，一般に，従業員にとって不利益なも

Ⅲ　契約内容の変更 | 59

のといえるでしょう。

(3) まとめ

　よって，妊娠したことのみをもって一律に，従業員の意思にかかわらず裁量労働制の適用を外すことは，不利益取扱いの禁止（均等法9条3項）に該当する可能性が高いといえます。

　また，上記日立コンサルティング事件判決は，「個別的労働契約で裁量労働制の適用を定めながら，使用者が労働者の個別的な同意を得ずに労働者を裁量労働制の適用から除外し，これに伴う賃金上の不利益を受忍させるためには，一般的な人事権に関する規定とは別に労使協定及び就業規則で裁量労働制の適用から除外する要件・手続を定めて，使用者の除外権限を制度化する必要があり，また，その権限行使は濫用にわたるものであってはならないと解される（土田道夫「労働契約法」317，322，323頁参照）。」としていますので，労使協定や就業規則において適用除外時の要件・手続を定めていない場合には，会社は，一方的に適用を除外する権限を有していないこととなり，この観点からも，一方的に裁量労働制の適用を外すことはできません。

　したがって，妊娠を機に，裁量労働制の適用を外した方がよいのではないかと会社が考えた場合は，まずは妊娠した女性従業員と十分に話し合い，適用除外による賃金への影響度や適用除外期間等についても検討・説明した上で，従業員側の個別合意を得るようにすべきです。

（古屋　勇児）

Ⅳ 降格

妊娠中の軽易業務への転換を契機として女性従業員を降格させることができるか（いわゆるマタハラ判決について）

Q16 当社で部長（管理職）として勤務している女性従業員がいますが，妊娠中の軽易業務への転換の申入れがあったため，負担の少ない部署へ異動してもらうこととしました。ただ，異動後の部署には，より社歴の長い者が部長（管理職）として在籍しており，部長（管理職）ポストに2名置くことは不要であったことから，女性従業員につき，部長（管理職）を免ずることとし，本人にも了承してもらいました。このように部長（管理職）を免じたことについて，何か問題はありますか。また，その後，本人は，産前産後休業，育児休業を取得した後，職場に復帰することとなりましたが，その際，部長（管理職）に戻す必要はあるのでしょうか。

A 2つの例外に該当しない限り，「管理職を免じたこと」，「管理職に戻さないこと」は，法律が禁止する不利益な取扱いとなり，違法・無効となります（広島中央保健生協事件）。

[解説]

1 設問前半について

設問前半は，妊娠中の軽易業務への転換を契機として，女性従業員を降格させること（管理職を免じること）ができるか，というものです。

(1) 軽易業務への転換を理由とする不利益取扱いの禁止

妊娠中の女性従業員が請求した場合，会社は，他の軽易業務へ転換させなければなりません（労基法65条3項）。これは母性保護のための規定で，違反には罰則（6か月以上の懲役又は30万円以下の罰金）があります（労基法119

条1項）。

　軽易業務への転換は，軽易業務への一時的な配転と，配転に伴う降格・賃金減額等を伴うことがあるため，理論上は，①配転命令が有効か（主に，配転命令権の濫用の問題）と，②均等法9条3項が禁止する不利益取扱いに当たるか，の2つが問題となります。

　もっとも，配転命令権の濫用の有無にかかわらず，均等法9条3項違反の行為は無効です。そのため，②→①の順で検討を行うのが正しいです（市原義孝・法曹時報68巻9号2332頁（広島中央保健生協事件の担当調査官による解説）参照）。そこで，均等法9条3項につき，まず説明します。

　　ア　均等法9条3項について

　　均等法9条3項は，妊娠中の女性従業員が労基法65条3項に基づき軽易業務への転換を請求した又は同項の規定により他の軽易業務に転換したことを理由として，不利益な取扱いをすることを禁止しています（均等則2条の2第6号）。均等法9条3項は強行規定であるため，同項に違反する不利益な取扱いは，違法・無効です。

　　設問の「部長（管理職）を免じること」は，管理職→平社員への降格で，一般的に降格は，不利益な影響をもたらす処遇といえます（性差別指針）。そのため，設問の「部長（管理職）を免じること」が均等法9条3項違反となれば，この措置は違法・無効で，その他の要件を充足すれば，不法行為に基づく損害賠償の対象となり得ます。

　　イ　広島中央保健生協事件における最高裁の考え方

　　次の問題は，どのような降格が均等法9条3項違反となるかです。これについては，既に広島中央保健生協事件（最判平26・10・23民集68巻8号1270頁，いわゆるマタハラ判決）で，最高裁の判断が示されています。

　　広島中央保健生協事件の事案の概要は，以下のとおりです。

　　理学療法士として勤務し，Fステーションにて副主任の職位にあった女性従業員が，妊娠し，労基法65条3項に基づき軽易業務への転換を請求しました。その際，転換後の業務として，訪問リハビリ業務よりも身体的負担が小さいとされていた病院リハビリ業務を希望したため，その希望通り，Fステーション→リハビリ科に異動しました。ところが，リハビリ科には，当該

女性従業員よりも理学療法士としての職歴が長い職員が，主任として病院リハビリ業務の取りまとめを行っていたため，当該女性従業員は，副主任の職位を免ぜられました（降格）。その後，当該女性従業員は，約半年の勤務を経た後，産前産後休業と育児休業を取得し，その後職場復帰しました。職場復帰に際し，当該女性従業員は，Ｆステーションに戻ることとなりましたが，当該女性従業員がリハビリ科に異動になった際，別の従業員がＦステーションの副主任となったため，当該女性従業員は，Ｆステーションに戻りましたが，副主任に戻ることができなかった（任ぜられなかった）という事案です。

この事件において，最高裁は，一般に降格（副主任を免ずること）は従業員に不利なので，女性従業員につき妊娠中の軽易業務への転換を契機として降格させる措置は，原則として均等法９条３項が禁止する不利益な取扱いに当たると判断しました。

しかし，最高裁は，降格が常に均等法９条３項が禁止する「不利益な取扱い」となるとは考えていません。すなわち，最高裁は，次の（ア）又は（イ）のいずれかの場合，降格は，例外的に不利益な取扱いとはならない，と判断し，これらの例外への該当性（特に（イ）の点）についてさらに審理を尽くすよう，原審判決を破棄し広島高裁に差し戻しました（差戻審：広島高判平27・11・27労判1127号５頁は特段の事情があったとはいえないとして使用者側の不法行為責任（女性労働者の母性を尊重し職業生活の充実の確保を果たすべき義務に違反した過失）又は債務不履行責任（労働法上の配慮義務違反）を肯定しました。当該判決は確定しています）。

（ア）例外１－合理的な理由が客観的に存在すること

１つ目の例外は，「当該労働者が軽易業務への転換及び上記措置により受ける有利な影響並びに上記措置により受ける不利な影響の内容や程度，上記措置に係る事業主による説明の内容その他の経緯や当該労働者の意向等に照らして，当該労働者につき自由な意思に基づいて降格を承諾したものと認めるに足りる合理的な理由が客観的に存在するとき」に，従業員が降格を承諾すれば，妊娠中の軽易業務への転換を契機として降格させても，例外的に均等法９条３項が禁止する不利益な取扱いは当たらない，というものです。

　ちなみに，最高裁が，女性従業員の承諾の有無ではなく，従業員が自由な意思に基づき降格を承諾した「合理的な理由が客観的に存在したか」を問題としている点には，注意が必要です。すなわち，均等法9条3項は強行規定なので，これに違反する行為は，女性従業員の承諾があっても無効です（市原義孝・前掲2333頁）。そのため，女性従業員による承諾の有無は，結論を決定する要素ではありません。むしろ，女性従業員の承諾があることを前提に，その承諾が従業員の自由な意思に基づくものといえる「合理的な理由が客観的に存在したか」を，会社の側で主張立証できなければ，妊娠中の軽易業務への転換を契機とした降格は，無効（均等法9条3項違反）となります。

(イ) 例外2－「特段の事情」が存在すること

　2つ目の例外は，最高裁の判示する「特段の事情」がある場合です。妊娠中の女性従業員が軽易業務への転換を請求した場合，会社は，当該従業員が請求した業務に転換させるのが原則です（昭61・3・20基発151号，婦発69号）。これにより当該従業員は，業務上の負担軽減という有利な影響を受ける一方で，請求された業務への転換により，会社には一定の業務上の必要性（設問では管理職の並存による不都合の回避）が生じます（市原義孝・前掲2331頁以下）。この女性従業員の利益（請求した業務への転換による業務上の負担軽減）と請求された業務への転換により生じた会社の業務上の必要性とのバランスを取る観点から，最高裁は，「事業主において当該労働者につき降格の措置を執ることなく軽易業務への転換をさせることに円滑な業務運営や人員の適正配置の確保などの業務上の必要性から支障がある場合であって，その業務上の必要性の内容や程度及び上記の有利又は不利な影響の内容や程度に照らして，上記措置につき同項の趣旨及び目的に実質的に反しないものと認められる特段の事情が存在するとき」は，例外的に，降格をさせても均等法9条3項が禁止する不利益な取扱いに当たらないと判断しました（市原義孝・前掲2333頁）。

（2）設問への回答

　したがって，設問前半については，最高裁が示した2つの例外のいずれかに該当しない限り，「管理職を免じたこと」は，均等法9条3項が禁止する不利

益な取扱いとなり，違法・無効となります。また，例外に当たることについては，会社側に主張立証責任があるため，紛争予防の観点からも，上記の例外に当たる事情の有無・程度について事前に分析を行い，その内容を文書化しておくことが重要といえます。

2 設問後半について

設問後半は，妊娠中の軽易業務への転換に伴い降格した（管理職を免じられた）女性従業員が，産前産後休業・育児休業後に職場復帰する際，降格前の職位（管理職）に戻す必要があるか，というものです。

(1) 産前産後休業・育児休業を取得したことを理由とする不利益取扱いの禁止

産前産後休業を取得したことを理由とする不利益取扱いは均等法9条3項，育児休業を取得したことを理由とする不利益取扱いは育介法10条で禁止されています。

そこで，降格前の職位に戻さないことが，均等法9条3項や育介法10条が禁止する不利益取扱いに当たるかが問題となります。

ア 育介法10条について

育介法10条が規定する不利益取扱い禁止規定は，均等法9条3項と同様，強行規定と考えられています。そのため，育介法10条違反の行為は，法律行為として無効で，不法行為としての違法性を生じさせます（菅野「労働法」599頁）。

イ 広島中央保健生協事件における櫻井龍子裁判官補足意見と施行通達

「育児休業からの復帰の際，副主任に任じなかった措置が育介法10条が禁止する不利益取扱いに該当するか」（設問に則していうと，育児休業からの復帰の際，管理職に戻さなかった措置が育介法10条が禁止する不利益取扱いに該当するか）については，広島中央保健生協事件において，上告受理申立ての理由から排除されており，最高裁の判断は示されていません。

もっとも，この論点につき，同判決において，櫻井裁判官が補足意見を付しているため，以下，簡単に紹介します（市原義孝・前掲2336頁参照）。ちなみに，最高裁判所の裁判書には，法律上，各裁判官が意見を表示しなけれ

ばなりません（裁判所法11条）。そして，裁判書に個別に表示される意見のうち，多数意見に加わった裁判官がそれに付加して自己の意見を述べるものを「補足意見」といいます（有斐閣『法律用語辞典［第4版］』参照）。

ⅰ．妊娠中の軽易業務への転換（均等法9条3項）は，一時的な措置であることが法律上明らかであるため，育児休業から復帰後の配置等が育介法10条が禁止する不利益取扱いに該当するかは，軽易業務への転換後の職位等との比較ではなく，軽易業務への転換前の職位等との比較で行うべきである。

ⅱ．もっとも，育児休業から復帰後の配置等が，円滑な業務運営や人員の適正配置などの業務上の必要性に基づく場合であって，その必要性の内容や程度が育介法10条の趣旨及び目的に実質的に反しないと認められる特段の事情が存在するときは，同条の禁止する不利益な取扱いに当たらないものと解する余地がある。

また，育介法施行通達には，育介法10条の禁止する不利益な取扱いに当たらないものと解する余地があるものとして，次のⅲが存在する旨，記載されています（第2の23（3），巻末資料②）。

ⅲ．（イ）当該労働者が当該取扱いに同意している場合において，（ロ）当該育児休業及び当該取扱いにより受ける有利な影響の内容や程度が当該取扱いにより受ける不利な影響の内容や程度を上回り，当該取扱いについて事業主から労働者に対して適切に説明がなされる等，一般的な労働者であれば当該取扱いについて同意するような合理的な理由が客観的に存在するときは，同条の禁止する不利益な取扱いに当たらないものと解する余地がある。

（2）設問への回答

上記（1）の櫻井裁判官補足意見と通達を参考に，軽易業務転換前の職位等と育児介護休業からの復帰後の職位等を比較すると，「管理職に戻さないこと」は，管理職（転換前の職位）→平社員（育児介護休業からの復帰後）への降格といえます。

一般的に降格は，不利益な影響をもたらす処遇です。そのため，櫻井裁判官補足意見を参考に考えると，

- 「管理職に戻さないこと」は、原則として、育介法10条が禁止する不利益取扱いに当たり
- 会社側で上記（１）イⅱの「特段の事情」又はⅲの「合理的な理由」があると主張立証できれば、例外的に、副主任（管理職）に戻さないことも許容される

と考えられそうです。

　ただし、この問題についての議論は成熟していません。事業者には、育児休業終了後の賃金・配置その他の労働条件等に関する事項について、あらかじめ定め、周知する努力義務が課されており（育介法21条、育介則70条参照）、また、育児休業後の就業が円滑に行われるよう、従業員が雇用される事業所における従業員の配置その他の雇用管理等に関し必要な措置を講ずべき努力義務も課されているため（育介法22条）、法律の趣旨・目的を十分に踏まえた検討が今後必要であるとも考えられています（市原義孝・前掲2336頁）。この問題については、今後議論の発展につき、注意しておく必要があります。

（西頭　英明）

V 人事評価

妊娠中の体調不良に起因する労働能率の低下等を人事考課に反映させることはできるか

Q17 妊娠中の女性従業員のつわりがひどく，労働能率低下や業務ミスが増えています。そのため，賞与算定や昇進・昇格に使用する人事考課の際，労働能率低下や業務ミスを理由に低評価をつけようと考えています。問題はないでしょうか。また，何か留意した方がよいことはありますか。

A 妊娠に伴うつわりによって労働能率が低下していたり，業務ミスが増加していたりする場合には，他の疾病等と比較して不利益な評価となっておらず，かつ，現に低下している以上の低評価をしなければ，人事考課上低評価をつけることは可能です。

[解説]

1 禁止される不利益取扱いとは

　Q1で説明したように，均等法9条3項は，「妊娠・出産等」を「理由として」，「解雇その他の不利益取扱い」をしてはならないと定めています。
(1) 「妊娠・出産等を理由とする」とは
　ア 「妊娠・出産等」について
　　「妊娠・出産等」の具体的な内容は，均等則2条の2の各号で定められています。そのうち，同9号には，「妊娠又は出産に起因する症状により労務の提供ができないこと若しくはできなかったこと又は労働能率が低下したこと」と定めがあります。
　　この「妊娠又は出産に起因する症状」とは，「つわり，妊娠悪阻，切迫流産，出産後の回復不全等，妊娠又は出産をしたことに起因して妊産婦に生じ

る症状」をいうとされています（性差別指針，巻末資料③）。

したがって，設問のケースのような妊娠に伴うつわりは，「妊娠・出産等」に該当します。

イ 「理由として」について

妊娠・出産等を「理由として」とは，妊娠・出産等と，解雇その他不利益な取扱いとの間に因果関係があること，をいいます（前掲性差別指針）。

設問のケースでは，妊娠に伴うつわりによって労働能率が低下したことなどをもって人事考課において低評価をつけるというものですので，妊娠・出産等と人事評価との間に因果関係があります。

したがって，妊娠・出産等を「理由とする」ものといえます。

（2）「解雇その他の不利益取扱い」とは

次に，つわりによる労働能率の低下等を理由に人事考課において低評価をつけることが，「不利益取扱い」に該当するのか，それとも正当な評価であって不利益取扱いには該当しないのか，を検討する必要があります。

性差別指針第4の3（2）（巻末資料③）では，「解雇その他の不利益取扱い」として以下の例を挙げています。

> イ 解雇すること。
> ロ 期間を定めて雇用される者について，契約の更新をしないこと。
> ハ あらかじめ契約の更新回数の上限が明示されている場合に，当該回数を引き下げること。
> ニ 退職又は正社員をパートタイム労働者等の非正規社員とするような労働契約内容の変更の強要を行うこと。
> ホ 降格させること。
> ヘ 就業環境を害すること。
> ト 不利益な自宅待機を命ずること。
> チ 減給をし，又は賞与等において不利益な算定を行うこと。
> リ 昇進・昇格の人事考課において不利益な評価を行うこと。
> ヌ 不利益な配置の変更を行うこと。
> ル 派遣労働者として就業する者について，派遣先が当該派遣労働者に係る労働者派遣の役務の提供を拒むこと。

設問のケースでは，妊娠に伴うつわりによって労働能率が低下したり，業務ミスが増加したことを理由として人事考課上，低評価を付ける行為が，上記性

差別指針で示されている不利益取扱いの例の
・「チ　減給をし，又は賞与等において不利益な算定を行うこと。」
・「リ　昇進・昇格の人事考課において不利益な評価を行うこと。」
に該当するか否か，が問題となります。留意すべきは，上記はあくまでも例示列挙であることです。例えば，昇給の際に人事考課を考慮する場合にも，上記に準じて不利益取扱いに該当しないか，を検討する必要があります。

2　設問の検討

(1)　賞与算定における不利益な取扱い

　まず，妊娠に伴うつわりによって労働能率が低下したり，ミスが増加したことを理由として人事考課上，低評価を付ける行為が，上記性差別指針で示されている不利益取扱いの例の「減給をし，又は賞与等において不利益な算定を行うこと。」に該当しないか，を検討します。

　性差別指針では，「減給をし，又は賞与等において不利益な算定を行うこと。」に該当する例として，以下の4つを挙げています（第4の3（3）ニ，巻末資料③）。

> ① 実際には労務の不提供や労働能率の低下が生じていないにもかかわらず，女性労働者が，妊娠し，出産し，又は労働基準法に基づく産前休業の請求等をしたことのみをもって，賃金又は賞与若しくは退職金を減額すること。
> ② 賃金について，妊娠・出産等に係る就労しなかった又はできなかった期間（以下「不就労期間」といいます。）分を超えて不支給とすること。
> ③ 賞与又は退職金の支給額の算定に当たり，不就労期間や労働能率の低下を考慮の対象とする場合において，同じ期間休業した疾病等や同程度労働能率が低下した疾病等と比較して，妊娠・出産等による休業や妊娠・出産等による労働能率の低下について不利に取り扱うこと。
> ④ 賞与又は退職金の支給額の算定に当たり，不就労期間や労働能率の低下を考慮の対象とする場合において，現に妊娠・出産等により休業した期間や労働能率が低下した割合を超えて，休業した，又は労働能率が低下したものとして取り扱うこと。

　設問のケースでは，つわりによる労働能率の低下や業務ミスの増加を，賞与算定にも使用する人事考課上考慮するとのことですので，上記③，④に該当し

ないかを検討する必要があります。

　上記③は、精神疾患等の私傷病により労働能率が低下し、業務上のミスが生じている従業員については人事考課の際に低評価をつけていないにもかかわらず、妊娠に伴うつわりの場合には人事考課上、低評価をつけているといった場合に該当します。

　上記④は、例えば、妊娠に伴うつわりの影響で労働能率が20％低下している、もしくは妊娠・出産等の理由がない時と比較して20％程度業務上のミスが増加しているという場合に、20％を超える割合の賞与の減額を行う場合や人事考課上20％を超えて不利に算定する場合がこれに該当します。

　逆に言えば、つわりによる労働能率の低下やミスの増加が明らかなのであれば、その程度に応じて人事評価を下げたり、賞与査定をしたりすることは法も禁止していないことになります。

　したがって、設問のケースでも、上記③をクリアした上で、労働能率の低下やミスの程度に応じて人事考課上低評価をつけることは、不利益取扱いには該当しません。

（2）昇進・昇格の人事考課における不利益な評価

　次に、妊娠に伴うつわりによって労働能率が低下したり、業務ミスが増加したことを理由として人事考課上、低評価を付ける行為が、上記性差別指針で示されている不利益取扱いの例の「昇進・昇格の人事考課において不利益な評価を行うこと」に該当しないかと検討します。なお、設問のケースにおいて、昇進・昇格の判断のための人事考課ではなく、人事考課の結果が昇給に反映される場合についても、昇進・昇格の人事考課と同様に検討する必要があります。

　性差別指針では、次の場合に、「昇進・昇格の人事考課において不利益な評価を行うこと」に該当する、とされています（第4の3（3）ホ）。

① 実際には労務の不提供や労働能率の低下が生じていないにもかかわらず、女性労働者が、妊娠し、出産し、又は労働基準法に基づく産前休業の請求等をしたことのみをもって、人事考課において、妊娠をしていない者よりも不利に取り扱うこと。
② 人事考課において、不就労期間や労働能率の低下を考慮の対象とする場合において、同じ期間休業した疾病等や同程度労働能率が低下した疾病等と比較して、妊娠・出産等による休業や妊娠・出産等による労働能率の低下について不利に取り扱うこと。

　設問のケースでは，現に労働能率の低下や業務ミスが発生しているとのことですので，上記②に該当しないかが問題となります。

　上記②に該当するか否かの判断については，上記2（1）で述べた賞与算定における不利益な取扱いの③と同様の考え方となります。

　したがって，疾病等によって労働能率が低下している場合と妊娠に伴うつわりによって労働能率が低下している場合を同等に取り扱う必要があります。他の疾病等と比較して，妊娠に伴うつわりの影響を不利益に考慮することは，不利益取扱いに該当することになります。

3　実務対応上の注意点

　以上のとおり，妊娠に伴うつわりによって労働能率が低下していたり，業務ミスが増加していたりする場合には，他の疾病等に比較して不利益な評価となっておらず，また，現に低下している以上の低評価をしなければ，人事考課上低評価をつけることは可能です。

　しかし，実務上は，つわりによってどの程度労働能率が低下したといえるのか，また，どの程度人事評価上考慮してもよいのかが明確でないことも多いと思われます。そのため，会社としては，労働能率が低下しているとして，低下の程度に応じて評価をしているつもりであっても，当事者である従業員は，不当な評価であると感じ，トラブルになることも想定されます。

　そのため，実際に人事考課の際に評価を下げるのであれば，人事考課の算定期間において発生した業務ミスの日時，内容を記録しておいたり，労働能率が低下していると感じた際に注意指導を行い，その指導の内容を記録しておくなど，評価の根拠となる資料を残しておき，必要に応じて本人に説明できるようにしておくことが適切です。また，注意指導をする際に，あわせて本人の体調を確認したり，利用可能な制度を紹介したりするなどして，普段から十分なコミュニケーションをとっておくことがトラブル回避につながるでしょう。

（冨田　啓輔）

Ⅵ 賃金・賞与の取扱い

妊娠した従業員の体調不良を理由とする業務離脱を賃金控除の対象とできるか

Q18 妊娠中の女性従業員が，つわりなど妊娠の影響で体調があまり良くないようで，業務時間中にしばしば休憩している様子が目につくようになりました。賃金控除を検討したいと考えているのですが，他方で，業務時間中にタバコを吸っている従業員とのバランスも気になっています。妊娠中の女性従業員についてのみ賃金控除しても問題ないでしょうか。

A ノーワーク・ノーペイの原則からは賃金控除は可能ですが，タバコを吸うために休憩する者等との取扱いの公平性から，不利益取扱いに該当する場合もありますので，注意が必要です。

［解説］

1 「妊娠又は出産に関する事由」を理由とする不利益取扱いの禁止

　均等法9条3項は，雇用する女性従業員が妊娠したことその他妊娠又は出産に関する事由を理由として，解雇その他不利益な取扱いをすることを禁止しています。

　「妊娠又は出産に関する事由」としては，妊娠したこと，出産したことの他，妊娠又は出産に起因する症状により労務の提供ができなかったこと若しくはできなかったこと又は労働能率が低下したこと（均等則2条の2第1号，2号，9号）等が規定されています。「妊娠又は出産に起因する症状」とは，つわり，妊娠悪阻，切迫流産，出産後の回復不全等，妊娠又は出産をしたことに起因して妊産婦に生じる症状をいいます。

　設問のケースでは，妊娠中の女性従業員の体調が良くないということです

が、これがつわり等の「妊娠又は出産に起因する症状」なのであれば、「妊娠に又は出産に関する事由」に該当することになります。

2 設問の検討

設問のケースでは、妊娠に関する事由を理由に、休憩を取得した時間について賃金を控除したいとのことですので、当該賃金控除が、妊娠に関する事由を理由とする不利益取扱いに該当するのか、という点が問題となります。

性差別指針では、不利益取扱いの例として、「減給をし、又は賞与等において不利益な算定を行うこと」を挙げています（第4の3（3）ニ、巻末資料③）。この「減給をし、又は賞与等において不利益な算定を行うこと」の例は、次のとおりです。

> ・実際には労務の不提供や労働能率の低下が生じていないにもかかわらず、女性従業員が、妊娠し、出産し、又は労働基準法に基づく産前休業の請求等をしたことのみをもって、賃金又は賞与若しくは退職金を減額すること。
> ・賃金について、妊娠・出産等に係る就労しなかった又はできなかった期間分を超えて不支給とすること。

設問のケースでは、妊娠に起因する症状によって、現に休憩を取得した時間について労務の不提供が生じています。そのため、原則として、休憩を取得した時間については不就労時間として賃金を控除しても不利益取扱いには該当しません。

しかし、タバコを吸って休憩をしている従業員は、当該時間について不就労となっているにもかかわらず、賃金を控除されていません。そこで、当該従業員との公平性が問題となります。

性差別指針には、「人事考課において、不就労期間や労働能率の低下を考慮の対象とする場合において、同じ期間休業した疾病等や同程度労働能率が低下した疾病等と比較して、妊娠・出産等による休業や妊娠・出産等による労働能率の低下について不利に取り扱うこと」が「昇進・昇格の人事考課において不利益な評価を行うこと」に該当する、との記載があります（第4の3（3）ホ②）。

つまり、人事上の措置を講ずる場合に、妊娠等を理由とする不就労や労働能

率の低下を考慮する上で，妊娠等以外の理由による不就労や労働能率の低下よりも不利に取り扱うことは不利益取扱いに該当する，とされています。

　このような点からすれば，本設問のケースにおいて，タバコを吸って休憩し，当該時間について不就労となっている者については賃金控除されないにもかかわらず，妊娠等の事由を理由として休憩を取得した者のみ，当該休憩時間について賃金を控除することは，不利益な取扱いに該当する可能性が高いといえます。

　したがって，妊娠中の女性従業員の休憩時間について賃金を控除したいのであれば，事前に従業員全員に対して不就労時間については賃金控除を厳格に行う旨のアナウンスを行い，その上で，タバコを吸うために休憩する者も，妊娠に起因する症状により休憩するものについても，一律に控除することで，公平性を担保する必要があるでしょう。

3　実務上の留意点

　医師等から休憩に関する措置について指導を受けた旨妊娠中の女性従業員から申出があった場合には，会社はその女性従業員が適宜の休養や補食ができるよう，休憩時間を長くする，回数を増やす等休憩に関して必要な措置を講じなければなりません（均等法13条）。

　設問のようなケースでは，医師の意見を踏まえて女性従業員と話し合い，休憩時間を長くしたり，回数を増やすなどして配慮するとともに，そのことを両者で取り決め，業務時間と休憩時間を明確に峻別することが大事になります。

（冨田　啓輔）

妊娠中の軽易業務への転換に伴い賃金を減額することはできるか

Q19 女性従業員から妊娠したという報告がありました。会社としては，何か問題があってはいけないので，業務の内容を軽いものとしたいと考えています。会社は，職務内容等によって賃金を設定しています。そのため，業務の内容を軽いものとした場合，賃金についても，軽減後の業務に見合うものに減額したいと考えていますが，問題はないでしょうか。また，本人の同意を取れば，問題ないでしょうか。

A 妊娠の有無にかかわらず，賃金制度上，「職務等が軽いものに変われば賃金が減少する」会社であれば，妊娠した女性従業員についても，適法に軽易業務への転換が行われた結果，職務等が軽くなったことに伴い賃金を減少させることは，問題ありません。

[解説]

1 はじめに

設問で検討すべき問題は3つです。1つ目は，妊娠した女性従業員につき，どのような場合に軽易業務への転換が認められるか，2つ目は，軽易業務への転換に伴い，転換後の業務に見合った賃金へ減額することができるか，3つ目は，本人の同意を取れば問題ないか，です。

以下，各問題ごとに解説します。

2 妊娠中の軽易業務への転換

（1）妊娠した従業員から請求がある場合

妊娠した従業員から請求がある場合の軽易作業への転換については，労基法65条3項が規定しています。労基法65条3項は，母性保護の目的から，妊娠中の女性が請求した場合，会社は，他の軽易な業務に転換させなければならな

いと規定しています。したがって、妊娠した従業員から請求があれば、会社は、軽易業務へ転換させなければなりません。

　ちなみに、請求があった場合に転換させる業務は、女性が請求した業務とするのが原則です（昭61・3・20基発151号）。この背景にある考え方は、自分の体調を一番よく把握している女性従業員が、自分の体調に応じて従事可能な業務を選択するということです。もっとも、請求された業務が存在しなければ、会社として、新たに軽易な業務を創設して与える必要はありません（昭61・3・20基発151号）。

（2）妊娠した従業員から請求がない場合

　女性が妊娠すると、多かれ少なかれその労働能力に影響を受け、特に過重な労務に従事することが難しくなるケースも散見されます。会社は、どの業務に従業員を配置するかの人事権を有するほか、従業員に対し、安全配慮義務を負っています（労契法5条）。そのため、妊娠した従業員から請求がなくとも、会社は、人事権の行使・安全配慮義務の履行として、妊娠した女性従業員を軽易業務に就かせることが可能です（ただし、人事権の濫用は許されません。労契法3条5項）。

　　ア　不利益取扱いの禁止（均等法9条3項）

　　　もっとも、会社が女性従業員に対して妊娠等を理由とする不利益取扱いを行うことは、均等法9条3項により禁止されます。そのため、軽易業務を行わせることが、この禁止された不利益取扱いに当たらないよう注意しなければなりません。

　　　ではどうするかですが、「従業員が妊娠したので何かあってはいけないから軽易業務に就かせる」という発想は、妊娠に対するステレオタイプな考えなので、控えるようにした方が良いです。

　　　むしろ、妊娠した女性従業員ごとに、健康上の問題や実際に生じる労務不提供・労働能率低下の具体的な内容は異なるので、従業員ごとに実際の状況を把握し、対応を検討すべきです。妊娠した女性従業員の健康状態の把握には、母性健康管理指導事項連絡カードを利用するのが効果的です（均等法13条2項に基づく均等法指針（巻末資料⑦）では、事業主は同カードの利用に努めることとされています）。そして、具体的な女性従業員の健康上の

問題や、妊娠による実際の労働能率の低下等により、「客観的にみて軽易作業に就かせることに業務上の必要性がある」といえるのであれば、妊娠した女性従業員を一時的に軽易業務に就かせることが可能で、均等法9条3項が禁止する「不利益取扱い」にもなりません（ちなみに、マタハラ指針（巻末資料④）2（1）においても、業務分担や安全配慮等の観点から、客観的にみて、業務上の必要性に基づく言動は、職場における妊娠、出産等に関するハラスメントに該当しないと書かれています）。

イ　人事権の濫用に当たらないようにする

また、均等法9条3項が禁止する「不利益取扱い」とはならなくても、人事権の濫用は許されません（労契法3条5項）。そのため、会社としては、妊娠した従業員を軽易業務に就かせなければいけない業務上の必要性、軽易業務に就くことによる従業員のメリット（例：業務上の負担が軽減される）・デメリット（例：軽易業務による賃金減額）を整理し、人事権の濫用に当たらないよう、合理的な意思決定を行う必要があります。

ウ　会社が行うべきこと

以上について、実務上、会社は一方的に判断・決定をすべきではありません。むしろ、会社は、軽易業務に就かせる前に、女性従業員と面談を行い、従業員本人の希望を聞く等、適切なコミュニケーションを経た上で、軽易業務への転換請求を行わない女性従業員への対応を決定すべきです。話し合いにより、双方が納得した上で軽易業務に就かせるのであれば良いですが、それができない場合、会社は、主治医や産業医、あるいは専門の医師の意見を聞いて、軽易業務に就かせるか否かを決定するのが、実務上肝要です。

3　軽易業務転換後の賃金減額の可否

妊娠の有無にかかわらず、「従業員の職務等が軽いものに変われば賃金が減少する」会社であれば、妊娠した女性従業員につき、「適法に軽易業務への転換が行われた結果、職種等が軽くなったので、それに伴い賃金を減少させ」ても、問題ありません（有泉亨『労働基準法』415頁（有斐閣、昭和59年）参照）。理由を説明すると、会社は、職務等の変動→賃金の減少につき統一的な取扱いをしているだけで、妊娠した従業員についてのみ、妊娠や軽易業務への

転換を理由として不利益な取扱いをしているわけではない，よって，均等法9条3項が禁止する不利益取扱いに当たらない，ということです。

もっとも，妊娠した従業員についてのみ，他の従業員よりも，さらに不利に賃金を減額すること（例えば，職務等の変動により，通常は賃金が1万円減るところを，妊娠した従業員についてのみ，同じ変動があった場合に2万円減らすこと）は，妊娠等を理由とした不利益取扱いであり，均等法9条3項により禁止されます。

ちなみに，設問とは逆に，従業員の職務等が軽いものに変動すれば賃金が減少する会社において，妊娠した女性従業員については，職務等が軽くなっても賃金を減少させない取扱いが可能か，という問題もあります。ここでの問題は，妊娠した従業員に対する有利な取扱いの可否です。妊娠した従業員に対する有利な取扱いは，法律上の義務ではない（会社は行わなくてもよい）ので，実施するか否かは，会社の自由です。

4 従業員の同意の有無で結論が変わるか

均等法9条3項は強行規定なので，同項違反の行為は，従業員の同意があっても無効です。したがって，従業員の同意の有無で，結論が変わるものではありません。

もっとも，一般的に不利益な取扱いといえるもの（例えば，降格）であっても，女性従業員の同意があることを前提に，その同意が従業員の自由な意思に基づくものといえる「合理的な理由が客観的に存在した」場合には，例外的に，「均等法9条3項が禁止する不利益取扱いに該当しない」場合があります。詳しい内容は，Q16で説明していますので，そちらをご参照ください。

（西頭　英明）

妊娠を原因とした不就労や労働能率の低下を理由に賞与を減額することはできるか

Q20 妊娠中に体調が悪く，休みがちだった従業員について，賞与算定時の評価基準をそのまま適用して計算すると賞与の額が前年より大幅に下がってしまいますが，問題ないでしょうか。

A 従業員に不就労や労働能率の低下があった場合，妊娠の有無にかかわらず，その事実に従い評価基準を適用し，賞与を減額している会社であれば，女性従業員の不就労・労働能率の低下が妊娠により生じた場合であっても同様に，賞与を減額することは問題ありません。

[解説]

1 結論

従業員に不就労や労働能率の低下があった場合，妊娠の有無にかかわらず，その事実のとおり賞与の評価基準を適用し，賞与を減額している会社であれば，女性従業員の不就労・労働能率の低下が妊娠により生じた場合であっても，その事実につき賞与の評価基準を適用し，賞与を減額することは，何ら問題ありません。理由を説明すると，均等法9条3項は，女性従業員の妊娠・出産等を理由として，不利益な取扱いをしてはならないと規定していますが，設問の会社は，不就労や労働能率の低下があった事実を理由に，基準を適用しているだけであって，妊娠等を理由に不利益な取扱いをしているわけではないからです。

2 均等法により禁止されていること

妊娠を原因とする不就労や労働能率の低下につき，実際に生じた事実に沿わない賞与の減額を行うことは，妊娠を理由とする不利益取扱い（賞与の減額）

で，許されません（均等法9条3項違反です）。例えば，
　①実際には労務の不提供や労働能率の低下が生じていないにもかかわらず，女性従業員が妊娠したことのみをもって，賞与を減額すること
　②賞与の支給額の算定に当たり，不就労期間や労働能率の低下を考慮の対象とする場合において，同じ期間休業した疾病等や同程度労働能率が低下した疾病等と比較して，妊娠・出産等による休業や妊娠・出産等による労働能率の低下について不利に取り扱うこと
　③賞与の支給額の算定に当たり，不就労期間や労働能率の低下を考慮の対象とする場合において，現に妊娠・出産等により休業した期間や労働能率が低下した割合を超えて，休業した，又は労働能率が低下したものとして取り扱うこと

は，妊娠を理由として，実際の不就労や労働能率低下を超える不利益を与えるものといえ，均等法9条3項により禁止されます（性差別指針第4の3（3）二，巻末資料③参照）。

3　会社が注意すべきこと

　従業員が妊娠すると，多かれ少なかれその労務提供に影響を受けますが，その影響の程度は，従業員ごとに，また従業員が行う業務内容によって異なります。そのため，従業員が妊娠した→労働能率が低下するだろう→その推測による賞与の評価基準の適用，を行うべきではありません。

　むしろ，実際に生じる労務不提供・労働能率低下の具体的な内容は妊娠した女性従業員ごとに異なるので，従業員ごとに実際の状況を把握し，事実に則した賞与基準の適用・賞与の決定をすべきです。不就労の場合は，事実を客観的に把握することが可能ですが，労働能率の低下は，そうとは限りませんので，紛争予防の観点から，会社としては，労働能率を客観的な指標で数値化する等，何かしらの方法にて，労働能率の評価を客観化し，賞与の評価基準の適用・賞与の決定をすべきです。

（西頭　英明）

Ⅶ その他の人事上の措置・処遇

軽易業務転換請求として労働時間帯や業務形態を指定することはできるか

Q21 妊娠中の従業員から，なるべく午後6時以降のシフトには入れないでほしいという申出がありました。深夜時間帯であればともかく，そうではないし，他の妊娠中の従業員は，午後6時以降も何ら問題なく勤務しています。このような状況でも，会社は，申出に応じなければならないのでしょうか。また，妊娠中の従業員から，「外回りはしたくない」との申出があった場合も，これに応じなければならないのでしょうか。

 各申出により軽易業務への転換請求があったものとして，労基法65条3項に基づき，申出どおりの対応をすべきです。

[解説]

1 はじめに

設問は，妊娠中の従業員から「なるべく午後6時以降のシフトには入れないでほしい」という申出があった場合，会社は，申出に沿う対応をしなければならないかという問題です。

設問と関連する法律の規定は，労基法65条3項です。労基法65条3項は，妊娠中の従業員が請求した場合，会社は，他の軽易な業務に転換させなければならない旨を規定しており，請求があった場合に転換させる業務は，女性が請求した業務とするのが原則と考えられています（昭61・3・20基発151号）。

そのため，妊娠中の従業員からの申出が，労基法65条3項の軽易業務転換の請求に該当するのであれば，申出どおりの対応が必要となります。そこで，設問の申出が，労基法65条3項の軽易業務転換の請求に該当するかが，設問で検討すべきポイントとなります。

2 結論

　結論から述べると,「なるべく午後6時以降のシフトには入れないでほしい」という妊娠中の従業員からの申出も,軽易業務への転換の請求があったとして,労基法65条3項に基づき,申出どおりの対応をすべき,と考えられます。

　仕事の軽重は,仕事の「質」と「量」で考えることが可能です。「軽易業務」というと,一般的に仕事の内容(質)を軽減することがまず思いつきますが,仕事の時間(量)を軽減することも,軽易業務です(学説上も,労基法65条3項の軽易業務への転換には,職種や職務内容の変更(配転)のほか,労働時間帯の変更(早番から遅番への変更など)を含むと考えられています(菅野「労働法」584頁,土田道夫『労働契約法[第2版]』661頁(有斐閣,平成28年))。

3 会社が考えるべきこと

　設問では,他の妊娠中の従業員は,午後6時以降も何ら問題なく勤務していることから,会社としては,申出をした妊娠中の従業員も,他の妊娠中の従業員と同様,午後6時以降も働いて欲しい,と考えるかもしれません。

　しかし,労基法が妊娠中の従業員から請求があった場合に,会社が上記2の対応をしなければいけないと規定しているのは,妊娠中の職務遂行につき,どのような対応を会社に求めるかは,自分の体調を一番理解している妊娠中の従業員が各自判断すべき,との考え方によります。午後6時以降も何ら問題なく勤務している妊娠中の従業員は,自分の体調から,軽易業務の請求をしなくてもよいと判断したのであって,他の妊娠中の従業員も常に同様であるとは限りません。会社は,妊娠中の従業員からの請求を個別に判断すべきであり,他の従業員との比較で対応を決めることはしないようにしましょう。

4 「外回りをしたくない」との申出について

　妊娠中の従業員から「外回りをしたくない」という申出があった場合,これは,業務の「質」の観点から,軽易業務への転換の請求があったといえます。

　そのため,会社は,労基法65条3項に基づき,申出どおりの対応をすべき,

と考えられます。つまり，外回りをさせない対応をするということです。

(西頭　英明)

妊娠した女性従業員につき居眠りが多い場合，どのような対応を採るべきか
（会社に求められる勤務時間の変更や勤務の軽減等の措置について）

Q22 妊娠しているせいか，勤務時間中に居眠りが多い従業員がいます。会社が，この従業員を帰宅させたり，休ませたりすることはできますか。また，会社が，この従業員に対し，医師の診断書や投薬中の薬の説明書を提出させることはできますか。

 妊娠中の従業員に対する対応を会社が一方的に決めることは望ましくないので，適切なコミュニケーションを経て，休業，勤務時間の短縮，法定外休憩等の対応を決定します。医師の診断書等の提出は，提出の必要性を本人に説明をし，本人から任意に提出してもらうべきです。

[解説]

1 はじめに

　妊娠が原因であるか否かにかかわらず，従業員による勤務時間中の居眠りは，労務の不提供（債務不履行）です。会社には，従業員の不完全な労務提供を受け取る義務はないので，ストレートに考えれば，居眠りの多い従業員につき，労務の受領を拒否する（帰宅させる）ことは可能となりそうです。
　もっとも，女性は妊娠すると，保健指導や健康診断を受けますが，均等法が，①保健指導又は健康診査を受けるための時間の確保（均等法12条）や②主治医等からの指導事項を守ることができるようにするための措置（均等法13条）等の規定を置き，母性の健康管理と仕事とのバランスを図っていることからすれば，妊娠中の従業員に対する対応を会社が一方的に決めることは，望ましくないとも考えられます。
　そこで，妊娠した女性従業員につき居眠りが多い場合に，どのような対応をするのが望ましいかという観点から，設問を説明したいと思います。

2 適切なコミュニケーションをとることが大切

　妊娠中の女性従業員に対する会社のスタンスとしては，適切なコミュニケーションをとりながら，妊娠した従業員ごとに個別の対応を決定する，ということに尽きるといえます。

　すなわち，均等法13条1項は，妊娠中の従業員が健康診査等を受け，主治医等から指導を受けた場合，会社は，その指導事項を守ることができるようにするため，勤務時間の変更や勤務の軽減等の措置を講じなければならないと規定しています（均等法指針，巻末資料⑦参照）。

　会社がこの措置を講ずるには，女性従業員から，健康診査等の結果（医師の診断書や投薬中の薬の説明書も含みます。以下同じ）につき開示を受ける必要があります。もっとも，健康診査等の結果の提出には女性従業員本人の同意が必要で，提出を強制できません。そのため，女性従業員が提出に応じてくれない場合，会社は，女性従業員に対し，健康診査等の結果の提出が必要な理由（女性従業員やその胎児の健康に配慮するため，健康診査等の結果や医師等の指導項目を知る必要があること）を説明し，その必要性を理解してもらった上で，健康診査等の結果を任意に提出してもらう必要があります。

　女性従業員が受けた健康診査等の結果の提出を受けたら，会社は，①医師等の指導項目の確認，②医師等の指導に基づく措置の確認を行います（以下，厚生労働省都道府県労働局「働く女性の母性健康管理のために」平成29年8月参照）。

①医師等の指導項目の確認

　医師等の指導項目とは，例えば妊婦貧血や（症状が著しい）つわり等，妊産婦に表れる具体的な症状の項目を意味します。

　医師等による具体的な指導項目の指摘が存在すれば，会社は，その内容を踏まえて，女性従業員への措置を検討することになります。

　他方，医師等の具体的な指導項目の指摘がない場合には，次のような適切な対応を採り，具体的な指導項目を特定する必要があります。

＜適切な対応の例示＞

　ア　女性従業員を介して，担当の医師等と連絡をとり，判断を求める。

　イ　企業内の産業医，保健師等の産業保健スタッフに相談し，判断を求める。
　ウ　機会均等推進責任者＊へ相談し，判断を求める。
　エ　直ちに通勤緩和や休憩に関する措置を講じる。
　＊「機会均等推進責任者」とは，均等法に定める女性労働者の能力発揮促進のための事業主の積極的取組（ポジティブ・アクション）の推進を図るため，人事労務管理の方針の決定に携わる者をいいます。

②医師等の指導項目に基づく措置の確認
　医師による指導項目の指摘があっても，その指摘項目につき，どのような措置を講じなければならないか，不明な場合があります。その場合は，次の具体的な対応等を通して，必要な措置を講じなければなりません。
＜事業主が採るべき具体的対応＞
　ア　女性従業員を介して担当の医師等と連絡をとり，判断を求める。
　イ　企業内の産業保健スタッフに相談して，必要な措置を決める。

3　まとめ

　以上のとおり，適切なコミュニケーションのプロセスを経て，会社として居眠りが多い妊娠中の従業員に対し，どのような対応（休業，勤務時間の短縮，法定外休憩等の対応）を行うかを決定します。また，Q21等で触れていますが，妊娠中の女性従業員から軽易業務への転換請求があれば，法律に基づく対応も必要となります（労基法65条3項）。
　また，医師の診断書や投薬中の薬の説明書の提出は，個人情報やプライバシーの問題から，本人の同意なく提出を強制できないので，それらの提出の必要性につき本人に説明をし，本人から任意に提出してもらう必要があります。

　　　　　　　　　　　　　　　　　　　　　　　　（西頭　英明）

居眠りの多い妊娠中の従業員に対し上司が声をかける際の留意点

Q23 妊娠してから勤務時間中の居眠りが増えた従業員が，勤務時間中に目を閉じて舟を漕いでいたので，上司の私が「大丈夫ですか？」と声をかけたところ，「何のことかわかりません。言い方がきつくてパワハラです」と言われました。この従業員が言うとおり，私の発言は，パワハラやマタハラにあたるのでしょうか。また，妊娠に起因するかもしれない居眠り等を注意するときは，どのような点に留意すればよいのでしょうか。

 勤務時間中の居眠りは，労務の不提供（債務不履行）ですので，適切な方法による注意指導がパワハラやマタハラになることはありません。

［解説］

1 パワハラについて

　従業員による勤務時間中の居眠りは，労務の不提供（債務不履行）です。会社は，居眠りにつき注意指導が可能で，むしろ注意すべきです。会社が注意指導すると，従業員が「パワハラだ」と主張してくることがありますが，業務上の適正な指導が，パワハラになることはありません。

　パワハラ（職場のパワーハラスメント）とは，同じ職場で働く者に対して，職務上の地位や人間関係など職場内の優位性を背景に，業務の適正な範囲を超えて，精神的・身体的苦痛を与える又は職場環境を悪化させる行為をいいます（厚生労働省「職場のいじめ・嫌がらせ問題に関する円卓会議ワーキング・グループ報告」5頁参照）。

　上司の部下に対する注意指導が，部下の人格権を侵害する態様で行われれば，違法な注意指導となり得ますが，設問のように，上司が「大丈夫ですか？」と声をかけることが，人格権侵害となることは通常あり得ません。適切な労務管理のためにも，勤務時間中の居眠りは，しっかり注意すべきです。

　ちなみに，裁判例によれば，「企業組織もしくは職務上の指揮命令関係にある上司等が，職務を遂行する過程において，部下に対して，職務上の地位・権限を逸脱・濫用し，社会通念に照らし客観的な見地からみて，通常人が許容し得る範囲を著しく超えるような有形・無形の圧力を加える行為」をした場合には，上司の部下に対する注意指導が，部下の人格権を侵害する不法行為を構成する，と考えられています（ザ・ウインザー・ホテルズインターナショナル事件・東京地判平24・3・9労判1050号68頁，菅野「労働法」244頁参照）。

2　マタハラについて

(1) マタハラとは

　次の問題は，従業員の居眠りの原因が妊娠による場合，これを注意することがマタハラになるのかです。

　マタハラとは，一般的に，妊娠・出産，育児休業等を理由とする職場における不利益取扱いをいいます。

　しかし，従業員による勤務時間中の居眠りは，妊娠の有無にかかわらず，労務の不提供（債務不履行）です。妊娠が原因でも，居眠りは許されません。会社がそれを注意しても，居眠りを注意しているのであって，妊娠を理由に，有利にも不利益にも取り扱っていません。

　したがって，妊娠を原因とする居眠りにつき，業務上の適正な指導を行うことは，マタハラにはなりません。

(2) 法律の考え方

　法律の考え方を簡単に説明します。Q16等でも触れていますが，労基法は，妊娠中の従業員に対する母性保護規定を置き，均等法は，妊娠等を理由とする不利益取扱いを禁止しています（均等法9条参照）。

　しかし，女性が妊娠すると，多かれ少なかれその労務遂行に影響を受けるのは事実で，妊娠により，従業員の労務不提供や労働能率低下が現実に生じることもあります。

　その際，法律は，妊娠が原因であれば，「労務不提供・労働能率低下も許される」と考えるのではなく，実際に生じた労務不提供・労働能率低下を，妊娠を原因としない労務不提供・労働能率低下と同じように取扱うことは，妊娠等

を理由とする不利益取扱いではなく許される、と考えています（性差別指針第4の3（3）二参照，巻末資料③）。

したがって，妊娠により実際に生じた労務不提供に対し，その事実に則して注意指導することは許されますし，適切な労務管理のためにも，勤務時間中の居眠りについては，しっかり注意すべきです。

また，（妊娠の有無に拘わらず）従業員に健康上の問題行動が見られるのであれば，会社は，従業員に対する安全配慮義務履行の観点から，声をかけるべきです（労契法5条参照）。マタハラ指針2（1）においても「業務分担や安全配慮等の観点から，客観的にみて，業務上の必要性に基づく言動によるものについては，職場における妊娠，出産等に関するハラスメントには該当しない」と示されています（巻末資料④）。

3 まとめ

注意の方法は適切である必要がありますが，設問では，「大丈夫ですか？」と声をかけただけですので，その内容・態様は相当であり，ハラスメントには該当しないといえます。

（西頭　英明）

会社は，妊娠した従業員に対し，産業医の診断や主治医の診断書の提出等を求めることができるか

Q24 妊娠した従業員から，「短時間勤務が必要」と書かれた主治医の診断書の提出がありました。
(1) 産業医の診断も受けさせたいと思いますが，可能でしょうか。また，会社の他の従業員も，念のため産業医の診断に立ち会わせたいと考えますが，可能でしょうか。本人が同意すればよいでしょうか。
(2) 会社の他の従業員の立会いができない場合，産業医からカルテをもらって診断内容を説明してもらうことは可能でしょうか。
(3) 産業医の診断が受けられない場合，健康保険組合から主治医の診断の際のレセプト等をもらうことは可能でしょうか。

 (1)については，受診自体を強制できないので，従業員に診察の必要性を説明し，自発的に産業医の診断を受けてもらう必要があります。他の従業員の立会は，控えるべきです。(2)及び(3)については，従業員本人の同意を得ずに，会社が，診療情報（カルテやレセプト等の資料を含む）を取得することはできません。

[解説]

1 産業医の診察について

(1) はじめに
　均等法は，妊娠中及び出産後の女性従業員の健康管理に関して，事業者が採るべき措置を定めています。これによれば，
・事業主は，その雇用する従業員が母子保健法の規定による保健指導又は健康診査を受けるために必要な時間を確保することができるようにしなければならない（均等法12条）

・事業主は，上記の保健指導又は健康診査に基づく指導事項を守ることができるようにするため，勤務時間の変更，勤務の軽減等必要な措置を講じなければならない（均等法13条１項）

とされています。

　設問のように，妊娠した従業員から，「短時間勤務が必要」と書かれた主治医の診断書の提出があった場合，上記のとおり，会社は，均等法13条に基づき，勤務時間の変更・勤務の軽減等，必要な措置を講じなければなりません。

　もっとも，主治医は，いわゆるかかりつけ医で，病気の治療をする医師です。必ずしも職場の状況・従事する業務内容を十分理解した上で，「短時間勤務が必要」と判断したのか，疑問を投げかける余地があります。

　他方，産業医は，事業場において従業員の健康管理等につき，専門的な立場から指導・助言を行う医師で，会社の職場環境や仕事内容等をよく把握しています。会社としては，産業医の診断・意見を聞きたいと思うのは当然といえます。

　そこで，どのような場合に産業医の診察を受けさせることができるかが，まずは問題となります。

（２）自発的に産業医の診察を受けてもらう

　妊娠中の従業員に産業医の診察を受けさせたい場合，会社が一方的に命じることができるか（受診命令発令の可否），それとも本人の同意が必要かがよく議論されます。しかし，会社が受診命令を発令しても，会社は，受診自体を従業員に強制することはできません。そのため，受診命令を発令する場合であっても，従業員に，なぜ産業医の診察を受けてもらう必要があるのか，必要性を理解してもらった上で，妊娠中の従業員に，自発的に産業医の診断を受けてもらうという対応をすることになります。

　したがって，産業医の診察につき，最初から妊娠中の従業員の同意を得られる場合は問題ありませんが，そうでない場合は，診察の必要性を本人に説明し，説得を行い，最終的には，従業員本人に自発的に産業医の診断を受けてもらう必要があります。

（３）他の従業員による産業医の診断立会い

　他の従業員による産業医の診断立会いについては，妊娠中の従業員から同意

があったとしても，控えた方がよいと思います。そもそも診察は，医師が患者の病状を判断するために，質問をし，身体を調べたりするものです。他の従業員の立会いは診察に不可欠ではなく，むしろ個人のプライバシーの問題もあるため，立会いは望ましくないと考えます。また，将来労務紛争になった場合，他の従業員の立会により，診察において不当な圧力をかけられたと言われかねないので，この観点からも，産業医の診察には，他の従業員には立ち会わせない方がよいです。

2 診療情報等の開示について

妊娠中の従業員が産業医の診断を受けた場合の診断結果は，その従業員の個人情報です。従業員の本人の同意を得ずに，会社が，産業医から診療情報（カルテやレセプト等の資料を含む）をもらうことはできません（ちなみに，医師は，正当な理由なく，その業務上取り扱ったことについて知り得た人の秘密を漏らすことができません（刑法135条・秘密漏示罪）。この観点からも，診療情報の開示については，診察を受けた従業員本人の同意が必要となります）。

そのため，会社としては，産業医の診断を受けることにつき，妊娠中の従業員から同意をもらうと同時に，診療情報の開示についても，妊娠中の従業員から同意をもらっておく必要があります。受診命令を発令する場合は，受診命令書において，産業医の受診を命じるとともに，受診した場合は「診断結果について，医師から開示を受けるとともに，必要に応じて，当該医師の意見を聴取した上で，短時間勤務の可否判断を行う」旨の文言を記載し，産業医の診察を受けること＝診断結果の開示への同意も意味する，という対応（診断結果の開示にも同意したので，産業医の診察を受けた，ということを証拠化しておく対応）を行う必要があります。

（西頭　英明）

Ⅷ 解雇・退職

妊娠による職務への支障を理由として解雇することができるか

Q25 当法人は幼稚園を経営していますが，教諭の中に，①妊娠中の者，②結婚により近い将来妊娠が見込まれる者がいます。幼稚園の教諭の仕事は，体力や相当の運動ができることも必要になります。これらの者を，当法人の職務遂行への支障を理由に普通解雇することができますか。

A ①妊娠中の者，②結婚により近い将来妊娠が見込まれる者のいずれについても，職務遂行への支障があるという理由により普通解雇することはできません（朝霞和光幼稚園事件）。

[解説]

1 問題の整理

設問では，妊娠によって職務の遂行に支障が生じるとして，普通解雇することができるかが問題となっています。

このような解雇の可否について，普通解雇の一般的規制と，妊娠中の従業員の解雇の規制の，それぞれの側面から検討します。

2 普通解雇への一般的規制について

（1）解雇権濫用法理を定めた労契法16条

普通解雇の有効性について，労契法16条は「解雇は，客観的に合理的な理由を欠き，社会通念上相当であると認められない場合は，その権利を濫用したものとして，無効とする。」と定めています。

よって，設問の事例で，解雇をすることについて客観的に合理的な理由が認められるかが問題となります。

(2) 事例の検討

　一般論としていえば，従業員の労働能力や適格性が欠けているといえるときや，勤務状況が著しく不良であるといえるときには，解雇をする客観的に合理的な理由があると認められる場合があります。

　しかし，妊娠中であることを，従業員本人の能力や適格性の問題であると位置付けることはできません。確かに，妊娠中であれば体調等への配慮が必要ですし，運動等が一定程度制約されることはあるかもしれません。しかし，これは恒常的なものではありませんので，その従業員が勤務能力や適格性を欠くことになったと評価することはできません。また，妊娠中であるからといって，直ちに仕事ができないということでもなく，体調等に配慮をしたり，あるいは，業務の負担や時間を軽減するなどして勤務をすることが可能である場合もあります。そして，当然のことながら出産した後には，再び勤務することが可能となります。

　このように，妊娠中であることのみをもって業務に支障が生じるなどとして解雇をすることは，客観的に合理的な理由があるとは到底いえません。まして や，結婚により近い将来妊娠が見込まれるなどということを理由にして解雇することも許されません。

　以上のとおり，普通解雇の一般的な規制に照らしても，設問のような解雇は明らかに無効です。

3　妊娠中の従業員に対する解雇の規制

　妊娠中の従業員に対する解雇については，均等法によって特別な規制が設けられています。

　すなわち，均等法9条3項は，「事業主は，その雇用する女性労働者が妊娠したこと…（中略）…を理由として，当該女性労働者に対して解雇その他不利益な取扱いをしてはならない。」と定めています。

　また，同条4項は，「妊娠中の女性労働者…（中略）…に対してなされた解雇は，無効とする。ただし，事業主が当該解雇が前項に規定する事由を理由とするものでないことを証明したときは，この限りでない。」と定めています。

　これらの規定のポイントは，

　①妊娠を理由とする解雇は無効であること
　②妊娠中に従業員を解雇した場合には，その解雇が妊娠を理由とするものでないというのであれば，そのことを会社が立証しなければならないこと，言い換えると，会社が妊娠を理由とする解雇でないことを立証できなければ解雇は無効であること
にあります。
　これらの条項は，妊娠を理由とする解雇には，およそ合理的な理由の認められる余地はないということを前提としているものといえ，基本としている考え方は，上記2で説明した普通解雇一般の場合と同様であるといえるでしょう。

4　裁判例の紹介

　設問の事例は，朝霞和光幼稚園事件（浦和地決昭48・3・31労判177号45頁）を参考にしたものです。
　この決定は，昭和40年代のもので，均等法自体が存在しなかった時代のものですが，妊娠を理由とする解雇について合理的理由がないことを明らかにしています。
　現在では，上記3のとおり，均等法によって妊娠を理由とする解雇は許されず無効であることが明記されています。したがって，従業員が妊娠したこと自体を，その従業員の能力や適格性の問題に結び付けて（すり替えて）解雇をすることが許されることはありません。

（古屋　勇児）

育児休業中に退職を勧められ復職できなかった従業員は会社に対して賃金の支払いを求められるか

Q26 私は，妊娠したことが分かったので，勤務先の社長に妊娠したことを伝えて，産前産後休業・育児休業を取得しました。

　ところが，復職予定日が近づいたある日，社長から電話があり，「仕事がないから退職した方がいい」「会社の状況からして雇えない」ということを一方的に告げられました。

　私としては，退職するつもりはないのですが，このような状況ですので，復職予定日後も会社に出勤できない状態が続いています。復職予定日以降の賃金を支払ってもらうことはできるでしょうか。

A 出勤できない状態が続いているとしても，会社が正当な理由なく出勤を拒否したものとして，復職予定日以降の賃金の支払いを求めることができる場合があると考えられます（X商事（出水商事）事件）。

[解説]

1　問題の整理

　設問の事例は，育児休業中に，会社（社長）から退職を強く勧めるようなことを言われたために，復職して出勤することが現実的にはできないでいるが，会社に対して賃金の支払いを求めたいというものです。

　ここでの問題は，会社の仕事をしていない，つまり労働はしていないものの，賃金の支払いを求めることができるのか，という点にあります。

2　仕事をしない場合であっても給与の支払いを求められるか

（1）ノーワーク・ノーペイの原則と例外

　雇用契約は，従業員が会社のために仕事をし（労務の提供），これに対して，

会社が従業員に賃金を支払うということを本質としています（労契法2条，民法623条参照）。

そのため，従業員が労務の提供をしない場合には，原則として，会社が賃金を支払う必要もありません。一般に，このことを「ノーワーク・ノーペイ」と言います（民法624条1項参照）。

したがって，従業員が会社の仕事をしていない場合であれば，通常は，賃金の支払いを請求することもできません。無断欠勤をしたような例が典型的です。

しかし，従業員が労務の提供（仕事）をできないことについて，会社に非がある場合には，このような状況を作り出した原因が会社にあり，従業員には落ち度がありません。そのため，労務の提供をしなかったとしても，従業員は賃金の支払いを受けることができます（民法536条2項）。典型的な例は，従業員側は出勤して仕事をする意思を示し，かつ，それが可能であるのに，会社が正当な理由（例えば，その従業員が感染症に罹患しているなど）無くそれを拒むような場合が考えられます。

（2）設問の検討

設問の場合，育休からの復職にあたり，社長から「仕事がない」「雇えない」などと明言されており，これらは，会社が従業員による労務提供の受領を拒むものと評価できます。このような状況下で従業員が出勤できないと考えることは致し方のないことです。他方，社長による拒否には，そのような発言がされるに至った経緯や状況等の具体的事情についても十分に検討する必要がありますが，正当な理由は見当たらないようです。そうすると，従業員側は，復職予定日後も賃金の支払いを受けることができます。

3 裁判例の紹介

（1）判決の概要

設問の事例は，X商事（出水商事）事件（東京地判平27・3・13労経速2251号3頁，判例ダイジェスト：労判1128号84頁）を参考にしています。

この判決は，会社による従業員への一連の対応を具体的に検討した上で，従業員に復職拒否あるいは解雇しようとしているとの認識を抱かせてもやむを得

ないものであり，会社がそのような従業員の認識を把握することは容易であったとしました。その上で，そうであるならば，会社としては，従業員に抱かせた誤解を解いて，復職のための手続きが円滑に進むよう明確に指示をすべきであったが会社にそのようなことをしておらず，従業員の不就労は会社側に責任があるとして，従業員による賃金の支払請求を認めました。

（2）産前産後休業中・育児休業中の退職通知

なお，この事件では，会社が，従業員の休業中に退職通知書を一方的に送付した（産前産後休業中の原告を退職扱いにした）ということがあり，このような行為の違法性（慰謝料請求）も問題になりました。

産前産後休業に関しては，労基法19条1項本文において，産前産後休業中及びその後30日経過前の従業員を解雇してはならないと定めています。また，育児休業に関しては，育介法10条において，会社は，従業員が育児休業をしたことを理由として，解雇その他不利益な取扱いをしてはならないことを定めています。

この判決では，上記の退職通知書の送付行為について，労基法19条1項や育介法10条に違反し不法行為に当たるとして，会社に慰謝料15万円の支払も命じました（なお，この事件についてはQ54でも紹介しています）。

4　その他の問題点

以上のほか，設問では社長が育児休業中の従業員に対して「退職した方がいい」「雇えない」などという発言をしていますが，そのこと自体もマタハラに該当する可能性の高いものです。

育児休業中の従業員に対して，退職を勧める，あるいは退職を迫るような言動を取ることは，通常は，育児休業制度の利用妨害や制裁であると評価され得るものであり，会社は，マタハラ防止措置（育介法25条）を通じてそのようなことが生じないようにすべき義務を負っています。また，そのようなことをされた従業員との関係においても，育児休業の取得を理由とする不利益取扱いの禁止（育介法10条）に反するものとして不法行為となることがあります。

（古屋　勇児）

妊娠中の従業員が退職したとの取扱いは認められるか

Q27 私は，建築測量を行うＡ社で勤務しているのですが，この度，妊娠していることがわかりました。そこで，今後の仕事をについて相談するために，妊娠したことを上司に伝えましたところ，上司から「この会社での仕事を続けることは難しい」と言われ，代わりに派遣会社Ｂに登録するよう提案されました。

　私は，出産した後にはまたＡ社での仕事に戻るということだろうと思い，上司の提案に従い，Ｂ社に登録して，派遣先のＣ社で勤務を始めました。

　そうしたところ，突然，Ａ社から，退職証明書と離職票が送られてきました。私は，Ａ社に退職届などは出していませんし，退職したとも思っていません。

　私は，Ａ社での勤務に戻ることはできるでしょうか。

 退職の合意があったとは認められず，Ａ社の従業員の地位にあるものとして，Ａ社での勤務に戻ることができると考えられます（TRUST事件）。

[解説]

1　問題の整理

　設問は，妊娠の相談をした従業員が，会社から勤務継続は難しいとして代わりに紹介された別の会社で勤務を始めたところ，もとの会社から退職扱いにされたというものです。

　Ａ社としては，従業員の退職を前提に転職先となる会社を紹介したという意図であったものと思われますが，この点について，従業員と会社との間で認識にズレがありトラブルとなっています。

　ここでは，Ａ社と従業員との間で退職の合意があったといえるか，あるいは，従業員が退職することに同意していたと評価できるかが問題となります。

2 退職の合意（同意）について

（1）山梨県民信用組合事件判決の紹介

　従業員の同意に関しては，山梨県民信用組合事件（最判平28・2・19民集70巻2号123頁）が参考となります。

　この事件は，就業規則で定められた退職金の支給基準が変更されたことについて，従業員の同意の有無が問題となったものです。判決では，「就業規則に定められた賃金や退職金に関する労働条件変更に対する労働者の同意の有無については，当該変更を受け入れる労働者の行為の有無だけでなく，…（中略）…不利益の内容及び程度，労働者により当該行為がされるに至った経緯及びその態様，…（中略）…労働者への情報提供又は説明の内容等に照らし，当該行為が労働者の自由な意思に基づいてされたものと認めるに足りる合理的な理由が客観的に存在するか否かという観点からも，判断されるべきものと解するのが相当である。」としています。

（2）退職の同意についての考え方

　この判決でも示されているように，従業員にとって不利益になるような同意があったかどうかについては，慎重な判断が求められることになります。

　退職することの同意は，従業員にとっては，雇用契約上の地位を失うという重大な不利益を伴います。そのため，同意の有無は慎重に判断されることになります。

　ちなみに，均等法9条3項では，妊娠を理由とする不利益な取扱いを禁止していますが，この不利益な取扱いの例として，性差別指針第4の3（2）ニは「退職の強要を行うこと」を掲げています（巻末資料③）。これによれば，形式的には従業員が退職に同意したものとなっていたとしても，実質的に退職の強要によるものではないか否かが厳しく問われることになるでしょう。妊娠を契機として退職した場合には，従業員が退職についてきちんと同意していたといえるかどうかを慎重に判断することが均等法の趣旨にも沿うものであると考えられます。

3 設問の検討

　設問では，確かに，従業員はＡ社での仕事を続けることは難しいと言われ，代わりに紹介された別の会社で実際に勤務を開始しています。そうすると，従業員がＡ社の退職を受け入れたかのような形になっているとみて取れなくはありません。

　しかし，従業員は退職届を提出するなどしておらず，そもそも退職の意思表示が明確になされているとはいえません。また，Ａ社が，この従業員にＢ社への登録を提案するに当たって，Ａ社を退職することになる前提であることをきちんと説明したといった事情もありません。そうすると，従業員にとってみれば，妊娠中の時期に，一時的にＢ社に登録しただけで，Ａ社を退職するわけではないと考えることも十分にあり得るところです。

　そのため，この事案では，従業員が退職に同意していたと認めることは難しいと考えられます。したがって，退職の合意は認められませんので，この従業員は，Ａ社の従業員としての地位を引き続き有し，今後もＡ社での勤務を続けることができるということになります。

4 裁判例の紹介

　設問の事例は，TRUST事件（東京地判平29・1・31労判1156号11頁）を参考にしたものです。この判決では，被告会社に残るか退職の上で派遣登録をするかの選択にあたって必要な情報提供がなされなかったこと等の具体的な事実関係に基づき，従業員が自由な意思に基づいて退職を合意したと認められる合理的な理由が客観的に存在するとはいえない，として退職合意の存在を否定しました。また，判決は，均等法9条3項が妊娠中の不利益取扱いを禁止していること等に鑑み，一方的に原告を退職扱いとしたことは不法行為にあたるとして，原告に対する慰謝料20万円の支払も命じました。

（古屋　勇児）

業務遂行等に問題がある妊娠中の従業員を普通解雇することはできるか

Q28 当社の従業員の中に、ミスが非常に多く、繰り返し注意や指導を行っているものの、一向に改善しない者がいます。この従業員について、能力不足を理由として、最終的には普通解雇をすることを見据えて継続的に退職勧奨をしていましたが、この度、妊娠していることが発覚しました。

会社としては、この従業員が退職勧奨に応じなかった場合には、予定どおり普通解雇しようと考えていますが、問題はないでしょうか。

 普通解雇をすることができるだけの能力や適格性の問題がある場合には、解雇することは可能ですが、妊娠を理由とするものではないことを説明できる十分な根拠や資料があるか等を慎重に検討すべきです。

[解説]

1 問題の整理

設問は、業務に問題のある従業員について普通解雇することを検討していたところ、その従業員が妊娠していることが分かったというものです。

ここでは、従業員の能力不足を理由に、つまり、妊娠とは関係がなく解雇を検討していたが、後から妊娠していることが判明したという場合に、どのようなことに留意する必要があるか、妊娠への配慮が必要であるかが問題になります。

2 普通解雇について

普通解雇について、労契法16条では「解雇は、客観的に合理的な理由を欠き、社会通念上相当であると認められない場合は、その権利を濫用したものとして、無効とする。」と定められています。したがって、解雇をするだけの客観的に合理的な理由があり、社会的に相当であるといえることが必要となりま

す。

　設問の場合，従業員のミスの内容や程度，注意指導の実施状況とその後の改善状況等の個別具体的な事情によりますが，それらをふまえて，従業員としての能力や適格性の欠如が重大であり，将来における改善も見込まれない場合には，普通解雇は有効となります。

3　妊娠が判明したことと普通解雇について

(1) 均等法9条3項，4項の規定について

　従業員が妊娠したことを理由とする解雇は，均等法9条3項によって禁止されます。また，同条4項は「妊娠中の女性労働者及び出産後1年を経過しない女性労働者に対してなされた解雇は，無効とする。ただし，事業主が当該解雇が前項に規定する事由を理由とするものでないことを証明したときは，この限りでない。」（下線は筆者による）と定めています。

　つまり，妊娠中の者に対する解雇は一切許されないということではなく，解雇の理由が妊娠以外にあり，かつ，それが証明できる場合には，解雇することができます。

(2) 妊娠したことを「理由として」解雇するとは

　均等法9条3項は，妊娠したことを「理由として」解雇することを禁止しています。この「理由として」の意味については性差別指針（巻末資料③）において，「妊娠・出産等と，解雇その他不利益な取扱いとの間に因果関係があることをいう」とされています。

　したがって，妊娠以前からその従業員について普通解雇が認められるだけの事由（能力不足等）があって，そのことを理由に解雇するのであれば，解雇のタイミングが妊娠後となっても，解雇と妊娠との間の因果関係は否定されます。よって，解雇の客観的合理的理由及び社会通念上の相当性（労契法16条）が認められれば，解雇は有効です。

4　実務上の問題点・留意点

　実務上，会社としては，妊娠とは関係なく，十分な根拠に基づき能力不足を理由とする解雇だと考えるものの，従業員側は，妊娠を理由とする不合理な解

雇だと考え，双方の認識の齟齬がなかなか埋まらないことが散見されます。

会社としては，妊娠中の従業員を解雇する場合には，妊娠と解雇との間に因果関係がないこと，また，解雇原因が客観的合理的理由及び社会通念上の相当性を十分に兼ね備えるものであることを証明できるかどうかを慎重に検討する必要があります。

特に，妊娠と解雇との間の因果関係に関しては，以下の点が判断ポイントとなるでしょう。

① タイミング

従業員の妊娠が判明したタイミングと，会社が解雇等を告げるタイミングが重なってしまう場合，又は，前者よりも後者が後になってしまう場合には，従業員側は妊娠が解雇の真の理由であると捉える可能性が高まりますし，第三者にもそのように見えやすくなります。

そのため，会社としては，従業員への働きかけは，適時に，速やかにする必要があります。例えば，仕事上のミスに対して注意や指導をするときには，時機を逸することのないよう，ミスが発覚した後，可能な限り速やかに行うべきです。

② エピソードの特定

能力不足による解雇を検討する場合，単に「いつまで経っても仕事が覚えられない」「同じミスばかり繰り返す」といった抽象的で，漠然とした理由では全く不十分です。従業員からしても，このようなあいまいな理由を伝えられた場合には，結局のところ，会社が妊娠したことを理由とする解雇であることを隠すために言い出したことではないか，と受け取る可能性が高まります。

このようなトラブルを避けるためには，会社として業務遂行に問題があると考えるエピソードを，いわゆる5W1Hで特定し，かつ，そのエピソードは妊娠の事実とは関係がないことをきちんと示す必要があります。

③ 記録化

上記の①や②の点に留意していたとしても，紛争になった場合には，きちんと資料（証拠）として示せる形で記録化しておかなければなりません。

特に，上記のとおり，均等法9条4項は，妊娠を「理由とする」解雇でな

いことを，会社の側で証明しなければならないと定めています（証明できなかった場合には，解雇は認められません）。そのため，常に十分な記録化・証拠化を心がける必要があります。

　また，上記①のタイミングとの関係では，会社が，従業員の妊娠を把握した時期を記録化すること，例えば，従業員から妊娠の報告を受けた際に書類として残すようなことも有用であると考えます。なぜなら，事実として従業員が妊娠していたとしても，会社がそれを把握していないのであれば，会社が従業員の妊娠を把握するまでにした行為や措置等は，その従業員の妊娠とは切り離して説明することができるためです。

5　まとめ

　以上にみたとおり，従業員について，解雇をすることができるだけの能力や適格性の問題がある場合には，妊娠中であることが判明したとしても，解雇することは可能です。ただ，紛争化のリスクは高いといえますので，「妊娠を理由とするものではない」ということをきちんと説明し，かつ，証明できるかを十分に検討の上，慎重に対応すべきです。

（古屋　勇児）

妊娠した従業員に対する期間満了又は能力不足を理由とする雇止めはできるか

Q29 4月1日付で契約期間を1年間とする有期雇用契約を締結した契約社員から8月1日に妊娠したとの報告がありました。出産予定日は翌年の2月下旬とのことです。
（1） 初回の契約なので契約を更新せず，産後休業中に到来する契約期間満了日に雇止めしたいと考えていますが，問題ありませんか。
（2） 本人の能力不足を理由とする雇止めの場合は，問題ありませんか。

A （1）雇止めは妊娠・出産等を理由とする不利益取扱いとして禁止されていますので，雇止めをすべきではありません。（2）本人の能力不足を理由とする雇止めは可能ですが，雇止めと妊娠・出産等との間に因果関係がないこと，つまり，妊娠・出産等を「契機として」なされたものではないことを，きちんと説明できることが必要になります。

［解説］

1 小問（1）について

（1）妊娠・出産等を理由とする不利益取扱いの禁止について

　均等法9条3項は，会社が，雇用する女性従業員が妊娠したこと，出産したこと，又は産前産後休業をしたこと等を理由として解雇その他の不利益取扱いをすることを禁止しています。
　同項が禁止する不利益取扱いの具体的内容は，性差別指針（巻末資料③）で例示されています。その中の1つに「期間を定めて雇用される者について，契約の更新をしないこと」が挙げられています（性差別指針第4の3（2）ロ）。

（2）設問の検討

　設問のケースでは，妊娠した女性従業員の雇止めが，妊娠・出産，産前産後

休業の取得を理由とする「不利益取扱い」に該当しないかが問題となります。

これまで一度も更新をしていないということですので，雇止めについて，労契法19条の適用はなく，雇止めの客観的合理的理由や相当性は要求されず，理由の如何を問わず，期間満了にて契約を終了することができるとの見解もあり得ます。

しかし，妊娠・出産，産前産後休業の取得等を理由に契約を更新しないということであれば，性差別指針に掲げられている「契約の更新をしないこと」にまさに該当し，妊娠・出産等を理由とする不利益取扱いとして禁止されます。

均等法9条3項は私法上の強行的な規定であり，不利益取扱いに該当した場合には，均等法を根拠に雇止めが無効であると判断されることになります。

したがって，雇止めをすべきではありません。

2　小問（2）について

（1）能力不足を理由とする雇止めについて

それでは，妊娠した女性従業員が，能力不足であったため，契約を更新しないと判断した場合にも，妊娠・出産等を理由とした不利益取扱いに該当し，禁止されるのでしょうか。

（2）妊娠・出産等を「理由として」に関する行政解釈

性差別指針（巻末資料③）では，妊娠・出産等を「理由として」の解釈について，「妊娠・出産等と不利益な取扱いの間に因果関係があること」と述べています（第4の3（1））。

また，均等法施行通達（巻末資料①）では，性差別指針が示している因果関係について，「妊娠・出産等の事由を契機として不利益取扱いが行われた場合は，原則として妊娠・出産等を理由として不利益取扱いがなされたものと解される」としています（第2の4（5））。

そして，「契機として」に該当するか否かについては，「基本的に当該事由が発生している期間と時間的に近接して当該不利益取扱いが行われたか否かをもって判断する」としています。

この施行通達は，妊娠を理由とした軽易業務への転換を請求した理学療法士の女性従業員を降格したことが均等法9条3項に違反すると判断された広島中

央保健生協事件（最判平26・10・23民集68巻8号1270頁）を受けて一部改訂されたものです（同事件について詳しくはQ16参照）。

さらに，厚生労働省が公表している「妊娠・出産・育児休業等を契機とする不利益取扱いに係るQ&A」（巻末資料⑧）では，「契機として」いるか否かは，「原則として，妊娠・出産・育休等の事由の終了から1年以内に不利益取扱いがなされた場合は『契機として』いると判断する。」としています。ただし，事由の終了から1年を超えている場合であっても，実施時期が決まっている措置やある程度定期的になされる措置については，事由の終了後の最初のタイミングまでの間に不利益取扱いがなされた場合は，「契機として」いると判断されるとしています。ご質問のケースのような雇止めは，契約期間満了日が決まっているため，事由の終了から1年を超えている場合であっても「契機として」に該当するといえるので注意が必要です。

ただし，Q1でも解説しているとおり，妊娠・出産等と不利益取扱いの間に因果関係がある場合であっても，次の場合には，妊娠・出産等を理由とする不利益取扱いには該当しないとされています（均等法施行通達第2の4（5））。

> イ ①円滑な業務運営や人員の適正配置の確保などの業務上の必要性から支障があるため当該不利益取扱いを行わざるを得ない場合において，
> ②その業務上の必要性の内容や程度が，法第9条第3項の趣旨に実質的に反しないものと認められるほどに，当該不利益取扱いにより受ける影響の内容や程度を上回ると認められる特段の事情が存在すると認められるとき
> 又は
> ロ ①契機とした事由又は当該取扱いにより受ける有利な影響が存在し，かつ，当該労働者が当該取扱いに同意している場合において，
> ②当該事由及び当該取扱いにより受ける有利な影響の内容や程度が当該取扱いにより受ける不利な影響の内容や程度を上回り，当該取扱いについて事業主から労働者に対して適切に説明がなされる等，一般的な労働者であれば当該取扱いについて同意するような合理的な理由が客観的に存在するとき

（3）行政解釈を踏まえた雇止めに関する考え方

以上をまとめると，行政解釈によれば，妊娠・出産等の事由の終了から1年以内になされた雇止めについては，妊娠・出産等を理由とする不利益取扱いに

該当すると判断される可能性があります。

ただし、雇止めが妊娠・出産等を理由としていないことが明らかであって、妊娠・出産等と不利益取扱いの間に因果関係がない場合には、「契機として」とはいえず、均等法9条3項によって禁止されないことになります。

また、妊娠・出産等と不利益取扱いの間に因果関係がある場合であっても、上述した業務上の必要性や特段の事情が認められる場合には、均等法9条3項によって禁止されないことになります。例えば、次のような場合には、不利益な取扱いには該当しないといえるでしょう。

- 契約の更新回数が決まっていて妊娠・出産等がなかったとしても契約は更新されなかった場合
- 経営の合理化のためにすべての有期契約社員の契約を更新しない場合

（4）設問の検討

設問のケースにおいて、雇止めの理由が能力不足だった場合であったとしても、一方では産後休業の取得中に雇止めをすることになります。そこで、雇止めと妊娠・出産等との間に因果関係がないこと、つまり、妊娠・出産等を「契機として」なされたものではないこと、が必要になります。

そのためには、次の点を慎重に検討し、少なくとも、次の点すべてに「はい」といえることが必要と考えたほうがよいでしょう。

- 妊娠等の事由の発生以前から能力不足等を問題とし注意指導をきちんとしてきたか
- 能力不足が、雇止めという取扱いをするほどに深刻なものか
- 同様に能力不足又はこれに類似する問題のある従業員にも雇止めの措置がとられているか

（冨田　啓輔）

妊娠した従業員に対する欠勤や早退等を理由とした雇止めはできるか

Q30 当社には，契約期間を1年間とする有期雇用契約を2回更新し，契約3年目の有期契約社員がいます。現在，妊娠をしており，妊婦健診やつわり等妊娠を理由とする体調不良による欠勤や早退等が増えています。

　会社に母性健康管理措置を行うべき義務があるのはわかりますが，不定期で突然休むので，会社としても困っています。

　そこで，妊娠をしたことではなく，欠勤や早退等が多いことを理由として雇止めをすることは可能でしょうか。

　欠勤や早退等が多いことを雇止めの理由としたとしても，それは実質的には，母性健康管理措置を受けたことや妊娠又は出産に関する事由による不就労を理由とするものになります。したがって，雇止めを行うことはできません。

［解説］

1　母性健康管理措置について

（1）健康診査の受診について

　会社は，女性従業員が，妊産婦のための保健指導又は健康診査を受診するために必要な時間を確保しなければなりません（均等法12条）。これは，妊産婦に対する保健指導ないし健康診査の受診が勧奨されており，女性が働いている場合には，受診の時間を確保することが困難な場合もあるため，会社に対して必要な時間を確保することを義務付けたものです。

　健康診査等を受けるために必要な時間を確保しなければならないとされている回数は，次頁の表の通りです。ただし，医師又は助産師が異なる指示をしたときは，その指示に従って，必要な時間を確保しなければなりません（均等則2条の4第1号）。

妊娠23週まで	4週間に1回
妊娠24週から35週まで	2週間に1回
妊娠36週から出産まで	1週間に1回

　したがって，女性従業員から就業時間中に妊婦健診を受診したいとの申し出を受けた場合には，上記の回数の範囲内であれば，当然に，妊婦健診の受診に必要な時間について就業を免除しなければなりません。

(2) 受診のために必要な時間の付与について

　女性従業員が妊婦健診等を受けるために必要な時間の付与方法は，会社が裁量によって決定することができます。そのため，女性従業員に対し，書面による申請を求めることも，口頭での申請を認めることも可能です（ただし，記録に残すためにも書面申請にすべきです）。また，付与の単位は，半日単位や時間単位とすることも可能です。もっとも，「必要な時間」には，通院にかかる移動時間や待ち時間等も含まれ，実質的に女性従業員の通院が妨げられることがないようにしなければなりません（平9・11・4基発695号）。

(3) その他の留意点

　ア　年次有給休暇の取得

　　妊婦健診等を受けるために必要な時間の付与は，あくまでも就業の免除です。そのため，会社から年次有給休暇の取得を強制することはできません。ただし，女性従業員が年次有給休暇の取得を自ら申し出た場合には問題ありません。

　イ　賃金の支払い

　　妊婦健診等を受けるために必要な時間に対する賃金の支払いの有無については労使の話し合いにより決定することになります。必ずしも有給である必要はありません。

　ウ　通院日や通院先の医療機関

　　通院日や医療機関は，原則として女性従業員が選択できるものです。したがって，会社が一方的に職場に近い医療機関を指定したり，会社にとって都合のよい通院日を指定したりすることはできません。

　エ　派遣社員やパートタイム社員も適用対象

母性健康管理に関する措置は，就業形態を問わず，適用があります。そのため，派遣社員やパートタイム社員についても，同様に対象になります。

2 つわり等による体調不良に対する対応

妊娠中又は出産後の女性従業員が，健康診査等の結果，医師等からその症状等について指導を受け，それを会社に申し出た場合には，会社は医師等の指導に基づき，その女性従業員が指導事項を守ることができるようにするため，作業の制限，勤務時間の短縮，休業等の措置を講じなければなりません（均等法13条）。医師からの具体的な指導がない場合には，指導がないからといって会社が何も措置を講じなくていいというわけではありません。母性健康管理指導事項連絡カード等を活用し，対応することが求められます（巻末資料⑦及びQ22参照）。

3 設問の検討

設問にある妊婦健診による不就労（欠勤・早退等）は，母性健康管理措置に伴うものになります。妊娠をしたことを理由とする雇止めが禁止されることはもちろんのこと，均等法12条で定められている母性健康管理措置を受けたことを理由とする雇止めも禁止されます（均等法9条3項，均等則2条の2第3号）。

また，均等法9条3項の「妊娠又は出産に関する事由」としては，妊娠したこと，出産したことの他，妊娠又は出産に起因する症状により労務の提供ができなかったこと若しくはできなかったこと又は労働能率が低下したこと等が規定されています（均等則2条の2第1号，2号，9号）。「妊娠又は出産に起因する症状」とは，つわり，妊娠悪阻，切迫流産，出産後の回復不全等，妊娠又は出産をしたことに起因して妊産婦に生じる症状をいいます。

設問のケースでは，つわり等の「妊娠又は出産に起因する症状」に該当しますので，「妊娠又は出産に関する事由」に該当することになります。

以上を踏まえれば，欠勤や早退等が多いことを雇止めの理由としたとしても，それは実質的には，母性健康管理措置を受けたことや妊娠又は出産に関する事由による不就労を理由とするものになります。

したがって，雇止めを行うことはできません。

（冨田　啓輔）

第3章　産前産後休業・育児休業の取得に関するマタハラ

I　休業制度の利用

うつ病により休職中の従業員につき産前産後休業・育児休業の取得を認めなければならないか

Q31　うつ病により私傷病休職期間中の女性従業員から，「妊娠したので産前産後休業と育児休業を取得させてほしい」という連絡がありました。当社としては，この産前産後休業・育児休業の取得を認めなければならないでしょうか。

A　私傷病休職中の従業員についても，申出があれば，産前産後休業や育児休業を取得させなければなりません。

［解説］

1　問題の所在

　うつ病により休職中の従業員から産前産後休業，育児休業の請求があった場合，会社は産前産後休業や育児休業を認めなければならないでしょうか。また，そもそも，どのような場合に，会社は産前産後休業や育児休業を認める義務があるでしょうか。

2　産前産後休業及び育児休業に関する法令

（1）産前産後休業について

　休職期間中に産前産後休業を請求できるのでしょうか。この点，年次有給

休暇については，労働義務のある日についてのみ請求できるものであり，休職期間中には請求の余地がないとの通達が存在します（昭31・2・13基収489号）。これは，年次有給休暇が労働義務を免除するものである以上，もともと労働義務のない休職期間中に年次有給休暇を与える必要はないとの趣旨によるものです。

　しかし，通達（昭25・6・16基収1526号）では，産前休業については「産前休業の請求を行うためには就労していることが前提とならない」としています。そして，労基法19条1項は，産前産後休業期間及びその後30日間は，解雇が制限されることを定めています。この解雇制限は，休職にはない効果です。

　さらに，年次有給休暇における出勤率の算定についても，労基法39条8項は，「労働者が業務上負傷し，又は疾病にかかり療養のために休業した期間及び育児休業，介護休業等育児又は家族介護を行う労働者の福祉に関する法律第2条第1号に規定する育児休業又は同条第2号に規定する介護休業をした期間並びに産前産後の女性が第65条の規定によって休業した期間は，第1項及び第2項の規定の適用については，これを出勤したものとみなす」と規定しています。

　このように，産前産後休業は，労基法上認められた権利であり，法律上，例外が認められていない以上，休職期間中であっても認める必要があります。なお，休職制度と産前産後休業は別の制度ですので，休職中に産前産後休業を取得したとしても，うつ病等の疾病が治癒しておらず，休職事由が消滅していない以上，休職期間は進行するというべきです（ただし，実務上の対応については3を参照して下さい）。

（2）育児休業について

　育児休業については，労基法19条1項の適用対象ではありませんが，育介法6条1項が「事業主は，労働者からの育児休業申出があったときは，当該育児休業申出を拒むことができない」としており，また，上記（1）のとおり，労基法39条8項において産前産後休業と同じく労基法上認められた制度ですので，産前産後休業と同様，休職中であっても申出があればその取得を認めなければなりません。

3 実務上の対応

　以上のとおり，私傷病休職と産前産後休業・育児休業とは別の制度ですので，従業員はどちらも取得することができますし，また，私傷病休職中に産前産後休業・育児休業が開始したとしても，私傷病休職期間はそれとは別に進行します。

　そして，私傷病休職期間の方が先に満了すれば，理論的には，その時点で復職の可否を判断することになるものの，労基法19条1項との関係で，産前産後休業期間中及びその後30日間は解雇が制限されます。また，同条は，直接的には解雇を制限するものですが，退職の場合にも類推適用又は準用されるとする裁判例も存在するので，退職扱いも無効になる可能性が高いです（ライフ事件・大阪地判平23・5・25労判1045号53頁，医療法人健進会事件・大阪地判平24・4・13労判1053号24頁）。

　そこで，実務対応上は，（育児休業の申出がない場合には）私傷病休職期間を産前産後休業期間の満了日の30日後に合わせて延長し，その時点で復職の可否を判断するというのが一般的です。

　他方で，育児休業に関しては，労基法19条1項の解雇の制限はかかりませんが，育児休業中の従業員は，休職期間が満了しても，引き続き労働義務を免除されていますので，その途中で復職の可否を検討することは現実的ではありません。そのため，実務的には，この場合にも，産前産後休業とパラレルに考えて，私傷病休職期間を育休の終了日に合わせて延長し，育休終了時点で復職の可否を判断するというのが一般的です。

　延長した休職期間満了日時点で私傷病休職の原因が消滅しておらず復職できなかった場合には，私傷病休職の満了により雇用が終了することになります。この雇用の終了は，産前産後休業，育児休業の終了と近接したものですが，これらの休業を取得したことを理由とするものではありませんので，均等法9条3項及び育介法10条が禁止する不利益取扱いにはあたりません。もっとも，休職原因の消滅の有無については慎重な判断が必要です。

（西内　愛）

養子を迎え入れる従業員，事実婚や同性カップルの従業員につき，妊娠や育児に関する制度の利用を認める義務はあるか

Q32 養子を迎え入れる従業員，事実婚や同性カップルの従業員による妊娠や育児に関する制度の利用について教えてください。

（1）養子を迎え入れる予定の従業員について，育児休業等の育介法上の制度利用を認める必要はあるでしょうか。

（2）事実婚や同性カップルの場合に産前産後休業や育児休業等の育介法上の制度利用を認める必要はあるでしょうか。

（3）以上の場合について就業規則等の社内規程上も何らかの対応をすべきでしょうか。

A （1）特別養子縁組のための試験的な養育期間中にある場合等，一定の場合には制度利用を認める必要があります。

（2）産前産後休業や育介法上の制度利用は，婚姻の有無や形態を問いません。

（3）社内規程で取扱いを明確化しておくことが望ましいでしょう。

[解説]

1 問題の所在

設問では，育介法上の制度を従業員が取得できることとなる「子」の定義及び法律上の婚姻の有無が産前産後休業や育介法上の制度利用について影響を与えるかどうかが問題となります。

2 従業員が養子を迎え入れる場合に育児休業を取得できるか

（1）育介法上の制度の対象となる「子」の定義

　育児休業（育介法5条1項）を取得できる対象の「子」には，法律上の親子関係がある実子及び養子に加え，平成29年1月1日施行の改正育介法により，以下の場合も含まれることとなりました（育介法2条1号。特別養子縁組，養育里親等については，次頁以下の表をご参照ください）。

①特別養子縁組のための試験的な養育期間にある子を養育している場合 ②養子縁組里親（保護者のない子や家庭での養育が困難で実親が親権を放棄する意思が明確な場合等の，養子縁組によって子の養親となることを希望する里親）に委託されている子を養育している場合 ③当該従業員を養子縁組里親として委託することが適当と認められるにもかかわらず，実親等が反対したことにより，当該従業員を養育里親（様々な事情により家族と暮らせない子を一定期間，自分の家庭で養育する里親）として委託された子を養育する場合

　上記対象に当てはまる子がいる従業員については，育児休業のほかに，子の看護休暇（育介法16条の2），所定外労働の制限（残業の免除）（育介法16条の8），時間外労働の制限（育介法17条），深夜業の制限（育介法19条），所定労働時間の短縮措置（育介法23条）等，育介法上の全ての制度を利用することができます。
　したがって，養子を迎え入れる予定の従業員が，上記①〜③のいずれかに当てはまる場合，その申出があれば，会社は，育児休業の取得を認めなければなりません（育介法6条1項）。
　なお，育児休業等の制度の利用は，従業員の意思に関わらず「子を養育しないこととなった場合」に終了しますが，子が養子の場合において，離縁や養子縁組の取消があったとき，特別養子縁組の不成立等の場合にも，育児休業等が終了することとなります（育介法8条・9条，育介則20条・21条，育介法16条の8第3項〜第5項，育介則46条，育介法17条3項〜5項・育介則54条・55条，育介法19条3項〜5項，育介則63条・育介則64条等）。

	特別養子縁組	普通養子縁組	養育里親
意義	原則として6歳未満の未成年者の福祉のため特に必要があるときに、未成年者とその実親側との法律上の親族関係を消滅させ、実親子関係に準じる安定した養親子関係を家庭裁判所が成立させる縁組制度（民法817条の2）。	養子縁組によって、養親となる者と養子となる者との間に、嫡出の親子関係を作り出すもの（民法809条）。 里親制度のうち、養子縁組を目的とする場合は養子縁組里親となる（児童福祉法6条の4第2項）。	養子縁組を目的とせずに、要保護児童を預かって養育する里親制度（児童福祉法6条の4第1項）。
養親（里親）の要件	配偶者がいる者（民法817条の3）。	配偶者がいることは要件になっていない（民法795条参照）。	一定の条件を満たせば配偶者のいない者でも可能（里親委託ガイドライン（雇児発0330第9号 平成23年3月30日一部改正平成24年3月29日雇児発0329第3号）6（3）②）。
	養育者の年齢は、原則として25歳以上であること（民法817条の4）。	養育者の年齢が成年であること（民法792条）。	養育可能な年齢（前掲・里親委託ガイドライン6（3）①）。地方自治体により一定の年齢を定めている場合もある。
養子（里子）の要件	原則として、6歳未満であること（民法817条の5）。	15歳未満の子が養子となる場合 法定代理人が縁組の承諾をすることができる（民法797条1項）。 未成年者を養子とする場合（自己又は配偶者の直系卑属を養子とする場合を除く） 家庭裁判所の許可（民法798条）。	乳児〜18歳未満の児童（児童福祉法4条1項、6条の3第8項、6条の4第1項）。

※里親制度においては、親族里親（扶養義務者及びその配偶者である親族であり、現に看護している両親等が死亡、行方不明等の状態になった時に子供を養育する里親）、専門里親（虐待等により心身に有害な影響を受けた子どもや非行等の問題を有する児童等、特に専門的な支援を必要とする子どもを養育する里親）等の場合もありますが、本稿のテーマとの関係で、詳細は割愛します。

	特別養子縁組	普通養子縁組	養育里親
親子関係	実親子関係に準じた関係（戸籍上の扱いは「実子」と同じく表記）（民法817条の2第1項、同817条の9）。	養親子関係（戸籍上の扱いは「養子」と表記）（民法809条、戸籍法13条5号）。	里子は実親の戸籍に入ったままで、単に「委託」なので養育者との戸籍上の親子関係は発生しない（児童福祉法27条1項3号等参照）。 住民票上の続柄は「縁故者」又は「同居人」となる。 なお、里子は里親の加入する健康保険に加入できないが児童相談所から受診券が発行される。
親子（養育）関係の成立	家庭裁判所が以下につき確認し審判を行うこと。 ①原則として、養子となる者の父母の同意があること（民法817条の6）、 ②「父母による養子となる者の監護が著しく困難又は不適当であることその他特別の事情がある場合において、子の利益のため特に必要があると認めるとき」であること（民法817条の7）、 ③養親となる者が養子となる者を6か月以上の期間監護した状況（民法817条の7） ※家庭裁判所の審判確定後市区町村役場に届出	当事者間の合意（及び家庭裁判所の許可（民法798条本文））後、市区町村役場に届出（民法800条）。	児童相談所からの委託措置により養育関係が成立（児童福祉法27条1項3号、11条1項2号、12条2項、32条1項）。

	特別養子縁組	普通養子縁組	養育里親
親子（養育）関係の解消	以下のいずれにも該当する場合において，家庭裁判所の審判がある場合のみ（民法817条の10）（その後市区町村役場に届出）。 ①養親による虐待，悪意の遺棄その他養子の利益を著しく害する事由があること。 ②養子の実父母が養子を監護することができること。	・協議離縁　当事者の合意により，市区町村役場に離縁届を提出（民法811条1項，812条・739条準用）。 ・裁判離縁（調停・審判・裁判）　以下の事由があることを家庭裁判所に申し立て，裁判所の審判等の後，市区町村役場に届出（民法814条，815条）。 ①他の一方から悪意で遺棄されたとき。 ②他の一方の生死が3年以上不明なとき。 ③その他，縁組を継続し難い重大な事由があるとき。	里子が18歳になると原則として養育関係の措置解除になり，養育義務がなくなる（ただし，20歳までの措置延長があり得る）（児童福祉法31条2項）。

（2）就業規則の定め

「子」の定義は，育児休業を定めた育児・介護休業規程等において定めなかったとしても，育介法上の定めに従うこととなるため，必ずしも規定する義務はありませんが，制度の対象範囲を従業員に対して明確に周知するという観点から，規程においても定めておくべきです。また，育児休業等の申出の様式も，上記①〜③の「子」全て対応したものとすべきです（上記改正育介法に対応した様式例は，厚生労働省のウェブサイトでダウンロードできます）。

3　事実婚・同性カップルの場合の取扱い

（1）産前産後休業の取得

労基法65条は，6週間（双子などの多胎妊娠の場合は14週間）以内に出産する予定の女性は，産前休業を請求でき，産後8週間を経過しない女性は，「就業させてはならない」と定めています。この規定は，女性従業員の母性保護が目的です。母性保護とは，厚生労働省による本条の解釈によりますと，「医学的にみると妊娠末期には胎児の成長が著しく，そのため母体の負担が大

きい。また後期妊娠中毒症（注：妊娠高血圧症候群）のような疾病を起こしやすく、早産の危険性も高くなるため、出産前の一定期間は休養をとる必要があるとされている。また、出産後については、妊娠・分娩という大きな生理的変化を遂げた母体が妊娠前の状態に復するために一定期間を要するので、その間はやはり休養をとることが必要となる。」と考えられています（厚生労働省労働基準局編「平成22年度版労働基準法（下）」741頁）。このような趣旨からも分かるとおり、産前産後休業の取得をするために、婚姻の有無等は問われませんので、上記規定にあてはまる限り、産前産後休業の対象になります。

（2）育介法上の制度利用

従業員が、事実婚である場合や、同性カップルである場合で法律上婚姻をしていない場合でも、当該従業員に上記1の定義にあてはまる「子」がいる場合は、育児休業等を取得することができます。

なお、特別養子縁組は、配偶者がいる者でなければならない（民法817条の3第1項）ことから、従業員が法律上婚姻をしていることが前提となりますが、普通養子縁組（民法792条以下）の場合は、配偶者がいることが要件にはなりません。

また、養育里親（児童福祉法27条1項3号、6条の4第1項等）の場合は、一定の条件を満たせば、独身者や、同性カップルの家庭でもなることができますし、養子縁組里親についても、配偶者がいることは必ずしも要件となっていません。

したがって、会社としては、従業員について、事実婚の場合や同性カップルの場合でも、育介法2条1号の「子」がいると確認できた場合には、育介法上の制度利用を認める必要があります。

（3）就業規則の定め

上記のように制度利用が認められる場合について、育児休業を定めた育児・介護休業規程等において定めなかったとしても、育介法上の定めに従うこととなるため、上記1と同様、必ずしも規定する必要はありません。しかし、家族の在り方が多様化しているなかで、制度の対象範囲を従業員に対して明確に周知するという趣旨からは、社内規程においても定めておくことがより望ましいといえます。

（西内 愛）

育児休業終了後に必ず職場に復帰する旨の誓約書を提出させることに問題はあるか

Q33 育児休業を最大限取得して，さらに復帰と同時に未消化の年次有給休暇を全部取得した上で退職する従業員（正社員）が後を絶たないことから，育児休業開始にあたり，育児休業終了後に必ず職場に復帰する旨の誓約書を提出させたいと考えていますが，問題ないでしょうか。また，仮に誓約書を提出させた場合，法的な拘束力はあるでしょうか。

A 誓約書の提出を求めること自体は違法ではないものの，法的な拘束力はないと考えられます。よって，他の方法による職場復帰の促進を検討すべきです。

[解説]

1 問題の所在

設問では，育児休業終了後に必ず職場に復帰する旨の誓約書を提出させることの可否，法的拘束力及び実効性が問題となります。

2 職場復帰をする旨の誓約書を提出させることの可否

会社としては，育児休業終了後に復帰することなく辞めてしまう従業員が後を絶たないということになると，育児休業を取得していた従業員が復帰する前提で立てていた人員計画が成り立たなくなる等の支障が生じることから，誓約書を提出させて従業員の職場復帰を確実にしたいといった事情があることは理解できます。それでは，このような対応は可能なのでしょうか。

育介法の基本理念を定める育介法3条を見てみますと，2項には，「子の養育又は家族の介護を行うための休業をする労働者は，その休業後における就業を円滑に行うことができるよう必要な努力をするようにしなければならない」

と規定されています。育介法施行通達第1の3においても，育介法3条2項は，法的に具体的義務を課すというものではなく，訓示規定であるとしつつ，「子の養育又は家族の介護を行うための休業をする労働者は，その休業の趣旨が本人の雇用の継続のためであること，そのために事業主その他の関係者も本人の休業に配慮するものであること等にかんがみ，当該趣旨を没却させないよう，休業後の職場復帰に備えて心づもりをしておくべきであることを明らかにしたものであること」としています（巻末資料②）。

このように，育介法は，休業期間の終了後は職場復帰することを育児休業制度の当然の前提とするといえます。そのため，会社が育児休業申出者から，育児休業終了後は必ず職場に復帰する旨の誓約書を提出させること自体は，育介法の趣旨に反し公序良俗（民法90条）等に照らして違法・無効とはならないでしょう。

3 誓約書の法的な拘束力

育児休業終了後は必ず職場に復帰する旨の誓約書を提出させること自体が違法ではないとしても，誓約書を提出させるという対応が取られていると，従業員側としては，事実上育児休業を取得しづらくなり，また，復帰後，育児をしながら仕事をする際の職場環境に対しても不安を感じ，結果として，退職してしまうといった弊害が生じるおそれがあります。

そして，育児休業終了後は必ず職場に復帰する旨の誓約書を提出させたとしても，無期雇用契約の場合は，原則として，2週間の予告期間をおくことにより，従業員はいつでも辞職することができます（民法627条1項）。そのため，仮に育児休業終了後に必ず復帰する旨の誓約書を従業員に提出させたとしても，当該従業員が無期雇用契約であれば，会社は，当該従業員の辞職を止めることはできません。つまり，誓約書に法的な拘束力はありません。

実質的に見ても，休業中に，家庭生活や育児環境の変化，子の病気等の事情によって，辞めざるを得ない事態が生じることもあるところですので，育児休業後，職場復帰しなかったからといって，当該従業員を必ずしも非難できるものではありません。また，育児休業に入った当初から育児休業後に辞めるつもりであったのか，それとも育児休業中に職場復帰できない事情が生じたのかに

ついて，会社としてそれを確認することは困難です。仮に当該従業員が，当初から育児休業後に辞めるつもりであっても，育児休業の取得要件を満たしている限り，会社は，上記2のとおり，育児休業の取得を拒否することはできません（育介法6条1項本文）。

さらに，育児休業終了後，未消化の年次有給休暇（労基法39条1項）の取得を妨げることもできません。従業員に付与された年次有給休暇は，従業員の請求する時季に与えなければならないこととなっています（同条5項本文。時季指定権）。会社は，例外的に，請求された時季に年次有給休暇を与えることが事業の正常な運営を妨げる場合においては，他の時季にこれを与えることができます（同条5項ただし書。時季変更権）。しかし，ひとたび従業員から育児休業終了後未消化の年次有給休暇の残日数を消化した日をもって退職する旨の意思表示がなされてしまうと，会社としては，時季変更権を行使して年次有給休暇を他の労働日に変更する余地もないことになります。

したがって，育児休業終了後に必ず職場に復帰する旨の誓約書を提出させることそれ自体には，育児休業を取得する従業員に対し育児休業後に職場復帰することを事実上促す以上の効果はないと考えるべきです。

4 設問について

以上のとおり，誓約書を提出させることには事実上の弊害があり，法的な拘束力もありませんので，育児休業の取得を申し出た従業員に対して誓約書の提出を求めることはお勧めできません。

未消化の年次有給休暇を全部取得した上で退職する女性従業員が後を絶たないということは，育児中の従業員にとって，実態として勤務継続が難しいと感じさせる職場環境である可能性もあります。

そのため，育児休業後に復帰する旨の誓約書を提出させるよりも，むしろ，育児をしながら働くことについて障害となっている事情，例えば，人員の充足状況や個々の従業員の業務分担のあり方，残業の実態，時短勤務等の制度利用に対する職場の雰囲気等を把握し，育児を続けながらも働きやすい職場環境づくりに向けて必要な見直しを検討していく方が，育児休業後の従業員の職場復帰を促すために重要です。

（西内 愛）

Ⅱ　配置の決定・変更

同じ部署に所属している夫婦から同時期に育児休業を取得する申出があった場合，あらかじめ夫婦のどちらかを異動させてよいか

Q34　同じ部署に所属している夫婦から，妊娠の報告を受けるとともに，出産後は夫婦が同時期に育児休業を取りたいと考えていると言われました。同時に育児休業を取られてしまうと，同じ部署から2人も離脱してしまい，業務への支障が大きいので，あらかじめ夫婦のどちらかを異動させておきたいと思っていますが，異動させてよいでしょうか。なお，就業規則には「業務の都合により出張，配置転換，転勤を命じることがある」と定められています。

　異動が「不利益な配置の変更」に当たる場合は，育介法10条が禁止する不利益取扱いに該当するため，異動させることはできません。

［解説］

1　問題の所在

　設問では，同じ部署に所属している夫婦から同時期に育児休業を取得したいという意向が示された場合，あらかじめ夫婦のどちらかを異動させることが，配置の変更に関する不利益取扱いとして，育介法10条が禁止する不利益取扱いに該当しないか，また，異動をさせる場合にどのような対応を取るべき等が問題となります。

2　育児休業制度及びパパ・ママ育休プラス

　まず，検討の前提として，両親ともに育児休業を取得する場合の要件について確認しておきたいと思います。

（1）育児休業制度

育介法5条1項は，男女を問わず，その養育する1歳に満たない子について，会社に申し出ることにより育児休業を取得できると定めています。

（2）両親ともに育児休業をする場合（パパ・ママ育休プラス）の特例

育児休業制度の取得にあたっては，配偶者が就労していること等は要件になっていませんので，両親が同時に育児休業を取得することができます。

そして，両親ともに育児休業する場合で，次のいずれにも該当すれば，育児休業の対象となる子の年齢が，「原則1歳に満たない子」から「原則1歳2か月に満たない子」に延長されます（いわゆる「パパ・ママ育休プラス」）。

> ①育児休業を取得しようとする従業員（以下「本人」）の配偶者が，子の1歳に達する日（1歳の誕生日の前日）以前において育児休業をしていること
> ②本人の育児休業開始予定日が，子の1歳の誕生日以前であること
> ③本人の育児休業開始予定日が，配偶者がしている育児休業の初日以降であること

この特例により育児休業を取得する場合も，育児休業が取得できる期間（出産した女性の場合は，出生日以後の産前産後休業期間を含みます）は，通常どおり1年間です。

3　不利益取扱いに関する法令・指針

（1）不利益取扱いの禁止

育介法は，「事業主は，労働者が育児休業申出をし，又は育児休業をしたことを理由として，当該労働者に対して解雇その他不利益な取扱いをしてはならない」と定めています（育介法10条）。

（2）配置の変更に関する不利益取扱い

そして，育介指針（巻末資料⑤）においては，「不利益な配置の変更を行うこと」が上記不利益取扱いに該当するとしています（第2の11（2）ヌ）。

同指針は，配置の変更が不利益な取扱いに該当するか否かについては，以下のとおり判断すべきとしています（第2の11（3）ヘ）。

> 配置の変更が不利益な取扱いに該当するか否かについては，配置の変更前後の賃金その他の労働条件，通勤事情，当人の将来に及ぼす影響等諸般の事情について総合的に比較考量の上，判断すべきものであるが，例えば，通常の人事異動のルールからは十分に説明できない職務又は就業の場所の変更を行うことにより，当該労働者に相当程度経済的又は精神的な不利益を生じさせることは，（2）ヌの「不利益な配置の変更を行うこと」に該当すること。

4 設問の検討

　設問の背景には，同じ部署から同時に2名の従業員が育児休業を取得すると，部署の他の従業員でカバーしたり，その期間だけ代替要員を確保したりすることが難しいという会社の事情があるのでしょう。しかし，育児休業の申し出があったことを契機に異動を命じた場合，これが「不利益な配置の変更」に該当すると，上記のとおり，育介法10条に違反するものとして，違法・無効となります。

　そこで，夫婦同時に育児休業をとることが予定される場合において，夫婦いずれかの異動を検討する際には，①異動の必要性（部署の人数や，当該夫婦の地位・役職・職務内容等の事情から，夫婦が同時に育児休業を取得すると具体的にどのような業務への支障が生じるか，予め異動をさせておくべき事情等）の側面と，②異動の対象となる当人に対する経済的又は精神的不利益（配置の変更前後の賃金その他の労働条件が不利益に変更されることはないか，部署異動により勤務場所が変更され通勤時間が長くなるなどの不利益はないか，当人の将来に及ぼす不利な影響等），及び③異動の対象となる当人に対する有利な側面はあるか（新たな部署での経験を積むことにより昇進に有利に働く，業務負担が軽減される，部署移動により勤務場所が変更され通勤時間が短くなる等）等を考慮する必要があります。

　その上で，異動の対象となる従業員の意向もよく確認しつつ，配置の変更による利益・不利益について当該従業員に十分に説明し，書面による同意を得た上で行うべきです。

〔西内　愛〕

出向受入中の従業員が育児休業を取得する場合に出向を解除し出向元に戻せるか

Q35 当社に出向受入中の男性従業員から，育児休業を取りたいという申出があったので，出向を解除し，出向元に戻したいと考えているのですが，このような対応に問題はないでしょうか。

A 育児休業の取得により出向の目的を現に達成できない場合は出向元に戻すことが可能ですが，そうでなければ，「不利益な配置の変更」として育介法10条が禁止する不利益取扱いに該当する可能性が高いでしょう。

[解説]

1 問題の所在

設問では，出向受入中の従業員が育児休業の取得を申し出た場合に，出向を解除し出向元に戻す措置が，配置の変更に関する不利益取扱いとして，育介法10条が禁止する不利益取扱いに該当するかが問題となります。

2 出向元への復帰命令・出向契約の解除

一般に，出向受入れ中に，出向者を出向元に戻せるかどうかは，出向元と出向先の間の出向契約の内容や，出向に関する就業規則，出向者と出向元との間の合意の内容によります。

まず，出向契約等において，出向者から育休取得の申出があった場合には出向契約を解除して出向元から復帰命令をすることが予定されていれば，出向契約を解除の上，出向元に戻す対応が考えられます。

また，出向契約等において，元々，出向期間中といえども，出向元と出向先の間で協議の上出向元から出向者に対する復職命令があれば出向者が出向元に復職することが予定されていた場合には，出向者から育休取得の申出があった

場合に出向元と出向先の間で協議し，出向元に復職させる対応も考えられます。

もっとも，出向契約上，このような取り決めをしておくことや，このような対応をすることは，適法といえるでしょうか。

3　不利益取扱いに関する法令・指針

（1）不利益取扱いの禁止

育児休業の取得を申し出ることを理由とする解雇その他の不利益取扱いは，育介法10条によって禁止されています。

（2）配置の変更に関する不利益取扱い

育介指針（巻末資料⑤）においては，「不利益な配置の変更を行うこと」が上記不利益取扱いに該当するとしています（第2の11（2）ヌ）。

「配置の変更」は，通常，企業内の人事異動を想定しているものと考えられますが，設問で問題となっている出向先から出向元への復帰も，企業間の人事異動であり，人事異動の一形態として，「不利益な配置の変更を行うこと」の判断基準に沿って検討するべきです。

同指針は，配置の変更が不利益な取扱いに該当するか否かについては，以下のとおり判断すべきとしています（第2の11（3）ヘ）。

> 配置の変更が不利益な取扱いに該当するか否かについては，配置の変更前後の賃金その他の労働条件，通勤事情，当人の将来に及ぼす影響等諸般の事情について総合的に比較考量の上，判断すべきものであるが，例えば，通常の人事異動のルールからは十分に説明できない職務又は就業の場所の変更を行うことにより，当該労働者に相当程度経済的又は精神的な不利益を生じさせることは，（2）ヌの「不利益な配置の変更を行うこと」に該当すること。

4　出向元への復帰命令の不利益取扱い該当性

（1）「不利益な配置の変更を行うこと」への該当性

設問のように，育児休業取得申出後に出向契約を解除又は出向元からの復職

命令を行い，出向元に復帰させることについては，育児休業を契機として，当該従業員に対して不利益を与える措置であるとして，上記指針に照らし，「不利益な配置の変更を行うこと」に該当しないかどうか検討する必要があります。

　女性従業員の産前産後休業及び育児休業取得の場合には，両方の休業を通じて1年以上の長期にわたる場合もあるので，産前産後休業に加えて，長期の育児休業を取得することになった時点で，出向の目的が果たせなくなるため，出向元に復職させる必要があるということは十分考えられます。

　しかし，設問のように，男性従業員が育児休業を取得するというときには，実際のところ，1週間など，ごく短期間の取得にとどまる場合もあります。そのように，ごく短期間の育児休業の申出をした場合に，出向を解除し又は出向元からの復職命令を行い，出向元に復帰させる措置を採るという場合，当該措置は，「通常の人事異動のルールからは十分に説明できない」ものであって，当該従業員に相当程度経済的又は精神的な不利益を生じさせるものであるとして，当該措置が育介指針のいう「不利益な配置の変更を行うこと」に該当する可能性が高いでしょう。

　他方で，男性従業員が長期の育児休業を取得することを申し出ており，育児休業を取得した場合には出向の目的が果たせなくなるなど，出向元へ復帰させる必要性や事情があるという場合には，出向元へ復帰することについて，特に経済的又は精神的不利益が想定されなければ，「不利益な配置の変更を行うこと」には該当しないと考えます。

（2）例外的に不利益取扱いに該当しない場合

　出向を解除し又は出向元からの復職命令を行い，出向元へ復帰させることが「不利益な配置の変更を行うこと」に該当する場合，通常は，出向元へ復帰させるべき業務上の必要性もなく，一般的な従業員であれば当該取扱いについて同意するほどの有利な影響があり，かつ，出向者に対し適切に説明をしたうえで出向元への復帰について同意を得ない限り，不利益取扱いの例外にも該当しないでしょう。不利益取扱いの例外にも該当しない場合，出向元へ復帰させることは，育介法10条の不利益取扱いに該当し，違法・無効となります。

（西内 愛）

Ⅲ　降格

産前産後休業及び育児休業の申出をした従業員につき部長職を解いてもよいか

Q36　当社で，部長Ａから，産前産後休業及び育児休業の申出がありました。これを受け，当社は，Ａに対し，部長職を解き，別の者を部長とするという話をしましたが，Ａから特に異論は述べられませんでした。Ａにつき部長職を解いたことについて何か問題はあるでしょうか。また，Ａの育児休業後の復帰に伴い，Ａを部長に復帰させなければならないでしょうか。

A　Ａが積極的に異論を述べなかったとしても，部長職から解くことは，原則として不利益取扱いにあたります。また，復職後は，原則として部長に復帰させるよう配慮すべきです（みなと医療生活協同組合（協立総合病院）事件）。

[解説]

1　問題の所在

設問では，産前産後休業及び育児休業の申出をした従業員につき部長職を解く扱いが，降格にあたる不利益取扱いとして，均等法９条３項及び育介法10条が禁止する不利益取扱いに該当しないかが問題となります。

2　裁判例の紹介

設問の検討については，均等法，育介法が現行のように改正される前の裁判例ですが，みなと医療生活協同組合（協立総合病院）事件（名古屋地判平20・2・20労判966号65頁）が参考になります。

本事件は，Ｙが運営する民間総合病院に勤務する看護師Ｘが，産前産後休業

とそれに続く育児休業等をきっかけとする看護師長解任，夜勤の多い病棟勤務への異動命令，深夜業制限請求の拒否等に対する慰謝料，及び師長解任による減給分の損害賠償を請求した事案です。

　Xは，平成3年に病棟主任に，平成7年10月には病棟看護師長に昇格しました。しかし，Xは師長昇格の直後に妊娠し，平成8年4月から病休，同年6月から産前産後休業，同年9月から平成9年6月まで育児休業を取得しました。

　Xは，産前休業中の平成8年7月に師長を解任され（Yは解任に関して特に異議を表明しませんでした。），育児休業明けの平成9年7月以降，外来の平看護師として職場復帰しましたが，この降格によって役職手当と調整給を得られなくなりました。

　Xは，師長解任等のYの行為が債務不履行又は不法行為に当たると主張し，損害賠償として，慰謝料と師長解任による減給分の支払い等を求めて提訴しました。

　本事件において，裁判所は，看護師長解任に関し，解任についてXY間に合意があったことを認め，「降格を人事権の行使として裁量的判断により行うことは原則として許容され，強行法規に反したり，人事権の濫用に当たる場合に違法となるにすぎない」としたうえで，以下のように判断しました。

①Xが主張する平成7年改正前の旧育児休業法7条は育児休業取得を理由とする「解雇」のみを禁止していたものであり，本件師長解任が直ちに育児休業取得を理由とするものとは認められない。師長解任が育児休業の取得を困難にさせ「法の労働者に権利を保障した趣旨を実質的に失わせるもの」とも認めがたい。
②Xは労基法65条違反，平成9年改正前の旧均等法8条（現9条）違反等を主張するが，師長解任が産前産後休業の取得を理由とするものとも認められない。
③Xの主張する旧育児休業法9条（休業後の従業員の配置等の雇用管理等に関し必要な措置を講ずる事業主の努力義務。現育介法22条）は事業主に原職復帰の義務を課していたものではなく，師長に復帰させなかったことが裁量権を逸脱した行為であるとも認められない。

　このように、裁判所は、産前産後休業とそれに続く育児休業等をきっかけとする看護師長解任という取扱いが、違法ではないと判断しました。

3　設問に関する法令・指針

（1）不利益取扱いの禁止に関する法令・指針
　現行法下では、みなと医療生活協同組合（協立総合病院）事件の事案が起きた時とは異なり、産前産後休業や育児休業の取得を理由とする解雇以外の不利益取扱いも禁止されています（均等法9条3項、育介法10条）。
　そして、性差別指針（巻末資料③）第4の3（2）ホ及び育介指針（巻末資料⑤）第2の11（2）トによれば、「解雇その他不利益な取扱い」には、「降格させること」が含まれています。

（2）育児休業から復帰した後の配置
　育介法22条は、「事業主は、育児休業申出及び介護休業申出並びに育児休業及び介護休業後における就業が円滑に行われるようにするため、育児休業又は介護休業をする労働者が雇用される事業所における労働者の配置その他の雇用管理、育児休業又は介護休業をしている労働者の職業能力の開発及び向上等に関して、必要な措置を講ずるよう努めなければならない」と規定しています。本条を受けて、育介指針第2の7（2）においては、「育児休業及び介護休業後においては、原則として原職又は原職相当職に復帰させるよう配慮すること」とされています。
　「原職相当職」の意義に関しては、育介法施行通達（巻末資料②）第9の3（5）では、「個々の企業又は事業所における組織の状況、業務配分、その他の雇用管理の状況によって様々であるが、一般的に、①休業後の職制上の地位が休業前より下回っていないこと、②休業前と休業後とで職務内容が異なっていないこと及び③休業前と休業後とで勤務する事業所が同一であることのいずれにも該当する場合には、「原職相当職」と評価されるものである」とされています。

4 設問について

(1) 不利益取扱い該当性

　設問について、現行法を前提に検討しますと、まず、Ａから産前産後休業及び育児休業の申出があったことを受け、Ａについて部長職を解き、別の者を部長にすることとしたという経緯ですので、Ａの申出を契機として、部長職を解くという「降格」の不利益取扱いが行われたものとして、原則として育児休業の申出を理由として不利益取扱いがなされた場合に該当します。

　ただし、次の①又は②の場合に該当する場合には、例外的に不利益取扱いには該当しません。

> ① ａ 円滑な業務運営や人員の適正配置の確保などの業務上の必要性から支障があるため当該不利益取扱いを行わざるを得ない場合において、ｂ その業務上の必要性の内容や程度が、法第10条の趣旨に実質的に反しないものと認められるほどに、当該不利益取扱いにより受ける影響の内容や程度を上回ると認められる特段の事情が存在すると認められるとき、又は
>
> ② ａ 当該従業員が当該取扱いに同意している場合において、ｂ 当該育児休業及び当該取扱いにより受ける有利な影響の内容や程度が当該取扱いにより受ける不利な影響の内容や程度を上回り、当該取扱いについて会社から従業員に対して適切に説明がなされる等、一般的な従業員であれば当該取扱いについて同意するような合理的な理由が客観的に存在するとき

　まず、①の判断に当たっては、Ａが産前産後休業や育児休業を取得することにより就労できない期間が生じることにより、部長職に他の者を割り当てる必要性が生じること等の業務上の必要性や、Ａが部長職を解かれるのは、休業期間中のみか、あるいは休業期間後の役職はどうなるのか、Ａが部長職を解かれることにより生じる減給や今後の処遇に与える不利益の有無や程度等を考慮して、特段の事情が存在すると認められるかどうかが判断のポイントとなります。

　また、②の判断にあたっては、特に異論を述べなかったというＡの対応については、まず、同意書もなく、異論を述べなかったというだけでは直ちに同意

があったということは言えませんので，その他に当該取扱いに同意していたと認定できる事情はあるか（すなわち，下記のポイントにもかかわりますが，部長職を解くことによる影響について適切な説明を受けて，本人の自由な意思に基づいて当該取扱いに同意していたといえるか（広島中央保健生協事件・最判平26・10・23民集68巻8号1270頁参照）等が問題となります。

　そして，Aの同意があったと認められる場合も，Aが部長職を解かれるのは，休業期間中のみか，あるいは休業期間後の役職はどうなるのか，Aに対する取扱いについてどのような説明が行われていたか，また，部長職を解かれることによって，A本人にとってはどのような有利な影響があるのか（業務負担の軽減等），部長職を解かれることにより生じる減給等の不利な影響の内容や程度を上回っていたといえるかどうかが判断のポイントとなります。

（2）復職後の配置

　A復帰後の配置としては，上記3（2）のとおり，原職又は原職相当職に復帰させるよう配慮すべきです。すなわち，Aを原職に戻すか，又は，Aが休業前に担当していた部の部長職は他の人に割り当てているなどの事情があって，Aを原職に戻すことはできないという場合には，①部長職又は職制上の地位として部長職と同格以上の職に配置し，②休業前と休業後とで職務内容が異ならせないこと，及び③休業前と休業後とで勤務する事業所を同一とすること等に配慮するべきです。

（西内 愛）

Ⅳ 賃金の取扱い（賞与を除く）

産前産後休業中の従業員への賃金の支払いをやめ，代わりに出産手当として一時金の支払いに変更できるか

Q37 当社では，これまで産前産後休業中の従業員にも賃金を支払ってきましたが，平成26年から，産前産後休業期間中の社会保険料の負担が免除となったことから，就業規則を改定し，賃金の支払いをやめ，代わりに，出産手当として一時金を支払うことを検討していますが，このような対応には問題ないでしょうか。

A 就業規則の不利益変更法理に基づき，変更に合理性が認められる場合には問題ありません。

［解説］

1 問題の所在

設問では，産前産後休業期間中の毎月の賃金支払いから出産時の一時金へ変更することにより不利益が発生するのか，不利益が生じるとして，どの程度の不利益が生じるか，不利益が生じるという場合，労働条件の不利益変更として認められるかといった点が問題となります。

2 産前産後休業期間中の保険料免除制度

産前産後休業期間中の保険料免除制度とは，平成26年4月30日以降に産前産後休業期間（産前42日（双子などの多胎妊娠の場合は98日），産後56日のうち妊娠又は出産を理由として労務に従事しなかった期間）について，被保険者から産前産後休業取得の申出があった場合，会社が「産前産後休業取得者申出書」を日本年金機構へ提出するといった手続を取ることにより，健康保険・

厚生年金保険の保険料の従業員負担分及び会社負担分とも免除される制度です（厚年法81条の2の2，健保法159条の3）。

この制度は，産前産後休業期間中における給与が，有給・無給であるかは問いません。保険料の徴収が免除される期間は，産前産後休業開始月から終了予定日の翌日の月の前月（産前産後休業終了日が月の末日の場合は産前産後休業終了月）までです。免除期間中も被保険者資格に変更はなく，将来，年金額を計算する際は，保険料を納めた期間として扱われます。

3 出産手当金

従業員が出産のため会社を休み，その間に給与の支払いを受けなかった場合は，出産の日（実際の出産が予定日後のときは出産予定日）以前42日（多胎妊娠の場合98日）から出産の翌日以後56日目までの範囲内で，会社を休んだ期間を対象として健康保険から出産手当金が支給されます。出産手当金は，会社が一時金の支給を行う場合であっても，一時金の金額にかかわらず支給されます。出産手当金の金額は，1日あたり，おおむね1か月の賃金を30日で割った額の3分の2（標準報酬月額の3分の2）となっています（健康保険法102条）。

4 労働条件の不利益変更

労働条件の不利益変更とは，雇用契約で定められた賃金等の労働条件を，会社が就業規則等の変更により一方的に従業員にとって不利益に変更することをいいます。

就業規則の改定により，労働条件が不利益に変更される場合であっても，個別の従業員からの同意がある場合（労契法8条）や，変更後の就業規則が周知され，①従業員の受ける不利益の程度，②労働条件の変更の必要性，③変更後の就業規則の内容の相当性，④労働組合等との交渉の状況など変更に至る手続その他の就業規則の改定に係る事情に照らして合理的な内容である場合には，従業員側もそれに拘束されます（労契法10条）。

なお，労働条件変更に関する従業員の同意は自由意思に基づくものでなければなりません。とりわけ賃金の減額といった重要な労働条件の不利益変更の同

意を取り付けるに当たっては，労働条件変更の必要性・理由及び不利益の内容について具体的に説明した上で，書面による同意を求めることが重要になります（シンガー・ソーイング・メシーン事件・最判昭48・1・19判時695号107頁，山梨県民信用組合事件・最判平28・2・19民集70巻2号123頁）。

5　設問について

　上記3のとおり，産前産後休業中の賃金支払を止めた場合に支給される出産手当金の金額は，1日あたり，おおむね1か月の賃金を30日で割った金額の3分の2にすぎないので，単純に賃金の支払いをやめるだけであれば，その差額分の減収が生じ，従業員にとっては不利益となります。

　もっとも，元々，産前産後休業期間中にも賃金を支給していた理由は，産前産後休業期間中の収入を保障する趣旨のほかに，平成26年より前には産前産後休業期間中にも健康保険・厚生年金保険の保険料を支払う必要があったために，会社から産前産後休業期間中も賃金を支給してあげることでこの期間中の従業員の収支がマイナスにならないようにする趣旨であったと考えられます。しかし，同年以降に，健康保険・厚生年金保険の保険料免除制度が開始してからは，もはや後者の必要性は低下しています（当該保険料免除制度は，上記1のとおり，賃金が支払われている場合でも適用されますので，休業中の方が，保険料が免除された差額分の手取りが多くなることにもなります）。また，仮に賃金の支給がなくなれば，出産手当金が支給されることになりますが，この出産手当金は非課税扱いであるため（健康保険法62条），給与を支給する場合と比べて，所得税や住民税の対象となる課税所得が減少するという従業員にとっての利益もあります。このような観点から，制度改定の必要性もあるといえます。

　そこで，制度の改定により，出産手当金が支給されるようになることを前提として，従前の毎月の賃金から出産手当金の金額を控除した，収入の減少分を出産手当の一時金として設定し，1人あたりの収入の総額に実質的な差は生じないようにすれば，従業員に与える不利益はほとんど生じません。

　なお，設問のように就業規則の改定をする場合，現時点で産前産後休業を取得している従業員については，休業中に制度が変わることによって生活に与え

る影響がより大きいので,激変緩和措置として,制度変更の対象から外すことも検討すべきです。

　制度改定の手続の相当性の観点からは,労働組合との交渉・協議や各従業員への十分な説明を行い,その旨の記録を残しておくことが肝要です。

　このような対応を取った場合,労働条件を不利益に変更する場合には該当しないか,不利益変更に該当するとしても,労契法10条の合理性は認められると考えます。

　また,現時点ですでに妊娠しており産前産後休業を予定している従業員については,個別の同意を得ることを目指し,今後産前産後休業を取得する可能性のある全女性従業員に対しても個別の同意を得るのがより慎重な対応といえます。個別の同意を取らない場合であっても,説明会等を開き,メリット・デメリットの双方を示したうえで具体的に説明を行い,理解を得ることが重要です。

（西内 愛）

産前産後休業及び育児休業を取得した従業員の役割グレードを下げ，役割報酬を減額し成果報酬をゼロと査定することに問題はあるか

Q38 当社では，前年度の成果等の査定に基づき，役割グレードと役割報酬，及び成果報酬を算定し，従業員の年俸額を定めています。産前産後休業及びそれに引き続く育児休業を取得した従業員について，前年度の成果はありませんでしたので，役割グレードを下げ，役割報酬を減額し，また成果報酬をゼロと査定しました。その結果，年俸額は，合計640万円から520万円に減額されることとなりましたが問題ないでしょうか。

A 均等法や育介法が禁止する不利益取扱いに該当する可能性が高いため，取扱いを見直すべきです（コナミデジタルエンタテインメント事件）。

[解説]

1 問題の所在

設問では，産前産後休業及び育児休業を取得した従業員について，役割グレードを下げ，役割報酬を減額し，また成果報酬をゼロと査定することが，減給に関する不利益取扱いとして，均等法9条3項，育介法10条等に違反して無効かが問題となります。

2 不利益取扱いの禁止の内容

(1) 不利益取扱いの因果関係

均等法9条3項及び育介法10条の規定により禁止される解雇その他不利益な取扱いは，従業員が産前産後休業や育児休業の申出又は取得をしたこととの間に因果関係がある行為のみです。産前産後休業の申出や取得後や，育児休業の期間中等に行われる解雇等がすべて禁止されるものではありません。

育児休業の申出又は取得をしたことを契機として，すなわち，当該事由が発

生している期間と時間的に近接して当該不利益取扱いが行われた場合には，原則としてこの因果関係が認められ，育児休業の申出又は取得をしたことを理由として不利益取扱いがなされたと評価されます。

ただし，業務上の必要性が不利益性を上回る特段の事情があるときや，従業員が不利益取扱いに同意し，かつ，同意するような合理的な理由が客観的に存在するときには，例外として，不利益取扱いには当たらないとされています（均等法施行通達第2の4（5）及び育介法施行通達第2の23（3）。なお，本通達の当該部分は，広島中央保健生協事件（最判平26・10・23民集68巻8号1270頁）を受けて改正されたものです）。

（2）不利益取扱いに該当する場合の効果

均等法上及び育介法上の不利益取扱い禁止規定は強行規定であり，これらに違反する行為は無効となり，不法行為としての違法性をもち，損害賠償請求の対象となると解されています（前掲・広島中央保健生協事件　櫻井裁判官補足意見，詳しくはQ16参照）。

（3）減給又は賞与等の算定に関する不利益取扱い

育介法や均等法の指針には，解雇その他不利益な取扱いとなる行為には「減給をし，又は賞与等において不利益な算定を行うこと」も挙げられています（育介指針第2の11（2）チ，性差別指針第4の3（2）チ）。

そして，「減給をし，又は賞与等において不利益な算定を行うこと」の判断にあたっては，休業期間，休暇を取得した日数又は所定労働時間の短縮措置等の適用により現に短縮された時間の総和に相当する日数を超えて働かなかったものとして取り扱うことは，賞与等において「不利益な算定を行うこと」に該当するとしています（育介指針第2の11（3）ニ（イ）。なお，同じ事項に関する性差別指針第4の3（3）ニも併せてご参照ください）。

3　裁判例の紹介

上記2においてご説明した広島中央保健生協事件よりも前の裁判例ですが，本件と同様の状況における事例として，コナミデジタルエンタテインメント事件（東京高判平23・12・27労判1042号15頁）があります。

本裁判例では，元従業員の原告Xが，育児休業後に復職したところ，会社が

　担当職務を海外ライセンス業務から国内ライセンス業務に変更したうえ役割グレードをB-1からA-9に引き下げて役割報酬を550万円から500万円に減額し，成果報酬をゼロと査定して，Xの年俸を，産前産後休業，育児休業等の取得前の合計640万円から，復職後は520万円に引き下げるという措置を採りました。これに対し，Xは，会社に対して，会社の一連の人事措置は妊娠・出産をして育児休業等を取得した女性に対する，差別ないし偏見に基づくもので人事権の濫用に当たるほか，女性差別撤廃条約，憲法，労基法，育介法，均等法，民法に違反する無効なものであるとして，降格・減給後の給与額と降格・減給前の給与額との差額及び不法行為に基づく損害賠償等の支払等を求めました。

　第一審判決（東京地判平23・3・17労判1027号27頁）は，担当職務や年俸の変更に違法はないとして賃金差額を求める請求を棄却しました。

　しかし，控訴審判決は，以下の理由から，会社の対応は違法であるとして請求を一部認容しました。

①産前産後休業とこれに続く育児休業からの復職後，Xの役割グレードを引き下げ，役割報酬を減額させたことは，従業員にとって最も重要な労働条件の一つである賃金額を不利益に変更するものであるから，就業規則や年俸規程に明示的な根拠もなく，従業員の個別の同意もないまま，会社の一方的な行為によって行うことは許されず，人事権濫用として無効である。

②また，成果報酬の査定については，会社としては，Xが育休等を取得したことを合理的な限度を超えて不利益に取り扱うことのないよう，前年度の評価を据え置いたり，あるいはXと同様の役割グレードとされている者の成果報酬査定の平均値を使用したり，又は合理的な範囲内で仮の評価を行うなど，適切な方法を採用することによって，育休等を取得した者の不利益を合理的な範囲及び方法等において可能な限り回避するための措置を採るべき義務がある。

　③それにもかかわらず，成果報酬を合理的に査定する代替的な方法を検討することなく，機械的にゼロと査定したことは，育介法が育休等の取得者に対する不利益取扱いを禁止している趣旨にも反するものであり，人事権の濫用に当たり無効である。

　このように，結論として，控訴審判決は，成果報酬のゼロ査定については，賃金支払請求権として具体化していないとして差額請求を棄却しましたが，本来もらえたであろう成果報酬額の水準を考慮して慰謝料30万円を認めました。

　現行の均等法及び育介法並びにこれらの法の指針・通達を前提として本裁判例をみると，産前産後休業や育児休業を取得した従業員に対し会社が成果報酬を合理的に査定する代替的な方法を検討することなく，機械的にゼロと査定したならば，人事権の濫用といったロジックを挟まずに，均等法9条3項や育介法10条に直接的に反し無効となるでしょう。

4　設問について

　設問についても，まず，育児休業の取得時期と近接して報酬を減額するわけですから，産前産後休業や育児休業を「契機として」不利益取扱いが行われた場合に当たると解され，原則として妊娠・出産等を理由とする不利益取扱いに当たると考えます。

　そして，業務上の必要性や特段の事情があって例外的に不利益取扱いに当たらないと解される場合に当たるかどうかについては，上記のコナミデジタルエンタテインメント事件が参考になります。設問においても，前年度において勤務があったにもかかわらず，具体的な検討をすることなく成果がなかったものと判断し，又は産前産後休業又は育児休業により勤務しなかった期間についても，成果報酬を合理的に査定する代替的な方法を検討することなく，機械的にゼロと査定して役割報酬を減額したのであれば，業務上の必要性も特段の事情も認められず，賃金の減額は，均等法9条3項，育介法10条等の不利益取扱いの禁止に違反して無効となります。

（西内　愛）

産前産後休業や育児休業を取得した従業員に対して，労働協約に基づき，稼働率が80％以下であったことから賃上げの対象外とする扱いに問題はあるか

Q39 当社では，労働組合との労働協約により，「賃金引上げの対象者から，前年の稼働率の80％以下の者を除外する」と定めています。この賃上げには，いわゆる定期昇給とベースアップの両方が含まれています。この稼働率算定の基礎となる不就労には，欠勤・遅刻・早退のほか，有給休暇，生理休暇，慶弔休暇，産前産後休業，育児休業，育児時間，労災による休業や通院も含むものとされています。産前産後休業や育児休業を取得した従業員に対して，この協約を適用して，稼働率が80％以下であったことから賃上げの対象外としましたが，問題はないでしょうか。

A 均等法や育介法が禁止する不利益取扱いに該当する可能性が高いため，取扱いを見直すべきです（日本シェーリング事件）。

[解説]

1 問題の所在

設問では，産前産後休業や育児休業を取得した従業員につき，これらの休業により稼働率が80％以下となった場合に賃上げの対象外とする取扱いが，昇給に関する不利益取扱いとして，均等法9条3項及び育介法10条の不利益取扱いの禁止に違反して，無効となるかどうかが問題となります。

2 昇格に関する不利益取扱いの禁止に関する法令・指針等

均等法や育介法の指針（巻末資料③⑤）には，解雇その他不利益な取扱いとなる行為には「減給をし，又は賞与等において不利益な算定を行うこと」や「昇進・昇格の人事考課において不利益な評価を行うこと」も挙げられています（性差別指針第4の3（2）チ，育介指針第2の11（2）チ）。

　これらの指針では，賃上げ（昇給）に関しては，不利益な取扱いとなる行為として列挙されていません。しかし，指針において列挙されている事由は，例示列挙ですので，賃上げに関しても，産前産後休業や育児休業の取得等をした従業員を休業の期間の長短を問わず一律対象外とするなどの不利益な措置が行われた場合には，均等法や育介法の不利益取扱いの禁止に抵触するものと考えます。

3　裁判例の紹介

　日本シェーリング事件（最判平元・12・14労判553号16頁）は，均等法や育介法に不利益取扱いの禁止に関する明文規定が盛り込まれる前の事件ですが，賃上げに関する不利益取扱いに関し参考となる判例です。

　本事件では，従業員らが，稼働率80％以上の者を賃上げの対象とする旨の賃上げ協定（以下「本件協定」といいます）の条項（以下「本件条項」といいます）につき，年次有給休暇，産前産後休業，育児時間，労災による休業・治療通院のための時間，団交・争議による各欠勤を本件条項上，欠勤として算入して，当該稼働率を計算するとの取扱いがなされたことによって賃上げを得られなかったこと等を理由に，賃金の差額の支払い，債務不履行ないし不法行為により受けた損害の賠償を求めました。

　本事件において，最高裁は，当該制度が，労基法又は労組法上の権利を行使したことにより経済的利益を得られないこととすることによって権利の行使を抑制し，ひいてはこれらの法が従業員に各権利を保障した趣旨を実質的に失わせるものと認められるときに，当該制度を定めた労働協約条項は公序に反するものとして無効になるとしました。その上で，本件協定は，80％という稼働率を基準にしていることからいって，従業員が，産前産後休業等の比較的長期間の不就労を余儀なくされたような場合には，それだけで，あるいはそれに加えてわずかの日数の年次有給休暇を取るだけで翌年度の賃金引上げ対象者から除外されることも十分考えられることから，本件条項の制度の下では，労基法上の権利行使に対し相当強い事実上の抑制力が生じると評価しました。

　このように，最高裁は，産前産後休業を含む労基法上の権利に基づく不就労を稼働率算定の基礎としている点について，公序に反し無効であるとしまし

た。

　その後の法改正により不利益取扱いの禁止規定が設けられてからは、均等法9条や育介法10条の規定は私法上の強行規定であって、これに違反する行為は法律行為としては無効であり、対象従業員に損害を与えれば不法行為として損害賠償責任を生じさせると考えられています（菅野「労働法」584頁、599頁）。

4　設問について

　上記判例及び現行法を前提に設問について検討します。

　まず、上記判例の趣旨からしますと、設問のように、産前産後休業や育児休業を取得した従業員に対して、産前産後休業期間や育児休業を稼働率の計算において不就労と扱い、80％の稼働率に満たなかったことから賃上げの対象外としたとすると、産前産後休業及び育児休業を短期間取得しただけで、80％の稼働率を下回り、翌年度の賃金引上げ対象者から除外されることになることから、当該取扱いにより、労基法及び育介法上の権利行使に対し相当強い事実上の抑制力が生じるとして、「不利益」となる措置にあたるといえます。

　そうしますと、かかる不利益な取扱いは、産前産後休業や育児休業に近接して行われることになり、また、通常は、不利益取扱いに該当しない例外事由（Q1の2（3）ウ、本書7頁）にも当たらないと考えられますので、産前産後休業及び育児休業を取得したことを理由とする不利益な取扱い（均等法9条3項、育介法10条）に該当し、無効となるリスクが高いといえます。

　なお、設問のように、80％の稼働率に満たない場合に一律賃上げの対象外とするのではなく、産前産後休業や育児休業により労務を提供しなかった期間又は時間について、この期間又は時間の不就労を前提として賃上げ額を考慮すること自体は、不利益な措置には該当せず問題ないと考えます（性差別指針第4の3（3）ニ、育介指針第2の11（3）ニ（イ）参照）。

（西内　愛）

前年度に３か月以上の育児休業を取得した従業員につき翌年度の定期昇給において昇給させない扱いに問題はあるか

Q40 当社の給与規程には，前年度に３か月以上の育児休業を取得した従業員は，翌年度の定期昇給において職能給を昇給しない旨の規定があります。これは，３か月以上の不就労期間がある場合には，職能給の昇給に必要とされる能力向上を期待できないとの考えによるものですが，このような取扱いについて問題はありますか。

A 年次有給休暇や私傷病休職等の他の不就労との取扱いとの差にもよりますが，一律に昇給の対象外とすることは，育児休業の取得を理由とする不利益取扱いに該当する可能性が高いといえます（医療法人稲門会（いわくら病院）事件）。

[解説]

1 問題の所在

設問では，前年度に３か月以上の育児休業を取得した従業員につき，翌年度の定期昇給において職能給の昇給をしないという取扱いが昇給に関する不利益取扱いとして，育介法10条の不利益取扱いの禁止に違反しないかが問題となります。

2 昇格に関する不利益取扱い

育介指針（巻末資料⑤）においては，設問で問題となっている定期昇給については，「解雇その他不利益な取扱い」（第２の11（２））に列挙されていません。

ただし，「昇進・昇格の人事考課において不利益な評価を行うこと」（育介指針第２の11（２）リ）については列挙されています。

　この育介指針第2の11（2）において，「解雇その他不利益な取扱い」として挙げられているものは例示列挙ですので，列挙されたものと同様の効果を持つ不利益取扱いについても，「解雇その他不利益な取扱い」に該当します。設問で問題となっている定期昇給についても，列挙されたものと同様の不利益な効果をもたらす場合には，不利益取扱いの禁止の対象となります。

3　裁判例の紹介

　設問の検討においては，医療法人稲門会（いわくら病院）事件（大阪高判平26・7・18労判1104号71頁，最決平27・12・16ジャーナル50号30頁で上告棄却・上告不受理となり確定）が参考となります。

　本事件では，医療法人Yが開設するY病院において看護師として勤務していたX（男性）が，平成22年9月4日から同年12月3日まで育児休業を取得したところ，YはXの3か月間の不就労を理由として，平成23年度の職能給を昇給させず，昇格試験を受験する機会も与えませんでした。Xは，これらのYの行為が育介法10条の定める不利益取扱いに該当し，公序良俗（民法90条）に反する違法行為であると主張して，Yに対し，不法行為に基づき，昇給・昇格していれば得られたはずの給与，賞与及び退職金の額と実際の支給額との差額並びに慰謝料の支払いを求めました。

　裁判所は，前年度に3か月以上の育児休業をした従業員について，その翌年度の定期昇給において，職能給の昇給をしない旨を定めた規定（以下「本件不支給規定」といいます）について，要旨として，次頁の理由から，本件不昇給規定を根拠に平成23年度にXを昇給させなかったYの行為は，不法行為上違法であると判断しました（なお，昇格試験を受験する機会を与えなかったことについては，Q41をご参照ください）。

①本件不支給規定は，前年度に３か月以上育児休業をすれば，残りの期間の就労状況や勤務態度にかかわらず，翌年度は職能給を昇給させないというものである。

②Ｙは，本件不支給規定の趣旨について，１年のうち不就労期間が３か月以上に及ぶと，職能給の昇給に必要な現場での就労経験を積むことができず，能力向上を期待することができないからであると主張し，育児休業制度導入前から，同様の趣旨に基づき私傷病による欠勤が３か月以上に及んだ場合に職能給の昇給を認めない取扱いとしていたのに倣ったものであるから，合理的かつ公平な規定であって，育児休業を理由とする不利益取扱いには当たらないと主張したが，同じ不就労でありながら，遅刻，早退，年次有給休暇，生理休暇，慶弔休暇，労働災害による休業・通院，同盟罷業による不就労，協定された組合活動離席などは，職能給昇給の欠格要件である３か月の不就労期間には含まれないというのであるから，育児休業は上記欠勤，休暇，休業に比べて不利益に取り扱われている。しかし，育児休業であれ，他の理由であれ，不就労の事実は同じであるから，育児休業を上記欠勤等に比べて不利益に取り扱うことに合理的理由は見出し難い。

③また，Ｙ病院においては，１年の評価期間のうち３か月以上勤務した者を人事評価の対象とすることとしていたが，３か月の育児休業をした者についても，勤務期間が３か月以上あれば，その他の者と同様に能力評価をしつつ，その一方で，本件不昇給規定により，その人事評価の結果いかんにかかわらず，３か月の育児休業を理由に一律に職能給を昇給させないこととしたのであって，本件不昇給規定は，Ｙ病院における人事評価制度の在り方に照らしても，合理性を欠く。

> ④このように，本件不昇給規定は，1年のうち4分の1にすぎない3か月の育児休業により，他の9か月の就労状況いかんにかかわらず，職能給を昇給させないというものであり，休業期間を超える期間を職能給昇給の審査対象から除外し，休業期間中の不就労の限度を超えて育児休業者に不利益を課すものであるところ，育児休業を私傷病以外の他の欠勤，休暇，休業の取扱いよりも合理的理由なく不利益に取り扱うものである。育児休業についてのこのような取扱いは，人事評価制度の在り方に照らしても合理性を欠くものであるし，育児休業を取得する者に無視できない経済的不利益を与えるものであって，育児休業の取得を抑制する働きをするものであるから，育介法10条に禁止する不利益取扱いに当たり，かつ，同法が従業員に保障した育児休業取得の権利を抑制し，ひいては同法が従業員に保障した趣旨を実質的に失わせるものであるといわざるを得ず，公序に反し，無効というべきである。

　このように，裁判所は，1年のうち4分の1にすぎない3か月の育児休業により，他の9か月の就労状況いかんにかかわらず，職能給を昇給させない措置は，休業期間中の不就労の限度を超えて育児休業者に不利益を課すものであるところ，育児休業を私傷病以外の他の欠勤，休暇，休業の取扱いよりも合理的理由なく不利益に取り扱うものであるなどとして公序良俗に反し無効であるとしました。

4　設問について

　上記法令や裁判例を前提に，場合に分けて設問を検討します。
　まず，設問では，3か月以上の不就労期間がある場合には，職能給の昇給に必要とされる能力向上を期待できないとの考えに基づき，前年度に3か月以上の育児休業を取得した従業員は，翌年度の定期昇給において，職能給の昇給をしないという規定を定めているとのことですが，仮に，育児休業と同じ不就労であっても，遅刻，早退，年次有給休暇，私傷病による休職，労働災害による休業・通院等（以下「遅刻等」といいます）の理由に基づき，前年度において3か月以上不就労となった場合においては，職能給の昇給をしないという取扱

いをしていないのであれば，育介法10条に違反する不利益取扱いとして，上記規定やそれに基づく取扱いは無効となり，不法行為による損害賠償請求の対象となります。なお，対象となる従業員が当該取扱いに同意している場合で，有利な影響が不利な影響の内容や程度を上回り，事業主から適切に説明がなされる等，一般的な従業員なら同意するような合理的理由が客観的に存在するときには，例外的に不利益な取扱いが有効となりますが（育介法施行通達第3の23（3），巻末資料②），設問のような事例において，通常はそのような事情は認め難いでしょう。

他方，仮に，私傷病休職や労働災害による休業・通院等の他の理由に基づき3か月以上不就労となった場合においても，育児休業と同様，職能給の昇給をしないという取扱いをしているのであれば，育児休業を他の不就労の事由と比べて不利益に取り扱ったことにはなりません。しかし，上記医療法人稲門会（いわくら病院）事件において，裁判所が指摘しているように，1年のうち4分の1にすぎない3か月の不就労期間があったことにより，他の9か月の就労状況いかんにかかわらず，職能給を昇給させないという取扱いは大きな経済的不利益を与えるもので，かつ不合理ですので，このような取扱いについても，育介法10条が禁止する不利益取扱いにあたるでしょう。

もっとも，例えば，前年度に6か月や9か月，1年というように，3か月よりも長期の育児休業を取得した従業員を昇給の対象外とすることについては，昇給に必要とされる能力の向上が期待できないという判断も合理的であると考えられるため，このような場合には不利益取扱いに該当しないのではないかと考えられるところです（小山博章「判例研究②育児休業取得により昇格試験の受験資格を認めなかったこと，昇格させなかったことが不法行為に当たるとして原判決を変更した例－医療法人稲門会（いわくら病院）事件・大阪高判平26・7・18労判1104号71頁」経営法曹186号99頁参照）。

（西内 愛）

ある年度に３か月以上の育児休業を取得した従業員につき同年度の人事評価の対象外とし昇格試験の受験資格を認めない扱いに問題はあるか

Q41 当社では、Ｂ以上の人事評価を４年間得た従業員に昇格試験の受験資格を付与していますが、ある年度に３か月以上の育児休業を取得した従業員については、他の従業員との公平性を保つため、同年度の人事評価の対象外としています。今回、ある従業員が、本年度に３か月間の育児休業を取得したため、人事評価の対象外となった結果、年数要件を満たさず、本年度の昇格試験の受験資格を認めませんでした。何か問題はありますか。

A 昇格試験の受験資格を認めないことは、育児休業の取得を理由とする不利益取扱いに該当する可能性が高いため、取扱いを見直すべきです（医療法人稲門会（いわくら病院）事件）。

［解説］

1 問題の所在

設問では、ある年度に３か月以上の育児休業を取得した従業員につき同年度の人事評価の対象外とし昇格試験の受験資格を認めない取扱いが、昇格に関する不利益取扱いとして、育介法10条の不利益取扱いの禁止に違反しないかが問題となります。

2 昇格に関する不利益取扱い

育介法の指針（巻末資料⑤）によれば、「解雇その他不利益な取扱い」には、「昇進・昇格の人事考課において不利益な評価を行うこと」（育介指針第２の11（２）リ）が含まれています。

例えば、育児休業をした従業員について、①休業期間を超える一定期間昇

進・昇格の選考対象としない人事評価制度とすることや，②実際には労務の不提供が生じていないにもかかわらず，育児休業等の申出等をしたことのみをもって，当該育児休業等の申出をしていないものよりも不利に評価することなどが，「昇進・昇格の人事考課において不利益な評価を行うこと」として，不利益取扱いに該当します（育介指針第2の11（3）ホ）。

育介指針第2の11（2）において「解雇その他不利益な取扱い」として挙げられているものは例示ですので，列挙されたものと同様の効果を持つ不利益取扱いについても，「解雇その他不利益な取扱い」に該当します。

3 裁判例の紹介

設問の検討においては，医療法人稲門会（いわくら病院）事件（大阪高判平26・7・18労判1104号71頁，最決平27・12・16ジャーナル50号30頁で上告棄却・上告不受理となり確定）が参考となります。

本事件では，医療法人YがX開設するY病院において看護師として勤務していたX（男性）が，平成22年9月4日から同年12月3日まで育児休業を取得したところ，YはXの3か月間の不就労を理由として，平成23年度の職能給を昇給させず，昇格試験を受験する機会も与えませんでした。Xは，これらの行為が育介法10条の定める不利益取扱いに該当し，公序良俗（民法90条）に反する違法行為であると主張して，Yに対し，不法行為に基づき，昇給・昇格していれば得られたはずの給与，賞与及び退職金の額と実際の支給額との差額並びに慰謝料（30万円）の支払いを求めました。

本事件において，裁判所は，YがXに対して職能給を昇給しなかったことについては，休業期間中の不就労の限度を超えて育児休業者に不利益を課すものであり，かつ，人事評価制度の在り方に照らしても合理性を欠くものであるし，育児休業を取得する者に無視できない経済的不利益を与えるものであって，育児休業の取得を抑制する働きをするものであるので，育介法10条に禁止する不利益取扱いに当たり，かつ，同法が従業員に保障した育児休業取得の権利を抑制し，ひいては同法が従業員に保障した趣旨を実質的に失わせるものであるといわざるを得ず，公序に反し，無効というべきであると判断しました（この部分の判断の詳細については，Q40をご参照ください）。

そして、上記判断を前提として、裁判所は、ＹがＸに対して昇格試験を受験する機会も与えなかったことについては、以下のとおり判断しました。

> ①Ｙ病院においては、３か月以上の育児休業を取得した年度は人事評価の対象外であるという取扱いをしていたものの、人材育成評価システムマニュアルを前提とすると、評価期間１年のうち勤務期間が３か月以上の者を全て人事評価の対象とする旨が定められており、また、Ｘについては平成22年度の人事評価をし、ＢＢの総合評価を下したことが認められる。
> ②そうすると、Ｘは、平成23年度の終了により、総合評価Ｂを取得した年数が標準年数の４年に達したのであるから、平成24年度にＳ５に昇格するための試験を受験する資格を得たことが認められ、正当な理由なくＸに昇格試験受験の機会を与えなかったＹの行為は、不法行為法上違法というべきである。

裁判所は、Ｘが昇格試験を受験できなくなったことに関する損害（差額請求）については、昇格試験は、平成24年度及び平成25年度の２回分しか実績がないこと、昇格試験の内容が小論文であり、その審査項目は多岐にわたると認められることに照らせば、Ｙが昇格試験に合格した高度の蓋然性があるとまで認めることはできないとして、Ｘが財産的損害を被ったものと認めることはできないとしました。

これに対し、慰謝料請求に関しては、Ｘが平成24年度の昇格試験受験の機会を与えられず、同年度の昇格の機会を失ったことによって、精神的苦痛を受けたと認めるのが相当であるとして、慰謝料15万円を認めました。

このように、本事件において、裁判所は、３か月以上の育児休業を取得した年度は人事評価の対象外とし昇格試験受験の機会を与えない行為は不法行為として違法となると判断したのです。

4　設問について

（１）不利益取扱い該当性

設問においては、ある年度に３か月以上の育児休業を取得した従業員につい

ては，他の従業員との公平性を保つため，同年度の人事評価の対象外としているとのことですが，3か月間の育児休業を取得するだけで，同年度の人事評価の対象外となり，昇格試験の受験資格が付与されないこととなると，昇格試験の受験資格を付与されるのが少なくとも翌年度以降になることとなり，結果として，休業期間を超えて一定期間昇格の選考対象から外されるという不利益が生じることとなります（育介指針第2の11（3）ホ参照）。

そうすると，当該従業員については，昇格やそれに伴う昇給，また，今後の昇進のタイミングが遅れるという大きな不利益にもつながります。

したがって，設問のような取扱いは，育介法10条に違反する不利益取扱いとして，無効となり，不法行為による損害賠償請求の対象となると考えます（なお，対象となる従業員が当該取扱いに同意している場合で，有利な影響が不利な影響の内容や程度を上回り，事業主から適切に説明がなされる等，一般的な従業員なら同意するような合理的理由が客観的に存在するときには，例外的に不利益な取扱いが有効となりますが（育介法施行通達第3の23（3）），設問のような事例において，通常はそのような事情は認め難いと考えられます）。

（2）昇格請求の可否

設問のような取扱いが不利益取扱いに該当し無効であるとしても，昇格について会社の評価や判断による決定が介在する場合には，昇格請求は認められず，損害賠償請求が考えられるにとどまります（菅野「労働法」680頁以下）。そのため，昇格試験の受験資格が得られていれば当然に昇格できたというような場合でない限り，昇格請求（昇格後の身分に関する地位確認請求や昇格を前提とする義務の確認請求等）は認められません。

（3）損害賠償の範囲

損害賠償の範囲についても，昇格試験に合格しなければ，昇格やそれに伴う昇給もありませんので，当然には，財産的損害までは認められません。

社会保険診療報酬支払基金事件（東京地判平2・7・4労判565号7頁）では，性別を理由とする昇格差別の事案につき，労使協定を基に個別査定なしに一律昇格させる措置が取られていたため，昇格措置が取られた場合に得られた賃金との差額について財産的損害が認められています。

　医療法人稲門会（いわくら病院）事件判決が示すように，昇格試験が名目的なものにすぎず，昇格試験の受験資格が付与されていれば昇格試験に合格した高度の蓋然性があると認められるような例外的な場合でない限り，財産的損害までは認められず，精神的損害に基づく慰謝料が認められるにとどまるものと考えます。

　もっとも，損害賠償として認められる範囲や金額にかかわらず，上記のように，設問のような取扱いは育介法上無効であって法的には問題があると言わざるを得ません。

（西内 愛）

育児休業期間中は一律で定期昇給の対象外とし，育児休業からの復帰後，次の定期昇給までの時期は，休業前の賃金額を維持する扱いに問題はあるか

Q42 当社では，育児休業期間中に定期昇給の時期（毎年4月1日）を迎えた場合には，育児休業を取得した期間を問わず一律で昇給させず，育児休業からの復帰後，次の定期昇給までの時期は，休業前の賃金額のままとしています。これらの取扱いについては，問題ないでしょうか。

 原則として均等法や育介法が禁止する不利益取扱いに当たるため，取扱いを見直すべきです。

[解説]

1　問題の所在

設問においては，育児休業期間中は一律で定期昇給の対象外とし，育児休業からの復帰後，次の定期昇給までの時期は，休業前の賃金額を維持する取扱いが，昇格に関する不利益取扱いとして，育介法10条の不利益取扱いの禁止に違反しないかが問題となります。

2　昇格に関する不利益取扱い

育介法の指針（巻末資料⑤）によれば，「解雇その他不利益な取扱い」には，「減給をし，又は賞与等において不利益な算定を行うこと」（育介指針第2の11（2）チ）や「昇進・昇格の人事考課において不利益な評価を行うこと」（育介指針第2の11（2）リ）が含まれています。

そして，休業期間，休暇を取得した日数又は所定労働時間の短縮措置等の適用により現に短縮された時間の総和に相当する日数を超えて働かなかったものとして取り扱うことは，「減給をし，又は賞与等において不利益な算定を行うこと」に該当するとされています（育介指針第2の11（3）ニ（イ））。

　また，育児休業をした従業員について，「休業期間を超える一定期間昇進・昇格の選考対象としない人事評価制度とすること」は，「昇進・昇格の人事考課において不利益な評価を行うこと」に該当するとされています（育介指針第2の11（3）ホ（イ））。

　これらが「不利益取扱い」とされる理由は，裁判例等においては，これらの取扱いが，育児休業の取得等の権利行使を抑止し，育介法上の権利保障の趣旨を実質的に失わせるからであると判示されています（学校法人東朋学園事件・最判平15・12・4労判862号14頁等参照）。

　なお，これらの指針において「解雇その他不利益な取扱い」として挙げられているものは例示ですので，列挙されたものと同様の効果を持つ不利益取扱いについても，「解雇その他不利益な取扱い」に該当します。

3 設問について

(1) 不利益取扱い該当性

　設問において問題となる昇給については，育介指針上，「解雇その他不利益な取扱い」の例として挙げられていませんが，同指針第2の11（2）において例示列挙されているものと同様に，育児休業等の権利行使を抑制し，育介法上の権利保障の趣旨を実質的に失わせる効果を持つものであれば，育介法10条が禁止する不利益取扱いに該当します。

　設問のように，育児休業期間中に定期昇給の時期（毎年4月1日）を迎えた場合には，育児休業を取得した期間を問わず一律で昇給させず，かつ，育児休業からの復帰後，次の定期昇給までの時期は，休業前の賃金額のままとすることとしてしまうと，例えば，平成28年4月1日時点で育児休業を取得しており，平成29年4月10日まで育児休業を取得し，翌日復職したとすると，平成30年4月1日まで定期昇給がなされないという経済的不利益を生じさせることとなります。

　しかも，育児休業以外の事由について不就労となっていた場合に定期昇給の対象とするのであれば，育児休業の場合を合理的理由なく不利益に取り扱うものであるといえます。

　このような取扱いは，育児休業を取得することについて，抑止する効果を持

つといえ、育介法上の権利保障の趣旨を実質的に失わせるものであると考えます。そして、4月1日に育児休業を取得していると定期昇給がされない一方で、4月1日には就労し、4月2日以降育児休業を取得した場合には定期昇給の対象となることになり、日付が前後するだけで4月1日に育児休業を取得していた者にこのような不利益が生じることは、制度上も不合理であるともいえます。

これらの点を考えますと、設問の取扱いは、育介法10条が禁止する不利益取扱いにあたるでしょう。

なお、不利益取扱いが問題となる場合において、対象となる従業員が当該取扱いに同意している場合で、有利な影響が不利な影響の内容や程度を上回り、事業主から適切に説明がなされる等、一般的な従業員なら同意するような合理的理由が客観的に存在するときには、例外的に不利益な取扱いが有効となると考えますが（育介法施行通達第3の23（3））、設問のような事例において、通常はそのような事情は認め難いでしょう。

（2）不利益取扱いに該当した場合の効果

昇給させないという取扱いが育介法上の不利益取扱いに該当する場合、定期昇給の対象となっていたならば得られたであろう賃金と実際に得た賃金の差額についての財産的損害及び精神的損害について、不法行為に基づく損害賠償請求が認められることとなります。

ただし、定期昇給の際に査定が行われており、査定を経ることなしには具体的な昇給金額が定まらないのであれば、財産的損害までは認められず、精神的損害について慰謝料が認められるにとどまると考えます（医療法人稲門会（いわくら病院）事件・大阪高判平26・7・18労判1104号71頁等参照）。

（3）育児休業を含む不就労期間について定期昇給の際の判断の対象とすることの可否

もっとも、育児休業は、延長ができる場合には最長で2年（平成29年10月1日施行・改正育介法5条4項）もの長期にわたり得るものであり、育児休業中に次の子どもを出産したために連続して育児休業を取得したような場合には、さらに長期間の不就労が続くことになります。このような不就労期間について、定期昇給の有無やその金額の判断に当たって考慮すること自体が否定さ

れるものではありません。

　例えば，設問とは異なり，育児休業や私傷病による休職等の不就労期間中に定期昇給の時期（毎年4月1日）を迎えた場合には，その時点では昇給させず，育児休業や不就労となっていた事由が止んで復帰した後に，実際に不就労となっていた期間のみを勤続年数から除外する形で昇給の有無及びその金額を判断するというのであれば，育介法上の権利保障の趣旨を実質的に失わせるものであるとは言えず，育介法10条の禁止する不利益取扱いには該当しないと考えます。

（西内　愛）

V 賞与の取扱い

産後休業を取得し，復職後は育児短時間勤務をしている従業員について，出勤率が基準を満たさないことを理由に賞与を全額支給しないことはできるか

Q43 当社では，賞与の支給条件について，給与規程において，「出勤率が90％以上の者」という条項を置いています。そして，この出勤率の算定にあたり，産前・産後休業日数や育児短時間勤務の場合の短縮時間分は，出勤に含めない扱いとしています。今回，賞与対象期間中に産後休業を取得し，かつ，復職後は育児短時間勤務を行っている女性従業員について，出勤率が90％を下回ることになるため，賞与を一切支給しないこととしようと思いますが，問題はないでしょうか。

 均等法や育介法が禁止する不利益取扱いに該当します。賞与の減額は休業や勤務時間の短縮により現に労務を提供しなかった期間又は時間に対応する範囲に留めるべきです。

[解説]

1 問題の所在

設問のように，産前産後休業を取得し，育児短時間勤務を行っている従業員に対して，産前産後休業日数や，育児短時間勤務の場合の短縮時間分を出勤に含めず，その結果として出勤率90％を下回ることを理由に，賞与を全く支給しないという取扱いをすることについて，均等法9条3項及び育介法23条の2の不利益取扱いの禁止に違反しないかが問題となります。

2 不利益取扱いの禁止に関する法令・指針

(1) 産前産後休業及び育児短時間勤務に関する不利益取扱いの禁止

均等法9条3項は、女性従業員が産前産後休業を取得したことを理由として、当該女性従業員に対して解雇その他不利益な取扱いをすることを禁止しています。また、育介法23条の2は、従業員が育児のための所定労働時間の短縮措置（いわゆる育児短時間勤務）の申出をし、又は当該従業員に育児短時間勤務の措置が講じられたことを理由として、当該従業員に対して解雇その他不利益な取扱いをすることを禁止しています。

(2) 賞与の算定に関する不利益取扱い

均等法に基づく性差別指針（巻末資料③）及び育介法に基づく育介指針（巻末資料⑤）によれば、「解雇その他不利益な取扱い」には、「減給をし、又は賞与等において不利益な算定を行うこと」が含まれます（性差別指針第4の3（2）チ、育介指針第2の11（2）チ）。

これらの指針においては、解雇、雇止めや降格は直ちに不利益取扱いに該当するとしていますが（性差別指針第4の3（2）イ、ロ及びホ、育介指針第2の11（2）イ、ロ及びト）、給与や賞与の取扱いや評価等については、「不利益な算定」かどうかの判断を要するとし（性差別指針第4の3（2）チ及び同（3）ニ、育介指針第2の11（2）チ及び同（3）ニ）、以下の場合には「不利益な算定」にあたるとしています。

> ①実際には労務の不提供や労働能率の低下が生じていないにもかかわらず、妊娠・出産し、又は産休の請求等をしたことのみをもって、賃金又は賞与、退職金を減額すること
> ②賃金について、妊娠・出産等に係る不就労期間分を超えて不支給とすること
> ③賃金や賞与、退職金の算定に当たり、不就労期間や労働能率の低下を考慮の対象とする場合において、同じ期間休業したり、同程度労働能率が低下した疾病等と比較して、妊娠・出産等による休業や労働能率の低下について不利に取り扱うこと

> ④現に妊娠・出産等により休業した期間や労働能率が低下した場合を超えて，休業した，又は労働能率が低下したものとして取り扱うこと

　このように，賞与の算定において，不就労期間や不就労時間の存在を考慮対象とする場合，現に産前産後休業を取得した期間や，育児短時間勤務の措置の適用により現に短縮された時間の総和に相当する日数を，日割りで算定対象期間から控除すること等を超えて働かなかったものとして取り扱うことは，「不利益な算定を行うこと」に該当するとされています。

3　判例の紹介

　学校法人東朋学園事件（最判平15・12・4労判862号14頁）は，現在のような不利益取扱いの禁止規定が置かれる前の事件ですが，設問のような事例について参考となる事件です（解雇以外の不利益取扱いを禁止する条文のうち，育児休業に関する育介法10条は平成13年改正で，育児短時間勤務措置に関する育介法23条の2は平成21年改正で新設されました）。

　本事件では，学園Yの従業員であるXが産後8週間休業し，引き続き，子が1歳になるまでの間，1日につき1時間15分の勤務時間短縮措置を受けたところ，賞与の支給要件として出勤率が90％以上であることを要する旨を定めた給与規程上の条項（以下「本件90％条項」といいます）を満たさない（時短分だけで16％欠勤した算定となる）として，平成6年度末賞与及び平成7年度夏季賞与が支給されませんでした。そこで，Xは，本件90％条項は労基法65条，67条や育児休業法（当時。平成7年改正前のもの）の趣旨に反し，公序に反するなどとして，Yに対し，支給されなかった各賞与及び債務不履行による損害賠償として慰謝料等の支払いを請求するとともに，選択的に，不法行為による損害賠償として同額の支払いを請求しました。

　最高裁は，①本件90％条項は，賞与算定に当たり，単に労務が提供されなかった産前産後休業期間及び勤務時間短縮措置による短縮時間分に対応する賞与の減額を行うというにとどまるものではなく，産前産後休業を取得するなどした従業員に対し，産前産後休業期間等を欠勤日数に含めて算定した出勤率が90％未満の場合には，一切賞与が支給されないという不利益を被らせるもの

である。②Yにおいては，従業員の年間総収入額に占める賞与の比重は相当大きく，本件90％条項に該当しないことにより賞与が支給されない者の受ける経済的不利益は大きなものであること，③本件90％条項において基準とされている90％という出勤率の数値からみて，従業員が産前産後休業を取得し，又は勤務時間短縮措置を受けた場合には，それだけで同条項に該当し，賞与の支給を受けられなくなる可能性が高いこと，を指摘しました。そして，これらを前提とすると，本件90％条項の制度の下では，勤務を継続しながら出産し，又は育児のための勤務時間短縮措置を請求することを差し控えようとする機運を生じさせ，上記権利等の行使に対する事実上の抑止力は相当強いため，本件90％条項のうち，出勤すべき日数に産前産後休業の日数を算入し，出勤した日数に産前産後休業の日数及び勤務時間短縮措置による短縮時間分を含めないものとしている部分は，上記権利等の行使を抑制し，労働基準法等が上記権利等（産前産後休業の権利や勤務時間短縮措置を請求する権利）を保障した趣旨を実質的に失わせるものというべきであるので，公序に反し無効となる，と判断しました。

　もっとも，最高裁は，産前産後休業の日数及び勤務時間短縮措置による短縮時間分を欠勤として扱うことについては，上記権利等の行使を抑制し，法の趣旨を実質的に失わせるものとまでは認められず，直ちに公序に反し無効なものとはいえないとしました。

　このように，本事件において，最高裁は，賞与の支給に関し，単に労務が提供されなかった産前産後休業期間及び勤務時間短縮措置による短縮時間分に対する減額を超えて大きな経済的不利益を生じさせるような取扱いは，産前産後休業を取得する権利等の行使に対し事実上強い抑止力を与えるものであり，無効となると判断しています。

4　設問について

　上記法令・指針及び判例を踏まえますと，設問のように，産前産後休業を取得し，育児短時間勤務を行っている従業員に対して，産前産後休業日数や育児短時間勤務の場合の短縮時間分を出勤に含めず，その結果として出勤率90％を下回ることを理由に賞与を一切支給しないという取扱いは，現に産前産後休

業を取得した期間や、育児短時間勤務の措置の適用により現に短縮された時間の総和に相当する日数を日割りで算定対象期間から控除すること等を超えて働かなかったものとして取り扱う場合に該当します。

　また、このような取扱いは、出勤率90％の要件を満たさなければ一切賞与が支給されないという大きな不利益をもたらすもので、勤務を継続しながら出産し、又は育児短時間勤務の措置を請求することを差し控えようとする機運を生じさせ、上記権利等の行使に対する事実上の強い抑止力を生じさせるものです。

　よって、上記のとおり、妊娠・出産や育介法上の権利行使を理由とする不利益取扱いを広く禁止する規定（均等法９条３項、育介法23条の２）が存在する現在においては、設問のような取扱いは、まさにこれらの規定に反し、違法・無効となるとともに、不法行為による損害賠償請求の対象となります。

　これに対し、産前産後休業や育児短時間勤務により労務を提供しなかった期間又は時間について、この期間又は時間の不就労を前提として賞与を算定（不就労期間・時間分を減額）することは、上記法令や判例を前提としても問題ありません。

（西内 愛）

従業員が産前産後休業や育児休業を取得した際、その休業期間は評価を0点として賞与を減額する扱いに問題はあるか

Q44 当社では、賞与査定において、従業員が妊娠・出産に伴い産前産後休業や育児休業を取得した際、その休業期間は評価を0点として賞与を減額しています。減額率は最大で年間10％程度となります。この取扱いには問題があるでしょうか。

A 休業による不就労期間や労働能率の低下の度合いを超える減額をもたらすものなのであれば、均等法や育介法が禁止する不利益取扱いとなります。

[解説]

1 問題の所在

従業員が妊娠・出産に伴い産前産後休業や育児休業を取得した際、その休業期間は評価を0点として賞与を減額する取扱いが、賞与の算定に関する不利益取扱いとして、均等法9条3項や育介法10条の定める不利益取扱いに該当して、無効とならないかが問題となります。

2 妊娠・出産を理由とする不利益取扱いの禁止

（1）賞与の算定に関する不利益取扱い

均等法及び育介法の指針（巻末資料③⑤）によれば、「解雇その他不利益な取扱い」には、「減給をし、又は賞与等において不利益な算定を行うこと」が含まれます（性差別指針第4の3（2）チ、育介指針第2の11（2）チ）。賞与の不利益取扱いに関する判断基準については、Q43をご参照ください。

（2）賞与の算定に関する不利益取扱いについての裁判例

賞与の不利益取扱いに関する過去の裁判例を見てみますと、学校法人東朋学

園事件（最判平15・12・4労判862号14頁）では，最高裁は，産前産後休業等で支給対象期間中の出勤率が90％を下回った者に対して賞与を支給しないこととするのは公序に反して無効となるとしつつ，産前産後休業等の不就労日数に応じて減額するのは許されると判示しています（本事件の詳細については，Q43をご参照ください）。

また，育児休業に関して，コナミデジタルエンタテインメント事件（東京高判平23・12・27労判1042号15頁）では，裁判所は，育児休業を取得した年度は，一部の期間就労していたにもかかわらず，機械的に成果報酬（賞与）を0円と査定したことについて，休業を理由とする不利益な取扱いであり不法行為が成立すると判示しました（本事件の詳細については，Q38をご参照ください）。

3 設問について

設問では，賞与査定において，従業員が妊娠・出産に伴い産前産後休業や育児休業を取得した際，その休業期間は評価を0点として賞与を減額しており，減額率は最大で年間10％程度となるとのことですが，次のとおり，場合に分けて考えられます。

まず，産前産後休業や育児休業により一定の出勤率（例えば80％～90％など）を下回ると直ちに賞与支給の対象外となるなど，産前産後休業や育児休業により就労しなかった期間を超えて不利益を生じさせるという場合には，均等法9条3項や育介法10条の禁止する不利益取扱いとなります。

他方，減給率が産前産後休業や育児休業により就労しなかった期間や労働能率が低下した割合を超えず，また，疾病等による不就労に比べて不利益な取扱いとなっていないのであれば，均等法9条3項や育介法10条や上記裁判例に照らしても問題ありません。

（西内　愛）

賞与の算定期間中に産前産後休業及び年次有給休暇を取得した上で支給日直後に退職した従業員に賞与を支給する義務はあるか

Q45 当社の従業員より，平成28年12月になって，「平成29年6月12日の出産予定日に備えて，今月（平成28年12月）末日限りで退職したい」との申出がありました。しかし，その従業員が担当していた大口の取引先への対応業務等が残っていたため，退職時期を2，3か月延ばしてほしいと依頼し，従業員もこれを了承してくれました。その後，平成29年3月頃，その従業員から，「4月までは通常勤務をするが，5月は全日年次有給休暇を利用し，6月と7月は産前産後休業を取得して，7月末で退職する」との申出がありました。当社としては，大口取引先への対応業務が終わっていないばかりか，引継等の見通しも立っていないため，そのような一方的な申入れは困るということを伝えました。しかし，結局，その従業員は，5月以降出社することはありませんでした。当社の賞与規程上，夏季賞与の支給条件は，1月から6月まで在籍し，かつ，支給日である7月10日に在籍していることの双方が必要です。上記のように一方的に産前産後休業と年次有給休暇の取得を申し出て6月及び7月に出社しなかった従業員について，賞与を支給する必要はあるのでしょうか。

 賞与を支給しなければなりません（東京コンピューター用品事件）。

［解説］

 問題の所在

　設問では，賞与の算定期間中及び支給日に産前産後休業及び年次有給休暇を取得し退職した従業員に賞与を支給する義務はあるか，また，賞与を支給しなかった場合に，賞与の算定に関する不利益取扱いとして，均等法9条3項が禁止する不利益取扱いに該当しないかが問題となります。

2 裁判例の紹介

　育介法制定前の裁判例ですが，東京コンピューター用品事件（東京地判昭61・9・26労判482号20頁）が設問の検討にあたり参考となります。

　この事件の概要は，次のとおりです。原告Xは，昭和50年3月5日に被告会社Yに入社し勤務していましたが，昭和59年12月に至り，昭和60年6月12日が出産予定日であったことから，Y代表者に対し，昭和59年12月末日をもってYを退職したいと申し出たのですが，Y代表者は，Yの取引先との関係上，Xの退職を2，3か月延ばすようXに要請し，Xもその要請を受け容れて昭和60年3月末日まで勤務をすることとしました。Xは，同年3月末頃，Yに対し，今後の予定について，同年4月中は通常勤務をしたいこと，同年5月中は，年次有給休暇を取得し，その後は産前産後休業を取得して出社せず，同年7月末頃退職したいと連絡しました。

　そして，Xは，この連絡のとおり，昭和60年5月2日まで出社し，翌日以降は年次有給休暇及び産前産後休業を取得し，同年7月25日にYへ退職すると告げました。

　Xは，①同日まで在籍していた以上支払われるべきとして同年7月10日支給の夏季賞与の支払いと，②就業規則に基づく「退職手当」の支払いを請求しました。

　これに対し，Yは，Xは同年4月30日に退職したものであること，また，「退職手当」を支払う旨規定していた当該就業規則は昭和55年7月10日に削除・改訂されて「勤続2年以上で円満なる自己都合退職の場合は功労金を支給する」となり，当該功労金はXに対し12万7000円がすでに支払われていると反論しました。

　本事件において，裁判所は，①の夏季賞与の支払請求については，Xは，昭和60年5月2日まで出社し，その後は年次有給休暇及び産前産後休業を取得し，同年7月25日をもって退職する旨の意思表示をしたこと，当該年次有給休暇及び産前産後休業の取得はYも了解していたこと等を認定のうえ，Xは本件賞与支給日に在籍し，その受給資格を有するものとして，請求を認容しました。

　また、②の退職手当の請求に関しては、Ｙの主張どおりに就業規則が改訂されたことを肯定し、一方、Ｙが功労金として支払ったと主張する12万7000円は、昭和60年５月分の給与であったと認められるとしたうえで、功労金の額を１か月分の給与15万円をもって相当とするとして、Ｙに対し功労金15万円の支払いを命じました。

　このように、裁判所は、結論として、賞与の算定期間中及び支給日に産前産後休業及び年次有給休暇を取得し退職した従業員に賞与を支給する義務を認めました。

3　設問について

　以下のとおり、会社には産前産後休業の付与義務があり、年次有給休暇の付与義務もありますので、産前産後休業や年次有給休暇を消化して現実に労務を提供していなかったとしても、上記裁判例のとおり賞与算定期間及び賞与支払日に在籍する以上、雇用契約上の義務として賞与を支払う必要があります。さらに、賞与を支払わなければ、均等法９条３項が禁止する不利益取扱いにも該当し、違法となり、損害賠償請求の対象となります。

（1）雇用契約法上の義務違反（債務不履行）

ア　賞与の支給日在籍要件の有効性

　まず、前提として、就業規則等において、「賞与支給日に在籍しない場合は賞与を支給しない」旨定めることは、一般に賞与の支給日在籍要件と呼ばれますが、設問のような自発的退職の事案においては、支給日在籍要件自体は有効とされています（大和銀行事件・最判昭57・10・7労判399号11頁）。

イ　産前産後休業の付与義務

　設問においても、在籍する従業員が請求した以上、産前休業を取得させなければならず（労基法65条１項）、会社が請求を拒絶する余地はありません。また、産後は、従業員が休業を希望したか否かにかかわらず、原則として産後８週間が経過するまで就業させることはできません（同２項）。

ウ　年次有給休暇の付与義務

　従業員に付与された年次有給休暇（労基法39条１項）は、従業員の請求する時季に与えなければならないこととなっており（同条５項本文、時季指定

権), 会社は, 請求された時季に年次有給休暇を与えることが事業の正常な運営を妨げる場合にのみ, 他の時季にこれを与えることができます (同条5項ただし書, 時季変更権)。設問の場合には, 年次有給休暇の請求があった時点で, 退職予定日までの全労働日について, 労働義務が産前休業の請求又は産後休業により消滅している (消滅する予定である) ため, 他の時季に変更する余地がありません。

よって, 会社は, 時季変更権を行使することができず, 請求どおりに年次有給休暇を付与しなければならないことなります。

なお, 期間の定めのない雇用契約においては, 従業員は2週間の予告期間を置けば理由なく契約を解約でき (民法627条1項), 退職日についても, 従業員側が自由に選択できることとなっていますので (辞職の自由), 設問の従業員が4か月以上前に予告している以上, 平成29年7月末日をもって退職することを妨げることもできません。

エ　まとめ

したがって, 設問においては, 会社としては, 当該従業員が, 平成29年1月から平成29年6月まで在籍し, かつ, 支給日である平成29年7月10日に在籍しているという要件を満たす以上, 賞与を支給しなければなりません。

(2) 不利益取扱いの禁止

上記裁判例の当時は, 均等法 (当時の同法11条3項) において, 産前産後休業の取得を理由とする解雇は禁止されていたものの, 現行の均等法9条3項のように, 産前産後休業の取得を理由とする, 解雇「以外」の不利益取扱いを禁じる法律はありませんでした。

しかし, 現行法においては, 解雇以外の不利益取扱いも禁止され, 産前産後休業を取得していた期間について, 賞与の支給額の算定にあたり, 現に妊娠・出産等により休業した期間を超えて休業したと取り扱うこと等は禁止されています。したがって, 産前産後休業を取得した期間を不就労期間として賞与額の算定上考慮することを超えて, 在籍自体していなかったものとして取り扱い, 賞与を不支給とする取扱いは, 均等法9条3項が禁止する不利益取扱いに該当し, 違法となります。

そのため, 当該従業員に賞与を支払わなかった場合には, 雇用契約上の賞与

支払義務を怠ったことになるばかりか，不法行為に基づく損害賠償請求の対象となるでしょう。

　不法行為に基づく損害賠償としては，賞与不払いによる財産的損害のほか，精神的損害に対する慰謝料も発生することとなります（なお，上記賞与支払いの債務不履行が認められた場合には，不法行為に基づく損害賠償の財産的損害に関しては填補されたことになりますので，債務不履行と不法行為の両方の請求が認められるわけではありません）。

（西内 愛）

Ⅵ その他の人事上の措置・処遇

産前産後休業及び育児休業期間を永年勤続表彰制度における勤続年数の算定期間から除外することは問題ないか

Q46 当社では，一定の年数を勤め上げた従業員に現金や記念品を支給する永年勤続表彰制度を導入しようと考えていますが，産前産後休業・育児休業期間を勤続年数の算定期間から除外することは問題ないでしょうか。

A 産前産後休業や育児休業を取得して現に勤務しなかった期間について，算定期間から除外することは問題ありません。

[解説]

1 問題の所在

設問では，産前産後休業や育児休業を取得した期間について，永年勤続表彰の算定期間から除外することが，均等法9条3項及び育介法10条の禁止する不利益取扱いに該当するかどうかが問題となります。

2 表彰における勤続年数の算定に関する不利益取扱い

均等法9条3項や育介法10条で禁止される不利益取扱いの具体的内容は，性差別指針（巻末資料③）第4の3（2）及び育介指針（巻末資料⑤）第2の11（2）に列挙されていますが（詳しくはQ1を参照），これらの指針に掲げられていない行為についても個別具体的な事情を勘案して不利益取扱いに該当する場合があります（均等法施行通達第2の4（7），育介法施行通達第2の23（4））。

永年勤続表彰制度については，上記各指針において不利益取扱いとして列挙

されていません。しかし，永年勤続表彰制度として一定の年数を勤め上げた従業員に現金や記念品を支給することを検討されているとのことですので，上記指針に列挙されている，「減給をし，又は賞与等において不利益な算定を行うこと」が問題となる事例に類似します。そこで，産前産後休業や育児休業を取得した期間について，永年勤続表彰の算定期間から除外することが「減給をし，又は賞与等において不利益な算定を行うこと」に関する不利益性の判断基準（詳しくはQ43の２（２）を参照）に照らして，不利益取扱いに該当しないかどうかの検討が必要となります。

3 設問について

　以上のとおり，均等法及び性差別指針並びに育介法及び育介指針に照らして考えますと，産前産後休業及び育児休業を取得し，実際に勤務しなかった期間について永年勤続表彰の算定期間から除外することは，あくまでもそれらの休業を取得した期間についてのみ算定期間から除外する取扱いである限りは，「不利益な取扱い」や「不利益な算定」には該当しません。

　他方で，上記指針のとおり，実際に勤務しなかった日数や期間を超えて，この超えた日数や期間を含めて算定期間から除外することは，「不利益な取扱い」や「不利益な算定」に該当します。

　したがって，設問の場合については産前産後休業や育児休業した期間分を日割で永年勤続表彰期間の算定対象期間から控除するという取扱いをしている限り，問題はありません。

　なお，産前産後休業や育児休業した期間分を日割で永年勤続表彰期間の算定対象期間から控除する一方で，介護休業や通常の欠勤，私傷病休職等の他の理由による不就労期間については，永年勤続表彰期間の算定対象期間から控除しないこととしますと，他の不就労期間に比べて産前産後休業や育児休業を不利に取り扱うことになりますので，産前産後休業や育児休業に対する不利益取扱いとなるおそれがあります。そのため，産前産後休業と育児休業について，他の休業，休職等の取扱いと比べて不利に取り扱うことのないよう留意する必要があります。

（西内　愛）

育児休業中の従業員を社内研修に参加させなければならないか

Q47 育児休業中の従業員から，育児休業中に行われる社内研修に参加したいという申し出がありました。当社としては，当該従業員の申し出に応じ，当該従業員を社内研修に参加させなければならないでしょうか。

A 参加させる義務はありませんが，状況によっては前向きな検討が望ましい場合があります。

[解説]

1 問題の所在

設問においては，育児休業中の従業員を社内研修に参加させる義務があるかどうか，また，会社が育児休業中の従業員に対してどのような措置を採るべきかが問題となります。

2 育児休業中の従業員の職業能力の開発及び向上等に関する措置義務

育介法22条は，「事業主は，育児休業申出及び介護休業申出並びに育児休業及び介護休業後における就業が円滑に行われるようにするため，育児休業又は介護休業をする労働者が雇用される事業所における労働者の配置その他の雇用管理，育児休業又は介護休業をしている労働者の職業能力の開発及び向上等に関して，必要な措置を講ずるよう努めなければならない」として，会社に対し，育児休業をしている従業員の職業能力の開発及び向上等に関して，必要な措置を講ずる努力義務を課しています。

これは，従業員の育児休業の申出や休業からの復帰後の再就業を円滑にするため，会社に対し，育児休業中の従業員の職業能力の開発及び向上等について，必要な措置を講ずる努力義務を定めたものです（育介法施行通達第9の3

(1),巻末資料②)。

そして,育介指針(巻末資料⑤)においては,会社が「必要な措置」を講ずるにあたって以下の事項に留意する必要があるとされています(第2の8(1)及び(2))。

> (1) 当該措置の適用を受けるかどうかは,育児休業又は介護休業をする労働者の選択に任せられるべきものであること。
> (2) 育児休業又は介護休業が比較的長期にわたる休業になりうること,並びに育児休業又は介護休業後における円滑な就業のために必要となる措置が,個々の労働者の職種,職務上の地位,職業意識等の状況に応じ様々であることに鑑み,当該労働者の状況に的確に対応し,かつ,計画的に措置が講じられることが望ましいものであることに配慮すること。

3 育児休業中の研修への参加

そもそも,育児休業期間中,従業員は労務提供義務を免除されています。また,会社が当該研修を休業中の従業員の職業能力の開発及び向上等に必要な措置として位置付けている場合であっても,上記指針のとおり,研修を受けるかどうかは従業員の選択に任せられるべきものです。したがって,育児休業中の従業員に対し,研修への参加を強制することはできません。

また,育介法等において,会社が育児休業中の従業員からこのような申し出を受けた場合に,応じるべき義務があるわけではありません。

もっとも,従業員が育児休業中に会社で実施されている研修に参加したいと申し出た場合に,これを認めることは差し支えなく,むしろ,育児休業等により休業中の従業員の職業能力の開発及び向上等に資するものであれば,望ましい対応といえます。

上記のとおり,会社は,休業中の従業員の職業能力の開発及び向上等に関する必要な措置を講ずる努力義務を負っていますが,具体的にどのような措置を講ずるかは,上記2に掲げた指針の抜粋の(2)のとおり,個々の従業員の職種,職務上の地位,職業意識等の状況に応じて,会社において判断し,決定すべき事柄です。また,実際のところ,研修を受けられる人数や費用の制約の問

題もありうるでしょう。

したがって、育児休業中の従業員から、社内研修に参加したいとの申出があった場合は、会社の方で、当該従業員が研修に参加したい理由、研修の内容、対象となる従業員の範囲、育児休業からの復帰後に当該従業員が同様の研修を受ける機会があるか等の諸事情を総合的に考慮して、この申出に応じて参加を認めるか否かを決めればよいことになります。ただし、育介法22条を前提としますと、会社として当該研修への参加を認めない場合には、当該従業員に対し、当該研修以外に、適性、能力等に配慮した能力開発の機会が提供されるよう配慮すべきです。

なお、当該従業員からの申出に応じ、社内研修への参加を認めた場合には、会社としては、社内研修への参加を指示あるいは命じたものではないため、それに要する時間は労働時間にはなりません。賃金を支払うかどうかは、労使間の合意によることになります。この点も、社内研修への参加を認める前に、当該従業員との間で明確にしておく必要があります。

4 他の従業員との対応の差異

また、上記2に掲げた指針の抜粋の（2）においても指摘されているとおり、従業員の職種や職務上の地位あるいは経験等によって、当該従業員に必要又は有用な研修の内容が異なることもあります。そのため、ある従業員の申し出に応じて研修への参加を認めたからといって、必ず他の従業員からの同様の申し出にも応じなければならないことになるわけではありません。

ただし、ある従業員からの申し出には応じ、他の従業員からの申し出には応じないという対応をする場合には、会社の対応が不公平であるとの疑念を抱かせないためにも、その異なる対応について理由を合理的に説明できるようにしておくべきです。

（西内 愛）

第4章　育児休業等からの復帰に関するマタハラ

I　復帰時の配置・職位

育児休業から復帰する従業員が希望した配置転換に伴い賃金を減額することは問題か

Q48　育児休業から復帰する従業員の希望により，復帰時に，負荷の軽い業務に配置転換させようと考えていますが，この配置転換によって職務等級が変わってしまうため，賃金が減額となってしまいます。このような取扱いをすることに，問題はないでしょうか。

A　配置転換による賃金等への不利益を十分に説明した上で，本人の真摯な同意が得られれば，問題ありません。

［解説］

1　問題の所在

設問では，育児休業から復帰する従業員を配置転換し賃金が減額となる取扱いが，配置の変更に関する不利益取扱いとして，育介法10条が禁止する不利益取扱いに該当しないか，また，会社としてはこのような従業員に対してどのような対応を取るべきかが問題となります。

2　従業員の配置に関する措置義務

育児休業者が復帰する際の業務について，育介法22条は，会社は，育児休業申出及び育児休業後における就業が円滑に行われるようにするため，育児休業をする従業員が雇用される事業所における従業員の配置その他の雇用管

理等に関して、措置を講ずべき努力義務を定めています。

育介法22条を受けて、育介指針（巻末資料⑤）は、「育児休業及び介護休業後においては、原則として原職又は原職相当職に復帰させるよう配慮すること」を会社に求めています（第2の7（1））。

しかしながら、上記育介指針は、例外的に原職又は原職相当職に復帰させることを否定しているものではなく、育介法22条の定めも、必要な措置を講ずるべき努力義務にとどまります。

3　配置の変更に関する不利益取扱いの禁止

育介指針（巻末資料⑤）は、「不利益な配置の変更を行うこと」が育介法10条が禁止する不利益取扱いに該当するとしています（第2の11（2）ヌ）。そして、配置の変更が不利益なものであるか否かについては、以下のとおり判断すべきとしています（第2の11（3）ヘ）。

> 配置の変更が不利益な取扱いに該当するか否かについては、配置の変更前後の賃金その他の労働条件、通勤事情、当人の将来に及ぼす影響等諸般の事情について総合的に比較考量の上、判断すべきものであるが、例えば、通常の人事異動のルールからは十分に説明できない職務又は就業の場所の変更を行うことにより、当該労働者に相当程度経済的又は精神的な不利益を生じさせることは、（2）ヌの「不利益な配置の変更を行うこと」に該当すること。また、所定労働時間の短縮措置の適用について、当該措置の対象となる業務に従事する労働者を、当該措置の適用を受けることの申出をした日から適用終了予定日までの間に、労使協定により当該措置を講じないものとしている業務に転換させることは（2）ヌの「不利益な配置の変更を行うこと」に該当する可能性が高いこと。

4　設問について

設問のように、育児休業からの復帰時に賃金の減額を伴う配置の変更を行うことについては、育児休業を契機として、当該従業員に対して少なくとも経済的な不利益を与える措置であるとして、「不利益な配置の変更を行うこと」に

該当し，育介法10条の禁止する不利益取扱いに該当し，無効となるおそれがあります。

　しかし，以下の例外に該当する場合には育介法10条の禁止する不利益取扱いに該当しないこととなります（育介法施行通達第２の23（３），巻末資料②）。

①ａ 円滑な業務運営や人員の適正配置の確保などの業務上の必要性から支障があるため当該不利益取扱いを行わざるを得ない場合において，ｂ その業務上の必要性の内容や程度が，法第10条の趣旨に実質的に反しないものと認められるほどに，当該不利益取扱いにより受ける影響の内容や程度を上回ると認められる特段の事情が存在すると認められるとき，又は

②ａ 当該従業員が当該取扱いに同意している場合において，ｂ 当該育児休業及び当該取扱いにより受ける有利な影響の内容や程度が当該取扱いにより受ける不利な影響の内容や程度を上回り，当該取扱いについて会社から従業員に対して適切に説明がなされる等，一般的な従業員であれば当該取扱いについて同意するような合理的な理由が客観的に存在するとき

　上記の例外に該当するための対応としては，対象者本人の意向をよく確認しつつ，異動に伴い職務等級が変更されることによりどの程度の減給が生じるか，将来の昇格・昇進等に与える影響の有無，程度，異動先の業務内容，異動に伴いどの程度業務負担が軽減されるといった有利な影響があるか，異動先の受け入れ体制，今後の原職への復帰可能性等，配置の変更による利益・不利益について，当該従業員に対し十分に説明し，書面による同意を得たうえで行う必要があります。

（西内 愛）

産前産後休業及び育児休業期間中に担当業務が消滅した場合の配置転換の可否

Q49 事務職を担当していた従業員が産前産後休業及び育児休業を取得しました。ところが，産前産後休業中に，その担当事務がシステム化されたことにより，その従業員が担当していた事務が消滅してしまいました。また，当社では，現状，事務職の欠員はありません。このような場合，その従業員が育児休業を終えて職場復帰するに際して，配置転換をすることはできるでしょうか。当社で，現状空きのある業務は，独身寮の寮務しかありませんが，このように，休業前と仕事の内容も職場環境も大きく異なる場所に配置しても問題はないでしょうか。

 配転命令権の濫用には当たらないとしても，経済的・精神的不利益の程度によっては，均等法や育介法の不利益取扱い禁止規定に抵触する場合があります（東洋鋼鈑事件）。

[解説]

1 問題の所在

設問では，そもそも配置転換ができる場合に当たるか，また，産前産後休業及び育児休業期間中に当該従業員の担当業務が消滅した場合に配置転換をすることが，配置の変更に関する不利益取扱いとして，均等法9条3項及び育介法10条が禁止する不利益取扱いに該当するかが問題となります。

2 育介法上の雇用管理等の措置義務

育児休業後の復帰先に関しては，雇用管理等の措置義務（努力義務）を定める育介法22条を受けて規定された育介指針（巻末資料⑤）第2の7（1）が，「育児休業及び介護休業後においては，原則として原職又は原職相当職に復帰させるよう配慮すること」としています。

I 復帰時の配置・職位 | **183**

　この「原職相当職」の意義に関しては，「一般的に，①休業後の職制上の地位が休業前より下回っていないこと，②休業前と休業後とで職務内容が異なっていないこと及び③休業前と休業後とで勤務する事業所が同一であることのいずれにも該当する場合には，「原職相当職」と評価されるものである」（育介法施行通達第9の3（5），巻末資料②）とされています。

3　配置の変更に関する不利益取扱いの禁止

　均等法に基づく性差別指針（巻末資料③）及び育介法に基づく育介指針（巻末資料⑤）によれば，均等法9条3項及び育介法第10条の「解雇その他不利益な取扱い」には，「不利益な配置の変更」が含まれます（性差別指針第4の3（2）ヌ，育介指針第2の11（2）ヌ）。

　そして，「不利益な配置の変更を行うこと」に該当するかどうかについては，「配置の変更前後の賃金その他の労働条件，通勤事情，当人の将来に及ぼす影響等諸般の事情について総合的に比較考量の上，判断すべきものであるが，例えば，通常の人事異動のルールからは十分に説明できない職務又は就業の場所の変更を行うことにより，当該従業員に相当程度経済的又は精神的な不利益を生じさせること」は，「不利益な配置の変更を行うこと」に該当するとされています（性差別指針第4の3（3）ヘ，育介指針第2の11（3）ヘ）。

　育介法施行通達（巻末資料②）によれば，「不利益な配置の変更」に該当しない復職先の職場の範囲は，「原職」又は「原職相当職」よりも広く，仮に別の事業所又は別の職務への復職であっても，通常の人事異動のルールから十分に説明できるものであれば，「不利益な配置の変更」には該当しません（第2の23（5）ハ）。なお，「原職相当職」とは，個々の企業又は事業所における組織の状況，業務配分，その他の雇用管理の状況によって様々ですが，一般的に，①休業後の職制上の地位が休業前より下回っていないこと，②休業前と休業後とで職務内容が異なっていないこと及び③休業前と休業後とで勤務する事業所が同一であることのいずれにも該当する場合には，「原職相当職」と評価されるものとされています（第9の3（5））。

4 裁判例の紹介

東洋鋼鈑事件（東京高判昭49・10・28労判213号36頁）は，現在のような不利益取扱いの禁止規定が置かれる前の事件ですが，設問のような事例について参考となる判例です。

本事件において，裁判所は，事務系労働に従事する一般職の従業員として採用された女性Xについて，会社YがXの出産直後に行った，研究所購買業務から独身寮事務への配転命令が有効であるとしました。

すなわち，裁判所は，当該配転が同じ「事務系労働」の範囲内であって異なる職種間の配転ではないことを前提として，Xが主張した，配転が人事権濫用に当たるとの点について，Xが「産休後就労する頃にはコンピューター方式の導入により原職である購買業務が消滅し新たな職に配転する必要が生じ，総合研究所では他に女子従業員の職に欠員がな」かったため，Yとしては，「『①（Xの）賃金その他の労働条件の低下を来さないこと，②生後1年未満の生児の母親として…便宜がはかれること，③会社の業務に支障を来さないこと，④他の女子従業員との振合い』の諸点を考慮して，寮事務の担当という職を新設して，本件配置転換を命じたのであるから，本件配転命令をもって企業運営上の客観的合理性ないし必要性はないということはできない」としました。

5 設問について

(1) 配転命令権の有無

設問についてみますと，まず，設問の従業員の配置転換をするには，就業規則や個別契約等により，会社が配転を命ずる権限が定められていることが必要です。そして，当該従業員との間で，事務職に職種を限定する旨の特約があれば，事務職以外の職種に配転することはできません。また，勤務地を限定する特約があるときには，当該独身寮がその特約の範囲外である場合，独身寮への勤務地の変更を命じることもできません。

(2) 配転命令権の濫用該当性

配転命令権があるとしても，配転命令権の行使が権利濫用であると認められる場合（不当な動機・目的をもってなされた場合や，業務上の必要性に比し，

その命令がもたらす従業員の職業上ないし生活上の不利益が，通常甘受すべき程度を著しく超える不利益を負わせるものであるときがこれに該当します（東亜ペイント事件・最判昭61・7・14労判477号6頁），均等法や育介法上の不利益取扱いに該当する場合には無効となりますし，均等法や育介法上の不利益取扱い（「不利益な配置の変更に行うこと」）に該当する場合には，無効となります。

配転命令権の権利濫用の議論と不利益取扱いの議論は，多くが重なると思われますが，強行規定であり，かつより個別のポイントが指針等で示されている不利益取扱いの枠組みで検討することが有益です。

（3）不利益取扱い該当性

独身寮の寮務への配転が「不利益な配置の変更に行うこと」に該当するかどうかは，上記3の法令・指針等を踏まえ，以下のようなポイントを踏まえて検討する必要があります。一般的には，事務職から寮務という現業への変更は，心理的に不利益な配転と感じられるものですので，総合的にみて，大きな不利益が生じることのないように留意する必要があります。

---

①配置の変更前後の賃金その他の労働条件
・賃金（基本給の低下，手当の不支給等）の低下や職種変更による給与体系の変更等による不利益は生じないか
・勤務時間等の面で不利益は生じないか
・その他労働条件の低下は生じないか
②通勤事情
・配転に伴い，通勤時間が大幅に増加することはないか
③当人の将来に及ぼす影響等諸般の事情（精神的・経済的不利益を含む）
・寮務の具体的内容
・事務職から寮務（あるいは同様の現場職）への配転につき，内規等で示されたものはあるか，また，前例はあるか
・再び寮務から事務職に配転する可能性はあるか
等

（西内 愛）

マタハラを理由として育児休業終了後に異動したいとの希望があった場合は必ず異動させなければならないか

Q50 女性従業員Aから人事部に対して，「３人目の子どもを妊娠し，それを同じ部署の女性の先輩Bに告げたところ，Bから『もうあなたには仕事を教えてあげない』と言われました。これ以上Bと一緒に働くのは厳しいので，育休明けに他部署に異動させてほしいです」との相談がありました。これまで，育休からの復帰時に他の部署に異動させた者も何人かはいましたが，Aについては，育児休業終了後も現在の部署に復帰させるつもりであり，その後も，異動の予定は今のところありません。Aの希望どおり異動させなくても問題ないでしょうか。

A 復帰者の希望をそのまま受け入れなければならないわけではありませんが，マタハラ防止措置義務の内容をふまえて丁寧に対応した上で配置先を決定すべきです。

［解説］

1　問題の所在

設問では，マタハラを理由として育児休業終了後に異動したいとの希望があった場合に異動させるべき義務はあるか，また，育児休業終了後の配置については，どのように対応すべきかが問題となります。

2　育児休業から復帰した後の配置

育介法22条は，「事業主は，育児休業申出及び介護休業申出並びに育児休業及び介護休業後における就業が円滑に行われるようにするため，育児休業又は介護休業をする労働者が雇用される事業所における労働者の配置その他の雇用管理，育児休業又は介護休業をしている労働者の職業能力の開発及び向上等に

関して，必要な措置を講ずるよう努めなければならない」と規定しており，これを受けて，育介指針（巻末資料⑤）は，「育児休業及び介護休業後においては，原則として原職又は原職相当職に復帰させるよう配慮すること」と定めています（第２の７（１））。

「原職相当職」の意義に関しては，「個々の企業又は事業所における組織の状況，業務配分，その他の雇用管理の状況によって様々であるが，一般的に，①休業後の職制上の地位が休業前より下回っていないこと，②休業前と休業後とで職務内容が異なっていないこと及び③休業前と休業後とで勤務する事業所が同一であることのいずれにも該当する場合には，「原職相当職」と評価されるものである」（育介法施行通達第９の３（５），巻末資料②）とされています。

育児休業から復帰する従業員については，このように，育児休業前の仕事に復帰させるか，上記の意味での原職相当職に復帰させることが望ましいといえます。

3 会社が雇用管理上取るべき措置

（１）問題の所在

妊娠を告げた女性従業員Ａに対する「もうあなたには仕事を教えてあげない」との先輩Ｂの発言については，マタハラに該当する可能性があり，さらにＡは，その発言を理由に異動希望の申出をしているので，まず，Ｂの発言がマタハラに該当するのか，また，それに対し会社が雇用管理上取るべき措置はどのようなものかを検討する必要があります。

（２）マタハラの類型

均等法上マタハラとして扱うべき言動には，次の２つの類型があります（マタハラ指針２（１），巻末資料④，Ｑ１も参照）。

①その雇用する女性従業員の妊娠又は出産に関する制度又は措置の利用に関する言動により就業環境が害されるもの（以下「制度等の利用への嫌がらせ型」といいます。）

②その雇用する女性従業員が妊娠したこと，出産したことその他の妊娠又は出産に関する言動により就業環境が害されるもの（以下「状態への嫌がらせ型」といいます。）

　「状態への嫌がらせ型」には，具体的には，妊娠したことや出産したこと，妊娠又は出産に起因する症状により労務の提供ができないこと若しくはできなかったこと又は労働能率が低下したこと（なお，「妊娠又は出産に起因する症状」とは，つわり，妊娠悪阻，切迫流産，出産後の回復不全等，妊娠又は出産をしたことに起因して妊産婦に生じる症状をいいます）等に関する事由（以下「妊娠等したこと」といいます。）に関する言動により就業環境が害されるものが含まれます（マタハラ指針2（5），巻末資料④）。

　その典型的な例として，同指針2（5）ロ②は，「妊娠等したことにより嫌がらせ等をするもの」を挙げ，「客観的にみて，言動を受けた女性労働者の能力の発揮や継続就業に重大な悪影響が生じる等当該女性労働者が就業する上で看過できない程度の支障が生じるようなものが該当する。女性労働者が妊娠等したことにより，上司又は同僚が当該女性労働者に対し，繰り返し又は継続的に嫌がらせ等をすること（当該女性労働者がその意に反することを当該上司又は同僚に明示しているにもかかわらず，更に言うことを含む。）」としています。

　また，育介法上も，同法上の制度・措置の利用の嫌がらせ型に該当する行為をマタハラとして扱うべきものとされており，上司又は同僚が，育児休業等の育介法上の制度利用を阻害したり，制度利用をしたことにより嫌がらせ等をするものが含まれます（育介法25条及び同条を受けて定められている育介指針第2の14，巻末資料⑤）。

　「制度等の利用への嫌がらせ型」及び「状態への嫌がらせ型」のいずれについても，同僚からの言動に関しては，力関係が背景にあることが前提となる上司の言動と異なり，1回の言動だけで直ちに就業環境が害されるものとは当然には考えられないため，「繰り返し又は継続的」に，制度等の利用の請求等をしないように言うことや嫌がらせ等をしたか，あるいは，当該女性従業員がその意に反することを当該同僚に明示しているにもかかわらず，更に言ったものであったかどうかが，判断のポイントとして挙げられています。

4 設問について

(1) マタハラ該当性

設問のBの言動は，発言の時期や内容から，Aが妊娠したことや妊娠に起因する症状により労務の提供ができなくなったり，労働能率が低下したこと，又はAが3人目の子どもを妊娠したことで，今後3人の子育てをすることになったことから，産前産後休業や育児休業その他の育介法上の制度を利用することが予想されること等に起因して，今後は仕事の指導をしないと発言した趣旨と読み取れます。このような発言は，妊娠したという状態への嫌がらせ又は産前産後休業や育児休業等の制度等の利用を躊躇させる言動に該当するおそれが高いといえます。

ただし，BはAの先輩ということではありますが，上司ではなく同僚のようですので，設問のようなBの発言が繰り返し又は継続的に行われたものなのかどうか，また，AとBとの仕事上の関係性やBのAに対する仕事上の影響力等について，A，B及び両者の上司等の所属部署の関係者に対して，更に詳しく事実関係を確認した上で，Bの言動がAの就業環境を害したものといえるかどうか検討する必要があります。

(2) マタハラに該当すると判断された場合に会社が取るべき対応

上記事実関係の確認を踏まえて，Bの言動がAの就業環境を害するマタハラに該当すると判断される場合には，会社としては，マタハラ防止措置（均等法11条の2第1項，育介法25条）としてBに対して，以後同様の言動を行わないようにとの注意・指導等のほか，Aの意向も確認しつつ，Aへの謝罪等を促すといった措置を講ずることを検討すべきです。

また，Aは部署の異動を希望していますが，会社としては，原職に復帰させることを予定していたということですので，Aの異動をせずともAとBとの関係改善に向けての調整や人員体制や部署内部の分担の見直し等の対応をもって調整可能かどうか，あるいは異動の措置まで必要かどうかといった検討をする必要があります。なお，Aを異動させるという場合には，上記2のとおり，「原職相当職」への異動ができるよう配慮することが望ましいといえます。

（西内 愛）

育児休業期間終了後に職場に復帰する際，部長職を解き，他の部署の室長に任命することは問題ないか

Q51 部長（管理職）である従業員が，産前産後休業に引き続き，育児休業を取得していますが，その休業期間中に社内で大きな組織再編があり，部署が統廃合された結果，その従業員が就いていた部署自体がなくなってしまいました。現在，他の部署に，室長（管理職）であれば空ポストがあります。この場合，この従業員が育児休業期間終了後に職場に復帰する際，部長職を解き，他の部署の室長に任命することは問題ありませんか。なお，室長は部長よりも下位の役職ではありますが，この任命によっても，給与その他の労働条件や将来の昇進・昇給への不利益はありません。

A 経済的・精神的不利益がないのであれば，均等法や育介法が禁止する不利益取扱いにはあたりませんが，紛争リスクの除去の観点から，不利益がない点について具体的に十分説明した上で本人の同意を得るなど，丁寧かつ慎重に対応することが望ましいです。

［解説］

1　問題の所在

　設問では，育児休業期間終了後に職場に復帰する際，部長職を解き，他の部署の室長に任命することが，降格や不利益な配置の変更として，均等法9条3項及び育介法10条が禁止する不利益取扱いに該当するかが問題となります。

2　不利益取扱いの禁止に関する法令・指針

(1) 産前産後休業や育児休業の取得等を理由とする「降格」や「不利益な配置の変更を行うこと」の禁止

　均等法9条3項，育介法10条により，産前産後休業や育児休業の申出や取

得を理由として「降格させること」や「不利益な配置の変更を行うこと」は禁止されています（均等法9条3項，育介法10条，性差別指針第4の3（2）ホ及びヌ，育介指針第2の11（2）ト及びヌ）。

（2）降格に関する不利益取扱い

降格については，性差別指針や育介指針において具体的な定義は置かれていませんが，①懲戒処分としての降格，②人事権の行使として職位や役職を引き下げるもの，及び③職能資格制度上の資格や職務・役割等級制度上の等級を低下させるもの（降級）があります（菅野「労働法」681頁以下）。いずれについても，多くの場合，権限，責任，必要とされる技能，さらに賃金の低下を伴うのが通常ですので，原則として，均等法や育介法が対象とする「不利益な取扱い」に該当するものと考えます。

（3）配置の変更に関する不利益取扱い

「不利益な配置の変更を行うこと」に該当するかどうかについては，「配置の変更前後の賃金その他の労働条件，通勤事情，当人の将来に及ぼす影響等諸般の事情について総合的に比較考量の上，判断すべきものであるが，例えば，通常の人事異動のルールからは十分に説明できない職務又は就業の場所の変更を行うことにより，当該従業員に相当程度経済的又は精神的な不利益を生じさせること」は，「不利益な配置の変更を行うこと」に該当するとされています（性差別指針第4の3（3）ヘ，育介指針第2の11（3）ヘ）。配置の変更に関する不利益性の判断については，Q49もご参照ください。

（4）例外的に不利益取扱いに当たらない場合

均等法9条3項及び育介法10条の規定により禁止される解雇その他不利益な取扱いとは，従業員が産前産後休業や育児休業の申出又は取得をしたこととの間に因果関係がある行為であることを示したものであり，育児休業の期間中に行われる解雇等がすべて禁止されるものではありません。

育児休業の申出又は取得をしたことを契機として不利益取扱いが行われた場合は，原則としてこの因果関係が認められ，育児休業の申出又は取得をしたことを理由として不利益取扱いがなされたと解されるものの，以下の場合には，例外的に不利益取扱いに当たらないとされています（均等法施行通達第2の4（5）及び育介法施行通達第2の23（3））。

> ① a 円滑な業務運営や人員の適正配置の確保などの業務上の必要性から支障があるため当該不利益取扱いを行わざるを得ない場合において、b その業務上の必要性の内容や程度が、法の趣旨に実質的に反しないものと認められるほどに、当該不利益取扱いにより受ける影響の内容や程度を上回ると認められる特段の事情が存在すると認められるとき、又は
> ② a 当該従業員が当該取扱いに同意している場合において、b 当該事由及び当該取扱いにより受ける有利な影響の内容や程度が当該取扱いにより受ける不利な影響の内容や程度を上回り、当該取扱いについて会社から従業員に対して適切に説明がなされる等、一般的な従業員であれば当該取扱いについて同意するような合理的な理由が客観的に存在するとき

3 設問について

(1) 他の部署への異動

設問において、当該従業員を他の部署へ異動させること自体については、給与その他の労働条件や昇進・昇給への不利益はないとのことであり、通常の人事異動のルールから十分に説明できるものであれば、「不利益な配置の変更」には該当しません。

(2) 部長職を解き、室長に任命すること

ア 不利益取扱いとの因果関係について

設問において、部長職を解き、室長に任命することについては、人事権の行使として役職を引き下げるものとしての「降格」に当たりますので、給与その他の労働条件や昇進・昇給に関する経済的不利益はないとしても、役職を引き下げられることによる権限、責任、必要とされる技能は低下することにより、少なくとも、精神的な不利益はあるといえます。通常の人事異動の中で、部長職を解き室長職に任命するという前例がないか、あったとしても例外的なのであれば、なおさら精神的な不利益は大きいものであると評価されるでしょう。

このような降格が育児休業明けという、育児休業から時間的に近接した時期に行われると、原則として因果関係があるものと判断されてしまうリスクが高まります（巻末資料⑧参照）。因果関係がないというためには、元の部署が廃

止された背景である組織再編や部署の統廃合について，円滑な業務運営を進めるための経営上の必要性があり，当該従業員の部署が廃止されたのも，経営上の理由によるものであって，当該従業員が育児休業を取得していたためではないこと，当該従業員のスキルや経歴，人員の適正配置等を考慮した結果，当該従業員が育児休業を取得したこととは無関係に，他の部署への室長職への任命をせざるを得ないこと等を説明する必要があります。

また，会社の規模が大きいほど，他の部署の室長職しか空きポストがないかどうか，他にも部長職で割り当てられるポストがあったのではないかという点について，裁判ではシビアに検証されることも念頭におくことが大切です。

イ　例外的に不利益取扱いに該当しない場合について

さらに，アの検討において原則として因果関係が認められるとしても，上記2（4）①の，例外的に不利益取扱いには該当しない場合であるか，という点については，上記と同様の業務上の必要性の点のほか，「降格」により受ける不利な影響として，給与その他の労働条件や昇進・昇給に関する不利益（経済的不利益）はない，あるいは，室長職への異動ができれば雇用確保ができること等からすれば，業務上の必要性の内容や程度が，均等法9条3項や育介法10条の趣旨に実質的に反しないものと認められるほどに，当該不利益取扱いにより受ける影響の内容や程度を上回ると認められる特段の事情が存在する，といった説明ができるか検討をすることになります。この①の場合には，以下の②と比較して，従業員の同意があることが前提となっていない分，「特段の事情」の存在が認められる場合は限定的と考えられます。

そして，上記2（4）②の，例外的に不利益取扱いには該当しない場合であるか，という点については，部長職を解き室長に任命する取扱いについて，当該従業員から同意を得ることを前提として，育児休業や部長職を解き室長に任命する取扱いにより当該従業員が受ける有利な影響があるかどうか（例えば，当該従業員が復職後は比較的残業等の負担の少ない業務を希望していて，室長職であれば，部長職よりも負担が軽減されること。他方で給与その他の労働条件や昇進・昇給への不利益はないこと等），育児休業の取得や当該取扱いにより受ける有利な影響の内容や程度が当該取扱いにより受ける不利な影響の内容や程度を上回り，当該取扱いについて会社から従業員に対して適切に説明がな

される等，一般的な従業員であれば当該取扱いについて同意するような合理的な理由が客観的に存在するといえるか，について検討をすることになります。

　このように，設問のような異動を行うについては，例外的に不利益取扱いに該当する場合のうち，特に②の方に当てはまるかどうかがポイントとなります。対象となる従業員に対しては，復職後の働き方の希望について意向を確認しつつ，組織再編により元の部署がなくなってしまったこと，他の部署の室長職であれば，空きポストがあるので，そちらに異動してもらいたいと考えていること，異動先の部署での担当職務の内容，及びこの変更によっても，給与その他の労働条件や昇進・昇給への不利益はないこと，その他従業員にとって利益となる側面があるのであればその点等を十分に説明した上で，部長職を解き他の部署の室長に任命することにつき，書面による同意を取ったうえで異動を行うべきです。

（西内 愛）

育児休業からの復帰時に配置転換する取扱いに問題はあるか

Q52 当社では，従業員が産前産後休業に入ると，その時点で所属を人事部付きに配置転換し，復職の際に，人事部長が新しい勤務場所を指定するという措置を採っています。そのため，産前産後休業前後で，勤務場所や担当職務が異なる場合が多いです。このような産前産後休業取得時や育児休業からの復帰時の勤務場所の指定（配置転換）について，何か問題はありますか。なお，従業員の採用については，担当職務や勤務場所を特定又は限定するような契約とはなっていません。

A 配置転換の必要性や配置転換による不利益の有無によりますが，育介法では原職又は原職相当職に復帰させるよう配慮すべきものとされていることに留意しなければなりません（慈恵大学附属病院（佐渡）事件）。

[解説]

1 問題の所在

設問では，配置転換に関し，そもそも配転命令権はあるか，配転命令権があるとしても，権利濫用にあたらないか，そして，配置転換が，「不利益な配置の変更」として，均等法9条3項や育介法10条が禁止する不利益取扱いに該当しないかが問題となります。

2 裁判例の紹介

設問の検討にあたっては，育介法が制定される前の古い事件ですが，慈恵大学附属病院（佐渡）事件（東京地判昭54・4・24労判325号45頁）が参考となります。

本事件は，手術室に勤務していた看護師が，産前産後休業及び育児休職後，復職しようとしたところ，歯科外来診療室への配転命令が出されたことについ

て，手術室に勤務する権利を有することの確認を求めたものです。

被告病院では，従来からの慣行として，看護師が産前休業に入ると，その時点で従前の配属先を離れて総婦長室付となり，従前の配属先には総婦長の判断により他の看護師が新たに補充され，その後，休業終了後の復帰の際には，総婦長が休業前の配属先とは異なる新たな勤務場所を指定していました。

本事件において，裁判所は，当該慣行は「病院の社会的使命」や「総婦長の権限，職責等」（すなわち，総婦長が，看護婦等の各病院内における勤務場所（勤務科目をも含む）の指定やその後の各病院での配置転換を含め，被告病院における看護婦等の人事管理，労務管理等の業務を総括する権限と職責を有していたこと，看護婦等の勤務場所の指定やその後の配置転換については，各病院内における業務上の必要，看護婦等の教育計画，看護婦等の間の公平，育児，母体保護等諸般の事情を考慮して総婦長が行うのであって，勤務場所に関する看護婦等の個人的な希望は単に一つの参考資料とされるにすぎなかったこと等）に照らし，「客観的な合理性ある慣行」であると評価しました。

そして，裁判所は，原告である看護師は，当該慣行によって産前休業に入ると同時に総婦長室付への配転措置がとられていたものであるので，元の手術室に勤務する権利を失ったものであるとして，請求を棄却しました。

3 育介法上の雇用管理等の措置義務

上記事件の当時は，育介法（平成7年成立）も，その前に制定されていた育児休業等に関する法律（平成3年成立）も存在していませんでしたが，現行の育介法に照らして判断されるとすれば，当時のように「客観的な合理性ある慣行」であるとは認められない可能性が高いといえます。

現行の育介法では，育児休業後の復帰先に関しては，雇用管理等の措置義務（努力義務）を定める育介法22条を受けて規定された育介指針（巻末資料⑤）が，「育児休業及び介護休業後においては，原則として原職又は原職相当職に復帰させるよう配慮すること」としています（第2の7（1））。

そして，「原職相当職」の意義に関しては，一般的に，①休業後の職制上の地位が休業前より下回っていないこと，②休業前と休業後とで職務内容が異なっていないこと及び③休業前と休業後とで勤務する事業所が同一であること

のいずれにも該当する場合には,「原職相当職」と評価されるものである」(育介法施行通達第9の3（5）,巻末資料②)とされています。

4 不利益取扱いの禁止に関する法令・指針

(1) 不利益取扱いの禁止

上記裁判例の当時は,均等法（昭和60年成立）も制定されておらず,女性従業員が産前産後休業を取得したことを理由とする不利益取扱いを禁ずる考え方もありませんでしたが,現行の均等法9条3項は,女性従業員が産前産後休業を取得したことを理由として,当該女性従業員に対して解雇その他不利益な取扱いをすることを禁止しています。

また,育介法10条も,会社が,従業員が育児休業申出をし,又は育児休業をしたことを理由として,当該従業員に対して解雇その他不利益な取扱いをすることを禁止しています。

(2) 配置の変更に関する不利益取扱い

均等法及び育介法の指針によれば,これらの「解雇その他不利益な取扱い」には,「不利益な配置の変更」が含まれます（性差別指針第4の3（2）ヌ,育介指針第2の11（2）ヌ)。

5 設問について

(1) 配転命令権の有無

まず,前提として,従業員の配置転換をするには,就業規則や個別契約等により,会社が配転を命ずる権限が定められていることが必要です。設問の場合,担当職務や勤務場所を特定・限定するような契約とはなっていないとのことですので,配転命令権が存在するでしょう。

(2) 配転命令権の濫用該当性

配転命令権があるとしても,その行使が不当な動機・目的をもってなされた場合や,業務上の必要性に比し,その命令がもたらす従業員の職業上ないし生活上の不利益が,通常甘受すべき程度を著しく超える不利益を負わせるものであるときは,権利濫用として配転命令は無効となります（東亜ペイント事件・最判昭61・7・14労判477号6頁)。また,配転命令が産前産後休業や育児休

業等の出産・育児に関する制度利用を契機としてなされ，それが均等法や育介法上の不利益取扱い（「不利益な配置の変更に行うこと」）に該当する場合にも，無効となります。

配転命令権の権利濫用該当性と不利益取扱い該当性とは，多くが重なると思われますが，一般に，権利濫用よりも不利益取扱い該当性の方が，射程が広く，また，不利益取扱いの禁止は強行規定であるため，まずは，均等法に基づく性差別指針（巻末資料③）や育介法に基づく育介指針（巻末資料⑤）で示されている判断のポイントに則って，不利益取扱い該当性を検討することが有益です。

（3）不利益取扱い該当性の判断のポイント

産前産後休業や育児休業からの復帰時の勤務場所の指定（配置転換）が「不利益な配置の変更を行うこと」に該当するかどうかは，以下のようなポイントから，「不利益な配置の変更」には当たらないよう，検討する必要があります。

①配置の変更前後の賃金その他の労働条件
・賃金の低下（手当の不支給・減額等）等による不利益は生じないか
・勤務時間等の面で不利益は生じないか
・その他労働条件の低下は生じないか
②通勤事情
・担当職務の変更に伴い，勤務場所の変更があるか。変更がある場合，それにより通勤時間が大幅に増加することはないか
③当人の将来に及ぼす影響等諸般の事情（精神的・経済的不利益を含む。）
・従業員の異動に関する基本方針や慣行はどのようになっているか（育介指針においても，当該事業所で行われてきた人事異動慣行を含む「通常の人事異動のルール」を考慮すべきこととされています）
・業務負担が軽減される，あるいは，他の業務を経験させることにより幅広い知識や経験を得させる等の本人にとって利益となる側面はあるか
等

仮に，配置変更に当たって手当の減額が生じるなど，不利な影響があり，「不利益な配置の変更」に該当すると考えられるような場合においては，不利益を補うような措置（例えば，手当の減額が生じる場合には，その分の調整手

当を支給する等）も検討しつつ，異動によるメリットも説明し，書面により配転に関する個別同意を得て配転を行うべきです。

（西内 愛）

管理職が育児休業を取得した場合，復帰後に非管理職として勤務させることはできるか

Q53 当社は，従業員10人程度の小さな会社で，管理職（部長）が1名しかいません。その部長Ａが，産前産後休業及び育児休業に入ったことから，別の従業員Ｂを管理職（部長）に任命しました。この度，Ａが育児休業から復帰することとなったのですが，一般職（非管理職）として勤務してもらうことはできますか。その際，給与等も一般職と同等にすることはできますか。

A 業務上の必要性は一定程度あるとしても，均等法や育介法が禁止する不利益取扱いにあたるリスクが高いため，Ａの真摯な同意を得て行うか，もしくは，可能な限りＡの不利益を軽減させる方策を十分に検討すべきです。

[解説]

1 問題の所在

設問では，管理職が産前産後休業及び育児休業を取得した場合，復帰後に非管理職として勤務させる取扱いが，均等法9条3項及び育介法10条が禁止する不利益取扱いに該当するかが問題となります。

2 不利益取扱いに関する法令・指針

（1）産前産後休業や育児休業の取得等を理由とする「降格」の禁止

均等法9条3項，育介法10条により，産前産後休業や育児休業の申出や取得を理由として「降格させること」は禁止されています（均等法9条3項，育介法10条，性差別指針第4の3（2）ホ，育介指針第2の11（2）ト）。

（2）「降格させること」の意義

「降格」には，大きく分けて①懲戒処分としての降格，②人事権の行使として職位や役職を引き下げるもの，③職能資格制度上の資格や職務・役割等級制度上の等級を低下させるもの（降級）とがあります（菅野「労働法」681頁以下）。いずれについても，多くの場合，権限，責任，必要とされる技能，さらに賃金の低下を伴うのが通常ですので，均等法や育介法が対象とする「不利益な取扱い」に該当するものと考えます。

3 設問について

Aの部長職を解くことについては，人事権の行使として職位や役職を引き下げるものとしての「降格」に当たりますので，産前産後休業や育児休業の取得を時間的に近接した時期に行った場合，これらの休業の取得を理由とする不利益取扱いに該当するリスクが高いものといえます（巻末資料⑧参照）。

不利益取扱いに当たらない例外の①（業務上の必要性が不利益を上回る特段の事情が存在すると認められる場合，詳しくはQ51の2（4）参照）との関係では，従業員10人ほどの会社で，唯一の管理職であったAが長期に及ぶ産前産後休業及び育児休業に入ったという状況では，Aの休業中，Bを管理職（部長）に任命し，当該従業員に，Aの復帰後も引き続き業務を担当してもらうことに，業務上の必要性はあるといえそうです。

しかし，当該措置に伴ってAの給与等まで引き下げてしまう（減給をする）となると，給与は重要な労働条件の一つであり，減給することは大きな経済的不利益を伴うことから，Aが被る不利益の方が大きいと評価される可能性が高く，特段の事情があったとはいえないとされるリスクが高いといえます。

仮に，Aの復帰後，Aを非管理職とするのであれば，少なくとも，給与等は維持したうえで，Aの意向も確認しつつ，非管理職となることによる業務負担軽減等，Aにとって非管理職となることが利益となる部分がないか，また管理職に戻す時期等を検討し，Aに対して十分に説明を行ったうえで，Aの書面による同意を取って行うべきです。

もし，Aの同意が得られないとしても，Aを非管理職とせざるを得ないということであれば，給与その他の労働条件は維持して経済的な不利益がないようにすることや，業務の実情に応じて，権限，責任の低下といった精神的不利益

ができるだけ生じない体制（例えば，一定の権限や責任をＡに委譲する等），あるいは，非管理職となることによる業務負担軽減等を検討し，不利益取扱いに当たらない例外の①に当てはまるような方策を取る必要があります。

（西内　愛）

Ⅱ　雇用の終了

育児休業期間満了後も保育所が見つからず復帰できない従業員につきどのように対応すべきか

Q54　育児休業中の女性従業員（正社員）から，「子どもが1歳6か月になる平成29年10月末で育児休業期間が終了する予定であるが，未だ保育所が見つかっておらず，11月からの職場復帰は難しそうである。しかし，保育所が見つかり次第，速やかに復職したい」という連絡がありました。実際のところ，この従業員は，問題のある従業員でしたので，どちらかと言えば，復帰できないのであれば辞めていただきたいと考えているのですが，当社としては，どのように対応したらよいでしょうか。

A　平成29年10月1日施行の育介法改正により，保育所に入所できない等の事情がある場合には，子が2歳になるまで育児休業を延長することができます。また，それでもなお復帰できない場合に，直ちに退職勧奨をしたり解雇したりすることは，育介法が禁止する不利益取扱いにあたり許されません（A商事（出水商事）事件）。

[解説]

1　問題の所在

　設問では，育児休業の延長の可否，育児期間満了前に会社として取るべき対応及び育児期間満了時に職場復帰できない場合に解雇をすることが，育介法10条が禁止する不利益取扱いに該当するかが問題となります。

2　育児休業制度

　従業員は，申し出ることにより，子が1歳に達するまでの間，育児休業を取

得することができます(育介法5条1項)。

また,都市部を中心に,深刻な待機児童問題があることを背景として,育介法は,次の①,②のいずれかの事情がある場合には,子が1歳6か月に達するまでの間,育児休業を取得することができると定めています(育介法5条3項,育介則6条)。

①保育所に入所を希望しているが,入所できない場合
②子の養育を行っている配偶者であって,1歳以降子を養育する予定であった者が,死亡,負傷,疾病等の事情により子を養育することが困難になった場合

これらの場合には,育児休業中の従業員が継続して休業するほか,子が1歳に達するまで育児休業をしていた配偶者に替わって子の1歳の誕生日から休業することもできます。

さらに,平成29年10月1日施行の改正育介法5条4項により,子が1歳6か月に達した時点でなお上記①,②の事由がある場合には,再度申し出ることにより,育児休業期間を最長2歳まで延長できることとなりました。これに伴い,育児休業給付の支給期間も延長されることとなりました。

3 育児休業から復帰後の雇用管理等に関する措置

育介法22条は,「育児休業申出及び介護休業申出並びに育児休業及び介護休業後における就業が円滑に行われるようにするため,育児休業又は介護休業をする労働者が雇用される事業所における労働者の配置その他の雇用管理,育児休業又は介護休業をしている労働者の職業能力の開発及び向上等に関して,必要な措置を講ずるよう努めなければならない」と定めており,育児休業後の就業が円滑に行われるための必要な措置を講ずることを努力義務として規定しています。

ここで主に想定されているのは,育児休業から復帰後の従業員の配置や,育児休業中の職業能力の開発及び向上ですが,これらは「等」として掲げられた例示列挙ですので,会社には,育児休業後の就業が円滑に行われるようにするために,これらの例以外にも,育児休業後における就業が円滑に行われるようにするための必要な措置(例えば,復帰前の面談,会社の制度等に関する情報

提供，関係部署との連絡・調整等）を講ずるべき努力義務があるといえます。

4 育児休業終了後復帰しなかった場合

（1）解雇の可否について

　育児休業期間終了時に復帰できなかった場合，就業規則所定の普通解雇や懲戒解雇の要件（例えば「正当な理由なく無断欠勤が○日以上に及んだこと」等）を満たさなければ，復帰できなかったことだけをもって直ちに解雇することはできませんが，復帰すべき日以降も欠勤が長く続けば，就業規則の定めに従い，懲戒解雇を含む懲戒処分や普通解雇の対象となります。

　ただし，育児休業と時間的に近接して解雇をすると，原則として，育児休業を契機として解雇をしたものと解されて，育児休業の取得と解雇の因果関係が肯定される結果，育介法10条が禁止する不利益取扱いとして無効となるおそれがあります（育介法施行通達第2の23（3），巻末資料②，Ｑ1，巻末資料⑧参照）。

　会社としては，育児休業の取得と解雇との因果関係がないことを示すためにも，復帰前の面談，会社の制度等に関する情報提供，関係部署との連絡・調整等の，当該従業員が育児休業から復帰するために会社として必要かつ可能な措置を講ずる努力をすべきです。

（2）賃金の支払いについて

　育児休業期間が終了し，翌労働日から就労しなかったとすると，その不就労に関して会社に帰責性がない限り，会社には賃金支払義務は発生しません（ノーワーク・ノーペイの原則。民法536条2項参照）。

　しかし，育児休業復帰日前の会社の言動により，会社が従業員の復帰を拒否又は解雇しようとしているとの認識を従業員に持たせてしまうような場合には，復帰日後の従業員の不就労について，会社に帰責性が認められ，賃金を支払わなければならない場合があります。

　Ａ商事（出水商事）事件（東京地判平27・3・13労経速2251号3頁（判例ダイジェスト：労判1128号84頁））では，被告Ｙの従業員であるＸが，平成24年8月13日から平成25年6月16日まで育児休業を取得し，復職予定日である同月17日以降，Ｙに出社しなかったという事案において，ＸはＹに対

し，Xが出社しないことについてはYに帰責性がある旨主張し，XY間の雇用契約に基づき，育児休業後の復職予定日以降の賃金の支払と，産後休業中に退職通知を送付するなどした行為が違法であるとして，不法行為に基づく損害賠償（慰謝料250万円）を求めました。裁判所は，Yは育介法4条，22条等に照らし，育児休業後の就業が円滑に行われるよう必要な措置を講ずるよう努める責務を負うと解されることを前提として，Xは産休取得後Yから一方的に退職扱いにされ，その取消しを求めたにもかかわらず退職通知が送付され，最終的には退職扱いは取り消されたものの，就労証明書の交付要求に際し，復職拒否又は解雇とも受け取れるような発言をしたとして，YがXの従業員としての地位を認め，面談のための出社を求めた通知書の送達日まではXの不就労についてYに帰責性を認め，その間の未払賃金と退職通知による慰謝料15万円の支払を認めました（なお，この事件についてはQ26でも紹介しています）。

このように，会社側から従業員に対して復職拒否又は解雇とも受け取れるような言動があった場合には，会社側に帰責性が認められ（民法536条2項），その間の賃金が発生することがあるため，そのような言動がないよう，注意が必要です。

5　設問について

設問の場合，当該従業員の子が1歳6か月になる時点で保育所に入所を希望しているけれども，入所できないということであれば，育介法5条4項により，2歳になるまで育児休業が延長可能です。

しかし，更に延長した育児休業期間が満了した後も依然職場復帰ができないのであれば，当該従業員は欠勤の状態となり，上記3のとおり，会社には賃金支払義務は発生しませんし，欠勤が続けば，就業規則の定めに従い，懲戒処分や普通解雇の対象になることとなります。

ただし，会社には，雇用管理等に関する措置の努力義務（育介法22条）があることや，育介法21条に基づき育児休業等に関する定めを周知する努力義務があることからすれば（育介指針第2の6（3），巻末資料⑤），会社としては，当該従業員と面談を行い，復職に向けて，保育所等の申込状況や今後の入所見込み，また，家庭の育児に関する状況を聞いたうえで，改めて会社におけ

る育児休業に関する制度に関して可能な範囲での情報提供を行い，復職の可能性を探るべきです。

　なお，当該従業員の育児休業期間を，会社の判断で，法律の定めよりも延ばすという対応は可能ですが，そのような対応を取ることは会社の義務ではありませんし，法律よりも長期の育児休業を社内規則に定めていないのであれば，他の従業員についても同様の状況になったとき，同じ措置を採るのか，といった問題も生じますので，原則としては，復帰日前に当該従業員との面談や協議等の調整を行うべきです。

　設問では，会社としては，当該従業員には退職をしてもらいたいと考えているようですが，上記4の裁判例に照らして考えますと，本人が復職を希望している状況で一方的に退職の話を持ちかけると，復職日後に当該従業員が出社しなかったとしても，それが会社の責めに帰すべき事由によるものと判断されるおそれがあります。

　上記4（1）のとおり，育児休業期間と時間的に近接しているだけで，育児休業の取得と解雇との間に原則として因果関係があると解されてしまいますので，育児休業から復帰できず，その後普通解雇や懲戒解雇の要件を満たしたというだけで，解雇に踏み切ることについては，不利益取扱いの禁止（育介法10条）に該当するおそれがあります。努力義務とはいえ，会社には，育児休業から復帰した際の雇用管理等に関する措置義務がありますので，上記のような復職に向けた対応をせずに，漫然と退職勧奨，そして解雇に進んでしまうと，不利益取扱いの禁止（育介法10条）や解雇権濫用（労契法16条）により解雇が無効となってしまうリスクは高いといえます。

（西内 愛）

整理解雇の対象者に，育児休業から復帰して間もない従業員や産前産後休業中又は育児休業中の従業員を含めてよいか

Q55
どうしても3名程度整理解雇を行わなければならなくなり，人選の結果，育児休業から復帰して間もない従業員が含まれることとなりました。会社としては適正に選出したつもりですが，このまま整理解雇を進めてよいでしょうか。また，人選の結果選ばれた従業員が，産前産後休業中又は育児休業中であった場合はどうでしょうか。

A 産前産後休業中及びその後30日間の解雇は，労基法上制限されておりできません。これに対し，育児休業中や育児休業からの復帰直後の解雇は，一律に制限されるわけではありませんが，不利益取扱いにあたらないか慎重な検討が必要です。

[解説]

1 問題の所在

設問では，育児休業から復帰して間もない従業員や育児休業中の従業員を整理解雇の対象にすることが，育介法10条の禁止する不利益取扱いに該当しないか，また，整理解雇の有効性の判断要素に照らして無効にならないか，さらに，解雇制限規定（労基法19条1項）に抵触して無効にならないかが問題となります。

2 産前産後休業中，育児休業中又は育児休業後の解雇に関する規制

（1）産前産後休業中及びその後30日間の解雇の禁止

女性従業員が産前産後休業（労基法65条）中の期間及びその後30日間は解雇してはならない（労基法19条1項）こととされていますので，この期間内

はそもそも整理解雇することはできません。

(2) 育児休業中の解雇及び育児休業から復帰後間もない解雇について

　育介法10条は，会社が，従業員が育児休業申出をし，又は育児休業をしたことを理由として，当該従業員に対して解雇その他不利益な取扱いをすることを禁止しています。

　ただし，解雇その他不利益な取扱いとは，従業員が育児休業の申出又は取得をしたこととの間に因果関係がある行為であることを示したものであり，育児休業の期間中に行われる解雇等がすべて禁止されるものでありません（育介法施行通達第2の23（3），巻末資料②）。

　育介法上の不利益取扱い禁止規定は強行規定であり，これらに違反する行為は無効となります。さらに，不法行為としての違法性をもち，損害賠償請求の対象となると解されています（広島中央保健生協事件・最判平26・10・23民集68巻8号1270頁　櫻井裁判官補足意見，Q16参照）。

(3) 整理解雇の有効性判断の4要素

　整理解雇とは，企業が経営上必要とされる人員削減のために行う解雇です。整理解雇が解雇権の濫用（労契法16条）として無効とならないかどうかについては，これまでの多くの裁判例は，①人員削減の必要性（人員削減措置の実施が，不況，斜陽化，経営不振などによる企業経営上の十分な必要性に基づいていること等），②解雇回避努力義務を果たしたか（解雇の手段を選択する前に配転，希望退職の募集などの他の手段を試みたかどうか等），③人選の妥当性（解雇される者の選定について，客観的で合理的な基準を設定したかどうか等），④手続の妥当性（労働組合との協議や従業員に対する十分な説明・協議を行ったかどうか）に着目して判断しています。

3　裁判例の紹介

　育児休業の申出後，解雇がなされた事例としては，日欧産業協力センター事件（東京地判平15・10・31労判862号24頁（控訴審：東京高判平17・1・26労判890号18頁。控訴・附帯控訴とも棄却され確定））があります。

　本事件は，被告Yとの間で1年間自動更新の有期雇用契約を締結し，更新の拒絶なく雇用されてきた外国人女性職員Xが，育児休業の取得を拒否され，解

雇（整理解雇）ないし雇止めの意思表示がされたことに対し，雇用契約は期間の定めのない雇用に転化し，また解雇は無効であるとして，雇用契約上の権利の確認，並びにYが育児休業の申出を拒否したこと及び違法な解雇ないし雇止めをしたことにつき不法行為に基づく損害賠償を請求した事案です。

本事件において，裁判所は，XY間の雇用契約が，初回の契約更新後は期間の定めのない雇用契約として存続することとされたものと認めたうえで，整理解雇については，人員削減の必要性が高くなく，人員削減の必要性の程度に応じて解雇を是認できるだけの解雇回避努力がされたとはいえないとして，解雇は権利の濫用として無効であったと判断し，解雇後から判決確定までの賃金の支払いを命じました。また，育児休業の取得申出の拒否についても，違法性を認め，不法行為を構成するとして，慰謝料40万円の支払いを命じました。

4 設問について

（1）産前産後休業中及びその後30日間の解雇

設問のうち，産前産後休業中の従業員について解雇できるかとのご質問については，上記2（1）のとおり，産前産後休業中及びその後30日以内の従業員を解雇することは，理由のいかんにかかわらずできません（労基法19条1項）。

（2）育児休業中の解雇及び育児休業から復帰後間もない解雇

次に，育児休業中の解雇及び育児休業から復帰後間もない解雇については，裁判で整理解雇の有効性が争われた場合には，会社は，整理解雇が解雇権濫用に当たらないことを，上記2（3）の4つの要素に照らして主張・立証していく必要があります。

同時に，上記2（2）の，育介法上の不利益取扱いの禁止の観点からも，育児休業と解雇に因果関係がないことを裏付ける事実を主張・立証していかなければなりません。育児休業中に行われた解雇及び育児休業から復帰後間もない解雇は，解雇と育児休業が時間的に重なり合っているか，近接している関係にありますので，育児休業の取得と解雇との因果関係が肯定されやすいといえます。会社としては，育児休業の取得と解雇との因果関係がないことについて，積極的に，十分な整理解雇の要件が満たされていることを主張・立証していく

必要があります。

　特に，育児休業中又は育児休業から復帰して間もない従業員が解雇の対象者に含まれる場合には，人選の妥当性が問題となります。すなわち，上記2（3）のとおり，解雇の対象者を選定するにあたって，担当職務や勤務成績に着目する等の，客観的で合理的な基準を設定し，その基準を当てはめた結果として当該従業員らが含まれたこと，よって，育児休業を取得したことにより解雇の対象者として選ばれたのではないことを，十分に説明できるようにしておかなければなりません。

　解雇が無効となった場合には，上記3の裁判例のように，雇用契約上の地位確認や解雇日以降の賃金支払請求が認められることになりますし，育介法上の不利益取扱いが認められた場合には，不法行為による損害賠償請求が認められることになります。

（西内 愛）

第5章　育児短時間勤務等の制度利用に関するマタハラ

I　育児短時間勤務（時短）

育児短時間勤務制度の利用者に一律に残業を一切命じないという取扱いは許されるか

Q56　育児と仕事を両立させるため，短時間勤務制度を利用して所定終業時刻を早めている従業員がいますが，時に自身の都合で残業をすることがあり（例えば，任意の懇親会に参加する日は他の従業員と同じ終業時刻まで業務を行う等），かえって不公平感を招いています。そこで，短時間勤務制度の利用者には，会社は原則として一切残業を命じないという取扱いを徹底したいと考えていますが，何か問題があるでしょうか。利用者からは，時には残業を認めてほしい，柔軟に対応させてほしいといった声も聞こえてきそうです。

A　一切残業を命じないこととしても，短時間勤務（時短）制度の趣旨には反しないため問題ありませんが，それが業務の円滑な進行を阻害する場合には柔軟に対応すべきです。

[解説]

1　育児のための短時間勤務（時短）制度について

　会社は，3歳に満たない子を養育する従業員（雇用契約期間の定めの有無を問いませんが，日々雇い入れられる者を除きます）であって育児休業をしていないもの（1日の所定労働時間が6時間以下である従業員を除きます）

が仕事と育児を両立できるようにするため，所定労働時間を短縮する措置（短時間勤務制度）を講じなければなりません（育介法23条1項）。短縮後の所定労働時間は，原則として6時間とすべきものとされています（育介則74条1項）。

ただし，①会社に継続して雇用された期間が1年に満たない従業員，②1週間の所定労働日数が2日以下の従業員，③業務の性質又は業務の実施体制に照らして短時間勤務制度を講ずることが困難と認められる業務に従事する従業員については，労使協定の締結により，適用除外とすることができます（育介法23条1項1～3号。ただし，③については，短時間勤務制度に代えて，育児休業に関する制度に準ずる措置，又は，始業時刻変更等の措置（フレックスタイム制度，時差出勤の制度，保育施設の設置運営その他これに準ずる便宜の供与）を講じなければならないものとされています。同条2項）。また，管理監督者（労基法41条2号）については，労働時間規制は適用除外であることから，所定労働時間の短縮措置についても対象外となります。

短縮後の始業・終業時刻は，所定労働時間が6時間となる範囲内で会社が自由に設定することができますが（従業員には始業・終業時刻を決定する権利はありません），実務上は，いくつかの選択肢を設けて（例えば，制度の利用者が，午前9時から午後4時まで，又は，午前10時から午後5時までのいずれかを選択するなど。休憩時間1時間を含む），従業員に選択させている場合もあります。

2　短時間勤務制度（時短勤務）の利用と残業

短時間勤務制度は，上記のとおり，所定労働時間そのものを短縮する制度です。よって，制度の利用を開始すると，雇用契約上の所定労働時間が短縮されることになりますので，短縮後の終業時刻後の業務又は始業時刻前の業務は，残業（実労働時間が8時間に達するまでの残業は法内残業）として取り扱うべきこととなります（法内残業については時間給×残業時間×100％，8時間を超える残業については時間給×残業時間×125％）。就業規則上，法定労働時間ではなく所定労働時間を超えた労働に対して残業代（割増分）を支払うものと定めている場合には，その支払いも必要となります。

　短時間勤務制度を利用する従業員が，育児と仕事の両立のため残業を拒否したいときには，短時間勤務制度に加えて，所定外労働の免除（育介法16条の8。制度の内容について詳しくはQ69を参照）を申し出ることが可能です。言い換えれば，短時間勤務制度を利用する従業員についても，所定外労働の免除の申出がない限り，会社が残業を命じる余地が存在します。

3　制度利用に関するマタハラ（不利益取扱い）の考え方

（1）制度利用者に対する不利益取扱いの禁止

　育介法は，従業員が短時間勤務制度の申出をし，それにより所定労働時間が短縮されたことを理由として，会社は，当該従業員に対して解雇その他不利益な取扱いをしてはならないと定めています（同法23条の2）。

　なお，育介法は，制度ごとに不利益取扱い禁止の根拠規定を分けていますが（育児休業につき同法10条，子の看護休暇につき同法16条の4等），「不利益取扱い」の解釈（意味内容）やそれへの該当性判断は，全て同一です。

（2）法が禁止する「不利益取扱い」の内容

　育介法によって禁止される「不利益取扱い」の類型として，育介指針（巻末資料⑤）では，解雇などの12の行為が例示列挙されています（Q1参照）。そして，これらの行為と，制度利用の申出との間に因果関係がある場合には，同法が禁止する「不利益取扱い」に該当するものとされています。

4　設問の検討

（1）短時間勤務制度の利用者に残業を命じることについて

　まず，設問を検討するにあたっては，短時間勤務制度の利用者に残業を命じることの是非から考えてみたいと思います。

　上記のとおり，短時間勤務制度を利用する従業員が，さらに所定外労働の免除制度をも利用するかどうかは，従業員の自由に委ねられていますから，短時間勤務制度を利用する従業員であっても，所定外労働の免除制度の申出がない場合には，会社は，当該従業員に対し，短縮後の所定労働時間を超えた労働（残業）を命じることは一応可能です。

　ただし，短時間勤務制度の利用を希望しているということは，所定労働時間

を短縮しなければ育児と仕事の両立が困難な状況にあることを示していますので、会社としては、そのような状況に配慮し、むやみに残業を命じることのないようにすべきです。短時間勤務制度を利用している従業員に対して会社が頻繁に残業を命じ、育介法が短時間勤務制度の導入を会社に義務付けた趣旨を没却させるような状態を招いている場合には、残業命令が権利濫用（労契法3条5項）により無効となることもあり得るでしょう。

育介法の平成21年改正の際に厚生労働省が公表した改正法Q&A（巻末資料⑪）においても、「子育ての時間を確保するという所定労働時間の短縮措置の趣旨に照らして、頻繁に所定外労働が行われることは、通常望ましくないものと考えられます」（Q25）とされています。

なお、短時間勤務制度を利用する従業員に対して、利用していない従業員と同じように頻繁に残業を命じることは、会社が制度利用の申出にかかわらず、つまり、あたかも制度利用の申出がないかのように扱うものであり、申出と会社の取扱いとの間に因果関係が存在しないことから、当該従業員との関係における不利益取扱いの問題とはなりません。しかし、上司が短時間勤務制度を利用している部下に対し、むやみに頻繁に残業を命じる行為は、当該部下及びその周囲の従業員について短時間勤務制度の利用を阻害するものとなりかねませんので、マタハラ防止措置によって防止すべき「雇用する労働者に対する制度等の利用に関する言動により就業環境が害されるもの」（育介指針第2の14）に該当する可能性があります（この行為は育介指針上に明記されているわけではありませんが、育介指針上の行為は例示列挙であり、客観的にみて、言動を受けた労働者の制度等の利用の申出等又は制度等の利用が阻害されるものが該当します）。

（2）短時間勤務制度の利用者に残業を命じないことについて

これに対し、短時間勤務制度の利用者に対して残業を命じないことは、一般的には、制度利用の趣旨に合致し、育児と仕事の両立を促進させるものであることから、何ら問題がないといえます。

残業を命じないとの取扱いによって、従業員は、残業代が得られなくなりますが、本来、残業を命じるかどうかは会社が決すべきものであり、従業員には、残業をする権利はありませんし、残業を命じないこと、それによって従業

員が残業代を得られなくなることは、行政通達が挙げる不利益取扱いの12類型のいずれにも該当しません。

　よって、原則として、短時間勤務制度の利用者について、一律に残業を命じないとすることは問題ないといえます。

　ただし、従来は、業務の進捗に応じて柔軟に残業を認めていたような場合で、その取扱いを変更することになるのであれば、変更する旨と変更する理由を会社は明確にすべきです。また、短時間勤務制度の利用者ごとに残業を認めたり認めなかったりすることは、新たな不公平感を招き、別の紛争を生じさせることも考えられますので、例外的に残業を認める（命じる）のはどのような場合であるのか、その基準を明確にしておくことも重要でしょう。なお、育介法の平成28年改正について厚生労働省が公表しているＱ＆Ａ（巻末資料⑩）では、「介護のための所定外労働の制限が適用される期間であっても、労働者の希望により残業させてもかまわないか」（Q6-2）との質問に対して、「所定外労働の免除が適用される期間であっても、労働者が一時的に介護のために早く退社する必要がなくなった期間等について、労働者の真の希望に基づいて残業を行わせることは差し支えない」との回答が示されています。これによれば、労働者の真の希望、すなわち、残業を行うべき真の業務上の必要性がある場合には、残業を行わせる方が、労使双方にとって望ましい結果ともいえることから、短時間勤務制度の利用者に関する残業の取扱いのルールを決める際、参考にしてください。

（町田　悠生子）

育児短時間勤務制度はフレックスタイム制度があっても導入すべきか

Q57 当社では，原則として全従業員が利用できるフレックスタイム制度を導入しており，コアタイムを午前10時から午後3時（午後0時から午後1時は休憩時間）と定めています。
（1）当社のようにフレックスタイム制度がすでにある場合も，さらに，育児のための短時間勤務制度を導入しなければならないのでしょうか。
（2）フレックスタイム制度と短時間勤務制度の両方を導入する場合，短時間勤務制度適用下の従業員に対してはコアタイムをより短くしたり，コアタイムを廃止したりした方がよいでしょうか。他方で，そのようなことをすると，逆差別（育児に従事する従業員の過剰な優遇）であるとして，かえって社内でマタハラを誘発させてしまうでしょうか。

A （1）フレックスタイム制度を導入していても，さらに短時間勤務制度を導入する必要があります。
（2）コアタイムの短縮や廃止は必須ではありませんが，フレキシブルタイムの十分な確保のため検討することが望ましいでしょう。逆差別の問題にはなりません。

［解説］

1 所定労働時間の短縮措置義務

　会社は，3歳に満たない子を養育する従業員（雇用契約期間の定めの有無を問いませんが，日々雇い入れられる者を除きます）であって育児休業をしていないもの（1日の所定労働時間が6時間以下である従業員を除きます）が仕事と育児を両立できるようにするため，所定労働時間を短縮する措置（短時間勤務制度）を講じなければなりません（育介法23条1項）。短縮後の所定労働時間は，原則として6時間とすべきものとされています（育介則74条1項）。

　ただし，①会社に継続して雇用された期間が1年に満たない従業員，②1週間の所定労働日数が2日以下の従業員，③業務の性質又は業務の実施体制に照らして短時間勤務制度を講ずることが困難と認められる業務に従事する従業員については，労使協定の締結により，適用除外とすることができます（育介法23条1項1～3号）。

　もっとも，③の従業員に対しては，短時間勤務制度に代わり，育児休業に関する制度に準ずる措置，又は，始業時刻変更等の措置を講じなければならず，後者の選択肢として，フレックスタイム制度，時差出勤の制度，保育施設の設置運営その他これに準ずる便宜の供与があります（同条2項）。

2　小問（1）について

（1）フレックスタイム制度と所定労働時間の短縮措置の関係

　上記1のとおり，育介法上，フレックスタイム制度は，あくまで業務の性質又は業務の実施体制により短時間勤務制度を導入することができない場合の代替措置として位置づけられていますので，短時間勤務制度を導入できるのであれば，すでにフレックスタイム制度が導入されているとしても，さらに短時間勤務制度も導入しなければなりません。

（2）フレックスタイム制度下において短時間勤務制度を導入する際の注意点

　育介法の平成21年改正法に関する厚生労働省のQ＆A（巻末資料⑪）では，「フレックスタイム制の適用される労働者は，所定労働時間の短縮措置の対象となりますか？」という質問に対し，「対象となります（育児・介護休業法第23条第1項の規定により労使協定等により対象外とされた労働者を除きます。）」との回答が示され，さらに，「この場合，清算期間における総労働時間は，『○○時間（清算期間における労働日×6時間）』又は『所定労働日』及び『労働日1日当たり6時間』等と設定することが通常であると考えられ，労働基準法第32条の3の規定による労使協定の変更が必要となります。」と説明されています（Q23）。

　この説明にあるとおり，フレックスタイム制度の適用下にある従業員について，さらに短時間勤務制度を適用するときは，労働時間を清算する際の所定労

働時間を1日6時間とすることになります（以上のように，フレックスタイム制度適用化において「短時間勤務」であることは，労働時間の清算の場面において明るみに出ることになります）。そして，フレックスタイム制度は，労基法32条の3が定める所定の事項について労使協定を締結して導入するものとされており，労使協定に定めるべき事項の中に，「清算期間中に労働すべき総労働時間」（労基法32条の3第3号）がありますので，短時間勤務制度の利用者に関しては1日6時間を前提とした「清算期間中に労働すべき総労働時間」とする旨の定めを追加しなければなりません。

3 小問（2）について

フレックスタイム制においては，フレキシブルタイムの時間帯を極端に短いものとすることはできません。行政通達では，「フレキシブルタイムが極端に短い場合，コアタイムの開始から終了までの時間と標準となる1日の労働時間がほぼ一致している場合等については，基本的には始業及び終業の時刻を労働者の決定に委ねたこととはならず，フレックスタイム制の趣旨には合致しないものであること」とされています（昭63・1・1基発1号，平成11・3・31基発168号）。

設問では，コアタイムが午前10時から午後3時（午後0時から午後1時は休憩時間）とされ，コアタイム中の実労働時間は4時間となっています。短時間勤務制度の適用下では，1日の所定労働時間は6時間ですから，フレキシブルタイムは事実上，コアタイムの前後を挟んで2時間しか確保されません。この状態が上記行政通達のいうフレックスタイム制の趣旨を損なうほどに「フレキシブルタイムが極端に短い場合」に直ちに該当するとまではいえないと考えますが，フレックスタイム制の下で短時間勤務制度が一層活用されていくためには，もう少しフレキシブルタイムの幅が確保される方が望ましいでしょう。

よって，短時間勤務制度の適用者に限り，コアタイムを廃止したり，コアタイムをもう少し短くしたりすることを検討するのは有益と考えます。

そして，その結果，短時間勤務制度の適用者についてのみ一層柔軟に始終業時刻を決定できることとなったとしても，それは，育介法の趣旨に則って育児と仕事の両立を促進するためになされるものであり，逆差別（育児に従事する

従業員の過剰な優遇）に当たらないことは言うまでもありません。万一，そのような誤解が社内で生じ，かえって短時間勤務制度の利用が阻害される懸念があるのであれば，短時間勤務制度の趣旨について改めて社内に十分な説明を行うとともに，マタハラ防止措置を十分に講じることが重要となります。

（町田　悠生子）

所定労働時間の短縮に伴って減額できる賃金の範囲

Q58 育児短時間勤務中の従業員について、所定労働時間の短縮に合わせて賃金を減額したいと考えていますが、基本給だけでなく各種手当も含めて賃金全体を減額の対象としてよいでしょうか。

 基本給だけではなく各種手当についても減額できるかどうかについて、法的に明確なルールはありませんが、手当の趣旨や支給要件に照らし所定労働時間勤務したことの対価としての給付であるといえる場合には、基本給と同じく減額の対象とできるでしょう。

[解説]

1　短時間勤務に伴う賃金減額の可否

　会社は、3歳に満たない子を養育する従業員（雇用契約期間の定めの有無を問いませんが、日々雇い入れられる者を除きます）であって育児休業をしていないもの（1日の所定労働時間が6時間以下である従業員を除きます）が仕事と育児を両立できるようにするため、所定労働時間を短縮する措置（短時間勤務制度）を講じなければなりません（育介法23条1項）。短縮後の所定労働時間は、原則として6時間とすべきものとされています（育介則74条1項）。

　この措置を利用する従業員について、所定労働時間の短縮分に応じて賃金を減額することは、ノーワーク・ノーペイの原則（民法624条1項参照）から当然に認められます。このことについて、育介指針（巻末資料⑤）は、「所定労働時間の短縮措置等の適用期間中の現に働かなかった時間について賃金を支払わないこと、退職金や賞与の算定に当たり（中略）所定労働時間の短縮措置等の適用により現に短縮された時間の総和に相当する日数を日割りで算定対象期間から控除すること等専ら当該育児休業等により労務を提供しなかった期間は働かなかったものとして取り扱うことは、不利益な取扱いには該当しない」と

述べています（育介指針第2の11（3）ニ）。これに対し，「所定労働時間の短縮措置等の適用により現に短縮された時間の総和に相当する日数を超えて働かなかったものとして取り扱うこと」は，不利益取扱い（育介法23条の2）にあたり禁止されます（育介指針同部分）。

2 減額の対象となる「賃金」の範囲

多くの会社において，従業員に支払われる「賃金」は，基本給のほか，通勤手当，家族手当，住宅手当等々各種手当から成り立っています。上記のとおり，所定労働時間の短縮分に応じて賃金を減額すること自体は認められるとして，「賃金」のどの部分を減額の対象とすることができるのかについては，上記育介指針上，定かではありません。基本給部分については減額の対象とできることが明らかであるとしても，通勤手当や家族手当等の各種手当についても減額の対象とすることができるのでしょうか。

これに関して，厚生労働省が公表している「【平成29年10月1日施行対応】就業規則への記載はもうお済みですか－育児・介護休業等に関する規則の規定例－」では，以下の規定例が紹介されています。

> 第15条（育児短時間勤務）
> 1～3（略）
> 4 本制度の適用を受ける間の給与については，別途定める給与規定に基づく労務提供のなかった時間分に相当する額を控除した基本給と諸手当の全額を支給する。

そして，解説部分には，次のいずれかのように定めてもよいと書かれています（所定労働時間8時間を2時間短縮して6時間とする場合）。

> ・本制度の適用を受ける間の給与については，給与規定に基づく基本給から25％を減額した額と諸手当の全額を支給する。
> ・本制度の適用を受ける間の給与については，給与規定に基づく基本給及び○○手当からその25％を減額した額と○○手当を除く諸手当の全額を支給する。

Ⅰ 育児短時間勤務（時短）

　これらによれば，厚生労働省も，基本給だけでなく手当も減額の対象とすることができると考えているようですが，すべての手当について減額が認められるのか，それとも一部の手当に限られるのか，いかなる基準により減額の可否を決すればよいのか等は，明らかではありません。そして，育介法に関する法令，施行通達や指針，厚生労働省作成資料等において，これ以上の具体的な手かがりは，現状見当たりません。

　このほか，参考判例として，育介法に関するものではありませんが，三菱重工業事件判決（最判昭56・9・18労判370号16頁）は，ストライキが行われた期間について家族手当を削減することができるかに関し，「ストライキ期間中の賃金削減の対象となる部分の存否及びその部分と賃金削減の対象とならない部分の区別は，当該労働協約等の定め又は労働慣行の趣旨に照らし個別的に判断するのを相当」であると判示しました（結論として，家族手当の削減は労使慣行の存在を理由に適法）。また，賃金全額払いの原則（労基法24条）に関する通達は，「一般の賃金と同じく家族手当についても，その支給条件の如何にかかわらず争議行為の結果契約の本旨に従った労働の提供のなかった限度において支払わなくても法24条の違反とはならない。」としています（昭24・8・18基発898号）。

3　手当ごとの減額の可否の検討

（1）検討の視点

　就業規則において育児短時間勤務中の賃金の取扱いを具体的に定めている場合にはそれに従うことになりますが，具体的な規定がない場合や，これから具体的な規定を定めようとする場合には，その手当が，就業規則上明確に支給要件が定められているものであるか，所定内賃金として基本給と同じく，1か月間所定の労働に従事したことへの対価として支払われるものであるか，という観点から検討することになるでしょう。

（2）家族手当・住宅手当

　家族手当や住宅手当は，通常，就業規則上の支給要件を満たす場合には，基本給と同じく，所定の労働に従事したことを前提として毎月所定額が支給されるものです。よって，基本給と同様の性質を有するものとして，減額の対象と

することができると考えます。
（3）役付手当・職能手当
　役付手当・職能手当については，同一名称であっても，会社によって様々に設計されていますので，一概に整理するのは難しい面がありますが，通常は，基本給と同じく　所定の労働に従事したことを前提として毎月所定額が支給されるものですので，減額の対象とすることができると考えます。
（4）通勤手当
　通勤に要する実費が通勤手当として支払われる場合はもとより，通勤距離等に応じて一定の固定額が支払われている場合であっても，通勤手当は，所定労働時間の労働に対する手当ではなく，所定労働日に出社することに対して支払われるものです。所定労働日における出社は，短時間勤務（時短勤務）制度を利用している場合とそうでない場合とで異なりませんので，減額の対象とすることはできません。
（5）危険業務手当・特殊業務手当等
　危険な業務やある特別な業務に従事する従業員のみを対象として，又は，そのような業務に従事したときに限り，危険業務手当や特殊業務手当等（類似の名称の手当を含みます）が支払われている場合があります。これらが，危険な業務や特別な業務に従事すること自体に対する対償として支給されるものなのであれば，そのような業務に従事すること自体は，短時間勤務（時短勤務）制度を利用している場合とそうでない場合とで異なりませんので，減額の対象とすることはできないと考えられます。
（6）歩合給・成果手当
　基本給が固定部分と歩合部分とで分かれている場合の歩合部分や，具体的な成果に応じて支給される手当（毎月の成果に応じて手当の額が変動するもの）については，業務に従事した時間ではなく，成果に着目して支給されるものです。所定労働時間が短縮されれば，従業員があげる成果も小さくなる可能性があり，その場合，成果の縮小に伴う歩合給・成果手当の減額に加え，さらに所定労働時間の短縮分を減額するとすれば，実質的に同一の事象に対して二重の減額を行う結果となります。
　よって，成果に着目して支給される手当については，減額の対象とすること

はできないと考えられます。

(7) 固定残業代

固定残業代には，いわゆる基本給組込み型と別手当型とがありますが，通常は，残業をする可能性があることを前提に支給されるものです。短時間勤務（時短勤務）制度を利用する場合であっても，所定時間外労働の制限（育介法16条の8）の申出がなされていない限り，残業をする可能性はある（Q56参照）という観点を重視すれば，基本給と同様，減額の対象とすることができると考えます。

ただ，短時間勤務（時短勤務）制度の利用者には残業させないというのが原則ですので，その原則を貫くと，別手当型の場合は，短時間勤務（時短勤務）中はその全額を支払わない，ということになるでしょう。固定残業代制度において，別手当型の場合には短時間勤務（時短勤務）者には支給しない旨を定めている場合も見受けられます。

4 就業規則上の明文規定の重要性

上記3の検討のとおり，減額の対象とできるかどうかは，法的に明確なルールが確立されているわけではなく，手当ごとに個別的に判断するしかありません。三菱重工業事件判決をふまえると，個々の雇用契約でどのように定められているのかが重視されることになりますので，手当ごとに，その性質を考慮の上，短時間勤務制度利用中の減額対象の範囲を明確に定めておくことが何より重要です。

（町田　悠生子）

育児短時間勤務制度を利用した場合に定期昇給幅を減縮することは許されるか

Q59 当社では，給与規程上，原則として毎年4月1日に基本給を昇給するものとしていますが，前年度に短時間勤務制度を利用した従業員については，昇給の幅を，前年度における所定労働時間の短縮分，すなわち，当社の所定労働時間は8時間，短時間勤務制度利用時の所定労働時間は6時間なので，短時間勤務制度を利用しなかった場合の8分の6とする取扱いにしているのですが，問題はないでしょうか。

 昇給幅を一律に8分の6とすることは，育介法が禁止する不利益取扱いに該当し許されないと考えるべきです（社会福祉法人全国重症心身障害児（者）を守る会事件）。

[解説]

1 短時間勤務制度の利用に関する不利益取扱いの禁止

従業員が育児短時間勤務制度の利用を申し出たこと，又は，育児短時間勤務の措置が講じられたことを理由として，会社が解雇その他不利益な取扱いをすることは禁止されています（育介法23条の2）。設問は，昇給幅の縮小（昇給抑制）がこれに抵触しないかが問題となります。

「解雇その他不利益な取扱い」に当たる行為については，育介指針（巻末資料⑤）において具体的に列挙（例示列挙）されており（第2の11，Q1参照），その中の1つに，「昇進・昇格の人事考課において不利益な評価を行うこと」（同リ）があります。

なお，短時間勤務制度適用中の基本給を，所定労働時間の短縮時間分に応じて減額すること自体は，ノーワーク・ノーペイの原則（民法624条第1項参照）上当然のことであり，不利益取扱いに当たるものではありません。このことについては，詳しくはQ58を参照してください。

I 育児短時間勤務（時短） | **227**

2 裁判例の紹介

　育児短時間勤務制度を利用中の従業員の昇給について、当該制度の適用に伴う所定労働時間の短縮を考慮できるか否かが争われた裁判例として、社会福祉法人全国重症心身障害児（者）を守る会事件（東京地判平27・10・2労判1138号57頁）があります（以下「本裁判例」といいます）。

　昇給の幅と不利益取扱いの禁止との関係に関して裁判所の判断が示されたのは、本裁判例が初めてです（育児休業取得者について昇給させないことの適法性が争われた裁判例として、医療法人稲門会（いわくら病院）事件・大阪高判平26・7・18労判1104号71頁（最決平27・12・16ジャーナル50号30頁で上告棄却・上告不受理となり確定）があります。詳しくはQ40を参照してください）。

　本裁判例では、育児短時間勤務制度（1日の所定労働時間を8時間から6時間に短縮する制度）の適用者については、基本給を8分の6に減額した上で、毎年4月の昇給についても、業績評価に基づき決定した昇給号給数に8分の6を乗じて算定した号給を前提として具体的な昇給額を決定する（例えば、昇給の前提となる業績評価が4号給昇格の場合は、これに8分の6を乗じて3号給昇格（4÷8×6＝3）とする）という取扱い（以下「本件昇給抑制」といいます）をしていたところ、これが不利益取扱いの禁止（育介法23条の2）に反し、不法行為に当たるのではないかが争われました。裁判所は、不利益取扱いの禁止に反する（育介法23条の2に違反する）とともに、不法行為にも該当する（認定した損害額は、3年度分の昇給抑制による差額賃金相当分、慰謝料10万円及び弁護士費用5万円）との判断を示しました。

　その理由について、裁判所は、育介法23条の2は強行規定であるので「その不利益な取扱いをすることが同条に違反しないと認めるに足りる合理的な特段の事情が存しない限り、同条に違反するものとして違法であり、無効である」ことを前提として、本件昇給抑制は「本来与えられるべき昇給の利益を不十分にしか与えないという形態により不利益取扱いをするものである」と捉えた上で、そのような取扱いが同条に反しないという「合理的な特段の事情」は見当たらず、むしろ、「本件昇給抑制については、どのような良好な勤務成績

であった者に対しても一律に8分の6を乗じた号俸を適用するものであるところ，そのような一律的な措置を執ることの合理性に乏しい」，「本件昇給抑制は，労働者に本件制度の利用を躊躇させ，ひいては，育介法の趣旨を実質的に失わせるおそれのある重大な同条違反の措置たる実質を持つ」と指摘しました。

裁判所が特に重視したポイントは，①ひとたび昇給が抑制されると，その後もその抑制された賃金を前提として昇給が行われていくことになるので，結果として，退職するまで長期間にわたり不利益を被り続けるものとなること（育児短時間勤務制度の利用期間中のみの一時的不利益に留まらないこと），また，②そもそも昇給は，1年間の業績やその間に身につけた執務能力等を考慮して決定した業績評価に基づき行われるものなので，業績評価の際に得られた結果から更に勤務時間に応じて一律に昇給抑制することの合理性は乏しいこと（二重にマイナス評価されてしまう），であるといえます。

3 設問の検討

本裁判例をふまえると，設問における取扱いは，育介法23条の2が禁止する不利益取扱いの禁止に該当するため許されないということになるでしょう。

本裁判例において，使用者側は，所定労働時間が短縮されれば，その分，職務経験や職務遂行能力の向上の機会も得られない結果となるので，それを所定労働時間の短縮という形で昇給幅に反映させることには相応の合理性があると主張しました。しかし，確かに，所定労働時間を短縮した場合には，短縮しなかった場合と比べて一定程度，職務経験や職務遂行能力向上の機会が失われることはあり得るとしても，それが皆一律に8分の6であるとは考えられず，それを考慮するのであれば，昇給の前提となる業績評価の際に，時短勤務者ごとに個別に織り込むべきものです。このことについて，裁判所は，「仮に本件制度を取得した労働者に，臨床経験が不足したことによって，現在の経験年数や号俸等に照らして期待される勤務成績に達しないなどの影響が生じたのであれば，個別にそれに応じた業績評価をするのが本筋である」と指摘しました（本裁判例の原告らは，理学療法士や看護師でした）。

この指摘は，言い換えれば，短時間勤務制度の利用に伴い勤務成績に影響が

生じたのであれば，業績評価の際に，影響が生じた結果としての勤務状況を個別的に考慮することは許されることを意味しています。本裁判例が違法と評価したのは，あくまで短時間勤務制度の利用者全員について一律に8分の6の昇給抑制を行うことであり，本裁判例を前提としても，昇給の前提となる評価において，短時間勤務制度の利用による業務や習熟度への影響度を考慮すること自体が直ちに否定されるわけではないと理解できます。

4　本裁判例を前提とした実務対応上の視点

　昇給の前提となる業績評価時の考慮要素には，勤務態度や勤務成績，会社業務への貢献度等，様々なものがあるでしょう。その中には，育児短時間勤務制度の適用によって影響が生じ得るものもあれば，生じないものもあり（例えば，勤務態度については，制度利用の有無による影響は通常ないはずです），後者についても不利益な評価（昇給幅の抑制）を及ぼすことは，育介法23条の2が禁止する不利益取扱いに該当します。

　これに対し，前者のうち，特に育児短時間勤務利用者ごとに状況が異なりうるもの（勤務成績，成果等）については，個々人の結果に応じて不利益な評価（昇給幅の抑制）を行うことは，不利益取扱い（育介法23条の2）には該当せず許されると考えられます。

　　　　　　　　　　　　　　　　　　　　　　　　　（町田　悠生子）

短時間勤務制度の適用対象者を広げる場合の留意点

Q60 当社では、妊娠中の従業員についても、短時間勤務制度の利用を認めています。ただ、育児のための短時間勤務制度では、短縮できる所定労働時間は2時間（8時間→6時間）とし、短縮分の賃金減額を行うのに対し、妊娠中の場合は、1時間としており（8時間→7時間）、その代わり、短縮分の賃金減額を行わないこととしています。この取扱いについて先日、育児のための短時間勤務制度を利用する従業員から「不平等でありマタハラではないか」との声が上がりました。短時間勤務制度を導入する場合は、必ず賃金減額をしなければならないのでしょうか。

A 短時間勤務制度の利用者の賃金を短縮時間分に応じて減額するかどうかは会社の判断次第ですが、利用者間の不公平感はマタハラの温床となりがちですので、統一的な取扱いとすることが望ましいでしょう。

[解説]

1 短時間勤務制度の導入と賃金減額の要否

　育介法上の所定労働時間の短縮措置（育介法23条1項）としての短時間勤務制度であれ、会社独自の短時間勤務制度であれ、所定労働時間の短縮分に応じて賃金を減額することは、ノーワーク・ノーペイの原則（民法624条第1項）から当然に認められます。このことについて、育介指針（巻末資料⑤）は、「所定労働時間の短縮措置等の適用期間中の現に働かなかった時間について賃金を支払わないこと、退職金や賞与の算定に当たり（中略）所定労働時間の短縮措置等の適用により現に短縮された時間の総和に相当する日数を日割りで算定対象期間から控除すること等専ら当該育児休業等により労務を提供しなかった期間は働かなかったものとして取り扱うことは、不利益な取扱いには該当しない」としています（育介指針第2の11（3）ニ）。

　ただし，賃金を減額するかどうかは，あくまで会社の任意です。賃金の減額が法的に許容されるということであって，必ず減額しなければならないわけではありません。また，減額の幅についても，現に働かなかった時間に相当する賃金の全部分とするのか一部分とするのかについても，短時間勤務制度の設計について裁量を有する会社が自由に決めることができますが，「所定労働時間の短縮措置等の適用により現に短縮された時間の総和に相当する日数を超えて働かなかったものとして取り扱うこと」は不利益取扱い（育介法23条の2）として禁止されます（育介指針第2の11（3）ニ）。

2　他の制度との整合性への配慮

　3か月間の育児休業の取得による不就労を理由に職能給の昇給要件及び昇格試験の受験資格を欠くものと取り扱ったことの適法性が争われた医療法人稲門会（いわくら病院）事件（大阪高判平26・7・18労判1104号71頁。最決平27・12・16ジャーナル50号30頁で上告棄却・上告不受理となり確定）では，「同じ不就労でありながら，遅刻，早退，年次有給休暇，生理休暇，慶弔休暇，労働災害による休業・通院，同盟罷業による不就労，協定された組合活動離席などは，職能給昇給の欠格要件である3か月の不就労期間には含まれないというのであるから，育児休業を上記欠勤，休暇，休業に比べて不利益に取り扱っているといえる。（中略）育児休業であれ，他の理由であれ，不就労の事実は同じであるから，育児休業を上記欠勤等に比べて不利益に取り扱うことに合理的理由は見出し難い。」「本件不昇給規定は，（中略）育児休業を私傷病以外の他の欠勤，休暇，休業の取扱いよりも合理的理由なく不利益に取り扱うものである。育児休業についてのこのような取扱いは，人事評価制度の在り方に照らしても合理性を欠くものであるし，育児休業を取得する者に無視できない経済的不利益を与えるものであって，育児休業の取得を抑制する働きをするものであるから，育児介護休業法10条に禁止する不利益取扱いに当たり，かつ，同法が労働者に保障した育児休業取得の権利を抑制し，ひいては同法が労働者に保障した趣旨を実質的に失わせるものであるといわざるを得ず，公序に反し，無効というべきである。」との判断が示されました（この事件について，詳しくはQ40を参照してください）。

　この考え方を前提とすると，育児のための短時間勤務制度を利用した際の賃金の取扱いに関しても，通常の欠勤，早退，遅刻等の場合には不就労時間分の賃金を減額していないのであれば，育児のための短時間勤務制度の利用時のみ不就労時間分を減額する取扱いとすることは，当該制度の利用を理由とした不利益取扱い（育介法23条の２）に該当する可能性が高いということができます。

　では，設問の場合はどうでしょうか。

　設問からは，妊娠中の短時間勤務制度利用のみ減額しない取扱いとしているのかどうかがよくわかりません。上記のとおり，通常の欠勤，早退，遅刻等の場合も減額しておらず，妊娠中の場合もこれに倣うものとしており，これに対し，育児のための短時間勤務制度の利用時のみ減額しているのであれば，マタハラ（育介法23条の２による不利益取扱いの禁止違反）にあたるといえるでしょう。

　これに対し，通常の欠勤，早退，遅刻等の場合も減額しているが，妊娠中の場合のみ例外的に減額しない取扱いとしているのであれば，妊娠中のみが優遇されているにすぎず，育児の場合に不当な処遇が行われているわけではないので，育児のための短時間勤務制度の利用を理由とする不利益取扱いには該当しないということができるでしょう。

　ただし，そうだとしても，設問にあるように，賃金という重要な労働条件について，妊娠中の場合のみ優遇するとすれば，かえって従業員間に不公平感を生み，それがマタハラ（特に妊娠・出産等の状態への嫌がらせ型，Ｑ１参照）を誘発するおそれもあります。よって，妊娠中の場合のみを優遇する必要性・合理性について十分な検証や従業員への説明を行うことが重要であることは言うまでもありません。そして，妊娠中の場合のみを優遇することに積極的な必要性・合理性を見出せないのであれば，妊娠中の場合と育児の場合とで統一的な取扱いとすることが労務管理上適切であると考えます。

　　　　　　　　　　　　　　　　　　　　　　　　　（町田　悠生子）

育児短時間勤務制度の利用者にも育児時間を与えなければならないか

Q61 時短勤務中の女性従業員から，保育所への送り迎えのため，育児時間を取りたいという申出がありました。時短勤務と重ねて，育児時間も与えなければならないのでしょうか。当社としては，時短勤務によりすでに周囲の従業員に業務のしわ寄せが行っているので，できることなら，時短によって短くなった所定労働時間の範囲内で保育園への送り迎えを行ってほしいと思っています。

 短時間勤務制度の利用者にも育児時間を与えなければなりません。

[解説]

1 育児時間とは

　労基法67条1項は，「生後満1年に達しない生児を育てる女性は，第34条の休憩時間のほか，1日2回各々少なくとも30分，その生児を育てるための時間を請求することができる」と定めています。そして，同条2項は，「使用者は，前項の育児時間中は，その女性を使用してはならない」と定めています。

　この育児時間は，勤務時間中の授乳を確保するために設けられた制度です。1日2回というのも，授乳の頻度を考慮して設定されたもので，基本的には，午前と午後に1回ずつ，就業時間中に授乳の機会を確保することが予定されています。

　もっとも，条文上は，「生児を育てるための時間」とされていますから，授乳に限らず，生児を育てるためであれば育児時間の取得が可能であり，保育所への送り迎えのために育児時間を使うこともももちろんできます。

　また，育児時間の取得の時間帯は，休憩時間以外であれば，特に制限はありません。休憩時間や，始業・終業時刻と連続して育児時間を取得することも認

められます（昭33・6・25基発4317号。当該通達は，「生後満１年に達しない生児を育てる女性労働者が，育児のための時間を請求した場合に，その請求に係る時間に，当該労働者を使用することは，法第67条違反である」としています）。

2 育児時間と短時間勤務（時短）制度の関係

育児時間は，上記のとおり労基法に基づく制度であり，女性労働者のために設けられたものです。これに対し，短時間勤務（時短）制度は，育介法に基づく制度で，男女問わず利用することができるという違いがあります（短時間勤務（時短）制度について，詳しくは，Q56を参照してください）。

また，育児時間は，満１歳未満の子を養育する場合に利用できるのに対し，短時間勤務（時短）制度は，子が満３歳に達するまで利用することができます。つまり，満１歳未満の子を養育する女性従業員が育児休業を取得していない場合には，法律上，育児時間と短時間勤務（時短）制度の両方を利用できることとなり，両制度の関係性を定めた条文は労基法にも育介法にも存在しません。これについて育介法施行通達（巻末資料②）では，短時間勤務（時短）制度等の所定労働時間の短縮措置（育介法23条１項）に関する部分において，「労働基準法67条に規定する育児時間は，１歳未満の子を育てている女性労働者が請求した場合，授乳に要する時間を通常の休憩時間とは別に確保すること等のために設けられたものであり，育児時間と本項に規定する所定労働時間の短縮措置は，その趣旨及び目的が異なることから，それぞれ別に措置すべきものであること」とされています（第９の４（４））。

3 設問の検討

育児時間と時短勤務との関係性は，上記２のとおり，それぞれ独立した制度ですので，満１歳未満の子を養育する女性従業員は，短時間勤務中であっても，さらに育児時間の取得を会社に請求することができます。

また，労基法67条１項の「その生児を育てるための時間を請求することができる」との意味は，育児時間を取得することができる女性従業員が会社に対して請求すれば，直ちに育児時間が確保され，会社がその請求を許可したり承

認したりする余地はないものである（形成権）と解釈されています（東京大学労働法研究会編「注釈労働基準法下巻」829頁，有斐閣，平成16年。つまり，年次有給休暇の時季指定権と同様の性質を有するということです）。

　よって，設問においても，育児時間の取得を希望している女性従業員が，1歳未満の子を養育している場合には，時短勤務中であるか否かにかかわらず，当該女性従業員が希望する時間帯に育児時間を与えなければなりません。また，女性従業員からの申出（請求）があった場合には，会社側がそれを認めるかどうかを検討する余地はありません。

　育児時間の取得要件を満たす女性従業員から申出（請求）があったにもかかわらず，それを会社が拒み育児時間を与えなかった場合や，育児時間を認めつつその時間中に女性労働者を就業させた場合の罰則は，6か月以下の懲役又は30万円以下の罰金と定められています（労基法119条1号）。

　なお，育児時間を無給とすることは差し支えありません。

（町田　悠生子）

育児短時間勤務制度の利用と管理職としての処遇の取扱い①
（本人の希望により管理職から外すことに伴い賃金を減額してよいか）

Q62 管理職である従業員から，育児短時間勤務制度の利用を申し出たいと思っているのだが，そうすると夕方や夜間の会議に対応できず，また，部下の労働時間管理も十分にできなくなってしまうので，管理職から外してもらえないかとの相談がありました。管理職から外れることになれば，それに連動して賃金も減ることになりますが，本人の強い希望によるものですので，管理職から外して問題ないでしょうか。

 本人が真摯に同意したのであれば問題ありませんが，育介法が禁止する不利益取扱いにあたるリスクが高いため，不利益の緩和措置なども含めて慎重に検討すべきです。

[解説]

1 短時間勤務制度と「管理職」の扱い

　会社は，3歳に達しない子を養育する従業員について，所定労働時間を短縮することにより当該従業員が就業しつつ子を養育することを容易にするための措置を講じなければなりません（育介法23条1項）。

　もっとも，労基法41条2号の「監督若しくは管理の地位にある者」に該当する従業員については，労働時間規制の適用がそもそも排除されていますので，上記措置義務の対象外となります。ただし，育介法施行通達（巻末資料②）では，「労働基準法第41条第2号に定める管理監督者については，同法の解釈として，労働条件の決定その他労務管理について経営者と一体的な立場にある者の意であり，名称にとらわれず，実態に即して判断すべきであることとされていること。したがって，職場で『管理職』として取り扱われている者であっても，同号の管理監督者に当たらない場合には，育児のための所定労働時

間の短縮措置の義務の対象となること。」(第9の4(2)ト)とされている点に留意しなければなりません。

設問のケースでは、「管理職」であっても育児短時間勤務制度を利用できるようですので、当該女性従業員が、社内では「管理職」と取り扱われているものの、「監督若しくは管理の地位にある者」(労基法41条2号)には該当しないか、もしくは、「監督若しくは管理の地位にある者」(労基法41条2号)についても育児短時間勤務制度を利用することができる制度設計になっているものと思われます。

2　不利益取扱いの禁止

従業員が育児短時間勤務制度の利用を申し出たことを理由として、会社が解雇その他不利益な取扱いをすることは禁止されています(育介法23条の2)。

この禁止に該当するかどうかは、①従業員が育児短時間勤務制度の利用を申し出たことを理由とするものであるか、②「解雇その他不利益な取扱い」に該当するか、の2点を検討します。

3　設問の検討

(1) 「解雇その他不利益な取扱い」の該当性(上記②)

何が「解雇その他不利益な取扱い」に該当するかについては、育介指針(巻末資料⑤)において具体的に列挙(例示列挙)されています(第2の11)。

その中に、「降格させること」(第2の11(2)ト)、「減給をし、又は賞与等において不利益な算定を行うこと」(同チ)、「不利益な配置の変更を行うこと」(同ヌ)が挙げられています。設問のように、管理職から外すことや、それに伴い賃金を減額することは、これらの全部又は一部に該当することは明らかです。

(2) 申出と「解雇その他不利益な取扱い」との因果関係の有無(上記①)

ア　因果関係の考え方

育介法施行通達(巻末資料②)では、「『因果関係がある』については、育児休業の申出又は取得をしたことを契機として不利益取扱いが行われた場合には、原則として育児休業の申出又は取得をしたことを理由として不利益取

扱いがなされたと解されるものである」が，「(イ) 当該労働者が当該取扱いに同意している場合において，(ロ) 当該育児休業及び当該取扱いにより受ける有利な影響の内容や程度が当該取扱いにより受ける不利な影響の内容や程度を上回り，当該取扱いについて事業主から労働者に対して適切に説明がなされる等，一般的な労働者であれば当該取扱いについて同意するような合理的な理由が客観的に存在するときについてはこの限りでない」とされています（第９の８（２）が準用するところの第２の23（３））。この考え方は，広島中央保健生協事件（最判平26・10・23民集68巻８号1270頁）が示した判断がベースとなっています（詳しくはQ16を参照してください）。同事件では，妊娠中の軽易業務への転換（労基法65条３項）に伴い管理職である副主任の地位から外したこと，及び，育児休業からの復帰後も副主任の地位に戻さなかったことが均等法９条３項の不利益取扱いの禁止に抵触するか否かが争われ，裁判所は本人の真意に基づく同意があったとはいえず，また，同意を得ずとも均等法９条３項の趣旨に実質的に反しないと認められる特段の事情があったともいえないとして，管理職である副主任の地位から外したという最初の取扱いが不利益取扱いの禁止に抵触するものであり，「使用者として，女性労働者の母性を尊重し職業生活の充実の確保を果たすべき義務に違反した過失（不法行為）」，「労働法上の配慮義務違反（債務不履行）」があったとの判断を示しました（差戻後控訴審　広島高判平27・11・17労判1127号５頁，確定）。

イ　設問における因果関係の考え方と対応方針

　管理職から外すことや，それに伴い賃金を減額することが，育児短時間勤務制度の利用の申出を契機としてなされた場合で，それが，従業員側の意向によらず，会社が一方的にそれらを行おうとするのであれば，因果関係の存在は当然に肯定され，不利益取扱いの禁止を定めた育介法23条の２に反します。

　他方，設問のように，従業員側の意向に基づいて行う場合であっても，上記の育介法施行通達や最高裁判決によれば，形式的な同意や承諾では足りず，「一般的な労働者であれば当該取扱いについて同意するような合理的な理由が客観的に存在する」場合にはじめて，因果関係の存在が否定される

（育介法23条の２が禁止する不利益取扱いに当たらない）ことになります。

この「同意するような合理的な理由が客観的に存在する」こととの関連では，管理職から外れる場合に，賃金がいくらになるのか，職務内容及び責任はどのように変化するのか，また，育児短時間勤務制度の利用終了後には元の地位ないし賃金に戻るのかどうか等を，会社から従業員本人に対して適切に説明するという「同意を得る過程」が重要です。この中でもとりわけ，上記最高裁判決及びその後の差戻後控訴審判決によれば，制度利用終了後の取扱いに関する検討及び本人への説明が重要であり，「本件措置による降格は，軽易業務への転換期間の経過後も副主任への復帰を予定していないものといわざるを得ず，上告人の意向に反するものであったというべき」（前掲最高裁）等の指摘がされています。

また，そもそもの前提として，現在，夕方や夜間に行っている会議を日中の時間帯に変更したり，他の者が代わりに出席したりするなどして，管理職の地位のまま育児短時間勤務制度を利用することはできないのかも検討すべきです。上記差戻後控訴審判決は，「均等法等の目的，理念に従って女性労働者を遇することにつき使用者として十分に裁量権を働かせた」といえるかどうかを不法行為及び債務不履行の成否にあたって考慮しています。

さらに，同様の観点から，管理職から外すことはやむを得ないとしても，それに伴う賃金の減額については，減額の程度にもよりますが，可能な限り一定の配慮を行う方向で検討すべきでしょう。コナミデジタルエンタテインメント事件（東京高判平23・12・27労判1042号15頁，詳しくはQ38で紹介）では，育児休業から復帰した年度の成果報酬を０円と査定したことについて，「被控訴人（筆者注：育児休業から復帰した従業員）としては，成果報酬の査定に当たり，控訴人（筆者注：会社）が育休等を取得したことを合理的な限度を超えて不利益に取り扱うことがないよう，前年度の評価を据え置いたり，あるいは控訴人と同様の役割グレードとされている者の成果報酬査定の平均値を使用したり，又は合理的な範囲内で仮の評価を行うなど，適切な方法を採用することによって，育休等を取得した者の不利益を合理的な範囲及び方法等において可能な限り回避するための措置をとるべき義務があるというべき」とされています。よって，設問においても，短時間勤務中の

期間において，管理職として行うべき業務の全てから外すのか，それとも，短時間勤務と並行して行うことができる一部の業務は引き続き担当させるのか（担当させることが可能なのか），後者なのであれば，それに対応する対価はどのように支払うか，等を検討すべきであるといえます。

　また，当然のことながら，以上の会社側の検討過程，本人への説明内容，本人が同意した事実については，いずれも書面で十分な記録を残すようにしてください。

（町田　悠生子）

育児短時間勤務制度の利用と管理職としての処遇の取扱い②
（制度を利用する管理職の賃金の取扱いと労働時間の把握）

Q63 管理職である従業員（部長）から，自分も育児短時間勤務制度を利用したいという申出がありました。当社は，小規模な会社ですので，代わりの者を部長に充てることが容易ではなく，よって，育児短時間勤務中も引き続き管理職（部長）のままとしたいと思っています。この場合，所定労働時間を短くする分，給与を減らしてもよいでしょうか。また，育児短時間勤務中に限り，会社が労働時間の管理や把握をしても問題ないでしょうか。

A 所定労働時間に対応した賃金部分は不就労時間に応じて減額できますが，管理職者としての職責に対応した賃金部分については当然に減額することはできないと考えられます。労働時間管理は，労働時間の短縮を確保するという観点から行うべきです。

[解説]

1　短時間勤務制度と「管理職」の関係

　労基法41条2号の「監督若しくは管理の地位にある者」（以下「管理監督者」といいます）に該当する従業員については，労働時間規制の適用が排除されていますので，所定労働時間の短縮措置義務（育介法23条1項）も対象外となります。よって，申出者が真に管理監督者に該当するのであれば，会社は，育児短時間勤務制度を利用させる必要はありません。管理監督者は，そもそも自身の裁量により日々の労働時間を決めることができるからです（詳しくはQ62を参照してください）。

2 管理監督者を対象とした短時間勤務制度の導入

　原則論は以上のとおりであるとしても，管理監督者は自身の始業・終業時刻を自由に決定できるからこそ，かえって労働時間が長時間化し，また，業務範囲の広さ，責任の重さゆえに労働時間の短縮化が事実上困難であることも多く，そのような状況下では，管理監督者であっても「短時間勤務制度の利用」という形式を取り，短時間勤務制度利用中であることを周囲の従業員に明確に知らしめることによって，労働時間の短縮化を実現しなければならない場合も少なくないといえます。そのため，育児に限らず，管理監督者が利用できる短時間勤務制度の導入や，管理監督者による短時間勤務制度の利用の許容は，会社の規模を問わず，一考の価値があるでしょう。

　育介法の平成21年改正法に関する厚生労働省のQ＆A（巻末資料⑪）でも，「管理職は，所定労働時間の短縮措置の対象となりますか？」というQに対し，対象とならない旨の回答に続けて，「同号（筆者注：労基法41条2号のこと）の管理監督者であっても，育児・介護休業法第23条第1項の措置とは別に，同項の所定労働時間の短縮措置に準じた制度を導入することは可能であり，こうした者の仕事と子育ての両立を図る観点からは，むしろ望ましいものです」との説明が付されています（Q19）。

　また，平成23年度短時間正社員制度導入支援事業（厚生労働省委託事業）として行われた三菱UFJリサーチ＆コンサルティングによる「新たな制度導入に伴う留意点〜簡易コンサルティング実施企業事例より〜」と題するリサーチ（以下「厚生労働省リサーチ」といいます。リサーチ結果の全文は，https://part-tanjikan.mhlw.go.jp/navi/manual/doc/attention02.pdfからダウンロードすることができます）においても，管理職を対象とした短時間正社員制度導入における留意点が検討されています。

3 管理監督者が短時間勤務制度を利用する場合の給与の取扱い

　短時間勤務制度の利用者につき，所定労働時間の短縮分に相当する賃金の減額が適法であることは，Q58で解説したとおりです。

　ただ，管理監督者は，所定労働時間に縛られないことが前提となっており，所定賃金と労働時間とが必ずしも結びついていないといえること，管理監督者については職責の重さを前提として賃金が設定されていることも多く，短時間制度の適用により当然に職責が軽くなるわけではないこと等，非管理職の場合とは異なる観点からの検討が必要となります。

　これについて，直接的に参考となる裁判例や行政通達は，今のところなく，結局のところ，個々の会社において管理監督者の賃金がどのように構成され，各構成部分が何に対する対価として位置づけられているのかを分析・検討し，適切に判断するほかないといえます。

　上述の厚生労働省リサーチでは，「管理職を対象とした短時間正社員制度」を導入する場合の給与・賞与の設定について，「管理監督者の場合，減額は必要ないとの見方もありますが，周囲との関係を考慮し，時間比例で減額する例が多いようです。役割職責を変えたことによる減額の場合もあります」とのリサーチ結果が紹介されています。

　よって，設問においても，所定労働時間を短くする分，給与を減らすこと自体は問題ありませんが，どの範囲の給与を減額の対象とするのかは，給与の構成，管理監督者が担っている職責に応じて厳密に検討すべきであり，短時間勤務制度適用下においても変わらない職務・責任に対応する賃金部分（役職手当等）や業績・成果・達成度に対応する賃金部分（実績給等）等については，減額の対象とすべきではありません。

4　管理監督者が短時間勤務制度を利用する場合の労働時間の取扱い

　会社は，管理監督者についても，健康確保を図るべく労働時間を把握し適切に管理する義務がありますので，短時間勤務制度の利用の如何を問わず，労働時間の把握・管理は行わなければなりません。ただし，ここでいう「管理」の内容は，非管理職者に対するものとは，自ずと異なるでしょう。

　管理監督者である以上は，労働時間を自主的に決定できることが前提となり，これは，短時間勤務制度を適用する場合であっても変わりません。

　設問の会社が，育児短時間勤務中の労働時間の「管理」の具体的内容として

どのようなものを想定しているのか不明ですが、短時間勤務制度の適用下においても、管理職者については、始業・終業時刻を自主的に決定できるとの原則を貫いた上で、1日の労働時間の長さを短くする（6時間とする）ものと捉えるのが相当です。そして、短時間勤務制度の利用中は、管理職者が1日6時間労働する義務を負うというよりも、会社が管理職者を1日6時間以上働かせることのないよう努力する（部下を含め周囲の従業員にも協力させる）責務を負うものと捉えるべきであり、会社は、1日あたりの労働時間が6時間を大幅に上回ることのないようにするという観点から労働時間を「管理」するという方向で考えるのが妥当であるといえます。

なお、特に管理職者の場合には、短時間勤務制度の利用中の給与や労働時間の取扱いをどのようにすべきかは、個別的な判断に馴染むものといえますので、利用の開始にあたっては、利用を申し出た管理職者と会社との間において十分な話し合いを行うことが肝要です。

5　管理職を対象とした短時間正社員制度の導入事例の紹介

厚生労働省リサーチでは、管理職を対象とした短時間正社員制度の導入事例として、以下の内容が紹介されています。参考になる部分が多いと思いますので、ここに引用します。

なお、以下の事例における「管理職」が労基法41条2号の管理監督者に該当するものであるのか、厚生労働省リサーチからは必ずしも明らかではありません。また、短時間勤務の導入に伴い職務権限を縮小させる場合には、それにより管理監督者該当性が失われることも考えられますので、職務権限を変更する場合には、その点も検討するのがよいでしょう。

（1）役割職責・職位等の変更
ア　職制・職位などの変更はしない

管理職（店長）の仕事を棚卸しし、短時間勤務で対応できない仕事について、管理職候補層へ委譲や本社との作業分担の見直し等で対応した（小売業）。

Ⅰ　育児短時間勤務（時短）　｜　**245**

介護現場での管理職が介護事由で利用しているが，役割は変更していない。現在のところ，１時間以内の短縮なのでまわっているが，短縮時間が長くなった場合，問題が出てくる可能性がある（介護サービス業）。

イ　職制の異なる管理職を設定する

仕事のマネジメントはするが，部下の人事考課を行わない（部下を持たない）管理職制度を導入した。このことで短時間勤務制度利用者であっても，管理職になる，あるいは管理職として働き続けられるようになった（IT企業）。

ウ　管理職が短時間勤務で働く場合，マネジメント役割を外すケース（実質，管理職ではなくなる）

介護サービスのサービス提供責任者だったが，短時間勤務を利用するためヘルパーとなった。介護保険制度上，短時間勤務では配置基準を満たせないため（医療・介護サービス業）。

管理職が短時間勤務を申請した場合，担当する役割職責レベルについては再度面談を行う，役割職責を変更することもある。

（２）給与設定

ア　時間に応じた減額

時間に応じて減額している（一般社員と区別していない）。

イ　職責の変更に応じた減額

実際には，まだあまり例がない。

（町田　悠生子）

Ⅱ　子の看護休暇

子の看護休暇の突発的な取得を理由に管理職を解くことはできるか

Q64　当社では，管理職に就任した後に妊娠し，産前産後休業・育児休業を経て復職した女性従業員がいます。管理職の地位は，産前産後休業・育児休業中も，復帰後も，維持してきましたが，子の看護のために突発的な休暇申請を行うことが多く，しかも，重要な会議のある当日の朝，それも始業時刻をすぎて会社に連絡を入れることも少なくありません。そのため，業務に支障が生じていること，そして，管理職としての不適格であることを理由として，職位を降格の上，非管理職としたいと考えていますが，問題ないでしょうか。

　子の看護休暇の取得は権利として認められており，また，管理職としての能力とに必ずしも連動しないため，非管理職に降格することは育介法が禁止する不利益取扱いの禁止に該当し許されません（大阪府板金工業組合事件）。

[解説]

1　子の看護休暇について

　小学校就学の始期に達するまでの子を養育する従業員は，会社に申し出ることにより，1年度（別段の定めのない限り，4月1日から翌年3月31日まで）あたり5労働日（ただし，小学校就学の始期に達するまでの子が2人以上いる場合は10労働日）を限度として，負傷し，もしくは疾病にかかった当該子の世話又は疾病の予防を図るために必要なものとして厚生労働省令で定める当該子の世話を行うための休暇，すなわち，子の看護休暇を取得することができます（育介法16条の2）。「厚生労働省令で定める当該子の世話」とは，子に予

防接種又は健康診断を受けさせることをいいます（育介則32条）。

子の看護休暇は，年次有給休暇（労基法39条）とは別に与える必要がありますが，子の看護休暇を取得した日を有給とするか無給とするかは自由です。

子の看護休暇は，管理職（労基法41条2号）である従業員も対象となります。

2　子の看護休暇の取得を理由とする不利益取扱いの禁止

育介法16条の4は，子の看護休暇の申出又は取得を理由とした不利益取扱いを禁止しています（同法10条を準用）。育介法16条の4が禁止する不利益取扱いには，解雇のほか，降格，減給，賞与等において不利益な算定を行うこと等が該当します（育介指針第2の11（2）ト，チ，巻末資料⑤）。

3　裁判例の紹介

(1) 大阪府板金工業組合事件の概要

設問を検討するにあたり参考になる裁判例として，大阪府板金工業組合事件（大阪地判平22・5・21労判1015号48頁，確定）があります。

この事件では，事務局長代理であった女性従業員が，育児休業からの復帰後の出勤日数261日間（平成18年11月21日から平成19年12月20日までの間の出勤日数）のうち，有給休暇取得日が40日，子の看護のため出勤できない等の理由による平日欠勤が83日存在し，理事会等の大事な役員会に欠席したり遅刻したりしたため，事務局長とともに事務局全体を管理すべき立場にある事務局長代理として相応しくないとして，会社が事務局長代理から経理主任に降格させたことの有効性及び不法行為該当性が争点となりました。会社側は，「確かに，年休や育児休業は正当な権利行使であるが，子供の病気は突発的に起こることが多く予測困難であり，現に同原告は当日の朝になって休みの連絡をすることがほとんどであり，被告の事務処理に支障を生じた。このような状況にあっては，管理職選任の考慮の一理由となる」などと主張しました（なお，判決文から察するところによると，原告の平日欠勤は，育介法に基づく子の看護休暇の取得としてなされたものではないようですが，子の看護休暇は，平成17年4月1日に施行された改正育介法により導入されていました。ただ

し，当時の休暇日数は，子の数にかかわらず１年度あたり５日であり，現行の日数への拡大は，平成22年６月30日施行の改正育介法によります）。

　これに対し，裁判所は，「本件降格について，被告が有する人事権行使に裁量権の逸脱又は濫用があるか否かという観点から判断していくべき」との規範を定立した上で，確かに，子どもの看護が理由であるとはいえ，当日になって欠勤したり重要な会議に欠席したりしたことは「事務局長代理としての職責を十分に果たすことができたか疑問なしとしない」としつつも，労働者の権利として認められている年次有給休暇の取得を理由として降格させることは休暇取得に対する抑止的効果を生じさせるおそれがあり，また，休暇取得により具体的に業務への支障が生じたと認めるに足りる証拠はなく，原告の能力自体は高かったこと等を総合的に考慮して「本件降格は人事権を濫用したもので無効」と結論づけました。ただし，不法行為については，育児をしながら働き続けている女性従業員を嫌悪し，報復としてなされたものとまではいえないとして，成立を否定しました。

（２）大阪府板金工業組合事件の検討

　このように，この事件では，降格の適否が通常の人事権濫用の枠組みによって検討されており，不法行為の成否も，その判断枠組みに引きずられているように思われます。仮に，原告が子の看護休暇の取得を明確に申し出ていた場合には，不利益取扱いの禁止（育介法16条の４，10条）の枠組みで検討する方が法律構成として明確でしょう。そして，原告について，子の看護休暇を突発的に取得すること以外には，業務遂行に特段大きな問題がないのであれば，本件降格はまさに，子の看護休暇の取得を契機とした不利益取扱いに該当しますので，違法無効となり，さらには，不法行為上も違法と判断される可能性が高かったと考えられます。

4　設問の検討

　職位の降格や，管理職から非管理職への変更に伴う手当等の減少が「不利益取扱い」（育介法16条の４，10条）に該当することは言うまでもありません（上記育介指針参照）。

　そして，大阪府板金工業組合事件が述べているように，当日の欠勤連絡や，

　重要な会議への突然の欠席は，確かに，管理職という立場にある者としては好ましくないものの，他方で，子の看護休暇は，そのような突発的に生じる子の看護の必要性と仕事との両立を促進させるものともいえることから，やはり，それらをもって管理職としての適格性を否定することはできないでしょう（子の看護休暇については，当日の取得申出も認めなければならないことについては，Q65を参照してください）。

　そうなると，大阪府板金工業組合事件の検討において述べたように，管理職からの降格は，子の看護休暇の取得を契機とした不利益取扱いに該当し，禁止されますので，職位を降格の上，非管理職とすることはできないと考えるべきです。

（町田　悠生子）

子の看護休暇の突発的取得を抑制するための方策はあるか

Q65 当社では，子の看護休暇制度を利用している従業員が少なからずおり，その中には，当日の朝になって突然，休暇取得を口頭で申し出てくる者もおり，そのように突発的に取得されてしまうと，業務に支障が出てしまいます。

（1）子の看護休暇の取得申出は，取得希望日の前日までに書面で行うものとし，当日の申出や口頭での申出を認めないものとすることはできますか。もし仮に，そのような取扱いが難しい場合には，当日の申出については，年次有給休暇と同様，業務に支障がある場合には会社が取得日を変更させる（時季変更させる）ことはできますか。

（2）子の看護休暇の取得を当日になって申し出て取得した場合には，業務に混乱を生じさせたことを理由に，賞与の査定においてマイナス評価とすることはできますか。

 いずれも子の看護休暇制度の趣旨に反し，又は，育介法が禁止する不利益取扱いにあたるため，できません。

[解説]

1 小問（1）について

（1）子の看護休暇の当日申出について

　子の看護休暇の取得申出手続について，育介法16条の2第3項は，「厚生労働省令に定めるところにより，子の看護休暇を取得する日（筆者注：括弧内省略）を明らかにして，しなければならない」と定めています。そして，ここにいう「厚生労働省令」である育介則35条においても，取得申出の時間的期限は特に定められていません。また，同法16条の3第1項は，「事業主は，労働者からの前条第1項の規定による申出があったときは，当該申出を拒むことが

できない」としています。

　育介法施行通達（巻末資料②）は，「子の看護休暇の制度が，子が負傷し，又は疾病にかかり，親の世話を必要とするその日に親である労働者に休暇の権利を保障する制度であることにかんがみれば，労働者が，休暇取得当日に電話により看護休暇申出をした場合であっても，事業主はこれを拒むことができないものであること」としています（第4の3（4））。

　これによれば，子の看護休暇は，その制度趣旨上，従業員自身にとっても予測できない子の看護の必要性の突発的発生に対応できるようにするものであることから，当日の取得申出を認めないとの取扱いとすることはできず（当日の申出であることを理由に子の看護休暇の取得を拒めば，育介法違反となります），また，就業規則等において事前申出を要求する規定を定めたとしても，それについては法（育介法）を下回るものとして無効となるものといえます（労基法92条，労契法13条）。

（2）子の看護休暇の書面申請について

　育介則35条1項は，子の看護休暇の申出について，看護休暇申出をする労働者の氏名，看護休暇申出に係る子の氏名及び生年月日，子の看護休暇を取得する年月日（半日単位の場合は子の看護休暇の開始及び終了の年月日時），看護休暇申出に係る子が負傷し，若しくは疾病にかかっている事実又は予防接種若しくは健康診断を受けさせる旨を会社に対して明らかにする方法により行わなければならないとしています。これらを明らかにするには，通常は，書面で行うことが適切であると考えられます。

　しかし，育介法施行通達（巻末資料②）は，「則第35条第1項において申出の方法を書面等の提出に限定していないことから，労働者は，所定の事項を洩れなく申し出る限り，口頭での子の看護休暇申出も可能であること」としています（第4の3（2））。また，書面申請を求める場合には，その旨をあらかじめ明らかにするとともに，申出書の提出は事後でも差し支えないとの運用にしなければならないとも定めています（第4の3（4））。

　以上によれば，子の看護休暇について，原則として申出書の提出によるべき旨を就業規則等において定めることは認められますが，あくまでそれは原則的な運用であり，当日において突発的に看護の必要性が生じたため，従業員から

口頭で申出があった場合にも，申出を拒むことはできません。

（3）会社による取得日の変更について

年次有給休暇については，事業の正常な運営が妨げられる場合には会社が時季変更権を行使できることが法律上明記されていますが（労基法39条5項），子の看護休暇については，そのような規定はありません。

むしろ，上記のとおり，育介法16条の3第1項は，「事業主は，労働者からの前条第1項の規定による申出があったときは，当該申出を拒むことができない」としており，この趣旨について育介法施行通達（巻末資料②）は，「労働者が，事業主に申し出ることにより，申出に係る日について子の看護休暇を取得することができるという原則により，事業主が当該労働者の子の看護休暇を拒むことができないことを明らかにしたものであること」と述べています（第4の4（1））。

さらに，同施行通達は，「事業主は，経営困難，事業繁忙その他どのような理由があっても労働者の適法な子の看護休暇の申出を拒むことはできないものであること。また，育児休業や介護休業とは異なり，事業主には子の看護休暇を取得する日を変更する権限は認められていないものであること」としています（第4の4（4））。

以上によれば，会社が業務上の都合を理由に子の看護休暇の取得日を変更することはできず，就業規則等において，業務上の都合による会社の変更権限を設定したとしても，その規定は法（育介法）を下回るものとして無効となるものといえます（労基法92条，労契法13条）。

2　小問（2）について

育介法16条の4は，子の看護休暇の申出又は取得を理由とした不利益取扱いを禁止しています（同法10条を準用）。

育介法16条の4が禁止する「不利益取扱い」の代表例については，育介指針（巻末資料⑤）において列挙されており（第2の11（2），Q1参照），その中には，「減給をし，又は賞与等において不利益な算定を行うこと」が含まれています（第2の11（2）チ）。賞与の査定におけるマイナス評価は，まさにこれに該当します。

　小問（1）で検討したように，子の看護休暇の取得申出を当日に行うことは，育介法上禁止されておらず，そのような申出についても，子の看護休暇というものの性質上，会社は拒むことができません。また，子の看護休暇の取得によって業務に支障が生じる場合であっても，会社は取得を拒んだり，取得日を他の日に変更させたりすることはできません。

　そうであるとすれば，子の看護休暇の取得を当日になって申し出ることは，取得要件を満たしている限り，従業員にとっては正当な権利行使にあたりますので，勤怠不良と評価することはそもそもできません。また，当日取得によって業務に一定の混乱が生じたとしても，それを従業員に帰責させることはできません。

　よって，賞与の査定におけるマイナス評価という「不利益取扱い」は，子の看護休暇の申出をしたこと自体を契機としてなされたものといえますから，育介法16条の4によって禁止され，そのようなマイナス評価を行うことはできないということができます。

　もっとも，特定の従業員について，当日の休暇申出があまりに頻発し，業務上支障が生じているような場合には，どのような背景事情があるのかを会社としてその従業員に確認し，それをふまえつつ，可能な限り事前申出への協力を求めること自体は，客観的に見て業務上の必要性に基づく言動であるといえますから，マタハラには当たらず，何ら問題ありません。

（町田　悠生子）

子の診断書を提出しなかった場合，子の看護休暇の取得を認めなくてもよいか

Q66 当社では，従業員が子の看護休暇を取得する場合には，子の看護休暇の取得要件を満たすことを裏付ける資料として，子の診断書を会社に提出するよう求めています。しかし，ときには，従業員から「病院には行っていないので，診断書は提出できず，裏付ける資料は何もない」と言われることもあります。そうなると，本当に子の看護のために休暇を取得したのかを会社として確認できないことから，子の看護休暇の取得を認めず，欠勤扱いとしています。このような運用に問題はありませんか。

A 診断書の不提出を理由に子の看護休暇の取得を認めないとすることはできません。

[解説]

1　子の看護休暇の取得事由

　子の看護休暇は，小学校就学の始期に達するまでの子を養育する従業員が，負傷し，もしくは疾病にかかった子の世話を行うため，又は，子に予防接種や健康診断を受けさせるために取得することができるものです（育介法16条の2，育介則32条）。

2　子の看護休暇の取得申出の手続

　子の看護休暇は，①申出をする労働者の氏名，②申出に係る子の氏名及び生年月日，③子の看護休暇を取得する年月日（半日単位の場合は子の看護休暇の開始及び終了の年月日時），④申出に係る子が負傷し，若しくは疾病にかかっている事実又は予防接種若しくは健康診断を受けさせる旨，を会社に対して明らかにする方法により行わなければならないものと定められています（育介則35条1項）。

　そして、会社は、従業員から申出があったときは、④に掲げる事実を証明できる書類の提出を求めることができます（同条2項）。④に掲げる事実とは、子の看護休暇の取得要件である「負傷し、もしくは疾病にかかった子の世話を行うため、又は、子に予防接種や健康診断を受けさせるため」の休暇取得であることを明らかにする事実であり、会社は、それを裏付ける資料（以下「証明書類」といいます）の提出を従業員に対して求めることができるのです。証明書類の典型例が、子の診断書です。

3　証明書類の取扱い

　上記2のとおり、育介則は、会社が従業員に対して子の看護休暇の取得要件を満たすことを裏付ける証明書類の提出を求めることができるものとしています。

　もっとも、育介指針（巻末資料⑤）は、「子の看護休暇は、現に負傷し、若しくは疾病にかかったその子の世話又は疾病の予防を図るために必要なその子の世話を行うための休暇であること」から「証明書類の提出を求める場合には事後の提出を可能とする等、労働者に過重な負担を求めることにならないよう配慮するものとすること」（第2の2（2））としています。

　さらに、育介法施行通達（巻末資料②）は、「事業主が看護休暇申出をした労働者に対して証明書類の提出を求め、その提出を当該労働者が拒んだ場合にも、看護休暇申出自体の効力には影響がないものであること」（第4の3（5））としている点にも留意が必要です。

　これらの背景には、子の看護休暇が、養育する幼い子が急に病気になったり怪我をしたりして突発的に看護の必要性が生じた場合にも従業員が対応できるよう、単発的な休暇の取得を制度として認めるものであることから、育児休業等とは異なり、取得要件・取得手続を厳格に法定することなく、また、会社に対しても柔軟な対応を求めて、従業員が、看護の必要性が生じたその日に確実に休暇を取得できるようにすべきという制度のねらいがあります。よって、会社としても、それを十分理解して対応することが、違法を回避するために重要となります。

4 設問の検討

(1) 子の看護休暇の取得を認めないという対応について

　まず，子の看護休暇の取得を申し出た，又は，取得した従業員に対して，会社が，取得要件を満たすことを示す証明書類の提出を求めること自体は，上記のとおり適法です。

　しかし，その提出がなかったことのみをもって子の看護休暇の取得を認めないことは，上記育介法施行通達によれば，違法となります。従業員が「その提出を当該労働者が拒んだ場合にも，看護休暇申出自体の効力には影響がない」からです。つまり，子の看護休暇の取得要件は，あくまで，従業員が会社に対して，①申出をする労働者の氏名，②申出に係る子の氏名及び生年月日，③子の看護休暇を取得する年月日（半日単位の場合は子の看護休暇の開始及び終了の年月日時），④申出に係る子が負傷し，若しくは疾病にかかっている事実又は予防接種若しくは健康診断を受けさせる旨，を書面又は口頭で明らかにすることのみであり（育介則35条１項。なお，口頭申出も許されることについてはQ65を参照），それが行われたならば，取得要件を満たしている以上，子の看護休暇の取得を認めなければならないことになります。

(2) 提出できる証明書類は何もないのか

　証明書類の提出自体は，子の看護休暇の取得要件ではないことについて，上記育介法施行通達からも，また，申出要件を定める育介則35条１項の構造上も（取得要件と証明書類の提出とは，条項が分かれており，また，証明書類はあくまで会社が「提出を求めることができる」ものに留まり，提出させるかどうかはあくまで会社の判断に委ねられています），理論的にはそのように考えざるを得ないとしても，会社として，就業規則上，子の看護休暇を取得する場合には証明書類を提出しなければならないと定めた以上は，他の従業員との公平性や今後の運用上の観点から，証明書類の提出なくして子の看護休暇取得を認めることに一定の抵抗感を覚えることもあるでしょう。

　子の看護休暇は，負傷したり疾病にかかったりした子の世話をするためのものであり，自宅で安静にしている子の看護をするために取得することもあるでしょうから，設問の従業員が言うように，「病院には行っていないので，診断

書は提出できない」ということはあり得ると思われます。ただ，証明書類は，診断書に限られるわけではなく，あくまで会社が，子の看護のために休暇を取得したものであることを確認できれば足りるわけですから，子が通う保育園・幼稚園等への欠席連絡の写しなどからも確認できますし（育介法施行通達は，「負傷し，若しくは疾病にかかっている事実」に関する証明書類の例として，「保育所を欠席したことが明らかとなる連絡帳等の写し」を挙げています。第4の3（5），巻末資料②），そのようなものもない場合であっても，最終的には，従業員から子の病状，看護状況について簡単な報告書を提出させることによっても確認できると考えられます。それらの提出を求めることは，何ら，従業員にとっての「過重な負担」（上記育介指針）には当たらないものといえます。

　よって，診断書がない場合であっても，それに代わる何らかの証明書類の提出を求めることを検討すべきです。

（町田　悠生子）

子の診断書の取得費用は会社が負担しなければならないか

Q67 当社では，従業員が子の看護休暇を取得する場合には，子の看護休暇の取得要件を満たすことを裏付ける資料として，子の診断書を会社に提出するよう求めています。しかし，このたびある従業員から，「診断書の取得費用を会社が負担するなら提出するが，自己負担であれば提出しない」と言われてしまいました。診断書の取得費用は，会社が負担しなければならないのでしょうか。また，あくまで従業員の自己負担を貫き，従業員から診断書が提出されなかった場合には，子の看護休暇の取得を認めず，欠勤扱いとしてもよいでしょうか。

 診断書の取得費用は会社が負担しなければならないわけではありませんが，本人が診断書の提出を拒む場合には，直ちに子の看護休暇の取得を認めないとするのではなく，診断書以外の裏付け資料の提出を求めるべきです。

[解説]

1　子の看護休暇の取得申出の手続

　子の看護休暇は，①申出をする労働者の氏名，②申出に係る子の氏名及び生年月日，③子の看護休暇を取得する年月日（半日単位の場合は子の看護休暇の開始及び終了の年月日時），④申出に係る子が負傷し，若しくは疾病にかかっている事実又は予防接種若しくは健康診断を受けさせる旨，を会社に対して明らかにする方法により行わなければならないものと定められています（育介則35条1項）。
　そして，会社は，従業員から申出があったときは，④に掲げる事実を証明できる書類の提出を求めることができます（同条2項）。④に掲げる事実とは，子の看護休暇の取得要件である「負傷し，もしくは疾病にかかった子の世話を

行うため，又は，子に予防接種や健康診断を受けさせるため」の休暇取得であることを明らかにする事実であり，会社は，それを裏付ける資料（以下「証明書類」といいます）の提出を従業員に対して求めることができるのです。証明書類の典型例が，子の診断書です。

2　証明書類の取扱い

証明書類の例として，育介法施行通達（巻末資料②）は，

「負傷し，若しくは疾病にかかっている事実」⇒医療機関の領収書，保育所を欠席したことが明らかとなる連絡帳等の写しなど

「前条に定める世話を行うこととする事実」（予防接種・健康診断）⇒医療機関等の領収書，健康診断を受けさせることが明らかとなる市町村からの通知書等の写しなど

を挙げています（第4の3（5））。

もっとも，育介指針（巻末資料⑤）は，「子の看護休暇は，現に負傷し，若しくは疾病にかかったその子の世話又は疾病の予防を図るために必要なその子の世話を行うための休暇であること」から「証明書類の提出を求める場合には事後の提出を可能とする等，労働者に過重な負担を求めることにならないよう配慮するものとすること」としています（第2の2（2））。

また，育介法施行通達（巻末資料②）は，「事業主が看護休暇申出をした労働者に対して証明書類の提出を求め，その提出を当該労働者が拒んだ場合にも，看護休暇申出自体の効力には影響がないものであること」としている点にも留意が必要です（第4の3（5））。

3　設問の検討

(1) 診断書の取得費用を会社負担としなければならないか

診断書の取得費用を会社負担としなければならないかどうかは，自己負担とすることが従業員にとって「過重な負担」（上記育介指針）にあたるかどうかという観点から検討すべきものです。

「過重な負担」とは，経済的な負担と，提出の手間の両方を含むものと考えられますが，育介指針も育介法施行通達も「過重な負担」の判断方法や具体例

などは特に示していません。

　診断書の取得費用を従業員の自己負担とすることは，従業員にとって一定の経済的負担を与えるものではありますが，通常，数千円程度ですので，「過重」との評価にはあたらないと考えます。

　よって，診断書の取得費用を会社負担とするか自己負担とするかは，会社において自由に決めることができ，必ず会社負担としなければならないものではありません。

（2）診断書の提出を拒んだ場合の取扱い

　上記のとおり，育介法施行通達は，「事業主が看護休暇申出をした労働者に対して証明書類の提出を求め，その提出を当該労働者が拒んだ場合にも，看護休暇申出自体の効力には影響がないものであること」（第4の3（5））としており，証明書類が事後的に提出されなかった場合にも，子の看護休暇の取得自体は認めなければならないものとしています。よって，欠勤扱いとすることは許されません。

　しかし，会社として，就業規則上，子の看護休暇を取得する場合には証明書類を提出しなければならないと定めた以上は，他の従業員との公平性や今後の運用上の観点から，証明書類の提出なくして子の看護休暇取得を認めることに一定の抵抗感を覚えることもあるでしょう。

　証明書類は，あくまで会社が，子の看護のために休暇を取得したものであることを確認できれば足り，それは，診断書以外の資料による確認も可能です。よって，従業員が，取得費用が自己負担であることを理由に診断書の提出を拒み，また，会社負担ともしない場合には，診断書に代わるものとして，従業員の費用負担なくして提出できる診察費用や投薬代の領収書の写しなどの提出を求める，という対応を採るのがよいと考えます。

（町田　悠生子）

子の看護休暇を取得する派遣労働者の交替を求めることはできるか

Q68 当社が現在受け入れている派遣労働者について，当日になって子の看護休暇を取得する旨の連絡が入ることが少なからずあります。当日急に休まれてしまうと，業務に支障が出かねないので，派遣元に対して派遣労働者の交替を求めたいと思いますが，問題ないでしょうか。

A 子の看護休暇の取得を理由とする不利益取扱いにあたるため，できません。

[解説]

1 派遣労働者との関係における均等法，育介法上の使用者（事業主）とは

　派遣労働者は，派遣元との間で雇用契約を締結していますから，派遣労働者に対して使用者（事業主）としての義務を負うのは，原則として派遣元です。しかし，派遣労働者による労務提供は，派遣先において，派遣先の指揮命令の下に行われていることからすると，派遣先に派遣労働者の労務管理責任を負わせることが妥当な場面もあります。そこで，労働者派遣法は，「労働基準法等の適用に関する特例等」として（派遣法第3章第4節），派遣先に対しても部分的に使用者（事業主）としての義務を負わせています。

　その特例の中に，労基法における女性保護規定や，均等法，育介法におけるマタハラ防止措置義務規定も含まれています。

　まず，労基法上の女性保護規定のうち，妊産婦の請求による時間外労働・休日労働・深夜業の免除（66条），育児時間（67条），生理休暇（68条）については，派遣先のみが使用者（事業主）としての義務を負うものとされています（派遣法44条）。これに対し，育介法に基づく育児休業等の各種制度の利用については，原則どおり派遣元のみが使用者（事業主）として制度を利用させる

義務を負います。

　次に、均等法における妊娠、出産等を理由とする解雇その他不利益取扱いの禁止（9条3項）、セクハラ防止措置義務（11条1項）、マタハラ防止措置義務（11条の2第1項）、妊娠中及び出産後の健康管理措置（12条、13条1項）については、派遣元と派遣先の両方が使用者（事業主）としての責務を負います（派遣法47条の2に特例あり。同条において「当該労働者派遣の役務の提供を受ける者もまた、当該派遣労働者を雇用する事業主とみなして」と規定され、派遣元と派遣先がともに使用者（事業主）としての責任を負うことが明らかにされています）。

　そして、育介法における育児休業等の取得を理由とする解雇その他不利益取扱いの禁止（10条、16条、16条の4、16条の7、16条の10、18条の2、20条の2、23条の2）とマタハラ防止措置義務（25条）についても、同様に、派遣元と派遣先の両方が使用者（事業主）としての責務を負います（派遣法47条の3。平成29年1月1日施行）。つまり、派遣先は、自社で直接雇用している従業員向けのものだけでなく、派遣従業員が利用できる相談窓口も設置しなければなりません。また、派遣労働者から派遣先がマタハラを受けた旨の相談・苦情を受けた場合には、派遣先において担当部門と連絡等をとりつつ円滑な対応を図る必要があります。

　派遣元・派遣先における派遣労働者に対する不利益取扱いの禁止や、マタハラ防止措置義務について、詳しくは、派遣通達（巻末資料⑥）も参照してください。

2　派遣労働者の子の看護休暇の取扱い

　派遣労働者は、子の看護休暇（育介法16条の2）の取得要件を満たす場合には、派遣元に対して取得を請求することができます。

　子の看護休暇その他育介法の制度利用については、派遣元が整備しなければならないものであり、派遣労働者は、派遣元の就業規則に従って制度を利用することになります。

3 設問の検討

 上記1のとおり，派遣先は，派遣元と同様，派遣労働者に対する不利益取扱いをしてはなりません（派遣法47条の3）。

 不利益取扱いの具体的内容について，育介指針（巻末資料⑤）では，「解雇その他不利益な取扱いとなる行為には，例えば，派遣労働者として就業する者について，労働者派遣の役務の提供を受ける者が当該派遣労働者に係る労働者派遣の役務の提供を拒むことが該当すること」とされています（第2の16(2)）。さらに，ここにいう「労働者派遣の役務の提供を受ける者が当該派遣労働者に係る労働者派遣の役務の提供を拒むこと」の一例として，「労働者派遣契約に定められた役務の提供ができると認められるにもかかわらず，派遣中の派遣労働者が子の看護休暇を取得したことを理由に，労働者派遣の役務の提供を受ける者が派遣元事業主に対し，当該派遣労働者の交替を求めること」が挙げられています（第2の16(3)ロ）。

 したがって，設問において，派遣労働者が出勤した日については特段の問題なく業務を遂行しているのであれば，派遣元に対して交替を求めることは，まさに子の看護休暇の取得を理由とした不利益取扱い（派遣法47条の3，育介法16条の4，10条）に該当しますので，違法となります。

 なお，派遣通達（巻末資料⑥）では，派遣元が講ずべきマタハラ防止措置の中の「職場における育児休業等に関するハラスメントの原因や背景となる要因を解消するための措置」の一例として，「派遣元の事業主が必要な措置を講じていると認められる例としては，例えば，派遣労働者が子の看護休暇等を取得した場合において，派遣元事業主が，当該派遣労働者の不在等を補い，派遣契約に定められた役務の提供ができるよう代替要員を追加して派遣することが挙げられること」とされています（3(4)ロ(ホ)）。よって，設問のように，子の看護休暇取得による業務への支障が現実的に生じているような場合には，突発的な休暇取得に伴う代替要員の確保について派遣元との間で予め協議をしておくことは派遣元・派遣先双方にとって有意義であると考えます。

（町田　悠生子）

Ⅲ　所定外労働の免除

所定外労働の免除制度の利用を賞与額の算定に反映させることはできるか

Q69　現在当社では，育児を理由として所定外労働の免除制度を利用している従業員が複数いますが，特に繁忙期や月末月初の事務処理量が増える際には，どうしても全社的に時間外労働が必要になってしまい，そのような時には，周囲の従業員にしわ寄せがいっているようです。従業員間の公平感を阻害しないよう，残業したことや残業時間の長さを会社への貢献度の一環として賞与額の算定に反映させたいと思っているのですが，問題ないでしょうか。

A　所定外労働の免除制度の利用者について一律に賞与額を下げることは，育介法が禁止する不利益取扱いにあたるため，できません。

[解説]

1　育児のための所定外労働の制限（免除）制度について

　３歳に満たない子を養育する従業員（雇用契約期間の定めの有無を問いませんが，日々雇い入れられる者を除きます）は，会社に対し，所定外労働の免除を請求することができます（育介法16条の８）。当該請求があった場合には，事業の正常な運営を妨げる場合を除き，会社は当該請求をした従業員に対して所定労働時間を超える労働を命じることはできません。
　このほか，育介法は，（法定）時間外労働及び深夜労働についても，小学校就学の始期に達するまでの子を養育する従業員（従業員の対象範囲は，上記と同じです）が請求した場合には，一定の制限をする制度を用意しています（同法17条，19条）。

制度類型	請求できる従業員	請求の効果
所定外労働の制限（免除）	3歳に満たない子を養育する者	事業の正常な運営を妨げる場合を除き会社は所定外労働をさせない。
（法定）時間外労働の制限	小学校の始期に達するまでの子を養育する者	事業の正常な運営を妨げる場合を除き会社は1か月につき24時間，1年につき150時間を超えて法定時間外労働をさせない。
深夜業の制限	小学校の始期に達するまでの子を養育する者	事業の正常な運営を妨げる場合を除き会社は深夜労働をさせない。

　育児中の従業員は，自身の希望に合わせて，いずれを請求するかを自由に選択することができます。

2 制度利用に関するマタハラ（不利益取扱い）の考え方

（1）制度利用者に対する不利益取扱いの禁止

　育介法は，従業員が所定外労働の免除の請求をしたこと，又は，それによって従業員が所定労働時間を超えて労働しなかったことを理由として，会社は「解雇その他不利益な取扱いをしてはならない」と定めています（同法16条の10）。

　時間外労働及び深夜業の制限についても同様に，不利益取扱いを禁止する規定があります（同法18条の2，20条の2）。

　このように，育介法は，制度ごとに不利益取扱い禁止の根拠規定を分けていますが（上記に挙げたもののほか，育児休業につき同法10条，子の看護休暇につき同法16条の4，所定労働時間の短縮措置等につき同法23条の2），「不利益取扱い」の意味内容やそれへの該当性判断は，全て同一です。

（2）法が禁止する「不利益取扱い」の内容（行政通達）

　育介法によって禁止される「不利益取扱い」の類型として，育介指針（巻末資料⑤）では，解雇などの12の行為が例示列挙されています（Q1参照）。そして，これらの行為と，育介法上の制度利用の申出との間に因果関係がある場合には，同法が禁止する「不利益取扱い」に該当するものとされています。

（3）法が禁止する「不利益取扱い」への該当性（参考裁判例の紹介）

所定外労働の免除請求に関する不利益取扱いについてのリーディングケースとなる裁判例は，まだありませんが，育児休業取得時の昇給抑制が「不利益取扱い」（育介法10条）に該当するか否かが問われた医療法人稲門会（いわくら病院）事件（大阪高判平26・7・18労判1104号71頁，最決平27・12・16ジャーナル50号30頁で上告棄却・上告不受理となり確定）が，「育児介護休業法10条は，事業主において，労働者が育児休業を取得したことを理由として，当該労働者に対し，解雇その他不利益な取扱いをしてはならない旨定めているところ，このような取扱いが育児介護休業法が労働者に保障した同法上の育児休業取得の権利を抑制し，ひいては同法が労働者に前記権利を保障した趣旨を実質的に失わせる場合は，公序に反し，不法行為上も違法になるものと解するのが相当である」と判示していますので（同事件について詳しくはQ40，Q41を参照），所定外労働の免除請求に関する不利益取扱いについても，これを参考にすべきでしょう。

3 設問の検討

（1）「不利益取扱い」であるか

残業の有無や残業時間の長短を会社への貢献度の一環として賞与額の算定に反映させることとなれば，所定外労働の免除制度を利用している従業員は，その部分に関しては皆一律に，貢献度が常に低く評価されることになります。

よって，所定外労働の免除制度の利用自体を賞与額の算定上不利益に取り扱おうとするものではないとしても，結果として，所定外労働の免除制度を利用する限り貢献度が低く評価され続ける以上は，育介指針（巻末資料⑤）が挙げる12類型のうち，「減給をし，又は賞与等において不利益な算定を行うこと」に該当するものである（もしくは，これに極めて類似するものである）と考えられます（上述のとおり，育介指針上の12類型は，あくまで例示列挙です）。

（2）所定外労働の免除制度の利用を「理由として」不利益取扱いを行うものであるか

設問では，所定外労働の免除制度を利用したこと自体を理由に，不利益な算定を行おうとするものではありません。そして，残業の有無や残業時間の長さ

が賞与算定時の評価として考慮されることにより不利益を被るのは，所定外労働の免除制度の利用者だけではなく，例えば，残業が少ない業務に従事している従業員や時短勤務中の従業員なども広く含まれます。

　しかし，上記医療法人稲門会（いわくら病院）事件判決が述べるように，不利益取扱いの禁止規定は，育介法が従業員に保障した権利（育児休業や所定外労働の免除等の制度を利用できる権利）を抑制する会社の行為を禁止しようとするものです。よって，間接的であっても，会社による一定の取扱いが，従業員による育介法上の制度利用を心理的に抑制し，不利益を回避するべく制度を利用しない方向に従業員を動機付けるものとなる場合には，同法上の制度利用を「理由として」不利益に取り扱うものと評価される可能性が高いと考えるべきです。

　したがって，設問のように，単純に，「残業したこと」や「残業時間の長さ」のみを評価の対象とすることとした場合には，所定外労働の免除制度や，時間外労働の制限，時短勤務制度等の利用との関係において，育介法上禁止される「不利益取扱い」に該当し，さらには，賞与の低査定が従業員に対する不法行為を形成する可能性があります（上記医療法人稲門会（いわくら病院）事件参照）。

（3）「不利益取扱い」への該当性を回避するための視点

　従業員間の公平性を維持しつつ，「不利益取扱い」への該当を回避するには，単純に，「残業したこと」や「残業時間の長さ」のみを評価項目とするのではなく，業務上の成果，作業効率なども評価項目に加え，所定外労働の制限制度を利用中の従業員であっても，「残業したこと」や「残業時間の長さ」以外の項目によって高い評価を得られる道が確保されるよう十分配慮することが重要であると考えます。

（町田　悠生子）

第6章 育児・子育てと仕事の両立

育児中の従業員を別の部署に配置転換することはできるか

Q70 当社では、資材部（資材の運搬や販売等を行う部門）の従業員が病気入院し急に欠員が生じたことから、経理部の女性従業員を資材部に配置転換させることを考えています。この配置転換によって勤務場所が変わるわけではありませんが、その女性従業員は、入社当初に資材部で働いた経験があるものの、その後は経理部での勤務が長く、また、現在育児中で保育園への送り迎え等もしているということです。資材部は経理部に比べ時間外勤務が生じる可能性が高いのですが、経理部から資材部へ配置転換することに問題はありますか。

A 育児に具体的な不利益が生じないのであれば、一般的な配置転換と同様に業務上の必要性に基づき配置転換して問題ありません（大阪府板金工業組合事件）。

[解説]

1 配置転換命令の有効性について

　配置転換命令の有効性については、東亜ペイント事件（最判昭61・7・14労判477号6頁）が基本的な考え方を示しています。この判決では、会社は、業務の必要性に応じて裁量により従業員の勤務場所を決定できるとしつつ、転勤が従業員の生活関係にも影響を与え得るものであるから、会社の転勤命令権は無制約に行使することはできず、権限を濫用することは許されないとした上で、転勤命令について、①業務上の必要性が存在しない場合、業務上の必要性が存在する場合であっても、②それが他の不当な動機や目的をもっ

て行われた場合、あるいは③従業員に対し通常甘受すべき程度を著しく超える不利益を負わせるものであるときなど、特段の事情がある場合には、権限の濫用になるという趣旨の判断がされています。

2　設問の検討

設問を上記1の規範に沿って考えてみます。

まず、①の業務の必要性については、資材部所属の従業員が病気入院したことにより、他の従業員に業務を担当させる必要があったといえます。また、この女性従業員は入社当初ですが一応資材部での勤務経験があり、人選として不合理であるといった事情もありません。そうすると、配転命令の業務上の必要性はあるといえるでしょう。

また、設問の事案では、会社側に、妊娠・出産後も勤務を続ける女性従業員を退職に追い込むといった嫌がらせ目的などはありませんので、②の不当な動機や目的は認められません。

そして、③の従業員への不利益の点について、確かに、所定時間外労働が増えるという可能性はあります。しかし、この女性従業員には資材部での勤務経験があったことや、勤務場所が変わるわけではなく、通勤事情等に基本的に変化はないと考えられますので、直ちに育児等に具体的な支障があるとまではいえないでしょう。

以上のような点を考慮すると、設問での配転命令は、有効であると考えられます。

3　裁判例の紹介

設問の事例は、大阪府板金工業組合事件（大阪地判平22・5・21労判1015号48頁）が題材となっています。

この事件では、従業員が、会社は、結婚出産後も働き続ける従業員を蔑視し、退職に追い込むために嫌がらせ目的で配置転換をしたと主張して訴訟となりました（なお、この事件では、配置転換の他にも、降格や賃金減額等についても争点となっていますが、ここでは割愛します）。

これに対して、会社側は、配置転換は急な欠員が出たことによるもので、人

選も適切であったと反論しました。

判決では、上記2で説明した点などを考慮して、結論としては、配転命令は無効とまではいえないとしました。

判決の中で注目すべき点は、上記③の従業員への不利益に関する部分です。この判決は、就業場所・通勤等に特段の変化はないことや、育児等に具体的な支障が生じたとまでは認められないこと等を総合的に勘案して、「一般的抽象的には、本件配転に伴って、原告甲野の時間外勤務の可能性が生じ、同人の育児等への影響も考えられないではないものの、当該事情等をもって、労働者が通常甘受すべき程度を著しく超える不利益であるとまでは認め難い」としました。

4 大阪府板金工業組合事件判決のポイントと育児中の従業員に対する配置転換命令の考え方

(1) 判決のポイント

この判決のポイントは、配転命令の有効性について、上記東亜ペイント事件最高裁判決による一般的な基準にしたがって判断していること、すなわち、従業員が育児中であるからといって、特別な基準を立てているわけではない、ということです。

つまり、従業員が育児を行っているとしても、そのことだけで、配転命令権が制限されるということではなく、業務上の必要性が認められれば、権利濫用と評価されるものでない限り、配転命令は可能です。ただし、権利濫用該当性の評価において、配転により育児にどの程度の支障が出るか（不利益の程度）は十分な検討が必要となります。

(2)「通常甘受すべき程度を著しく超える不利益」について

東亜ペイント事件にいう「通常甘受すべき程度を著しく超える不利益」については、最終的には、個別の事案ごとの判断ということになりますが、大阪府板金工業組合事件の判決からは、特に次の2点を参考とすることができます。

まず、第1点目は、配転命令に伴って「一般的抽象的に」時間外勤務の可能性が生じる、というだけでは、配転命令が無効となるものではないということです。言い換えれば、配置転換の前後を通じて、業務負担等が「一般的抽象

的」にも同じである、といえる必要まではないということになります。

ただ、逆に言えば、配転命令に際して、当該従業員の育児にとって、どのような支障が生じ得るかを具体的に検討する必要があります。

では、具体的な不利益としてどのようなことを考えればよいのでしょうか。この点については、この判決が、「就業場所、通勤等に特段の変化がないこと」に言及している点が参考になります。これが第２点目です。

また、ケンウッド事件・最判平12・1・28労判774号7頁も、3歳児を保育園に預けている共働きの女性従業員（品川区内在住）が、目黒区所在の本社から八王子市所在の事業所への異動命令を受けたものの、保育園への送迎ができなくなる等として拒否し欠勤を続けたことに対する懲戒解雇について、異動命令・懲戒解雇ともに有効としました。ただし、最高裁は、この従業員や夫の具体的な通勤事情や、子どもが通う保育園の利用可能時間、八王子事業所周辺の保育園の空き状況、他の従業員の通勤事情との比較、会社は勤務時間や保育問題等について話し合ってできる限りの配慮をしたいと考えていたのに女性従業員側がこれに応じなかったこと等の事実関係を指摘した上で、八王子への異動命令は通常甘受すべき程度を著しく超える不利益を負わせるものではない、と結論づけているところが注目されます。

これをふまえると、配置転換によって就業場所が変わり、現在利用している保育園からとても離れてしまい、実質的に送り迎えができず保育園を変えざるを得ないような場合や、通勤時間が大幅に伸びることによって、育児に費やすことのできる時間が著しく削られてしまうような場合には、育児への具体的な支障があるとして、配置転換の無効を基礎づける事情となるでしょう（なお、不利益の程度が重大であるとして転勤命令が無効とされた事例として、Q71で紹介する明治図書出版事件（東京地決平14・12・27労判861号69頁）があります）。

5 設問のまとめと育介法26条による配慮義務

設問では、急な欠員が生じたという業務上の必要性による配置転換であり、想定される不利益も時間外勤務の可能性が経理部よりは高いという一般的抽象的なものですので、このような配置転換自体は基本的には問題がないと考えら

れます。

　ただ，配転により勤務地が変更になったり，通勤時間が長時間となったりして，育児に具体的な支障が生じる場合や，会社が丁寧な対応をしなかった場合には，配転命令が無効となる場合もあります。育介法26条が「事業主は，その雇用する労働者の配置の変更で就業の場所の変更を伴うものをしようとする場合において，その就業の場所の変更により就業しつつその子の養育又は家族の介護を行うことが困難となることとなる労働者がいるときは，当該労働者の子の養育又は家族の介護の状況に配慮しなければならない」と定めているからです。そのため，個々の従業員の育児の状況に応じた配慮の検討が必要です。

　なお，育児中の従業員は，子が小学校就学の始期に達するまで，法定時間外労働の制限を会社に請求することができます（育介法17条）。この請求は，業務の都合により拒絶することができず，従業員から請求があった場合には，1か月について24時間，1年について150時間を超えて法定時間外労働をさせることはできません。

（古屋　勇児）

育児中の従業員に転居を伴う異動を命じることはできるか

Q71 当社には東京本社と大阪支社があります。大阪支社は，もともと人員が不足気味だったのですが，最近になって，ベテラン従業員が２名突然退職することとなってしまいました。そこで，現在東京本社で勤務している，総合職（いわゆる幹部候補で，転勤があることが前提となっています）の男性従業員に，大阪支社への異動を打診しました。

しかし，その従業員は，幼い子どもが２人おり，２人とも重いアトピー性皮膚炎であること，妻も共働きであり，家事や育児を分担して行っているため，大阪への転勤はできないと言って，異動の打診を断られてしまいました。

当社としては，異動に伴う金銭的な負担は全面的に補助することも考えていますが，この従業員の意に反して異動を命じることは可能でしょうか。

 金銭補助により経済的な援助をしたとしても，転勤命令は無効となる可能性が高いでしょう（明治図書出版事件）。

[解説]

1 転勤命令の可否と本設問での着眼点

転勤を伴う配置転換命令の有効性は，Q70で紹介した東亜ペイント事件最高裁判決が示した考え方が当てはまります。

つまり，①業務上の必要性が存在しないにもかかわらずなされた転勤命令は無効となりますし，仮に業務の必要性が存在していても，②他の不当な動機や目的をもって行われた場合や，③従業員に対し通常甘受すべき程度を著しく超える不利益を負わせる場合といった特別な事情がある場合には，転勤命令は無効となります。

設問の場合，大阪支社のベテラン従業員が２名も突然退職してしまったとの

ことで大阪への異動をさせる必要性は高いといえます。また，この男性従業員は幹部候補で転勤が予定されていることや，ベテラン従業員2名の欠員を補充するということで相当の能力も要求されると考えられることから，この男性従業員が適任者であるともいえるでしょう。したがって，上記①の業務の必要性はあると考えられます。

　また，当該男性従業員を転勤させることについて，会社に不当な動機や目的はないようですので，上記②にも当たらないといえます。

　そのため，この事例で特に検討すべきは，③の従業員が被る不利益の程度です。

2　通常甘受すべき程度を著しく超える不利益について

　設問の事例では，会社は，転勤に伴う金銭的な負担は全面的に補助することを考えています。そのため，転勤に伴い従業員に生じる金銭面での不利益は相当軽減されるよう配慮がされているとはいえます。

　しかし，この男性従業員には，2人の幼い子がおり，いずれも重いアトピー性皮膚炎です。そのため，転勤によって生活環境が変わることによる育児に関する不利益は非常に大きいですし，その不利益の性質上，金銭で賄い切るということは難しいと考えられます。

　また，この男性従業員は夫婦共働きで，家事や育児を分担して行っているということですので，夫婦のどちらか一方が育児に専念することもできませんし，場合によっては単身赴任をも余儀なくされるでしょう。それにより夫婦のどちらかが仕事を辞めなければならない状況であれば，これは「通常甘受すべき程度」を上回る不利益であると言えるでしょう。

　こうした点を考えると，設問では，従業員の受ける不利益の程度が著しいとして，転勤命令が無効となる可能性が高いと考えられます。

3　裁判例の紹介

　設問の事例は，明治図書出版事件（東京地決平14・12・27労判861号69頁）を題材としています。

　この決定では，会社の金銭的な手当てに一定の評価をしつつも，当該従業員

の「育児に関する不利益は著しく，金銭的な填補では必ずしも十分な配慮といえない」などと判断されています。また，夫婦共働きである点に関し，夫婦のどちらか「一方が自らの仕事を辞めることでしか回避できない不利益を「通常の不利益」と断定することはできない」として，配偶者も連れて大阪に転勤をすれば育児は可能である（不利益は重大でない）といった会社の言い分を退けました。

　ちなみにこの決定は，育介法26条（就業場所の変更を伴う従業員の配置に関する配慮を定めた条文）の趣旨について，「事業者の義務は『配慮しなければならない』義務であって，配転を行ってはならない義務を定めてはいない」としつつも，「育児の負担がどの程度のものであるのか，これを回避するための方策はどのようなものがあるのかを，少なくとも当該労働者が配置転換を拒む態度を示しているときは，真摯に対応することを求めているものであり，既に配転命令を所与のものとして労働者に押しつけるような態度を一貫してとるような場合は，同条の趣旨に反し，その配転命令が権利の濫用として無効となることがある」と判断している点でも注目されます。

4　実務対応のポイント

　明治図書出版事件の決定は平成14年になされたものですが，現在は男女共同参画が推進され，この決定の当時よりもはるかに夫婦共働きが一般的なことになってきています。

　したがって，「配偶者が仕事を辞めれば（仕事を休めば），転勤しても育児は可能である」という会社の言い分は，まず認められないと考えられます。

　Q70とQ71の２つの事例を併せて見ると，配置転換を命じる場合の従業員への不利益の程度は，
　　Ⅰ　就業環境（特に就業場所）の変更の程度
　　Ⅱ　Ⅰによる育児環境の変更の程度
の両面から，検討する必要があるということがみてとれます。

　例えば，現在の就業場所と変更後の就業場所が距離としては近いようにみえても，交通事情等との関係で通勤時間が大幅に伸びた場合には不利益が大きいということがあり得ます。あるいは，保育園を変えざるを得ないが新しい保育

園には入れないような場合には，現在の育児環境への影響は重大であり，不利益が大きいとも考えられます。

　反対に，遠距離の転勤であっても，転勤先の近くに両親がいるなどして育児のための助力が得られるような場合であれば，育児環境への悪影響が重大であるとまではいえないということもあり得るでしょう。

　このように，会社としては，配置転換にあたって就業環境に気を付ける必要があることはもちろんですが，従業員の育児環境についても配慮すべきといえます（Q70で紹介したケンウッド事件・最判平12・1・28労判774号7頁も参考にして下さい）。その際には，従業員に個別具体的に事情を確認し，会社として可能な配慮を提案するといったコミュニケーションをとることが望ましいでしょう。

　また，従業員に生じる不利益は，金銭で補填することができる性質ものであれば，手当等を充実させることによってある程度は解消することはできます。しかし，金銭では解決できない不利益が生じるような場合には，経済的な補助をするのみでは配慮として足りず，場合によっては配転命令が無効とされる可能性もあり得ることに，留意しなければなりません。

5　まとめ

　設問では，従業員に異動の打診を拒まれています。それでもなお，会社としてこの従業員以外には適任者がいないと考えるような場合には，まずは従業員に対して，具体的な育児の状況についてさらに事情を尋ねるなど，その従業員とコミュニケーションをとることが重要です。

　こうしたコミュニケーションを疎かにしたまま転勤命令をした場合，たとえ金銭的な補助を充実させたとしても，転勤させるとの結論ありきで転勤に伴う不利益への配慮がされていないと評価されてしまうおそれがあります。また，結果的に，従業員とも紛争となってしまう可能性もあります。反対に，従業員の育児の具体的な状況を把握することで，会社からより従業員の実情に即した提案をすることも可能となり，解決の糸口になることもあるでしょう。

（古屋　勇児）

子どもの看護を理由とする欠勤等を人事考課でマイナス評価できるか

Q72 ある従業員が，子どもの身体が弱いようで，突発的な欠勤や遅刻がしばしばあります。それにより会社の業務も混乱しています。

このような従業員に対して，勤怠不良を理由に人事考課において低評価を付け，また，賞与の査定もマイナス評価としようと思っていますが，何か問題はありますか。

A 欠勤が子の看護休暇の取得による場合，マイナス評価は不利益取扱いの禁止に該当するのでできません。そうではない場合は法律上の制限はありませんが，直ちに評価に反映させるのではなく，まずは従業員の側の状況をよく確認することが望ましいでしょう。

[解説]

1 問題の整理

設問は，子の病気などのために，突発的な欠勤・遅刻をする従業員に対して，人事評価や賞与査定におけるマイナス評価ができるか，という問題です。

育介法の改正（平成29年1月1日施行）によって，子の看護のための休暇は半日単位でも取得することが可能となりました（育介法16条の2第2項，育介則34条）。そこで，設問を，子の看護休暇を取得する場合と，そうでない場合とに分けて説明します。

2 子の看護休暇を取得する場合

従業員が，子の看護休暇を取得して，欠勤ないし遅刻（半休）した場合に，そのことを人事評価や賞与査定においてマイナス評価とすることは，制度利用に対する不利益取扱いに該当し，違法です（育介法16条の4，10条）。

したがって，従業員が子の看護休暇を取得して休んだ場合，たとえ会社の業

務に支障が生じたことがあったとしても、当該従業員へのマイナス評価・査定はできません。

　そもそも、このような制度利用は、法律で認められた従業員の権利ですので、会社の業務への支障があるとしても、これを看護休暇を取得した従業員の責任と捉えるという発想自体が、育介法では否定されているといってよいでしょう。そのことは、同法25条が、制度利用を阻害する職場環境の排除（いわゆるマタハラ防止措置）を会社に求めていることからも伺われます。

3　子の看護休暇を取得しない場合

　それでは、子の看護休暇の適用が除外されている従業員や、所定の看護休暇や有給休暇を使い切ってしまった従業員など、子の看護休暇を取得しない場合についてはどうでしょうか。言い換えると、子の看護休暇の制度利用とは関係しないときに、子の看護等による遅刻や欠勤を人事評価や賞与査定でマイナス評価の事情とできるか、という問題です。

　このような場合には、遅刻や欠勤の理由や従業員本人の業務内容、会社の業務に与えた影響といった個別具体的な事情をみていく必要があり、一律にマイナス評価できるか否かを決められるものではありません。

　例えば、遅刻や欠勤をする際に、会社に何も連絡を入れず、そのことによって業務に混乱を来した場合には、これは従業員の勤務態度の問題といえるでしょう。子どもの病状が深刻で会社に連絡をすること自体が難しかったような事情があるときは別として、会社に連絡を入れることができたのにそれを怠り遅刻や欠勤をしたような場合であれば、マイナス評価することもできると考えられます。

　あるいは、子どもの看護等で遅刻や欠勤せざるを得なかったという点を勘案しても、従業員がなすべき業務を怠ったといえるとき、例えば、遅刻して出社した後に、当然すべき業務のフォローを全くしなかったような場合も、従業員本人の業務遂行に問題があるとして、マイナス評価し得るでしょう。

　他方で、上記ように従業員自身に非があるとは直ちにはいえないような場合には、特に慎重な検討が必要となります。少なくとも、会社としては、どういった事情で遅刻・欠勤したのか、子どもの病状や看護の状況はどのようなも

のであるのかを従業員に確認したり，従業員の業務内容に照らして突発的な欠勤や遅刻に備える次善の策はないのかといった点などを検討・指導するといったことが望ましいです。

　また，多くの会社では，人事考課等に際して，その結果を従業員にフィードバックしています。そのときに，単に「突発的な遅刻や欠勤が多い」ということだけを伝えても，従業員の方では「子どもの病気があるのだから仕方がないことだ」と捉えてしまい，業務の改善にはつながらない可能性が高いと思います。従業員自身に納得してもらい業務改善につなげるという観点からも，上記のような遅刻・欠勤，子の看護の状況の確認や本人の業務内容に照らした検討を行い，会社としては，子どもの病状等を踏まえても，改善できる点・改善すべき点があることを具体的に伝えるようにすることが好ましいでしょう。

（古屋　勇児）

第7章 マタハラ防止措置体制等の構築

I マタハラ防止措置義務

マタハラ防止措置として会社は何をしなければならないか

Q73 均等法や育介法が改正され，いわゆるマタハラ防止措置が事業主に義務づけられることになりました（平成29年1月1日施行）。これを踏まえ，会社として取り組むべき施策にはどのようなものがありますか。

A 妊娠等の状態に対するハラスメントや育児のための制度利用に対するハラスメントを防止するために必要な周知等を行うことと，ハラスメントの相談窓口の整備・適正運用などです。

[解説]

1 法改正等の概要

（1）均等法によるマタハラ防止措置

均等法改正（平成29年1月1日施行）により，妊娠・出産等に関するマタハラ防止措置が新設されました（均等法11条の2）。

妊娠・出産等に関するマタハラ防止措置の主な内容は，妊娠・出産等に関する「制度の利用」に対するハラスメントに加え，妊娠・出産等の「状態」に対するハラスメントも含めてハラスメント防止措置を講ずること及びハラスメント（マタハラ）の相談窓口の整備等です。

（2）育介法によるマタハラ防止措置

育介法改正（平成29年1月1日施行）により，育児休業等に関するマタハラ防止措置が規定されました（育介法25条）。

　育児休業等に関するマタハラ防止措置の主な内容は、「育児休業等の制度利用」を理由としたハラスメント防止措置及びハラスメント相談窓口の整備等です。

(3) その他の法改正によるマタハラ防止措置

　派遣法改正により（平成29年1月1日施行）、派遣先にも、育児休業等を理由とした不利益取扱いの禁止規定（育介法10条等）、及び、上記（1）及び（2）のマタハラ防止措置（均等法11条の2第1項、育介法25条）が適用されるようになりました（派遣法47条の2、47条の3、巻末資料⑥）。

2　会社が取り組むべき事項

(1) 概要

　会社の取り組みとしては、均等法に基づくマタハラ指針（巻末資料④）、育介法に基づく育介指針（巻末資料⑤）に沿って、マタハラ防止に向けて、①会社の方針を明確に定め、方針に沿ってマタハラ防止措置等に対応した社内規定等を整備し、周知・啓発を行います。そして、②マタハラが生じた場合の相談窓口の整備と再発防止措置について社内規定等を整備し、周知・啓発を行います。以下、順に説明します。

(2) 会社方針等の明確化・社内規程の整備

　企業目的の達成のためには、妊娠・出産・育児にかかわらず、従業員が能力を発揮していけることが必要です。そのため、トップのメッセージ（会社の方針）として、「マタハラを含めハラスメントを許さない」ことを明確化し、社内に周知する必要があります。

　　ア　指針の定め

　　　方針等の明確化等につき、育介指針やマタハラ指針が定める事項は、以下のとおりです。

①事業主の方針明確化	ア 「マタハラがあってはならない」旨の方針
	イ 妊娠・出産・育児休業等に関する否定的な言動がマタハラの原因や背景となりうること
	ウ マタハラの内容 ・妊娠・出産・育児従業を理由とした不利益取扱い ・上司又は同僚からの妊娠・出産・育児休業等に関する言動により，就業環境を害すること （妊娠・出産については，妊娠したこと・出産したことという状態に関する言動及び制度の利用に関する言動を含む。育児休業等に関しては制度の利用に関する言動を対象とする。）
	エ 妊娠・出産・育児休業等に関する制度の利用ができること
②対処方針の定め	「マタハラを行った者について厳正に対処する」旨の方針及びマタハラを行った者に対する対処の内容
③周知	上記について，管理・監督者を含む労働者に周知・啓発

イ　会社方針等明確化についての対応例

　トップのメッセージであることを示すために，社長名又は会社名で作成します。タイトルは，「Ａ社　妊娠・出産等及び育児休業等に関するハラスメント防止のための方針」「Ａ社　代表取締役社長Ｂ　マタハラ防止のためのメッセージ」等とします。

　文書は「Ａ社で働く皆さま」宛てなど，全従業員（派遣先で就業する派遣社員を含むもの）を対象とし，以下の内容を記載します。

①当社はマタハラを許しません。
②妊娠・出産・育児休業等に関する否定的な言動が，職場における妊娠・出産・育児休業等に関するハラスメントの発生原因や背景となります。何がマタハラとなるかについては規定をご参照ください。
③妊娠・出産・育児休業等に関しては，諸制度を利用できます。詳細は規定，パンフレット・社内イントラネットを参照してください。
④マタハラを行った者に対しては，会社のハラスメント防止規定に基づき，厳正に対処します。
⑤マタハラを含めハラスメントに関して，相談窓口を利用できます。

　このように会社方針を明確化し，詳細な内容を社内規程で定めます。
ウ　会社規程の整備
（ア）就業規則等の整備
　まず，就業規則において，マタハラを禁止する旨の規定をおきます。なお，「派遣社員」につき明記するのは，派遣先従業員の派遣社員に対する言動を禁止する点にあります（派遣社員の労働条件は，派遣元の就業規則で定めるものであって，派遣先の就業規則が派遣社員の労働条件を規律するものではありません）。

第○条（職場のマタニティハラスメントの禁止）
　職場における妊娠・出産・育児休業等を理由に，当社の社員及び当社に派遣されている派遣社員に対し，不利益な取扱いをしてはならず，就業環境を害するようなことをしてはならない。マタニティハラスメントの詳細は別途「マタニティハラスメントの防止に関する規定」において定める。

　次に，マタハラ禁止規定に違反したことを懲戒事由として明確に定めます。

第○条（懲戒）
1　社員が次のいずれかに該当するときは，情状により，けん責，減給，又は出勤停止とする。
　○号　第○条（職場のマタニティハラスメントの禁止）に違反したとき。
2　社員が次のいずれかに該当するときは，諭旨解雇又は懲戒解雇とする。
　○号　第○条（職場のマタニティハラスメントの禁止）に違反し，その情状が悪質な場合。

(イ) 詳細なマタハラ防止規程等の整備

第○条（マタニティハラスメントの禁止）
1　会社は，妊娠・出産・育児休業等を理由に，当該社員等（当社の社員及び当社に派遣されている派遣社員）に対して，解雇・降格・不利益な評価，就業環境を害すること等その他の不利益な取り扱いをしてはならない。ただし，特段の事由がある場合を除く。なお，本条に定める「理由」について，別紙1で定める。

〈別紙1〉

第○条（マタニティハラスメントの禁止）第1項の「理由」は以下のとおりとする。
① 妊娠したこと。
② 出産したこと。
③ 妊娠中及び出産後の健康管理に関する措置（母性健康管理措置）を求め，又は当該措置を受けたこと。
④ 坑内業務の就業制限若しくは危険有害業務の就業制限の規定により業務に就くことができないこと，坑内業務に従事しない旨の申出若しくは就業制限の業務に従事しない旨の申出をしたこと又はこれらの業務に従事しなかったこと。
⑤ 産前休業を請求し，若しくは産前休業をしたこと又は産後の就業制限の規定により就業できず，若しくは産後休業をしたこと。
⑥ 軽易な業務への転換を請求し，又は軽易な業務に転換したこと。
⑦ 事業場において変形労働時間制がとられる場合において，1週間又は1日について法定労働時間を超える時間について労働しないことを請求したこと，時間外若しくは休日について労働しないことを請求したこと，深夜業をしないことを請求したこと又はこれらの労働をしなかったこと。
⑧ 育児時間の請求をし，又は育児時間を取得したこと。
⑨ 妊娠又は出産に起因する症状（つわり，妊娠悪阻，切迫流産，出産後の回復不全等，妊娠又は出産をしたことに起因して妊産婦に生じる症状）により労務の提供ができないことを若しくはできなかったこと又は労働能率が低下したこと。

2 社員は,妊娠・出産・育児休業等に関する制度等の利用に関する言動若しくは妊娠・出産したこと又は妊娠・出産(状態)に関する言動により,就業環境を害してはならない。本条の対象となる制度等について,別紙2で定める。

〈別紙2〉

第○条(マタニティハラスメントの禁止)第2項の「制度等」及び「状態」は以下のとおりとする。

「制度等」
① 妊娠中及び出産後の健康管理に関する措置(母性健康管理措置)
② 坑内業務の就業制限及び危険有害業務の就業制限
③ 産前産後休業
④ 軽易な業務への転換
⑤ 変形労働時間制がとられる場合における法定労働時間を超える労働時間の制限,時間外労働及び休日労働の制限並びに深夜業の制限
⑥ 育児時間
⑦ 育児休業
⑧ 介護休業
⑨ 子の看護休暇
⑩ 介護休暇
⑪ 所定外労働の制限
⑫ 時間外労働の制限
⑬ 深夜業の制限
⑭ 就業規則にて措置が講じられている以下の措置
　ア 所定労働時間の短縮措置
　イ 始業時刻変更等の措置

「状態」
① 妊娠したこと。
② 出産したこと。
③ 坑内業務の就業制限若しくは危険有害業務の就業制限の規定により業務に就くことができないこと又はこれらの業務に従事しなかったこと。
④ 産後の就業制限の規定により就業できず,又は産後休業をしたこと。

> ⑤ 妊娠又は出産に起因する症状（つわり，妊娠悪阻，切迫流産，出産後の回復不全など，妊娠又は出産をしたことに起因して妊産婦に生じる症状）により労務の提供ができないこと若しくはできなかったこと又は労働効率が低下したこと。

（3）相談（苦情を含む）に対応するための体制整備・事後対応

　マタハラ防止策を講じたとしても，マタハラが生じてしまう場合があることから，相談体制を整備し，再発防止策を講じます。また，マタハラに関する相談について，相談窓口の担当者が適切に対応できるよう，あらかじめ留意点等を記載したマニュアルを作成することも有用です（詳しくはQ76参照）。

　マタハラ防止策とマタハラ相談体制の整備は，いわば車の両輪です。

相談体制整備のため必要とされる事項	対応例
①相談窓口をあらかじめ定める。（マタハラ指針3（2）イ，育介指針第2の14（2）ロ（イ））	相談対応のための制度を設ける。 相談担当者をあらかじめ定める。 外部の機関に相談窓口対応を委託する。
②ア　相談窓口の担当者が，相談内容や状況に適切に対処できるようにする。 イ　ハラスメントの有無やハラスメント該当性が微妙である場合も，広く相談に対応し適切に対処する。 （マタハラ指針3（2）ロ，育介指針第2の14（2）ロ（ロ））	相談担当者が，あらかじめ定めたマニュアル等に基づき対応する。
③セクシュアルハラスメント等の相談窓口と一体的にマタハラ相談窓口を設置し，一元的に相談に応じることが望ましい。 （マタハラ指針3（2）ハ，育介指針第2の14（2）ロ（ハ））	窓口で受け付けることのできる相談として，マタハラだけでなく，セクシュアルハラスメント等も明示する。

④ア　マタハラ相談者・行為者等のプライバシーを保護するための措置を講じ，周知する。 （マタハラ指針3（5）イ，育介指針第2の14（2）ホ（イ））	ア　プライバシー保護のため，窓口担当者に必要な研修を行う。
イ　マタハラ相談をしたこと又は事実関係の調査に協力したことを理由とした不利益取扱いを行わないことの周知・啓発をする。 （マタハラ指針3（5）ロ，育介指針第2の14（2）ホ（ロ））	イ　社内報・パンフレット等に，マタハラ相談をしたこと・事実確認に協力したことを理由とした不利益取扱いがないことを明記し，従業員に配布する。

事後の対応につき必要とされる事項	対応例
①事実関係の迅速かつ正確な確認 （マタハラ指針3（3）イ，育介指針第2の14（2）ハ（イ））	ア　当事者双方から事実関係を聴取し，十分でない場合には第三者からも聴取する。 イ　確認が困難な場合に均等法や育介法に基づく調停の申請を行うこと，その他中立な第三者機関に紛争処理を委ねる。
②事実関係を確認できた場合は，速やかに被害者に対する配慮のための措置を行う。 （マタハラ指針3（3）ロ，育介指針第2の14（2）ハ（ロ））	ア　事案の内容や状況に応じ，職場環境の改善，制度利用に向けての環境整備，被害者と行為者の関係改善に向けての援助，行為者の謝罪，保健スタッフ等によるメンタルヘルス不調への相談対応等の措置を講じる。 イ　均等法や育介法に基づく調停その他中立な第三者機関の紛争解決案に従った措置を被害者に対して講じる。

③事実関係を確認できた場合には，速やかに行為者に対する措置を適正に行う。（マタハラ指針３（３）ハ，育介指針第２の14（２）ハ（ハ））	ア　社内の規定等に基づき，行為者の懲戒等を行う。事案により，被害者と行為者との間の関係改善に向けての援助等を行う。 イ　調停その他中立な第三者機関の紛争解決案に従った措置を被害者に対して講じる。
④改めてマタハラに関する方針を周知・啓発し再発防止に向けた措置を講じる。事実を確認できなかった場合も同様の措置を講じる。（マタハラ指針３（３）ニ，育介指針第２の14（２）ハ（ニ））	ア　会社の方針，マタハラ行為者に対し厳正に対処する方針を周知する。 イ　マタハラに関する研修等を実施する。

（４）マタハラの原因や背景となる要因を解消するための措置

　マタハラの背景には，妊娠・出産等に対する否定的な受けとめもありますが，それだけでなく，妊娠等した従業員自身による周囲の従業員の業務負担等への配慮，妊娠等した従業員本人の知識や意識が不足していることもあります。

　ア　指針の定めと対応例

指針で定める事項	対応例
①業務体制整備など，会社や，妊娠等した従業員その他の従業員の実情に応じ，必要な体制を講じる。（マタハラ指針３（４）イ，育介指針第２の14（２）ニ（イ））	ア　妊娠等した従業員の周囲の労働者への業務の偏りを軽減するよう，適切に業務分担の見直しを行う。 イ　業務の点検と効率化を行う。

Ⅰ　マタハラ防止措置義務　289

②妊娠等した従業員の側においても，制度等の利用ができるという知識をもつことや，周囲と円滑なコミュニケーションを図りながら自身の体調等に応じて適切に業務を遂行していくという意識を持つこと等を妊娠等した従業員に周知・啓発することが望ましい。 （マタハラ指針第3（4）ロ，育介指針第2の14（2）ニ（ロ））	社内報・パンフレット，社内イントラネット等に，制度等の利用ができるという知識をもつことや，周囲と円滑なコミュニケーションを図りながら自身の体調等に応じて適切に業務を遂行していくという意識を持つこと等に記載し，妊娠等した従業員に配布する。

　イ　会社規程の整備

　妊娠・出産・育児等に関連した業務体制を整備に伴い，権限規程やマニュアル等の改定が必要であれば，その改定も行います。

3　指針が定める内容を上回る対応について

　育介法は，育児休業等の「制度の利用」に関するマタハラを禁止の対象としていますが，社内規程では，育児休業等の「制度の利用」だけでなく，「育児をしている状態」についての嫌がらせもハラスメントに含まれる旨を規定することにより，よりいっそうのハラスメント防止効果を期待することができます。

　そのほかにも，アンケートをとって，自社のマタハラ対策で重点を置くべきところを発見し，対応するという手法もあります。

　例えば，これまで会社では，「保育園に入れるか否かが重要」であり，保育園入所前後のケアを重視しようとしていたところ，アンケート結果によると，「産前産後休業・育児休業・短時間勤務までは取れるが，短時間勤務明けに，フルタイムに戻るところにハードルがある」ことがわかれば，短時間勤務から直ちにフルタイムに戻るのではなく，少しずつ勤務時間を延ばすとか，週に数日短時間勤務の日を残しながら移行するとか，柔軟な策を講じることができるでしょう。

（石井　悦子）

従業員に対して最小限行うべき周知・啓発とは

Q74 当社では、従来から制度の周知等を行い、その一環として管理職など階層別の研修等も実施しています。マタハラに関する相談窓口等についても、周知する必要が生じていますが、昨今の経済情勢により予算の上積みは望めそうにありません。マタハラ防止措置として最小限行うべき法律・制度の周知等はどのようなものでしょうか。

 マタハラの内容やマタハラがあってはならない旨の方針など、大きく分けて計7項目について周知・啓発する必要があります。

[解説]

1 最小限行うべき周知・啓発事項

　マタハラ防止措置（均等法11条の2，育介法25条）として、会社は、職場におけるマタハラへの対応方針を明確化し、管理職を含む全従業員に周知・啓発することが求められます。

　マタハラ指針（巻末資料④）・育介指針（巻末資料⑤）では、少なくとも以下の7項目について周知・啓発をしなければならないとされています。

① 職場における妊娠や育児休業等に関するハラスメント（マタハラ）の内容（制度利用に対する嫌がらせや状態に対する嫌がらせなど、どのような行為がマタハラにあたるのか）
② 妊娠や育児休業等に関する否定的な言動がマタハラ発生の原因や背景になり得ること
③ 職場においてマタハラがあってはならない旨の会社の方針
④ 妊娠・育児等の場合には法が定める制度・措置を従業員は利用することができること

⑤ マタハラを行った者については厳正に対処する旨の方針及び対処の内容
⑥ 相談窓口及び相談担当者においては相談者・行為者等のプライバシーを保護するために必要な措置を講じていること
⑦ 従業員がマタハラに関し相談したことや事実関係の確認に協力をしたこと等を理由として不利益な取扱いを行ってはならないこと

2　周知・啓発の方法

　マタハラ防止に向けた周知・啓発の方法には，書面やパンフレットを全従業員に配布したり，社内の集会や会議でとりあげたり，研修を行う，社内報に掲載する，社内イントラネットなどに載せる等の方法があります。上記周知啓発のメリット・デメリットを表にすると，以下のようになります。

　周知は，様々な角度から時間をおいて行うことで，記憶に残りやすくなり効果も高まります。そのため，周知する事項・目的等に応じて，組合せて工夫することが必要です。

	集会 研修	社内報 ポスター	書類 パンフレット	イントラネット
いつでも見ることができる	×	△	○	○
全員に配布できる （記録を残しやすい）	×	△	○	△
費用が比較的安い	△	×	○	○
わかりやすい，印象に残りやすい	○	○	○	○
質疑応答・参加者間の話し合い等ができる	○	×	△	×

3　集会・配付資料等の用意

　会社の方針等を明らかにするという目的から，全従業員の印象に残りやすく，かつ，全員の手許に配布した記録が残ることが望ましいでしょう。そのため，「集会」と「書類・パンフレット」を併用することが効果的です。
　集会では，代表取締役（又はその集会の目的に応じて上位の役職の方）がメッセージを伝えると，いっそう効果があります。

　書類を配布する際は，受領印，配布記録を残しておくなど，後日のために記録を取ることが望ましいです。
　集会を行う場合は，出欠をとり，記録しておくべきです。

〈配布書類の例〉

　A社で働く皆さま

マタニティハラスメント防止のためのメッセージ

A社代表取締役社長
○○○○
平成○年○月○日

　A社では，妊娠・出産・育児休業等に関するハラスメント（マタハラ）を許しません。

　A社では，目標である○○○○を達成するため，性別にかかわらず，正社員のみならず契約社員や派遣社員の方も含めて各社員が，能力を発揮することを求めています。
　妊娠・出産・育児休業等に関する否定的な言動が，職場における妊娠・出産・育児休業等に関するマタハラの発生原因や背景となることに鑑み，当社では，妊娠・出産・育児休業等に関する言動により就業環境が害されるもの等をマタハラとして禁止いたしました。詳細は，ハラスメント防止規定をご参照ください。
　また，妊娠・出産・育児休業等に関しては，諸制度を利用できます。詳細は，就業規則の育児関連規定○条から○条，パンフレット「妊娠・出産・育児にかかわる皆さまへ」第○ページ，社内イントラネット（URL＊＊＊＊）を参照してください。
　なお，マタハラを行った者に対しては，会社のハラスメント防止規定に基づき，厳正に対処します。
　マタハラを含めハラスメントに関して，下記相談窓口を利用できます。相談に関してはプライバシーを厳守します。相談窓口を利用したり調査に協力したことを理由に不利益な取扱いをされることはありませんので，安心してご利用ください。
　　相談窓口　○○部　担当○○又は○○
　　電話＊＊　メールアドレス＊＊
　　月曜から金曜　午前9時から12時及び午後1時から午後5時まで
　詳細は，「ハラスメント相談に関する規定」を参照してください。

（石井　悦子）

事業所ごとの特色に配慮したマタハラ対策とは

Q75 当社では，マタハラを含めたハラスメント対策について会社の方針を規定化し，就業規則も整備しています。しかし，事業所によって，製造業，サービス業，事務・管理業など業種が異なることから，マタハラに対する意識も様々で統一的な対策の導入が難しい側面があります。どのような工夫が考えられるでしょうか。また，当社グループに属する会社のなかには，マタハラ対策について経営陣の理解を得にくい会社もあります。経営陣の理解を得ていくためにはどのような対策が有効でしょうか。

 業種ごとに生じやすいマタハラ行為をまとめたQ&Aやガイドラインを作成・配布するなどして何がマタハラに当たるのかをわかりやすく解説するとよいでしょう。経営陣に対しては，企業価値の向上やCSR活動という観点からマタハラ防止・撲滅の有用性を説くという方法があります。

[解説]

1　設問前段・事業所ごとに業種が異なる場合

（1）背景

　就業規則が整備され，会社の方針や，どのような行為がマタハラとなるかが明記されていても，実際に，どのような言動がマタハラに該当するか，判断に迷うことは少なくありません。会社方針や就業規則には，「ハラスメントは許しません」「マタハラとは，妊娠・出産・育児休業等に関する言動により就業環境を害することです」というように，概括的に記載されている場合が多いため，実際にどのような言動がマタハラにあたるのか明確ではありません。

　特に，事業所ごとに，主たる業務内容や就業状況が異なる場合には，マタハラについて全社で統一したイメージを持ちにくい場合もあります。

　例えば，本社では平日9時から5時までの勤務で妊産婦への配慮が容易だ

が，物流や製造工場のある事業所では1年365日稼働しており交代制勤務のため，1チームに必ず一定の人数が必要となり，人手不足のなか妊産婦に配慮しつつシフトを組むことに苦心しているとか，観光業に従事している事業所の場合は繁閑の差が大きく，閑散期は妊産婦への配慮が容易だが繁忙期の人手確保には苦心する，といった場合が考えられます。

そのため，事業所ごとに，事業所の特色や就業状況に合わせて，どのような言動がマタハラとなるか，具体的に検討する必要があります。

（2）事業所ごとのガイドライン・Q＆Aの作成

事業所ごとに，マタハラに該当する言動とはどのようなものか検討し，共通認識を確認します。

例えば，部署での定例ミーティング等の席で，「繁忙期に，妊婦健診の日をずらして出勤してもらうことはマタハラなのか，それとも妊婦健診の日を変更してもらえるかと尋ねること自体マタハラなのか」「繁忙期に出勤してほしいということは理解できるが，観光業のため，お客様の前で妊婦健診の日を尋ねることはやめてもらいたい」など，各従業員の意見や疑問を出してもらい，検討します。

事業所によっては，匿名でも投稿できる意見箱に寄せられた内容を参考にしたり，アンケートを実施するなどして，疑問な点を抽出することが必要です。

〈Q＆Aの例〉

○○事業所　Q＆A

「妊娠・出産・育児休業等を理由とする不利益取扱い」及び「妊娠・出産・育児休業等に関する言動により，就業環境が害されるもの」に関するQ＆A

〈物流に関する事業所の例〉
背景
　当事業所は，主にA社の物流に関する業務に従事しています。1年のうち，ほぼ365日，24時間，3交代で勤務しています。
　この観点から，所定労働時間が「平日のみ・午前9時から午後5時まで」という本社との相違点があるのではないかと考え，Q＆Aを策定しました。

Ⅰ　マタハラ防止措置義務

Q1　この事業所では、1年365日、24時間、3交代で稼働しています。昨今の物流業界における人手不足のなか、恒常的な人員不足に悩んでいます。

　この部署での仕事は、1交代あたり最低3名必要ですが、1名（Aさん）インフルエンザにかかり、明日出勤できなくなってしまいました。このままだと、明日は2名しか出勤できず、部署の仕事が稼働しなくなってしまいます。

　同じ仕事ができる人は、Bさんしかいないのですが、妊婦であるBさんは、明日妊婦健診のため休暇の届けが出ています。出勤してもらうことはできるか、意向を確認したいのですが、可能でしょうか。会社が一方的に出勤を命令することはできるでしょうか。

A1　妊婦健診のための休暇の調整を打診することは、妊娠したことによる「制度の利用」に関する言動ですが、客観的にみて、業務上の必要性に基づく言動によるものについては、マタハラに該当しません。

　そこで、客観的に当該事業所・当該部署の業務状況を踏まえると、業種・シフト等の事情でBさんに休暇の調整を打診することが業務上必要ですから、Bさんに休暇の調整を打診したり、調整・変更を相談することができます。ただし、一方的に変更を強要することはできません。

　なお、事業所のなかで、Aさんの代わりが妊婦であるBさんしかいない、という状況を改善し、業務分担や多能工化を進めるなどの対応を行う必要があります。

Q2・・・・

〈観光・サービス関連の事業所の例〉

背景

　当○○事業所は、主にA社の観光・サービスに関する業務に従事しています。1年のうち、ほぼ365日、24時間、交代制で勤務しています。繁忙期には、シフトを組むことに苦心しますが、現在は閑散期で、シフトを組むことは容易です。

　この観点から、所定労働時間が「平日のみ・午前9時から午後5時まで」という本社との相違点があるのではないかと考え、Q&Aを策定しました。

Q1　この事業所では，1年365日，業務の繁閑に応じて交代制で勤務しています。

　この部署での仕事は，1交代あたり最低3名必要ですが，1名（Aさん）インフルエンザにかかり，明日出勤できなくなってしまいました。このままだと，明日は2名しか出勤できず，部署の仕事が稼働しなくなってしまいます。

　同じ仕事ができる人は，Bさん，Cさん，Dさんですが，妊婦であるBさんは，明日妊婦健診のため休暇の届けが出ています。出勤してもらうことはできるか，まずBさんに意向を確認したいのですが，可能でしょうか。Cさんは別のシフトに入っていますが，現在は比較的閑散期でシフトの変更は容易です。Dさんは有給休暇の届けが出ています。

　なお，この部署では女性の従業員が多いのですが，以前，うっかりお客様の前で「妊婦健診の日をずらしてもらえるか」と大声で聞いてしまったことが何度かあり，女性従業員の間で，妊娠していることが周囲にばれてしまったとか，この部署は妊婦健診の申出がしにくいと苦情があったことがあります。

A1　妊婦健診のための休暇を調整したいと打診することは，妊娠したことによる「制度の利用」に関する言動ですが，客観的にみて，業務上の必要性に基づく言動によるものについては，マタハラに該当しません。

　そこで，客観的に当該事業所・当該部署の業務状況を検討すると，業務状況及び過去の経緯に鑑み，妊婦であるBさんを第一候補として休暇の調整を打診することには慎重であるべき事案です。

　まずは，Cさんのシフト調整や，Dさんに出勤の打診をして，それでも調整がつかない場合に，Bさんに打診すべきといえるでしょう。なお，Bさんに打診をする際には，妊娠等は本人の同意を得て周囲に話すべき事項であることに留意し，お客様やほかの人がいる前で，しかも大声で話すべきことではありませんので，打診の際の周囲の状況や話し方に注意が必要です。

　また，Bさんが妊婦健診等で休暇を取る際，業務がCさん，Dさんなど，特定の従業員だけに偏っていないか，業務分担の見直し等を行うことが指針等により必要とされていますので，対応しているか確認してみてください。

Q2・・・

（３）ガイドライン・Ｑ＆Ａの周知・啓発

　ガイドラインや，Ｑ＆Ａの内容について，特に指針等で定めがあるわけではありませんが，周囲との円滑なコミュニケーションを取りやすくする意味からも，周知・啓発しておくとよいでしょう。

　具体的には，就業規則に準じてＱ＆Ａ集を事業場に備え置いたり，事業所内のミーティングで採り上げたり，書類を配布したり，事業所内のイントラネットに掲示したりします。

（４）ガイドライン・Ｑ＆Ａに違反した場合の効果

　Ｑ＆Ａやガイドラインで「マタハラにあたる」と定められている内容に違反したら，懲戒処分となるのでしょうか。

　Ｑ＆Ａやガイドラインは，就業規則そのものではないものの，就業規則上の懲戒事由を具体的に説明したものであるため，懲戒事由の有無を判断する際（懲戒規定の解釈を行う際），Ｑ＆Ａやガイドラインの内容が参照されることになります。会社としても，Ｑ＆Ａやガイドラインに違反した場合には，懲戒規定の発動が可能となるよう，就業規則上の服務規律規定を整備しておくとよいでしょう。

2　設問後段・経営陣の理解を得るための方法について

（１）役員向け研修

　経営陣は，会社の業績等について重責を担う立場にあります。

　経営陣の立場からみて，マタハラを防止し，働きやすい労働環境を整えることが，企業価値を向上させ，会社の目標達成や業績の回復などのために有益であると判断してもらうことが必要です。

　このため，企業の成長戦略として女性の活躍を推進することが有効であること（「成長戦略としての女性活躍の推進」平成28年２月　経済産業省。http://www.meti.go.jp/policy/economy/jinzai/diversity/downloadfiles/160205joseikatsuyaku.pdf），その一環としてマタハラ防止策を講じることが有効であることが伝わるよう，研修内容を組むように配慮します。

　同業他社・競合他社における成功事例を紹介することも効果的です。

(2) CSR活動の一環として取り組むことを提案する

　企業は，財務状況の開示とともに，非財務状況の開示として「CSR（企業の社会的責任を果たすための）活動」を行うことがあります。

　企業のCSR活動は，「社会から信頼される企業」としての重要な活動です。このため，従来から，

- 次世代育成支援対策推進法による「くるみん」（「子育てサポート企業」として厚生労働大臣の認定を受けた証）の取得
- 女性活躍推進法をふまえ育児休業を取得しやすくするなどの取り組み
- 長時間労働是正のための「特別な休暇」の策定

などが行われており，各社ウェブサイト等で公表することにより，「社会から信頼される企業」としてのイメージアップに貢献しています。

　妊娠・出産・育児休業等におけるハラスメント防止策を講じることにより，女性活躍推進法をふまえた育児休業取得率が上昇する，女性の平均勤続年数が上がる，女性の管理職の割合が増加するなど，よりいっそう「社会から信頼される企業」であることを示すことができるでしょう。

　このように，企業のCSR活動の一環として，マタハラ防止に取り組むことを提案し，経営陣の理解を得る方法も有効です。

　　参考　女性活躍推進企業データベース（厚生労働省）
　　　　　http://www.positive-ryouritsu.jp/positivedb/
　　　　　特別な休暇導入事例（厚生労働省）
　　　　　http://work-holiday.mhlw.go.jp/kyuukaseido/search.php
　　　　　くるみんマーク，プラチナくるみんマークについて（厚生労働省）
　　　　　http://www.mhlw.go.jp/stf/seisakunitsuite/bunya/kodomo/shokuba_kosodate/kurumin/

（石井　悦子）

ハラスメント相談窓口の制度設計運用上の留意点

Q76 当社は，ハラスメントの相談窓口を従来から設置しており，人事部，コンプライアンス関連部署のほかに，社外（法律事務所等）にも相談窓口を設置しています。これらの窓口について，マタハラ指針に対応した制度設計とするためには，どのように整備したらよいでしょうか。

また，これを機に，マタハラを含めたハラスメントの相談窓口を人事部のみとして，他の社内窓口（社内の労働組合やコンプライアンス関連部署等）や，社外の相談窓口（法律事務所等）を利用させないようにすることは問題でしょうか。

 ハラスメントの相談窓口でマタハラの相談をも受け付けること等を明確にして周知します。相談窓口は，社内だけではなく社外も用意し，どちらを利用するかは相談者の判断にゆだねるようにすべきです。

[解説]

1　設問前段・相談窓口の整備について

（1）相談（苦情を含む）に対し，適切に対応するために必要な措置

相談（苦情を含む）に対し適切に対応するために必要な措置としてマタハラ指針（巻末資料④）や育介指針（巻末資料⑤）で定められている内容は以下のとおりです。

> 相談体制整備のため必要とされる事項
> ①　相談窓口をあらかじめ定める。
> ②ア　相談窓口の担当者が相談内容や状況に適切に対処できるようにする。
> 　イ　ハラスメントの有無やハラスメント該当性が微妙である場合も，広く相談に対応し適切に対処する。
> ③ア　相談者・行為者等のプライバシーを保護するための措置を講じ，周知する。

　イ　相談をしたこと又は事実関係の調査に協力したことを理由とした不利益取扱いを行わないことの周知・啓発をする。
④　（望ましい取り組みとして）職場における妊娠・出産・育児休業等に関するハラスメントは，セクシュアルハラスメント，その他のハラスメントと複合的に生じることも想定されるから，例えば，セクシュアルハラスメント等の相談窓口と一体的に，職場における妊娠・出産等に関するハラスメントの相談窓口を設置し，一元的に相談に応じることのできる体制を整える。

事後の対応につき必要とされる事項
①事実関係の迅速かつ正確な確認
②事実関係を確認できた場合は，速やかに被害者に対する配慮のための措置を行うこと
③事実関係を確認できた場合には，速やかに行為者に対する措置を適正に行うこと
④改めてマタハラに関する方針を周知・啓発し，再発防止に向けた措置を講じること，事実を確認できなかった場合も同様の措置を講じること

（2）ハラスメント窓口の運用規定の見直し

　マタハラに関する相談についても，従来からあるハラスメント相談窓口で対応する旨を，相談窓口を紹介している社内イントラネットや，相談窓口の対応マニュアル等に記載します。
　ア　相談窓口と相談事項にマタハラを含むことを明示します。

> 1．相談窓口
> 　相談窓口は，人事部及びコンプライアンス部とする。
> 　連絡先等は以下のとおり。
> 　　電話　人事部　○○○　　コンプライアンス部　○○○
> 　　メールアドレス○○○　　○○○
> 　なお，人事部に相談した場合，その内容は人事評価の対象となる場合がある。
> 　また，相談内容が，人事に関する事項である場合，利益相反の観点から，相談窓口はコンプライアンス部となる。
> 2．相談対象事項
> 　相談窓口で受け付ける相談は，職場におけるセクシュアルハラスメント，妊娠・出産等に関するハラスメント，育児休業等に関するハラスメント，パワーハラスメント及びその他のハラスメントに関する事項について，ハラスメント該当性の判断が確定しない場合を含め広く相談の対象とする。

イ　育介法改正（平成29年1月1日施行）によって，会社は，派遣先として派遣を受けている従業員に対しても，相談体制を整備する必要があります。そのため，相談窓口の利用者に，派遣先である自社で就業する派遣社員を含むことを，相談窓口を紹介している社内イントラネット，相談窓口マニュアル等に明示します。

> ●．相談窓口利用者
> 　当社社員及び当社に派遣されている派遣社員（以下「社員等」という。）は，相談窓口を利用することができる。

ウ　マタハラを受けたとの相談を受けた場合，相談者のプライバシーに配慮しつつ，被害の拡大等を防ぐため，迅速に事実関係の調査を開始します。

> ●．（ハラスメント調査）
> （1）事実関係の確認
> 　①相談窓口担当者（以下「会社」という。）は，ハラスメント相談を受けた場合は，相談者の意向及びプライバシー保護に十分な配慮を行ったうえで，事実関係の迅速かつ正確な確認を行う。
> 　②会社は，原則として相談者・行為者の双方から事実関係を確認し，場合に応じて第三者からも事実関係を確認する。
> 　③会社は，事実関係の確認が困難である場合その他必要と認めた場合，均等法18条又は育介法52条の5に基づく調停の申請その他中立な第三者機関に紛争を委ねることができる。
> （2）事実確認後の措置
> 　　事実関係を確認できた場合は，速やかに被害者に対する配慮のための措置をハラスメント規定等に基づき適正に行い，行為者に対しては，就業規則・懲戒規定及びハラスメント防止規程等に基づき，懲戒処分その他の厳正や処分を行う。
> （3）事実確認中の措置
> 　　会社は，事実関係の確認が完了していない場合においても，良好な就業環境の回復のため，適切な対応を行う。
> （4）その他
> 　　会社は，均等法18条，育介法52条の5又はその他中立な第三者機関による紛争解決を委ねた場合，その紛争解決案に従った措置を講じる。

エ　相談者は，相談に関してプライバシーが守られるのか，相談したことによって，かえって不利益な扱いを受けることがないかと懸念して相談をためらう場合があります。そのようなことのないよう，プライバシーを保護すること，不利益取扱いがないことを定め，周知する必要があります。

●．不利益取扱いの禁止
　会社は，社員等が相談窓口を利用したこと又は事実確認に協力したことを理由に不利益な取扱いをしてはならない。
●．プライバシーの厳守
　会社は，相談の対応にあたり，関係者のプライバシーを保護する。

オ　マタハラ該当事実の有無にかかわらず，再発防止策を講じる必要があります。再発防止策を講じる際は，相談者・行為者を含め関係者のプライバシーを保護して行います。

●．再発防止策
（1）再発防止策の実施
　会社は，相談案件が生じた際は，ハラスメントの事実が確認されない場合であっても，会社方針等の周知・啓発を行い，その他再発防止策を講じなければならない。
（2）再発防止策実施におけるプライバシー保護の厳守
　会社は，再発防止策を講じるにあたり，関係者のプライバシーを保護する。

2　設問後段・社外の相談窓口の利用制度について

　マタハラを含めたハラスメントの相談窓口を人事部のみとして，他の社内窓口（社内の労働組合やコンプライアンス関連部署等）や，社外の相談窓口（法律事務所等）を利用させないようにすることはできるでしょうか。

(1) 法令等の定め

　相談窓口は，法令等をふまえて設置されるものであることから，まず法令等を確認します。

　ア　マタハラ防止措置としての相談窓口
　　マタハラを含めたハラスメント相談窓口の設置については，均等法11条

の2，育介法25条，派遣法47条の2，47条の3に定めがあります。

　これらにより，会社は，自社の従業員だけではなく，自社に派遣されている派遣社員も対象として，職場における妊娠・出産・育児休業等に関するハラスメントを防止する措置の一環として，相談（苦情を含む）に応じ，適切に対応するための体制を整備する必要があります。

イ　内部通報制度としての相談窓口

　内部通報窓口は，近年，組織内部からの通報を契機とした企業不祥事が発覚していることから，法令順守・リスク管理のため，公益通報者保護法をふまえ，会社内部（会社から委任を受けた外部を含む）に窓口を設置するものです。

　内部通報制度の主な内容は，窓口設置，利益相反禁止，通報者の秘密厳守及び不利益取扱いの禁止等となりますが，コンプライアンスの観点から，通常の通報対応の仕組みのほか，経営幹部から独立性のあるルートを整備することも求められています（平成28年12月9日消費者庁ガイドライン「公益通報者保護法を踏まえた内部通報制度の整備・運用に関する民間事業者向けガイドライン」）。

ウ　上場会社の内部通報制度による窓口

　企業統治の観点から，上場会社の内部通報制度について，コーポレートガバナンス・コードが定められています（平成27年6月1日東京証券取引所）。

　コーポレートガバナンス・コードは，企業価値の向上のため，コーポレートガバナンス（会社が，株主等の立場を踏まえ，透明・公正・迅速・果敢な意思決定を行うこと）実現のため主要なルールを定めたものです。法的拘束力はありませんが，遵守できない場合は，その理由をコーポレートガバナンス報告書等に記載し説明する必要があります。説明を怠った場合は，株主からネガティブな判断を受け，会社議題に反対されてしまうリスクがあります。なお，東証1部又は2部上場の会社が規定内容を遵守せず，遵守しない理由の説明も怠った場合，改善報告書の提出や上場契約違約金の支払いが求められる可能性があるほか（東京証券取引所有価証券上場規程502条1項2号，509条1項2号），東証による公表措置の対象となる場合もあります（東京証券取引所有価証券上場規程506条1項2号）。

　コーポレートガバナンス・コードには，内部通報に関して，以下の条項があります。

> ①原則２−５内部通報
> 「上場会社は，その社員等が，不利益を被る危険を懸念することなく違法または不適切な行為…を伝えることができるよう…内部通報に係る適切な体制整備を行うべき」
> ③補充原則２−５第１項
> 「上場会社は，内部通報に係る体制整備の一環として，経営陣から独立した窓口を設置（例えば，社外取締役と監査役による合議体を窓口とする等）を行うべきであり，また，情報提供者の秘匿と不利益取扱の禁止に関する規律を整備すべき」

　コーポレートガバナンス・コードを踏まえ，上場会社は，
・内部通報に関する体制の整備をすること
・経営陣から独立した窓口の設置
・秘密厳守・不利益取扱い禁止
等の措置について，遵守するか，遵守しない場合は説明が必要となります。なお，上場会社のうち，東証１部及び２部上場の会社以外は，上記説明義務が緩和されています。詳細は，東京証券取引所ウェブサイトをご参照ください。http://www.jpx.co.jp/news/1020/nlsgeu000000xbfx-att/code.pdf

（２）設問後段について

　設問では，ハラスメントに関連する窓口をある特定の部署（人事部）のみとし，他の窓口の利用を制限する内容となっています。

　しかし，相談者がハラスメントと認識していた場合であっても，実際は，企業会計の不正や，食品の産地偽装に関する内容が含まれている場合など，相談開始の段階で，その内容を確知し窓口を選定することは容易ではありません。

　また，人事部に相談すれば，人事考課や将来の異動に影響するかもしれないとの懸念が相談を躊躇させてしまうかもしれません。

　そのため，窓口を人事部のみと限定すると，企業のリスクを広くかつ早期に発見するという，内部通報制度の窓口（コンプライアンス関係部署及び会社の委任を受けた法律事務所等の外部窓口）及び企業統治の観点から整備される内部通報窓口の機能発揮が阻害されてしまい，リスクの適時適切な発見が困難に

なるおそれがあります。

　また，特定の部署のみを相談窓口とすると，相談事案に当該特定部署の部員が関与していた場合には相談に応じられず，必然的に他の部署により相談を受理しなければならないことになりますので，利益相反の観点からも窓口を複数設置しておくことが合理的です。

　これらの観点から，ハラスメント相談窓口をある特定の部署だけに限定して他の窓口利用を禁止することは，会社にとってリスクが高いといえるでしょう。

　望ましい取組みとしては，従来からハラスメント相談を受け付けている，コンプライアンス関連部署，会社から委任を受けている法律事務所等の窓口等の内部通報窓口についても，マタハラを含め，引き続き，ハラスメント相談を受け付けることを周知する対応を取ることが望ましいでしょう。

（石井　悦子）

業務上の指示がマタハラとなることはあるか

Q77 上司が，部下（女性）に対し，「子どもの写真をデスク上に置いたり，パソコンの壁紙に設定したりするのは，会社では不適切ではないか」と発言したところ，部下がその上司に「マタハラだ」と言って騒ぎ立てたため，その上司が社内で加害者のレッテルを貼られ，上司の労働意欲が低下してしまいました。
（1）上記の部下の言動について，部下からの「逆マタハラ」ではないかとの訴えが上司から来ています。どのように対応すべきでしょうか。
（2）部下から会社に対し「組織としての対応をしてほしい」という申出がありました。会社として，どのような対応をすればよいでしょうか。

（1）「逆マタハラ」という概念は法律上存在しません。また，設問の上司の言動は，制度利用等と連動せず，マタハラにはあたりません。
（2）組織対応としては，マタハラ防止措置義務の内容に照らし，マタハラとは何か等を再度周知・徹底することが考えられます。

［解説］

1 業務上の注意・指導ができる範囲

そもそも，上司が部下に対し，子どもの写真を職場のデスクの上に置くなどの行為を注意することはできるでしょうか。この注意が業務上必要な注意・指導にあたるか検討します。

上司は，部下に対し，業務上必要な事項を指導することができますが，相当性を欠く指導は，指導の際の裁量を逸脱して業務命令は無効となり，さらに，場合によっては，雇用契約に付随する安全配慮義務（労契法5条）違反，又は不法行為（民法709条）となる可能性があります。

この事例で，上司は，「就業場所の机の上に写真を飾ること」及び「パソコ

I マタハラ防止措置義務 | **307**

ンの壁紙に子どもの写真を設定すること」を「不適切である」と注意していますので、机上の整理整頓・会社貸与のパソコン内に私的データを取り込むという公私混同を諫める必要がある状況下での指示であれば、業務上の必要性があるといえます。

また、一度又は数回通常の口調で注意を行っただけであれば、相当性もあるといえ、業務上必要な注意・指導にあたるといえます。

もっとも、机上の整理整頓・公私混同を諫める必要性が軽微であるにもかかわらず、執拗に注意を繰り返す場合や（休暇申請を行った際の軽微な問題につき執拗に反省文を作成するよう求めた事案　東芝府中工場事件・東京地判平2・2・1労判558号68頁)、他の従業員がいる前で大声で長時間叱責するなどの事情がある場合（不名誉な内容を注意する際、別室に呼び出すなどの配慮を欠いていた事案　富国生命保険ほか事件・鳥取地判平21・10・21労判996号28頁）は相当性を欠くといえます。

2　小問（1）の検討

上記1のとおり、上司の発言は業務上必要な注意・指導に当たりますから、指導に従わず「マタハラである」と騒ぎ立てた部下の行為は業務指示に違反した行為となります。就業規則に規定があれば、部下の行為が服務規律に違反し、懲戒事由に該当する可能性があります。

もっとも、上司の注意に必要性が乏しい場合や他の従業員の前で大声で執拗に注意するなど相当性を欠く場合には、上司の発言は業務上必要な注意・指導に当たらず、ハラスメント（パワーハラスメント）に該当する可能性があります。

では、部下が騒ぎ立てたことは、部下の上司に対するハラスメントになるでしょうか。

部下は、上司と異なり業務上必要な注意指導を行う立場にありませんが、場合によってはハラスメント、すなわち、「同じ職場で働く者に対して、職務上の地位や人間関係などの職場内の優位性を背景に、業務の適正な範囲を超えて、精神的・身体的苦痛を与える職場環境を悪化させる行為」（厚生労働省職場のいじめ・嫌がらせ問題に関する円卓会議ワーキング・グループ報告）と

なる場合があります。

　この事案の部下が，職場での人間関係などによって，上司よりも職場内で優位性があるなどの事情があれば，部下によるハラスメントが成立し，就業規則で定めた懲戒事由に該当する可能性があります（労災の事案ですが，部下が上司の言動を会社・取引先などに言い立てたことで，会社が上司を調査し上司がうつ病となった事案として渋谷労基署長事件（東京地判平21・5・20労判990号119頁）があります。

　上司の行為がハラスメントに該当するとしても，部下は，騒ぎ立てるという行為をせずに，まずは，人事部門やハラスメント相談窓口に相談すべきです。

　なお，部下は「マタハラ」であると騒ぎ立てていますが，マタハラとは，「妊娠・出産・育児休業等の制度利用」又は「妊娠・出産等に関する事由（状態）」に関する言動により就業環境が害されること，です（Q1参照）。この事案で，上司は，子どもの写真について不適切であると発言するにとどまり，制度の利用や妊娠・出産に関する事由に関する言動を行っているわけではありませんので，「マタハラ」には該当しません。

3　小問（2）の検討

（1）組織としての対応の方向性

　上司と部下のトラブルの原因は，上司の指導が業務上必要な指導・注意であるか，どのような行為がハラスメントに該当するのか疑問を感じたとき，どこに相談したらよいか，といった知識を十分に持っていなかったためであると考えられます。

　そこで，会社として，業務上の指導や注意をどのように行うか，どのような言動がハラスメントに該当するのか，被害にあった場合の相談窓口などを定め，周知することが必要です。詳しくは，Q73，Q76を参照して下さい。

（2）相談窓口における対応等

　まず，指針等に沿って上記の制度を定め，周知啓発を行います。

　上司・部下が相談窓口を利用した場合，会社は，事実確認を行い，両者の関係改善に向けての援助を行うなどの対応をとります（マタハラ指針3（3）ロ①，巻末資料④）。

　事実の有無が判明しなかった場合であっても，会社方針，プライバシーの厳守等の事項につき，改めて周知する措置を適正に行うことが必要となります。
　この事案では，マタハラではなく，パワーハラスメントの問題が生じていますが，上記指針に基づく相談窓口では，ハラスメントを一元的に受け付ける体制が望ましいとされています。
　なお，設問の事案はマタハラには該当しませんが，子どもの写真を飾ることについて否定的な言動を繰り返し行うと，均等法や育介法上の権利行使を抑制する言動に当たる可能性があります。このため，「子どもの写真」に焦点を当てるのではなく，日頃から「整理整頓」を指導するなどして，机上に私物を飾ったり，会社貸与のパソコンに私的データを取り込むことはできないという観点から対応することが有用です。

　　　　　　　　　　　　　　　　　　　　　　　　　　（石井　悦子）

従業員からマタハラの申出があった場合の対応の留意点

Q78 女性従業員から，人事部に対し，「1人目を出産し育休明けに復帰したところ，上司から，『2人目は2年くらい間隔をあけるように』と言われたが，これはマタハラではないか。上司の言うとおりにしないと，上司から不利益な扱いを受けそうで不安だ」との申出がありました。会社としては，どのように対応すべきでしょうか。

A マタハラ指針（巻末資料④）や育介指針（巻末資料⑤）にのっとって相談を適切に処理します。上司の発言が事実であれば，制度利用を妨げるマタハラ行為に当たるため，必要な処分や再発防止策を行います。

[解説]

1 問題の所在

上司の「2人目は2年くらい間隔をあけるように」との発言が，いわゆるマタハラに該当するか，また，会社としてどのような措置を採るべきかが問題となります。

2 制度等の利用への嫌がらせ型のマタハラ

(1) マタハラの行為類型

均等法11条の2第1項及び育介法25条は，いわゆるマタハラにより当該女性従業員の就業環境が害されることのないよう，当該女性従業員からの相談に応じ，適切に対応するために必要な体制の整備その他の雇用管理上必要な措置（マタハラ防止措置）を講じなければならないこととしています。

均等法上，マタハラとして取り扱うべき行為類型は2つあり，その1つが，「制度等の利用への嫌がらせ型」です（もう1つは「状態への嫌がらせ型」です）。また，育介法上も，「制度等の利用への嫌がらせ型」の言動をマタハラと

I　マタハラ防止措置義務 | **311**

して取り扱うべきものとされています。

「制度等の利用への嫌がらせ型」には，客観的に見て，言動を受けた労働者の制度等の利用の請求等又は制度等の利用が阻害されるものが該当します（マタハラ指針2（4）ロ②，育介指針第2の14（1）ニ（ロ）②）。

(2)「制度等の利用への嫌がらせ型」に該当する言動

ここで「客観的にみて」とされているのは，均等法や育介法や判例は，職場におけるハラスメントが「力関係」を背景として発生することに着目しつつ，「客観的」な判断をすべきであるとして，平均的な被害者，すなわち，被害者と同様の立場にある人を基準とし，制度等の利用が阻害されるか（心理的に制度利用を抑制されるか）を判断するものとしています。

また，上司だけでなく同僚による言動も対象となりますが，上司の場合は，女性従業員から制度等の利用の請求等をしたい旨の相談を受けた際に上司が当該女性従業員に対し当該請求等をしないよう言うことなど，1回の言動であっても，マタハラに該当します（同僚の言動については，繰り返し又は継続的になされるものがマタハラに該当します）。

3 ハラスメントが起きた場合に企業が取るべき措置について

会社が行うべきマタハラ防止措置には，事前の予防的措置だけでなく，従業員からマタハラではないかといった相談の申出があった場合に，①事案に係る事実関係を迅速かつ正確に確認すること，それにより，職場における妊娠，出産等に関するハラスメントが生じた事実が確認できた場合においては，②速やかに被害を受けた従業員に対する配慮のための措置を適正に行うことや，③行為者に対する措置を適正に行うこと，改めて職場における妊娠，出産等に関するハラスメントに関する方針を周知・啓発する等の再発防止に向けた措置を講ずることも含まれます（マタハラ指針3（3），育介指針第2の14（2）ハ）。

また，職場におけるマタハラの原因や背景となる要因を解消するため，④業務体制の整備など，事業主や妊娠等した従業員その他の従業員の実情に応じ，必要な措置を講じなければならず，⑤妊娠等した従業員の側においても，制度等の利用ができるという知識を持つことや，周囲と円滑なコミュニケーションを図りながら自身の体調等に応じて適切に業務を遂行していくという意識を持

つこと等を，妊娠等した従業員に周知・啓発していくことが望ましいとされています。

4 設問について

(1) マタハラへの該当性

　設問は，女性従業員が，育児休業から復帰後，上司から，「2人目は2年くらい間隔をあけるようにと言われた」というもので，当該女性従業員としては，現時点において次の妊娠・出産を予定しているわけではなく，具体的に産前産後休業や育児休業等を取得したいといった旨を上司に相談等する段階に至っているものではありません。

　しかし，女性従業員が育児休業から復帰直後に受けた発言であるといった発言の時期や状況からみて，この発言は「また産前産後休業や育児休業を取得して長期間休んでもらっては困る。2年間は産前産後休業や育児休業を取ることなく働いてほしい。」ということを強く示唆するものと読み取れ，このような発言を受けた女性従業員としては，通常，しばらく妊娠することや産前産後休業や育児休業を取得することを躊躇すると考えられます。

　したがって，当該発言は，客観的にみて，言動を受けた女性従業員の制度等の利用の請求又は制度等の利用が阻害される言動であるといえるでしょう。

　なお，上記3のとおり，上司の発言に関しては，1回の言動でもマタハラにあたると考えられています（マタハラ指針2（4）ロ，育介指針第2の14（1）ニ（ロ））。

　このように，上司の当該発言は，産前産後休業や育児休業等の制度の利用を躊躇させる言動として，均等法及び育介法上の「制度等の利用への嫌がらせ型」のマタハラに該当するものと考えます。

(2) 会社が取るべき対応

　会社としては，ハラスメントが発生した事実を確認できた際の措置として，当該発言を行った上司に対し，マタハラにあたる発言であったことについて注意・指導等を行い，また，女性従業員の意向も確認しつつ，女性従業員への謝罪等を促すといった措置を講ずることを検討すべきです。さらに，女性従業員に対しては，被害を受けた従業員に対する配慮のための措置として，上司に対

し，注意・指導を行ったことや，今後改めてマタハラに関する方針の周知・啓発を行い，再発防止を図ることの説明をするなどして，当該女性従業員と当該上司の関係改善に向けた調整を図る必要があります。

　さらに，同様の事例の再発防止のためには，当該上司以外の従業員に向けて，職場における育児休業等に関して否定的な言動が行われないよう，改めて，社内報などで，ハラスメントに該当する発言例を紹介して注意を促すとともに，育児休業等の制度の利用ができる旨や，上司や同僚にマタハラ該当性が懸念される言動が見受けられた際には相談窓口を利用するよう促したり，同様の内容を研修や講習等をもって周知・啓発する等の適切な措置を講ずる必要があります（上記3，マタハラ指針3（1）イ等参照）。

　上司や同僚が制度等の利用を抑制させるような発言をする背景には，その部署の人員が不十分であるとか，当該女性従業員が担当している職務内容等の性質から，産前産後休業や育児休業で長期の休みを取る者が出ると，あるいは当該女性従業員が長期の休みを取ると，周囲の従業員の業務負担感が大きいといった事情がある可能性もあります。会社としては，そのような背景事情も調査の上，当該部署の業務分担を見直すといった対応を講ずることも検討すべきです。

（西内　愛）

Ⅱ 妊娠・出産・育児等に関する制度設計

従業員に妊娠の報告義務はあるか

Q79 従業員が妊娠した場合，体調不良のため労働能率が低下し周囲の負担が増えてしまうことがあります。また，産前休業に向けて業務分担の見直しを行い，代替要員を確保する必要が生じることもあります。このため，遅くとも安定期に入ったら（妊娠5～6か月頃），速やかに妊娠を会社に報告してほしいのですが，妊娠の報告について法律上，従業員の側に何らかの義務はあるでしょうか。また，就業規則で対処することはできるでしょうか。

 法律上，従業員に妊娠の報告義務はありませんが，就業規則を用いて早めの報告を促すことは可能です。

[解説]

1 法律上の報告義務について

妊娠の報告について，従業員に法律上の義務はあるでしょうか。

妊娠した従業員の処遇に関する法律として，労基法及び均等法があります。これらの中には，従業員が妊娠したことにより，会社に対し諸制度の利用を申し出る権利を定める条項はありますが（労基法65条，66条），妊娠を会社に報告する義務は規定されていません。

法は，原則として，妊娠した従業員が制度の利用を申し出ることによって，会社が妊娠の事実を把握することを想定しているといえます。

2 就業規則上の対処について

では，就業規則において，妊娠した事実を一定の時期までに（例えば，遅く

とも安定期に入る前）会社に報告するよう従業員に義務づけることはできるでしょうか。

　法律上，妊娠報告義務を課してはならないという規定はありません。むしろ会社は，妊娠した従業員に対して，労基法，均等法により各種の義務を負担し，義務違反について罰則の定めがあります（労基法118条1項，119条1項）。

　会社が妊娠した従業員に対し負担する義務は，以下のとおりです。

> ①産前休業（労基法65条1項）・産後休業（労基法65条2項）
> ②軽易な業務への転換（労基法65条3項）
> ③坑内業務の就業制限（労基法64条の2）及び危険有害業務の就業制限（労基法64条の3）
> ④変形労働時間制がとられる場合における法定労働時間を超える労働時間の制限，時間外労働及び休日労働の制限並びに深夜業の制限（労基法66条）
> ⑤妊娠・出産等を理由とする不利益取扱いの禁止（均等法9条3項）
> ⑥妊娠・出産等に関する言動により就業環境が害されることのないよう，雇用管理上必要な措置を講じること（均等法11条の2第1項）
> ⑦妊娠中及び出産後の健康管理に関する措置（妊婦健診の時間確保などを含む。母性健康管理措置（均等法12条，均等則2条の4），指導事項遵守のための措置（均等法13条））

　法が，会社に対し，妊婦健診の時間確保を求めるなど各種の義務を負担させていること，労基法の義務違反について罰則の定めがあることから，会社が妊娠報告義務を（例えば遅くとも安定期までに）課すことは，法の趣旨に反するものではないと考えられます。

3　違反の効果

　就業規則で，遅くとも安定期までに妊娠中であるという事実を報告する義務を規定した場合，報告義務を怠った従業員を懲戒処分とすることはできるでしょうか。

　懲戒処分を科すことが，均等法9条3項が定める「妊娠したことを理由」とする不利益取扱いにあたるかが問題となります。

　懲戒事由は、報告義務違反ですから、直接的には妊娠したことを理由として不利益な処分をしているわけではありません。

　しかし、判例は、妊娠中の軽易業務への転換を契機として降格した事案について、原則として均等法9条で禁止する不利益取扱いにあたると判断し（広島中央保健生協事件・最判平26・10・23民集68巻8号1270頁）、その後通達において、妊娠したことを契機とした不利益処分は、原則として、妊娠したことを「理由とする」不利益処分と解されることが示されました。具体的には、妊娠という事由の終了から1年以内の場合、又は、人事考課における不利益な評価や降格については事由の終了後最初のタイミングまでの間に行われた場合には、原則として妊娠を理由とした不利益処分と解されます（厚生労働省平27・1・23基発0123第1号）。

　すると、報告義務を怠ったことが懲戒事由であり、妊娠を直接の理由とした不利益処分でなかったとしても、懲戒処分が妊娠の終了（出産等）から1年以内である場合には、原則として妊娠を理由とした不利益取扱いであると判断されるリスクが高いといえます。

4　まとめ

　妊娠した従業員が会社に対し妊娠を報告する法律上の義務はありませんが、就業規則において妊娠中であるという事実を報告する義務を課すことは一応可能です。

　しかし、妊娠報告義務違反について懲戒処分等の不利益な処分を行うと、妊娠を契機とした不利益処分であるとして無効（均等法9条3項）とされる可能性が高いといえます。また、プライバシーに属する事項でもあるので、厳正な処分にはなじまないでしょう（この点についてはQ80参照）。

　　　　　　　　　　　　　　　　　　　　　　　　　　（石井　悦子）

妊娠の早期報告を呼びかけるには

Q80 当社の女性従業員は、妊娠していてもすぐに会社に申し出ず、妊娠中の症状について、単なる体調不良として有給休暇を利用する者が多いようです。会社としては、母性保護に関する措置や休業への対応準備等がありますので、早めに報告するよう呼びかけたいと思います。どのような対応を行ったらよいでしょうか。

A 妊娠中に利用できる制度の紹介や、妊娠による不利益取扱いを受けることはないこと、プライバシーを遵守すること等を周知しつつ早期報告を促すのがよいでしょう。

[解説]

1 妊娠報告の呼びかけ

　まず、従業員が会社に妊娠報告をする義務につき法律上の規定はありませんが、就業規則で、妊娠中であるという事実の報告義務を従業員に課すことは可能です。ただし、報告しなかった場合に懲戒等の不利益処分を科すことにはリスクがあります（詳細はQ79をご参照ください）。
　では、就業規則で報告義務を課さなくとも、任意に妊娠を報告する（任意の情報提供を行う）よう従業員に呼びかけることはできるでしょうか。

2 任意に妊娠を報告（情報提供）するよう呼びかけることについて

　会社は、妊娠した従業員を危険有害業務に就業させない（労基法64条の2、64条の3）等の義務を負っています（会社が負担する法令上の義務については、Q79をご参照ください）。早期に妊娠を把握することにより、雇用契約に付随する安全配慮義務（労契法5条）を履行する必要もあります。また、法律

上，このような任意の妊娠報告を呼びかけてはならないという規定はありません。

一方，従業員にとっては，任意とはいえ，妊娠の報告（情報提供）はプライバシーの問題があり，妊娠により不利益な取扱いを受けることを懸念する場合も想定できます。このため，会社は，早期の妊娠報告を促すために，
・妊娠に伴い利用できる制度
・妊娠を理由とした不利益取扱いがないこと
・個人情報保護法を遵守してプライバシーを保護すること
等をあらかじめ説明し，妊娠報告をしやすい環境を整備し周知する必要があるでしょう。

以上から，会社は，従業員に対し，任意で，早期の妊娠報告（情報提供）を行うよう呼びかけることが可能です。また，プライバシー保護や不利益取扱いの禁止，妊娠に伴い利用できる制度の周知など，妊娠報告をしやすい環境を整備・周知したうえ，早期の妊娠報告を呼びかけることができます。

もっとも，妊娠報告（任意の情報提供）を呼びかける場合には，会社が妊娠報告を把握する必要性と従業員のプライバシーとの兼ね合いを考慮して，相当な方法で行う必要があります。

まず，呼びかける対象となる従業員を特定せず，社内イントラネット等に掲載して妊娠報告を呼びかけることは，プライバシーを侵害するリスクが低いといえます。また，上司が部下にメールや口頭で報告を呼びかける場合には，呼びかける対象となる従業員を特定せずに行う，妊娠に伴い利用できる制度の周知と併せて行う，毎年決まった時期に行うなどの配慮を行うことで，プライバシーを侵害するリスクを低減させることが必要です。報告を呼びかける際の上司の言動が妊娠・出産等に関する否定的なものである場合は妊娠・出産に関するハラスメントに，特定の従業員に繰り返し妊娠報告を求めたり，他の従業員の面前で特定の従業員に対し妊娠報告を求めることは，私的な領域に過度に干渉するというパワーハラスメント，場合によってはセクシュアルハラスメントとなるリスクがあります。

3 妊娠報告しやすい環境整備のための就業規則の整備方法

(1) 妊娠に伴って利用できる制度の周知

社内イントラネット，社内報，パンフレット等で妊娠に伴い利用できる制度を周知します。

(2) 妊娠に伴い利用できる制度の拡充

　ア　法定の制度を充実させる

　法定の制度を利用した場合，働いていない時間について法律上有給とすることは要求されていませんが，早期に妊娠の報告を受領するために，社内規程により有給と規定しておくと，申出が受けやすいと考えられます。

　また，妊娠の申出をする従業員は，プライバシーが守られるか，不利益な取扱いを受けないか懸念する場合がありますから，プライバシーを厳守し，不利益な取扱いがないことを確認する規定をおくことも考えられます。

　イ　法定の制度以外の制度を充実させる

　法定の制度以外には，在宅勤務制度，企業内保育所を設置して妊娠直後から予約を受け付ける制度，特別休暇の設定，妊娠中の従業員や育児経験のある従業員との交流会参加などが挙げられます。

　これらの制度を設計するときには，他の従業員との差別が問題とならないように，妊娠・出産だけでなく，性別を問わず育児・介護・私傷病等場合を含めて取得できる制度としたり，ポジティブアクションとなるよう目的を設定するなどの配慮が必要です（Q75の末尾記載のウェブサイト参照）。

(3) その他の周知

妊娠した場合には，つわりなどの体調不良により労務の提供ができないことや，労働能率が低下すること等により周囲の従業員の業務負担が増えることがあります。このため，妊娠した従業員が，周囲と円滑なコミュニケーションを図りながら，自身の体調等に応じて適切に業務を遂行していくという意識をもつことについて，周知啓発することが望ましいとされています（マタハラ指針3（4）ロ，育介指針第2の14（2）ニ（ロ））。

（石井　悦子）

育児中の従業員に限定して土日勤務を免除することはできるか

Q81 当社は，土日がかき入れ時であるため，土日に勤務ができることを採用条件としていましたが，子育て中の従業員から，子どもが小さいうちは土日を休むことを認めてほしいという声が上がっています。他方で，それを認めると，子どものいない従業員から逆に差別ではないかという声があがる可能性もあります。どのように対応すべきでしょうか。

A 差別にはあたりませんが，不公平感がマタハラの温床とならないよう一定の配慮を行うことが望ましいといえます。

[解説]

1 検討の方向性

　設問の会社では，土日に勤務できることを条件に採用を行っていますので，就業規則の休日の規定（労基法89条1号）や労働条件通知書（労基法15条1項，労基則5条2号）において，所定労働日が土日を含めて定められ，周知されていると考えられます。
　では，育児中の従業員に対し，土日に休むことを認めることはできるでしょうか。認めた場合は，繁忙期となる土日の業務が育児をしていない従業員に偏ってしまうおそれがあります。
　双方の立場を尊重し，合理的な勤務制度とすることが必要です。

2 何らかの不当な差別にあたるか

　まず，育児中の従業員だけに，土日の勤務を免除しなければならないか，次に，育児中ではない従業員に土日の勤務を免除しない場合，それが何らかの不当な差別にあたるか検討します。

（1）育児中の従業員にのみ土日の勤務を免除すべき事情の有無

　育児中の従業員だけに，土日の勤務を免除しなければならない事情があるでしょうか。

　子どもは，保育園・幼稚園，小学校等の事情で，土日が休みであることが通常です。子どもが小さい場合は，土日に子どもだけを放置するわけにはいきません。育児中の従業員が子どもの世話などの監護（民法820条）を行うためには，土日勤務を免除する必要があります。また，特に日曜日には保育施設が見つかりにくいなどの事情から，育児中の従業員の勤務を免除する必要性が高いといえるでしょう。

（2）特別扱いは法律上の差別か

　では，育児中の従業員には土日勤務を免除するが，育児中ではない従業員に土日勤務を免除しない場合，差別にあたるでしょうか。

　「子育て中であること」は，「社会的身分」による差別とはいえませんので，労基法3条による差別にはあたりません。また，性別にかかわらず「子育て中の従業員」であるか否かによって土日勤務の免除するため，性別を理由とした差別を禁止する均等法6条にも違反しません。

　また，育介法は，育児休業等を理由とした不利益取扱いを禁止しています（10条，16条の4，16条の9，18条の2，20条の2，23条の2）が，こちらの会社では，育児中の従業員を優遇しようとしていますので，不利益取扱いには該当しません。

　このため，育児中の従業員だけに土日勤務を免除し，育児中ではない従業員に土日勤務を免除しない場合にも，差別にあたるわけではありません。

差別に関する条項
①労働者の国籍，信条又は社会的身分を理由として，賃金，労働時間その他の労働条件について，差別的取扱い禁止（労基法3条）
②労働者の性別を理由として，差別的取扱いをしてはならない（均等法6条）
③妊娠・出産・育児休業等を理由とした不利益取扱いの禁止（均等法9条，育介法10条，16条の4，16条の9，18条の2，20条の2，23条の2）

(3) 合理的理由に基づく取扱いの差異

　育児中の従業員に対し，土日の勤務を免除するなどの措置を講じることは，子どもが小さい間，育児のために休みである土日に勤務を免除するというもので，合理的理由に基づいた取扱いであり，育児中ではない従業員と異なる取扱いであっても許されるものといえるでしょう。

　合理的理由に基づく異なる取扱いとなるためには，「子どもが小さい間」とは何歳までであるのか，育児中ではない従業員にも理由によっては土日の勤務を免除する場合があるなど，双方の立場を勘案した勤務制度とする必要があります。

〔石井　悦子〕

育児・介護従事者にのみ時間単位の年休を認めることができるか

Q82 育児・介護と仕事の両立を促進するため，育児・介護従事者にのみ，時間単位での年休制度を導入したいと考えています。時間単位での年休制度導入は，どのように進めたらよいでしょうか。また，育児・介護従事者にのみ，時間単位での年休を認めることは可能でしょうか。

A 一部の従業員にのみ時間単位での年休を認めることは可能ですが，年次有給休暇の取得目的を育児・介護に制限することはできません。

[解説]

1 年次有給休暇とは

年次有給休暇（労基法39条）とは，「労働者が賃金の支払を受けながら休暇を取ることができる制度」（山川隆一「雇用関係法」第4版182頁，新世社，2008年）です。年次有給休暇の趣旨は，「休日とは別に所得の保障された休暇をとることによって，労働者は心身のリフレッシュをはかり，また，自己啓発の機会をもつことができる」（前掲山川「雇用関係法」182頁）というものですから，ある程度まとまった日数を取得することを念頭におき，原則として1労働日（原則として暦日。昭26・9・26基発3964号，昭63・3・14基発150号）を単位として与えられます。

2 時間単位の年次有給休暇の概要

労基法の改正（平成22年4月1日施行）によって，時間単位の年次有給休暇（以下「時間単位年休」といいます）が取得できるようになりました（労基法39条4項）。

「原則として1日単位で取得できる」という年次有給休暇の趣旨をふまえつつ，仕事と生活のバランスを取るため，5日の範囲内で時間単位での年次有給

休暇の取得が認められることになりました（労基法39条4項2号）。

　ただし，時間単位年休は，仕事と生活とのバランスを取るために従業員が任意に取得するものですから，計画年休として時間単位年休を与えることはできません（平21・5・29基発0529001号）。

3　時間単位年休の導入方法

（1）概要

　時間単位の年次有給休暇の制度を導入するためには，労使協定を締結し，就業規則に記載する必要があります（労基法89条1項1号）。

　労使協定は，会社と事業場の労働者の過半数で組織する労働組合（当該労働組合が無い場合には従業員の過半数代表）が書面により協定に合意することにより締結されます。

（2）労使協定で定める事項

　時間単位年休を導入するため，労使協定では，以下の内容を決める必要があります（労基法39条4項）。

①時間を単位として有給休暇を与えることができることとされる従業員の範囲（下記「4」で詳しく述べます）。

②時間を単位として与えることができるとされる有給休暇の日数（5日以内）

　「5日以内」とは，労基法39条1項から3項により労働者に与えられる一年間の年次有給休暇の日数のうち5日以内を指します。

　例えば，年次有給休暇が15日間付与された場合，そのうち5日以内を時間単位年休とします。

　仮に，付与された年次有給休暇が5日に満たない場合（労基法39条3項）には，労使協定により，比例付与される日数の範囲内で定めます。

　年次有給休暇に残日数（時間）がある場合，次年度に繰り越すことができますが，時間単位年休は，繰り越し分も含めて5日以内とされます。

　なお，時間単位年休が認められたことによって，半日単位で取得できる年次有給休暇の扱いが変化するものではありません。

③その他厚生労働省令で定める事項

　ア　時間を単位として与えることができることとされる有給休暇1日の時間

Ⅱ　妊娠・出産・育児等に関する制度設計　｜　325

数（労基則24条の4第1号）

　労使協定によって，年次有給休暇1日分が，何時間分の時間単位年休に相当するか定める必要があります。

　1時間に満たない時間数がある場合，労働者に不利にならないよう，端数を時間単位に切り上げて計算します。例えば，所定労働時間が7時間30分の場合，端数を時間単位に切り上げて8時間分の時間単位年休と計算します。

　なお，所定労働時間が日によって異なる場合には，1年間の1日平均所定労働時間数で計算します。

イ　一時間以外の時間を単位として有給休暇を与えることとする場合には，その時間数（労基則24条の4第2号）

　例えば，2時間単位，3時間単位など。ただし，一日の所定労働時間数に満たないものに限ります。

　なお，「分」単位など，1時間に満たない単位は認められません。

4　時間単位年休の取得者の範囲

(1) 労使協定による取得者の範囲の限定

　労基法は，時間単位年休について，労使協定で取得者の範囲を決定できるものと定めました（労基法39条4項1号）。

　この趣旨は，年次有給休暇の権利は，要件をみたせば当然に発生するところ（白石営林署事件・最判昭48・3・2民集27巻2号191頁），「事業の正常な運営を妨げる場合」には，一定の制約を認めることにより，年次有給休暇の取得と事業の運営との調整を図るものです（平21・5・29基発0529001号）。

　「事業の正常な運営を妨げる」か否かの判断は，「事業の内容，規模，労働者の担当業務の内容，代替性…など諸般の事情を総合判断する必要がある」（時季変更権行使の事案ですが，日本電信電話事件・最判平12・3・31労判781号18頁参照）と判示されています。

　すると，事業の内容が，一斉に作業を行うことを必要とするものである場合，その業務に従事する従業員については，時間単位年休を認めることがなじまないと考えられます。例えば，工場のラインで一斉に働く必要のある従業員

などが想定されます。そのため，労使合意により現場の状況を踏まえて取得者の範囲が決定できることになりました。

（2）育児・介護に従事する従業員について

　育児・介護を行う従業員についても，上記（1）のとおり，労使協定において，育児・介護を行う従業員を取得者に含めれば，時間単位年休を認めることができます。

　もっとも，年次有給休暇の目的を育児・介護に限定することはできませんから（白石営林署事件・最判昭48・3・2民集27巻2号191頁），育児・介護に従事する従業員に時間単位年休を認める趣旨・効果について，労使協定の際に検討する必要があるでしょう。

（石井　悦子）

子連れ出勤制度を廃止することはできるか

Q83 当社では，子連れでの出勤を認める制度を設けていますが，ある部署から「うちの部署では禁止としたい。部員が子どもをあやしたがって仕事に集中できないケースが散見される」という相談がありました。一部の部署だけ禁止とするのはかえって社内の不満が募りそうですので，全社的に制度を廃止したいと考えているのですが，可能でしょうか。

A 就業規則の不利益変更（労契法10条）にあたりますので，廃止するには，変更によって従業員が被る不利益の緩和措置や代替措置等を十分検討し，また，従業員とも協議の上で行うことが求められます。

[解説]

1 「子連れ出勤」に関する法律上の規定

（1）背景

平成27年に女性活躍推進法（正式名称「女性の職業生活における活躍の推進に関する法律」）が制定され，企業においても女性の活躍のための取り組みがなされるようになりました。女性の就業者数は増加しており，職場における能力の活用が提言されています（「雇用アウトルック2016」OECD）。

しかし，出産後，待機児童などの問題により保育園に入所することができず復職ができない，子どもが病気の場合に預かってくれるところが見つからずに仕事を休まざるを得ないなど，仕事と育児を両立することは難しいという実情があります。実際，女性の非求職理由は「出産・育児のため」が最多となっています（「労働力調査」平成28年（2016年）平均（速報）総務省）。

このような社会情勢のなか，育児中の従業員が職場に出勤して就業できる環境を整備し，多様な人材を採用し，活かすことのできる取り組みのひとつが「子連れ出勤」です。

育児中の従業員が就業できる環境を整える取り組みには，企業内保育所や在宅勤務等の制度がありますが，企業内保育所は設置・運営の費用や時間がかかるデメリットがあり，在宅勤務制度の場合は職場に出勤しない制度ですので，「子連れ出勤制度」は職場に出勤して就業できるというメリットのある制度であると考えられます。

（2）法律上の規定

子連れ出勤を規定した直接の法律はありませんが，女性活躍推進法に基づく取り組みが優良な企業が厚生労働大臣の認定（えるぼし）を得る制度，次世代育成支援対策推進法に基づき一定の基準を満たした企業が「子育てサポート企業」として厚生労働大臣の認定（くるみん）を得る制度が制定され，育児中の従業員が就業できる環境が整備されつつあると考えられます。

2 就業規則の変更

（1）就業規則上での規定の有無

設問の会社で，子連れ出勤の制度が就業規則で定められている場合は，就業規則の変更が必要となります。

就業規則に規定されていない場合でも，子連れ出勤制度が長期間にわたり反復して行われ，当事者（使用者側の当事者については，子連れ出勤制度の決定権がある者）に規範として承認されるにいたった場合（商大八戸の里ドライビングスクール事件・最判平7・3・9労判679号30頁参照）又は慣行といいうるほど継続した取扱いでなくても，使用者と組合との合意で内容が明確に定められ，雇用契約の当事者である会社・従業員がそれを前提とした行動をとっている場合（朝日火災海上保険事件・最判平9・3・25労判713号37頁参照）には，黙示の合意があるとして，雇用契約上の権利義務となりうるため，就業規則に規定されている場合と同様，制度廃止が不利益といえる場合には，就業規則の不利益変更の手続きを経る必要があります。

（2）就業規則の不利益変更

では，この制度を廃止することは，就業規則の不利益変更となるでしょうか。子連れで出勤できるという労働条件は，従業員が子の育児をする際，保育園に入園できない場合や，土日休日に保育施設が見つからない場合にも就業す

ることができるという労働条件といえます。このため，子連れ出勤の制度を廃止することは，現在育児中の従業員だけではなく，子の育児をする可能性がある従業員にとって不利益となりますので，就業規則の不利益変更に該当します。

そこで，全社で子連れ出勤を禁止するという変更後の就業規則に合理性（労契法10条）が認められるか検討します。

就業規則の内容は，合理的である限り，雇用契約の内容となります（労契法10条，秋北バス事件・最判昭43・12・25民集22巻13号3459頁）。

合理的であるかの判断要素には，
①就業規則を変更する必要性の程度
②変更された不利益な内容と程度（代償措置・労働条件の改善）
③変更後の就業規則の社会的相当性
④変更手続の相当性
などがあります（労契法10条）。

（3）変更の合理性の検討

では，全社で子連れ出勤を禁止するよう就業規則を変更することはできるでしょうか。

①就業規則を変更する必要性の程度

こちらの会社では，「子どもをあやしたがって仕事に集中できないケースが散見される」「一部の部署だけ禁止では不公平なので全社で禁止」という理由で子連れ出勤を禁止しようとしていますが，一部の部署で，そのようなケースが散見されるというにすぎないのであれば，全社で禁止する必要性が高いとはいえないでしょう。

②変更された不利益な内容と程度（代償措置・労働条件の改善）

育児中の従業員で，保育園に入所できずに子連れ出勤を利用していた従業員にとっては大きな不利益となり，場合によっては退職せざるを得ない従業員が生じる可能性があります。

子どもが保育園に入所できている従業員にとっても，日曜・祝祭日や年末年始，早朝など，保育施設の手配が難しい時間や期間に出勤する場合に，一時的に子連れ出勤を利用していると考えられますし，小学校入学後であっても夏休

み等のうち学童保育が閉まっている期間，急な学級閉鎖の場合などに子連れ出勤を利用していた従業員にとっても，不利益となります。

　不利益の緩和措置として，恒常的な子連れ出勤は認めないが，一時的な子連れ出勤を認める，子連れ出勤は認めるが職場ではなく原則として会議室等で一時的に勤務してもらう，子連れ出勤の禁止措置に伴い在宅勤務を緩和する，などの措置を講じることも考えられます。

③変更後の就業規則の社会的相当性

　「子連れ出勤」を認めることには，多様な人材の採用や活躍などの意義がありますが，「子連れ出勤」を認める企業がまだ多くはないことに鑑みると，子連れ出勤を認めない就業規則であっても，社会的相当性があると考えられます。

④変更手続の相当性

　組合や，子育て中の従業員と協議を重ねることが望まれます。

(4) 結論

　子連れ出勤による影響は，一部の部署で散見されるというにすぎないのですから，全社で禁止する必要性は高くないこと，一部の従業員が被る不利益が重大であることから，全社で子連れ出勤を禁止するという就業規則の変更には合理性が否定されるリスクがあるといえます。

　まずは，子どもと遊んでしまう一部の部署について，仕事に集中するよう促す，子連れ出勤の場合は一時的に会議室で就業できるよう配慮するなどの対策を取ることが望ましいでしょう。全社で子連れ出勤を禁止する場合は，上記不利益緩和措置により，リスクを低減させる方策を講じることが必要です。

　　　　　　　　　　　　　　　　　　　　　　　　　　（石井　悦子）

女性のキャリアアップのための制度設計の留意点

Q84 当社では，女性の管理職の割合がなかなか増加しません。また，出産・育児を機に退職してしまう従業員も一定数存在します。このため，出産・育児にかかわる従業員が就業を継続し，ひいては将来の管理職候補となりやすい制度を構築したいと考えていますが，他の従業員との差別につながる懸念もあります。どのような点に留意して制度設計したらよいでしょうか。

A 女性の積極的活躍を促進する経営トップの強い意思表明，現状把握と社内啓発・研修等の具体的取組みとの連動という観点から進めていくことが重要です。

[解説]

1 検討の方向性

設問の会社では，女性のキャリアアップを図り，ひいては女性管理職の割合増加・女性従業員の就業継続を図りたいと考えています。そもそも，性別以外には能力が同等の従業員につき，女性を男性に優先させて女性のキャリアアップを達成させ，ひいては女性管理職を増加させる施策を取ることは可能でしょうか。他の従業員との差別となるか，検討します。

均等法6条は，従業員の性別を理由として昇進等につき差別的取扱いを禁止しています。

「女性」「管理職」を増加させる施策は，「労働者の性別を理由として」「昇進等」について「差別的取扱い」（均等法6条1号）を行うものですので，形式的には均等法6条に該当し，禁止されることになってしまいます。

しかし，社内規定では男女の差別がないにもかかわらず，女性だけが管理職割合が低いという事情に鑑みると，固定化された性別役割分担等による雇用慣

行等が原因となり，女性の能力が発揮できなかった可能性があります。そのため，女性の能力発揮の支障となっている事情を改善していくことが必要です。

均等法8条は，「男女の均等な機会及び待遇の確保の支障となっている事情を改善することを目的として女性労働者に関して行う措置を講ずること」は法に違反しないと定め，いわゆるポジティブアクションが法に違反しないと定めています。

設問のような女性の管理職割合を増やす等の施策についても，固定化された性別役割分担等による雇用慣行の改善をすることを目的として，女性管理職の割合を増加させる等の施策を検討することができます（性差別指針第2の14（1）ハ，巻末資料③）。

2 女性管理職の割合を増加させるための具体的施策の検討

（1）経営トップの強い意思表明

少子高齢化により労働力が減少するなか，企業の経営戦略として女性の登用を促進するという経営トップの強い意思表明が必要です（経済産業省委託事業「ダイバーシティと女性活躍の推進」企業活力とダイバーシティ推進に関する研究会報告書参照）。

（2）現状の把握

まず，「女性管理職の割合が少ない」「女性従業員の一定数が出産・育児を機に退職し，就業継続年数が短い」という状況を具体的に把握します。

女性活躍推進法の制定により，従業員301人以上の企業では，女性の活躍の状況把握・課題分析や行動計画の策定，情報公開が法的義務とされていますので（300人以下の民間事業主は努力義務），自社の女性管理職の割合や，女性の就業継続年数等を把握します。

（3）具体的な取組み

経営トップの意向を受けて，人事制度の改善に取り組み，啓発・研修等を行うことを検討します。

　ア　自社で把握した現状を前提に，人事制度の改革を検討

例えば，「女性管理職割合増加を推進する部署を設置する」「現状の把握したところ，少なくともあと○名の女性管理職の増員が望ましい。そのため，

事業所Ａ，Ｂ，Ｃで，○年間の間に各○名女性管理職を増加させる」「管理職候補の女性従業員は，管理職になると残業が増加し出産や育児との両立が難しくなるのではないかと考えて，管理職になることをためらっているという現状を把握した。そのため，残業を免除した状態のまま又は短時間勤務を維持したまま管理職に登用できる制度を設ける」など，制度の改善に取り組みます。

　イ　女性従業員に対する管理職登用のための啓発・研修の実施

　均等法で，性別を理由とした「教育訓練」の差別は禁止されていますが（６条１号），固定化された性別役割分担等による雇用慣行の改善をすることを目的として，女性従業員に管理職登用のための啓発・研修等の措置を行うこと（８条）は，いわゆるポジティブアクションとして許容されます（性差別指針第２の14（１）ハ，巻末資料③）。

　研修の内容は，管理職として必要とされるリーダーシップ，マネジメント，部下の管理などを必須としますが，女性管理職候補の意見にあわせて内容を追加します。例えば，「管理職になると残業が多く育児等と両立できない」という意見があった場合は，育児等のため利用できる制度を紹介する内容を追加するとよいでしょう。

❸　出産・育児を契機とする退職の防止策の検討

　まず，経営トップの強い意思表明が必要であることは，女性管理職の割合増加の場合と同様です。

　次に，現状を把握します。出産・育児を機に退職する従業員の数や，理由等を把握します。

　そして，具体的な取り組みを検討します。

　退職理由が出産・育児等であれば，就業規則等で定められている利用できる制度等を周知し，啓発する取り組みを検討します。女性従業員だけでなく，上司にも周知して，女性従業員が制度を利用しやすく配慮をして，退職を防止し，フレックスタイム制や短時間勤務制度，在宅勤務制度等を取り入れるなど，柔軟に勤務継続できる制度を検討します。

　特に，上記の制度を利用しても不利益とならないこと，制度を利用した後の

キャリアアップの道筋を示し，ひいては女性管理職の増加に結びつけることが重要です。

　また，育児のための制度には，子どもの年齢を要件とする制度がありますが，子どもが小学校に入学すると，各制度が利用できなくなって退職してしまうといういわゆる「小1の壁」がある場合には，各制度の利用年齢を引き上げて，引き続き利用できるようにするなどの検討も効果的といえるでしょう。

　なお，女性活躍推進法に基づく認定企業（えるぼし認定企業）が公共調達で有利になりました（平成28年10月以降，「女性の活躍推進に向けた公共調達及び補助金の活用に関する取組指針について」（平成28年3月22日すべての女性が輝く社会づくり本部決定）参照）。企業にとって，女性活躍促進を行うメリットが一層増加したといえるでしょう。

（石井　悦子）

第8章　出産・育児休業等にまつわる社会保険・助成金

妊娠・出産・育児・職場復帰に関し公的保険関係で会社が行うべき手続きは

Q85 従業員から妊娠報告を受けました。妊娠・出産・育児・職場復帰をめぐる公的保険関連（雇用保険関連・健康保険・厚生年金関連）で会社が行うべき手続を教えてください。

A 社内で行うべき手続は多岐に渡ります。手続を行うことにより受けられる給付の内容を理解し，適切な時期に手続を行うことが求められます。

[解説]

1　会社が行うべき社会保険手続の全体像

　妊娠から育児休業からの復帰まで，会社が行うべき主な手続は次の表のとおりです。休業開始前に従業員と個別面談の機会を設け，各種手続について事前に会社との認識をあわせておくことでスムーズに手続がすすみます（面談についてはQ93を参照してください）。また，本人が自身で行うべき手続についても，会社はある程度把握しておくとよいでしょう。

提出先別：会社が行うべき主な手続

提出先	目的	提出書類	推奨する提出時期
協会けんぽ又は健康保険組合	医療機関での窓口負担を限度額までとする	健康保険限度額認定申請書 （健保法115条，健保法施行令43条，健保法施行則103条の2，105条）	医療費が高額になりそうなとき
	傷病手当金を受ける	傷病手当金支給申請書（健保法99条）	悪阻などで4日以上欠勤したとき
	出産手当金を受ける	出産手当金支給申請書 （健保法102条）	産後56日経過後（産前産後休業中でも申請は可能）
	出産育児一時金を受ける（本人が医療機関での手続を行わない場合）	出産育児一時金支給申請書 （健保法101条）	分娩にかかる費用を支出した後
	子を健康保険の被扶養者にし保険証を発行する	健康保険被扶養者届 （健保法3条）	出生後5日以内に
ハローワーク	育児休業給付金を受ける	①育児休業給付受給資格確認票・（初回）育児休業給付金支給申請書 ②雇用保険被保険者休業開始時賃金月額証明書（育児） （雇保法61条の4）	①初回：育児休業開始から4か月目の月末まで ②2回目以降は公共職業安定所の指定月（2か月に1回ずつ申請）
年金事務所又は健康保険組合	社会保険料の免除	①産前産後休業②育児休業取得者申出書 （健保法159条の3，159条，厚年法81条の2の2，81条の2）	①産後56日以内 ②育児休業取得期間内

	標準報酬月額を下げて社会保険料の負担を軽くする	産前産後休業・育児休業終了時報酬月額変更届（健保法43条の2，43条の2，厚年法23条の2，23条の3）	産前産後休業・育児休業から復帰し4か月目
年金事務所	厚生年金標準報酬月額について将来の年金に高い額のまま反映させる	厚生年金保険養育期間標準報酬月額特例申出書（厚年法26条）	子が出生してから3歳未満の期間（標準報酬月額が低下したときに行えば足りる）

提出先別：本人が行うべき主な手続

提出先	何のために	提出書類	提出時期
医療機関	出産育児一時金を受ける	出産育児一時金支給申請書（健保法101条）	出産後
市区町村	出生届・児童手当・乳幼児医療証を受ける	（省略）	出生後
	保育所へ入所させる	（省略）	各市区町村に確認
	その他各種支援サービスを受ける	（省略）	各市区町村に確認
	住民税の納付猶予を受ける（普通徴収へ切替となった場合）	（省略）	各市区町村に確認

　担当者は，抜け漏れのないよう妊娠し出産を控えた従業員毎に手続チェックリストを手元に置き，準備を進めていくとよいでしょう。

担当者用：妊娠・出産・育児・職場復帰のタイミング別手続チェックリスト

出産・育児関連社会保険手続きチェックリスト

【①基本情報】

社員番号		氏名			所属			
健康保険証番号					雇用保険被保険者番号			
産前開始日	年	月	日		産後終了日	年	月	日
出産予定日	年	月	日		実出産日	年	月	日
育児休業開始日	年	月	日		育児休業終了予定日	年	月	日
育児期間終了予定日(延長)	年	月	日		育児期間終了予定日(再延長)	年	月	日
職場復帰日	年	月	日		社会保険取得日	年	月	日

【②標準手続】

No	手続き	必要書類等	手続先	提出時期	完了日
1	産休期間の保険料免除(申出時)	□産前産後休業取得者申出書 ※事業主印	年金事務所	産休期間中	/
2	産休期間の保険料免除(産休期間が変更／終了したとき)	□産前産後休業取得者変更（終了）届 ※事業主印 出産予定日通りに出産した場合は提出不要	年金事務所	産休期間中／産休終了後	/
3	出産育児一時金の申請 (一時金・内払支払・差額)	□出産育児一時金内払金支払依頼書・差額申請書 □出産育児一時金支給申請書 ※本人印・医師・助産師等証明 出産費用の領収・明細書の写し (産科医療補償制度加入印) 直接支払制度代理契約の文書の写し	協会けんぽ	出産後 (差額申請は、出産日1～2ヶ月後)	/
4	出生児の扶養異動 (出生児の扶養加入)	□健康保険被扶養者(異動)届 ※本人印・事業主印	年金事務所	出産後 5日以内	/
5	出産手当金 (出産のために会社を休む)	□出産手当金支給申請書 ※本人印・事業主印・医師・助産師等証明	協会けんぽ	産後休業終了後	/
6	産休終了時の月額変更	□産前産後休業終了時報酬月額変更届 ※本人印・事業主印 産前産後休業を終了した日の翌日に引き続いて育児休業を開始した場合は不要	年金事務所	すみやかに	/
7	育休期間の社会保険料免除	□育児休業等取得者申出書 ※事業主印	年金事務所	育休期間中	/
8	育休開始賃金登録 受給資格確認	□休業開始時賃金月額証明書 □育児休業給付受給資格確認票 ※本人印・事業主印 賃金台帳・出勤簿・母子手帳・通帳写し	職安	初回申請まで (初回申請と同時のときは初回提出まで)	/

No	手続き	必要書類等	手続先	提出時期	完了日
9	育児休業給付金 ※原則2ヶ月に1回 　希望時は1ヶ月毎も可能	□育児休業給付金支給申請書	職安	職安指定日	―
		第1回（　／　～　／　）		／　～　／	
		第2回（　／　～　／　）		／　～　／	
		第3回（　／　～　／　）		／　～　／	
		第4回（　／　～　／　）		／　～　／	
		第5回（　／　～　／　）		／　～　／	
		第6回（　／　～　／　）		／　～　／	
		※本人印・事業主印 賃金台帳・出勤簿写し		―	―
10	育休期間の社会保険料 　免除延長（～1歳6ヶ月）	□育児休業等取得者申出書 ※事業主印	年金事務所	すみやかに	／
11	育児休業給付金 （延長申請時） ※原則2ヶ月に1回 　希望時は1ヶ月毎も可能	□育児休業給付金支給申請書	職安	職安指定日	―
		第7回（　／　～　／　）		／　～　／	
		第8回（　／　～　／　）		／　～　／	
		第9回（　／　～　／　）		／　～　／	
12	育休期間の社会保険料 　免除再延長（～2歳）	□育児休業等取得者申出書 ※事業主印	年金事務所	すみやかに	／
13	育児休業給付金 (再延長申請時) ※原則2ヶ月に1回 　希望時は1ヶ月毎も可能	□育児休業給付金支給申請書	職安	職安指定日	―
		第10回（　／　～　／　）		／　～　／	
		第11回（　／　～　／　）		／　～　／	
		第12回（　／　～　／　）		／　～　／	
14	育休期間の社会保険料 　　　　　免除終了	□育児休業等取得者終了届 ※事業主印 予定通りの場合は提出不要	年金事務所	すみやかに	／
15	育休終了時の月額変更	□育児休業等終了時報酬月額変更届 ※本人印・事業主印	年金事務所	すみやかに	／
16	厚生年金標準報酬みなし	□養育期間標準報酬月額特例申出書 ※本人印・事業主印	年金事務所	申出があったとき	／
17	養育期間終了	□養育期間標準報酬月額特例終了届 ※本人印・事業主印	年金事務所	すみやかに	／

【③任意手続】

手続き	必要書類等	手続先	提出時期	完了日

2　社会保険関係で行うべき手続～健康保険給付～

　ここからは，各手続の項目ごとに注意点を解説していきます。

（1）傷病手当金支給申請

妊娠中，切迫流産などで自宅安静を命じられたり，悪阻により就業制限がかかったりすることがあります。このような場合は，傷病手当金の支給を受けることができます。産前休業の開始前に休業する場合で，①休業期間中に給与が支払われていない，及び，②連続4日以上労務不能の状態であるときは，傷病手当金の支給申請を忘れずに行いましょう。

（2）高額療養費限度額認定証申請

正常な分娩は医療保険の療養の給付の対象となりませんが，出産前の悪阻，切迫流産，切迫早産や帝王切開は療養の給付の対象となり，この医療費が高額になりそうなときは，「限度額認定証」の交付を受けておき，保険証に添えて医療機関の窓口に提示することで，1暦月の支払が高額療養費の自己負担限度額（下図）までとなります（健保法115条，健保法施行令41条，42条）。限度額認定証の有効期間は最長で1年間とされるため，療養期間が長引きそうなときは長めに申請をしておくとよいでしょう。なお，認定証の申請が遅れた場合は，一旦医療機関で医療費を支払い，後から高額療養費の申請を行うことにより，自己負担限度額を超える部分の償還払いを受けることになります。

図：自己負担限度額（出典：全国健康保険協会HP）

所得区分	自己負担限度額	多数該当
①区分ア （標準報酬月額83万円以上の方）	252,600円＋（総医療費－842,000円）×1%	140,100円
②区分イ （標準報酬月額53万〜79万円の方）	167,400円＋（総医療費－558,000円）×1%	93,000円
③区分ウ （標準報酬月額28万〜50万円の方）	80,100円＋（総医療費－267,000円）×1%	44,400円
④区分エ （標準報酬月額26万円以下の方）	57,600円	44,400円
⑤区分オ（低所得者） （被保険者が市区町村民税の非課税者等）	35,400円	24,600円

（3）出産手当金支給申請

健康保険の被保険者が産前産後休業を取得した場合に，直近1年間の標準報酬月額の平均値を30で割り戻した額の3分の2相当額が支給されます（健保法102条）。支給期間は，出産の日（予定日より後に出産した場合は予定日）

以前42日間(多胎妊娠の場合は98日間)及び出産日後56日間ですが,この期間中に就労していた場合や,休業していても給与が支給されていた場合は受けることができません。通常は産後56日の期間が満了したときに申請を1回で行いますが,分割申請も可能です。受けられる期間が確定するのは出産したことにより産前期間が確定したときですので,申請を分割して行う場合は,出産日を起点として,①産前休業分と②産後休業分に分けて行うとよいでしょう。

(4) 出産育児一時金支給申請

健康保険の被保険者又は被扶養者が出産した場合には,出産育児一時金の支給が受けられます(健保法101条,114条)。産科医療補償制度に加入している医療機関での分娩は,原則一児につき42万円(健康保険組合では付加給付が行われることがあります)となります。申請は,医療機関を窓口として行う直接支払制度(受取代理制度)を採用している医療機関が多いため,医療機関等で説明を受けて申請方法を決定します。海外での分娩等の場合は,一旦分娩費用の全額を本人が負担し,事後申請により給付金の支給を受けます。

図:出産育児一時金の受取方法(出典:全国健康保険協会HP)

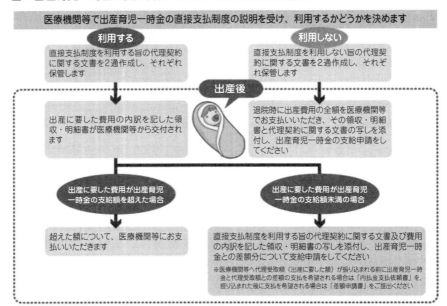

3 社会保険関係で行うべき手続～適用関係～

(1) 産前産後休業期間中の社会保険料免除の手続

産前産後休業期間（産前42日（多胎妊娠の場合は98日），産後56日のうち，妊娠又は出産を理由として労務に従事しなかった期間）について，健康保険・厚生年金保険の保険料が免除されます（健保法159条の3，厚年法81条の2の2）。

出産手当金の要件と異なり，休業期間中に給与の支給を受けていても免除対象となります。また，育児休業期間中の免除と異なり，事業主である被保険者についても免除を受けることができます。

なお，出生前に保険料免除にかかる産前産後休業取得者申出書を提出していた場合であって，出産予定日と実出産日が一致しなかったときは，出産後に「産前産後休業取得者変更届」を提出することが必要となりますので，出産後に手続を行うほうが手続は簡便になるといえます。ただし，休業期間中に申出を行うことが保険料の免除を受ける要件となっていますので，確実に期間中に届出を行うよう留意しなければなりません。

届出書類の名称	届出期限	届出
産前産後休業取得者申出書	休業期間中	年金事務所又は健康保険組合

(2) 子の保険証の発行手続（被扶養者認定）

出生した子について，健康保険法上の扶養認定の手続を行うことで子の健康保険証が発行されます（健保法3条）。共働き夫婦の場合は，原則として年間収入の多い親の被扶養者となりますが，収入が同程度の場合には選択したほうの親の扶養に入れることができます。

届出書類の名称	届出期限	届出
被扶養者届	出生から5日以内	協会けんぽ支部又は健康保険組合

(3) 育児休業期間中の社会保険料免除の手続

満3歳未満の子を養育するための育児休業等期間についても，前記（1）と同様に，健康保険・厚生年金保険の保険料が免除されます（健保法159条，厚

年法81条の２）。当初から子が３歳に到達するまでの間休業することを予定している場合であっても，手続は，①子の１歳到達まで，②子の１歳６か月到達まで，③子の２歳到達まで，④子の３歳到達までに分けて行わなければなりません。また，当初予定していた休業終了時期と実際の休業終了時期（職場復帰の時期）が一致しなかったときは，復帰後に「育児休業取得者終了届」を提出することが必要となります。

届出書類の名称	届出期限	届出
①育児休業取得者申出書 ②育児休業取得者申出書（延長）	休業期間中	年金事務所又は健康保険組合

（４）復職後の標準報酬月額の改定手続

　産前産後休業・育児休業から復帰した従業員は，時短勤務や残業免除の制度を利用することにより給与が低下することが多いものです。しかし，職場復帰とともに社会保険料の免除は終了しますので，低下した給与に対して従前の標準報酬月額により算出された社会保険料を負担することになってしまい，負担が重いものとなってしまいます。そこで，一定の要件を満たす場合は，保険料を復帰後の給与に見合った額に変更する手続をとることができます（健保法43条の２，43条の３，厚年法23条の２，23条の３）。

　ア　変更の要件
　　①職場復帰時に３歳未満の子を養育していること。
　　②復帰日が属する月から連続３か月間に報酬支払基礎日数が17日以上の月が１か月でもあること。
　イ　効果
　　①復帰日が属する月から連続３か月間のうち報酬支払原則17日以上の月の報酬の平均値をとり，これに基づき新たな標準報酬月額が決定される。
　　②復帰から４か月目から，新しい標準報酬月額が適用される。

届出書類の名称	届出期限	届出
健康保険・厚生年金保険育児休業等終了時（産前産後休業終了時）報酬月額変更届	復帰日から4か月目	年金事務所又は健康保険組合

　なお，本手続は，会社が必ず実施しなければならないものとはされておらず，被保険者が希望する場合に会社を経由して行うこととされています。標準報酬月額が低下することにより，その後受けられる給付金（傷病手当金・出産手当金）の額に影響が及ぶため，被保険者の選択を認める仕組みとなっているものです。厚生年金保険制度では，以下（5）で解説するとおり，年金記録は従前の高い標準報酬月額のまま記録されることになります。そうすると，ほとんどの被保険者は改定手続を行うことで負担する保険料の軽減を希望するでしょうから，手続が抜けてしまわぬよう会社から案内しておきたいところです。この際，復帰から3か月間のすべての月が欠勤控除等により支払基礎日数17日未満となってしまうと，要件に該当しなくなり改定手続ができなくなることに留意が必要です。

　　※「17日」とある部分は，いわゆる4分の3基準を満たす短時間労働被保険者については15日，いわゆる4分の3基準を満たさない短時間労働被保険者については11日となります。

（5）3歳未満養育期間の厚生年金保険標準報酬月額の特例

　前記（3）や定時決定の仕組みにより，職場復帰後に標準報酬月額を低下させた被保険者を対象として，年金記録を従前のまま記録することとする特例です（厚年法26条）。子育て期間中の給与の低下が，将来の年金額に影響を及ぼさないようにするための次世代育成支援の取組みの一環として行われています。

　　ア　特例の要件

　　　3歳未満の子を養育している期間中に標準報酬月額が低下していること。

　　イ　効果

　　　子を養育することとなった日の前月に決定されていた標準報酬月額を年金

記録上の標準報酬月額とみなす。

届出書類の名称	届出期限	届出
厚生年金保険養育期間標準報酬月額特例申出書	職場復帰後	年金事務所又は健康保険組合

　本特例は，3歳未満の子を養育している方が，新たに就職して被保険者資格を取得した場合にも適用することができます。この場合，就職前1年間の間に前職で決定されている標準報酬月額があることが要件となります。

4　雇用保険関係で行うべき手続（育児休業給付金の申請）

（1）支給要件

　雇用保険の被保険者が，1歳（1歳2か月：パパママ育休プラスの場合／1歳6か月・2歳：支給対象期間の延長に該当する場合）未満の子を養育するために育児休業を取得した場合に，休業開始前の2年間に賃金支払基礎日数11日以上ある月（過去に基本手当の受給資格や高年齢受給資格の決定を受けたことがある方については，その後のものに限る）が12か月以上あれば，育児休業給付金を受けることができます（雇保法61条の4）。

　育児休業給付金は，支給期間中に①休業開始前の給与の8割以上が支払われていないこと，②就業している日数が各支給単位期間（1か月ごとの期間。下図参照）ごとに10日（10日を超える場合にあっては，就業している時間が80時間）以下であることが要件となります。

届出書類の名称	届出期限	届出
①育児休業給付受給資格確認票・（初回）育児休業給付金支給申請書 ②雇用保険被保険者休業開始時賃金月額証明書（育児）	①初回：育児休業開始から4か月目の月末まで ②2回目以降は公共職業安定所の指定月（2か月に1回ずつ申請）	公共職業安定所

（2）支給額

　育児休業給付金の支給額は，原則として，育児休業開始から180日目までは

休業開始前の給与の67％，181日目からは50％とされています。受給は２か月ごとに行われることとなりますが，被保険者が希望すれば１か月ごとに受給することもできます。

（安中　繁）

育児休業の制度充実を図る企業を支援する助成制度について知りたい

Q86
当社では，今まで産前産後休業・育児休業を取得する従業員がいませんでしたが，今般初めて休業の取得と休業終了後の職場復帰を希望する従業員が出ました。これをきっかけに会社として子育て支援の施策に取り組みたいと考えています。会社の取組みに対して受けられる助成制度があれば教えてください。

A　育児休業制度の円滑な実施を促進するために事業主に支給される助成金制度があります。制度の要件を満たし申請をすれば助成金が受けられますので是非活用しましょう。

［解説］

1　両立支援等助成金（育児休業等支援コース・代替要員確保時）

　厚生労働省では，雇用保険二事業として全額事業主負担の雇用保険料収入により実施される事業により様々な助成金の支給を行っています（雇保法62～65条）。そのなかに，子育て支援施策を推進するために企業に支給される「両立支援等助成金」があります。本Qでは，両立支援等助成金のうち，育児休業等支援コース（代替要員確保時）を紹介します（出生時両立支援コースについてはQ94，育児休業等支援コース（育休取得時・職場復帰時）についてはQ93を参照）。

　会社として初めて子育て支援に取り組むのであれば，助成事業が求める取組みを必要な時期に行うことにより，適切なタイミングで社内制度を整えることができますので有益です。なお，厚生労働省が実施するものとは別に，地方自治体が実施している助成制度もありますので，会社の所在地の自治体が実施する施策についても調べてみるとよいでしょう。

（1）支給額

育児休業等支援コース（代替要員確保時）として支給される額は，次表のとおりです。なお，本コースは，一企業あたり一年度につき10人までで，最大5年間支給されます。

支給対象労働者1人あたり	47.5万円（※60万円）
加算：支給対象者が有期契約労働者	プラス9.5万円（※12万円）

※一定の生産性向上にかかる要件を満たしている場合は増額。

（2）支給要件

①中小企業事業主であること。

◆**中小企業事業主**とは，「資本または出資の額」「常用労働者数」のいずれかが下表に該当する事業主です。

	小売業（飲食店を含む）	サービス業	卸売業	その他の業種
資本または出資の額	5千万円以下	5千万円以下	1億円以下	3億円以下
常用労働者数	50人以下	100人以下	100人以下	300人以下

②育児休業取得者を，育児休業終了後，原職等に復帰させる旨の取扱いを労働協約又は就業規則に規定し，実際に原職復帰させていること（復帰後時給制により給与が支払われている場合は要件を満たさないため注意が必要）。

③育児休業取得者の代替要員を確保し，3か月以上勤務させていること。

④3か月以上の育児休業を取得させていること。

⑤原職等復帰後，6か月以上雇用していること。

⑥一般事業主行動計画を策定し，その旨を管轄労働局長に届け出ていること。また，当該一般事業主行動計画を公表し，労働者に周知させるための措置を講じていること。

⑦2人目以降の申請である場合には，最初に支給決定された対象育児休業取得者の原職等復帰日から起算して6か月を経過する日の翌日から5年間に支給要件を満たすこと。

（3）申請手続

対象育児休業取得者の原職復帰から6か月経過日の翌日から2か月以内に申請します。

2　一般事業主行動計画とは

一般事業主行動計画とは，次世代育成支援対策推進法に基づき，企業が従業員の仕事と子育ての両立を図るための雇用環境の整備や，子育てをしていない従業員も含めた多様な労働条件の整備などに取り組むにあたって定めるもので，次の項目を含むものです。

①計画期間
②目標
③目標達成のための対策及びその実施時期

従業員101人以上の規模の会社には，行動計画を策定し，これを都道府県労働局長宛に届け出て，さらに従業員に対して公表・周知することが義務付けられています（次世代育成支援対策支援法12条）。

両立支援等助成金の要件には，一般事業主行動計画の策定・届出・公表・周知が設けられており，助成金を受けようする会社は，従業員規模が100人以下であってもこれらを行うことが求められます。

3　企業内保育施設（会社がつくる保育園）への補助

平成27年度まで両立支援等助成金事業として，厚生労働省が管轄していた事業所内保育施設設置・運営等支援助成金は新規募集を終了し，平成28年度以降は内閣府による「企業主導型保育事業助成制度」が実施されています。

企業主導型保育事業とは，簡単にいえば「会社がつくる保育園」といえます。会社の特性に応じて，たとえば夜間保育を提供する，休日等の保育を提供する，短時間の利用も可能とするなど柔軟な取組みが期待されます。このような取組みに対して，設置費用及び運営費用が認可施設並みに助成されます（子ども・子育て支援法59条の2）。財源は厚生年金保険料と合わせて徴収されている一般事業主拠出金ですので，従業員のための保育施設の設置を検討している会社は，この助成制度の利用を検討することが考えられます。

最少定員は6名でそのうち半数は地域から募集できますので，大企業でなくとも検討が可能な制度です。

ベビーシッター利用費用の補助

従来，厚生労働省が管轄して実施されてきたベビーシッターの利用補助についても，平成28年度からは内閣府の管轄になりました（子ども・子育て支援法59条の2）。

受けられる補助は，ベビーシッターを1回利用するごとに2,200円で，月24回，年間280回を上限としています。これにより，ベビーシッターに家庭内保育や保育所等への送迎を依頼しやすくなれば，従業員の仕事と育児の両立がより推進されるでしょう。

補助を受けるためには，会社が申請手続を経て，割引券の交付を受けることが必要で，また費用の一部を会社負担することが求められます。

図：ベビーシッター派遣事業関係図（出典：公益財団法人全国保育サービス協会HP）

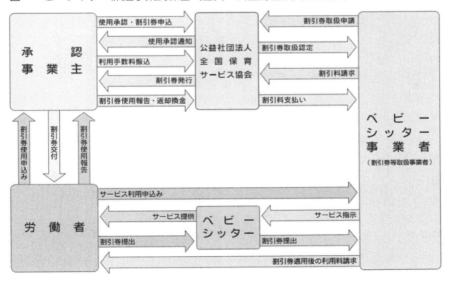

　なお，平成29年に改正された雇用保険法では，休職中の方が面接を受けたり職業訓練を受けたりしている間にベビーシッター等を利用した場合に，それら保育サービスにかかった費用の80％を給付する「求職活動関係役務利用費」を新設しています。保育サービスの利用が公的にも支援されていく土壌ができつつあるといえます。

※助成金事業は，毎年度の予算によりその内容が変更されますので，最新の情報を取得した上で申請してください。

（安中　繁）

出産手当金・育児休業給付金の支給額の決定のしくみについて知りたい

Q87
育児支援の一環として，出産手当金・育児休業給付金の支給額がなるべく高くなるように休業前の賃金を引き上げたいと考えています。どのような点に留意すべきでしょうか。

給付金受給額を操作するために休業前の賃金を引き上げることは，場合によっては不正受給とみなされることもありますので慎重に検討すべきです。

［解説］

1　給付金の額の算定のしくみ

まず，給付金の額の算定方法について確認します。
（1）出産手当金
出産手当金の額の算定は，平成28年4月からは，次のように行われています（健保法102条）。

> 出産手当金の額
> ＝支給開始日の属する月以前の直近の継続した12か月間の各月の標準報酬月額の平均額の30分の1相当額×3分の2
>
> ※直近12か月間に足りない場合は、次の①②のいずれか少ない額
> ①直近の継続した各月の標準報酬月額の平均額の30分の1
> ②支給開始日の属する前年度の9/30における全被保険者の平均額
> 　（たとえば協会けんぽの場合は9,330円）

※傷病手当金の支給にかかる算定式も出産手当金と同様です。

（2）育児休業給付金

育児休業給付金の額の算定は，次のように行われます（雇保法61条の4）。

> 休業開始時賃金日額×支給日数×67％
> （受給から181日目以降は50％）

※休業開始時賃金日額
①休業開始前の直近6か月間の賃金を180で割った額
（休業開始前から遡って1か月ごとに区分した期間に賃金の支払基礎となった日が11日に満たない場合は，その期間を除いて算定）

なお，賃金日額には年齢階層別に上限額及び下限額の設定があります。

2　給付金の受給額を高くするために考えられる施策

給付金の受給額を高くするために考えられる施策としては，以下の2つの方法が考えられます。

①賞与分を月例給与へ振り分ける方法

賞与支給額は，出産手当金及び育児休業給付金のいずれにも反映されません。そのため，賞与の支給を取りやめて月例給与へ振り分けることとすれば，給付金の額はその分高くなるといえます。

②月例給与額そのものを見直す方法

月例給与を上積みすることも，考えられる施策の一つです。設問は，これに関するものと考えられます。

以下，これらの施策に対する検証を行います。

3　給付金の支給額を上げることを目的とした賃金の引上げの可否

（1）社内で生じる矛盾

上記①の賞与分を月例給与に振り分ける方法については，通常，賞与は会社

の業績等により支給額に変動をもたせるべく設定していることが多いので，これを月例給与に振り分けてしまうこと自体，会社の賃金制度上合理的な説明がつかなくなってしまうことが懸念されます。

また，上記②については，給与又は賞与額の設定の適正化を目指し，他の従業員も含めた賃金制度の見直しを行うべきです。まずは会社の賃金制度の考え方があり，それを受けて給付金の額が決められるという順番を取り違えないようにしましょう。また，育児休業を取得しようとしている従業員が女性である場合，妊娠期間中に軽易な作業への転換を希望するなどにより業務が軽減されていることもありますので，他の従業員とのバランスを欠いた施策は休業取得予定者を必ずしも喜ばせることにはなりませんし，かえって従業員から企業経営のあり方への不信感を招く結果となりかねず，積極的にお勧めすることはできません。

（2）不正受給とならないかの検討

出産手当金の算定方法は，平成28年3月までは，産前産後休業を取得した月に決定されている標準報酬月額を30で割り戻した額（標準報酬日額）を基礎として決定される仕組みでした。ところが，このような算定方法の下，給付金受給の直前に，標準報酬月額を高く変更する随時改定の届出が多くなされ，不正の温床になっていることが問題とされたことにより，現在のような「1年平均」で算定する方法に改められたのです（第81回社会保障審議会医療保険部会資料2より）。改正後は，事業主及び被保険者が意図的に給付金の額を高めようとした場合，少なくとも1年間は高い標準報酬月額による保険料の負担も伴うため，不正はしづらい状況に改善されているといえます。

雇用保険では，不正受給が行われた場合，その不正行為があった日以降，手当等の支給は行わず，不正に受給した額の返還命令がなされ，さらに不正受給相当額の最大2倍額の納付命令がなされます（雇保法10条の4）。いわゆる「3倍返し」といわれるものです。設問では，賃金額を実際に増額するのですから，直ちに不正ということはできないと思いますが，目的が給付金の額を操作することにあるとすれば，制度趣旨からして不正を目的としたものと判断される余地があり，好ましい取組みとはいえません。

4 その他の留意点

　不正受給に関連して,「職場復帰する予定のない従業員に育児休業を取得させた場合,その期間中に受給した育児休業給付金の返還を命令されることがありますか」といった相談を受けることがあります。

　育児休業給付金は,雇用の継続を達成することを目的に設けられている給付ですので,復帰予定のない従業員にはそもそも支給されません。ただし,当初は復帰する予定だったけれども結果的に復帰することができず退職に至ったという場合に,既に受けた給付金の返還を求められることはありません。出産・育児を経て,従業員の生活環境が大きく変わることもあるためでしょう。従業員が育児休業等に入る前には十分に本人の意向をヒアリングし,その内容について書面で記録をしておくことで,不正と疑われることのないようにしておきたいものです。

（安中　繁）

育児休業給付, 社会保険給付及び保険料免除の要件について知りたい

Q88
元従業員から, 育児休業給付金の支給を受けたいので退職日の補正を希望する旨の申し入れがありました。これに応じる必要があるでしょうか。また, 退職日が育児休業給付金の支給要件等にどのように影響するのかについて教えてください。

A
退職日を補正すべき事実があれば対応しなければなりませんが, 給付金を受けるために退職日を操作することはできません。なお, 退職日により給付金の支給条件を満たさなくなる場合があります。

[解説]

1 育児休業給付金の支給要件

(1) みなし被保険者期間が通算12か月以上あること

みなし被保険者期間とは, 育児休業を開始した日の前日から遡って被保険者であった期間を1か月ごとに区分し, その区分された期間のうち賃金支払基礎日数が11日以上であった月を1か月としてカウントするものです（雇保法61条の4第2項）。また, 区分された期間が1か月に満たない場合は, その期間が15日以上あり, 賃金支払基礎日数が11日以上あれば, 被保険者期間2分の1か月としてカウントします。区分する起算日のことを「応答日」といいますが, 応答日は育児休業の開始により変動するため, 被保険者期間が12か月取れるか取れないかのボーダーライン上にある場合は, 前職の資格喪失日が明暗を分けるケースもあります。詳しくは, 次頁の図を参照して下さい。

なお, 12か月以上のみなし被保険者期間の有無は, 原則として育児休業開始前2年間で算定します。

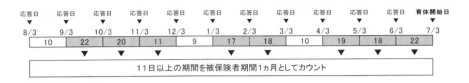

（2）疾病等により賃金を受けていない期間があるとき

育児休業開始前２年間に疾病等により引き続き30日以上賃金の支払いを受けることができなかった期間がある場合には，その日数が２年間に加算されます。これにより妊娠期間中の悪阻や切迫早産などで長期に療養していたようなときは，算定期間が延長されることがあります。

（3）転職をしている場合の取扱い

育児休業開始前２年間（前記（2）により延長された場合は最大４年間）のうちに転職している場合，前の会社での被保険者であった期間について基本手当の受給資格の決定を受けていなければ，その勤務実績もカウントすることができます。

この場合，前職での離職日から現在の会社への入社日までに間があると，前記（1）でいう区分期間が１か月未満となることがあり，そのため，みなし被保険者期間が２分の１とカウントされる区分が発生しやすくなります。

2　退職日を補正することは可能か

育児休業給付金の要件を満たすために退職日を変更することは，場合によっては不正受給とみなされ，いわゆる「３倍返し」（Q87参照）を命じられる恐れがあります。そればかりでなく，たとえば月中の退職であったものを月末日の退職へと変更した場合は，社会保険料を負担すべき月数が１か月増えることになります。そもそも労使間で合意した退職の期日を，退職の事実があった後に恣意的に変更できるものではありません。

ただし，月末の退職であると認識すべき場合に，月末日が所定休日であることを受けて最終出勤日を退職日として処理したという手続上の誤りを見ることがあります。このような場合は，真正な退職日に補正することは当然行うべきです。

3 社会保険給付の期間要件等

(1) 出産育児一時金・出産手当金・傷病手当金

いずれの保険給付も，申請時点で被保険者資格を有していれば保険給付が行われます。雇用保険の育児休業給付金のように，ある程度被保険者としての実績を積んでいないと受給資格が得られないといった仕組みではないのです。なお，資格取得とこれら給付金の申請の時期が接近している場合，資格取得が適正に行われているかを確認するための調査が行われることがあります（いわゆる「取得接近調査」）。

(2) 資格喪失後の継続給付を受ける条件

妊娠・出産にまつわる健康保険からの保険給付は，退職した後でも条件を満たせば支給されます。以下に述べる条件が設けられていますので，妊娠中の従業員が退職する際に，在職期間についてボーダーライン上にあるような場合には，会社にとって無理のない範囲で配慮することも考えられます。

ア 傷病手当金

次の要件を満たせば，任意継続被保険者になっているかどうかにかかわらず，当初予定していた期間について退職後も継続して傷病手当金を受けることができます（健保法104条）。再就職している場合は，(1)で述べたとおり，再就職先で受けることになります。

①退職までに1年以上被保険者であったこと
②退職する時点で，傷病手当金の支給要件を満たしていること

イ 出産育児一時金

次の要件を満たせば，退職後であっても出産育児一時金を受けることができます（健保法106条）。なお，再就職している場合や他の医療保険制度から出産育児一時金が受けられる場合であっても，前職にかかる出産育児一時金を選択することができますので，付加給付の有無や額を比較してどの制度から一時金を受けるかを検討します。

①退職までに1年以上被保険者であったこと
②退職後6か月以内に出産したこと

ウ 出産手当金

　次の要件を満たせば，任意継続被保険者になっているかどうかにかかわらず，当初予定していた期間について退職後も継続して出産手当金を受けることができます（健保法104条）。再就職している場合は，（１）で述べたとおり再就職先で受けることになります。
①退職までに１年以上被保険者であったこと
②退職する時点で，出産手当金の支給要件を満たしていること

（３）社会保険料の免除

　健康保険・厚生年金保険の保険料免除（Q85参照）にも期間要件はなく，免除を受ける時点で被保険者であれば足ります。また，退職後はそもそも保険料が発生しないため免除は継続しません。なお，任意継続被保険者には保険料の免除の適用がないため，退職後任意継続被保険者となった場合であっても，保険料の免除は行われません。

（４）養育期間特例

　３歳未満の子を養育する場合の厚生年金保険標準報酬月額にかかる特例（Q85参照）にも期間要件はなく，特例を受ける時点で被保険者であれば足ります。再就職した場合にも，特例の適用が受けられるため，出産前に退職する従業員には，出産後再就職したときに養育期間特例申請書を提出すべきことを案内します。

（安中　繁）

出産後まもなく子が死亡した場合の手続について知りたい

Q89
出産した従業員から，子が出生した数日後に死亡したと連絡がありました。当初予定していた休業が終了したり，手続が変更となったりするのでしょうか。また，新たに必要となる手続があれば教えてください。

A
産後休業期間は子の死亡により変更されることはありませんが，育児休業期間は子の死亡をもって終了します。それに伴う手続の変更等について解説します。

[解説]

1 社会保険に関する手続で変更となるもの／ならないもの

（1）社会保険料免除に関する届出

ア 子の死亡が産後休業期間中の場合

出産の事実があれば，子が死亡した場合であっても産後休業期間に変更はありません。産前産後休業制度にかかる「出産」とは，妊娠85日目以降の生産（早産），死産（流産），人工妊娠中絶を指すためです（昭23.12.23基発第1885号）。そのため，当初予定していた期間のとおり，保険料の免除を受けることができます。

ところで，子の生存如何にかかわらず，出産した女性労働者は労働基準法により就業制限がかかりますので，職場復帰は早くても産後6週間を経過したときからとなります（労基法65条）。6週間経過後，当初予定していた職場復帰の時期を早めることとした場合は，社会保険料の免除が受けられる期間も短縮されますので，産前産後休業取得者変更（終了）届を提出します。

届出書類の名称	届出期限	届出先
産前産後休業取得者変更（終了）届	速やかに	年金事務所又は健康保険組合

   イ　子の死亡が育児休業期間中の場合
　　育児休業期間中に子が死亡した場合，育児休業は子の死亡日までで終了することになります（育介法2条）。この点は産後休業の取扱いと異なります。育児休業にかかる社会保険料免除の届出を行う前に子が死亡した場合は，子の死亡日を終期とする育児休業取得者申出書を提出することになります。既に申出書を提出済みの場合は，育児休業の終了予定日が変更となりますので，育児休業取得者変更（終了）届を提出します。

届出書類の名称	届出期限	届出先
育児休業取得者変更（終了）届	速やかに	年金事務所又は健康保険組合

（2）出産手当金に関する届出
　　出産手当金は，産前産後休業期間中に受けられるもので，産前産後休業自体は子の死亡により直ちに期間に変更が生じるものではありませんので，当初予定していた期間に応じて申請することができます。ただし，（1）アで述べたように職場復帰の時期を早めることとした場合は，短縮された期間については手当金の支給を受けることはできません。

2　雇用保険に関する手続で変更となるもの

　　育児休業が開始される出生後57日目以降（男性の育児休業の場合は子の出生日以降）に子が死亡した場合には，子の死亡をもって育児休業は終了することとなります（育介法2条）。育児休業給付金の申請は，休業していた期間に対応する分のみを行うこととなります（雇保法61条の4）。
　　たとえば，育児休業開始10日後に子が死亡した場合，引き続き休業する場合であっても，速やかに職場復帰する場合であっても，休業していた10日間にかかる育児休業給付金の申請が可能です。会社としては申請手続に漏れがな

いように注意が必要です。子が死亡した従業員が、引き続き休業することとした場合、「育児休業」には該当しません。この場合、会社として欠勤の扱いとするのか、特別休暇等として対応するのか検討すべきですし、必要に応じて就業規則に規定化することも検討すべきです。

3　新たに必要となる手続

（1）健康保険

ア　被扶養者届の提出

被扶養者として認定されていた子が死亡した場合は、その子に発行されていた保険証を添付して扶養の終了の届出を行います（健保法3条）。なお、本届出は、被扶養者届（Q85参照）を未だ行っていない場合は、被扶養者届と同時に行うこととなります。この手続により扶養の認定を受けていないと、イで解説する埋葬料が受けられないためです。

届出書類の名称	届出期限	届出先
被扶養者届	死亡日から10日以内	協会けんぽ支部又は健康保険組合

イ　家族埋葬料の申請

被扶養者の死亡に関しては、健康保険から一律5万円が支給されます（健康保険組合の場合は付加給付が加算されることがあります。健保法113条）。

届出書類の名称	申請期限	申請先
家族埋葬料申請書	死亡日から2年間	協会けんぽ支部又は健康保険組合

なお、家族埋葬料は、出生後の死亡については支給されますが死産の場合には支給されません。この場合、出産育児一時金と出産手当金は要件を満たせば支給されます。

（2）その他

慶弔見舞金の定めがあれば、これに伴い給付を行う社内手続を進めます。また、育児休業は終了となったとしても、慶弔休暇により休暇を取得できるような制度が会社にあれば、そのことを本人に案内します。

（安中　繁）

産前産後休業・育児休業期間中の給与計算の取扱いについて知りたい

Q90 産前産後休業・育児休業期間中の給与が支給されない期間中の住民税や給与控除の生命保険料等は，どのような取扱いとするのが正しいのでしょうか。

A 休業期間中の住民税は，普通徴収へ切り替えることができます。生命保険料等，会社の労使協定により給与から控除されているものは社内の取り決めによります。

[解説]

1 給与計算関係で行うべき手続

　給与計算の担当者は，産前産後休業・育児休業期間中の従業員の給与の取扱いについて，給与計算ソフトのマスタ登録の変更を行う等，抜け落ちのない業務遂行を心がけます。休業開始後に慌てることのないよう事前にタイミングを確認しながら進めていきましょう。特に休業が年末年始にかかる場合，年末調整がなされることもあり，過年度分の修正は煩雑さを極めますので慎重に行いたいところです。

（1）住民税の徴収方法の切替

　給与所得者にかかる住民税は，前年所得にかかる額を6月から翌年5月までの12回分割で徴収する仕組みが取られています（特別徴収）。この分割期間の途中から産前産後休業・育児休業が開始され給与が支給されないこととなった場合，住民税の徴収を普通徴収（納付書による納付）に切り替えることができます（地方税法321条の3）。また，引き続き特別徴収を継続することも選択できます。特別徴収を継続する場合は，会社が住民税を立て替えることとするか，一定期日ごとに会社宛に振込等により支払うこととするかを事前に取り決め，従業員に事前に案内しておきます。

届出書類の名称	届出期限	届出先
給与支払報告／特別徴収にかかる給与所得者異動届出書	休業開始の翌月10日まで ※届出時期が1月以降となった場合は普通徴収への切替はできません	住民税を納付する市区町村

　住民税の納付方法を普通徴収に切り替えた場合，従業員本人が住所地の市区町村に申出をすることにより住民税の徴収が猶予されることがあります（地方税法15条の５）。猶予された住民税は，職場復帰後に納付することになりますが，希望する従業員にはこのような制度があることと，詳細については直接住民税を納付する各市町村に問い合わせるように案内しておきます。

（２）税法上の扶養親族の追加

　16歳未満の扶養親族は，所得税上は原則として控除対象となりませんが，住民税の算定にあたっては控除対象となりますので，給与所得者の扶養控除等（異動）申告書に必要事項の追記を行い，出生後初めて到来する年末調整時に漏れのないようにしておきます（地方税法45条の３の２）。

届出書類の名称	届出期限	届出
給与所得者の扶養控除等（異動）申告書	出生後最初の給与を支払うまでに	会社で保管 （税務署等からの求めがあったときに提示できるようにしておく）

（３）家族手当等の追加

　会社の規定により家族手当等の支給がある場合，この支払のための給与計算上の登録を行います。家族手当の支給が漏れていたといって遡及支払を行うケースが散見されますが，「わたしは会社から大切に思われていない」と負の思いを抱かせてしまうこととなりかねませんので，留意する必要があります。

2 その他の留意点

(1) 給与計算担当者が留意したい賞与支給時のポイント

ア　賞与の社会保険料も免除となる

産前産後休業・育児休業期間中に，賞与が従業員に支払われることがあります。この場合，賞与にかかる社会保険料も免除となりますので，誤って保険料の控除を行わないように留意します。

イ　賞与支払届は必要

社会保険料が免除となる場合であっても健康保険・厚生年金保険賞与支払届の届出は必要です（健保法48条，厚年法27条）。届出された賞与額に応じて，将来受け取る厚生年金の額への反映が行われます。

ウ　支給時の留意点

賞与支給日を月例給与と同一日に設定している会社では，保険料控除について重ねて留意が必要です。

たとえば，7月20日から産前産後休業を開始した例で，給与及び賞与の支給日が7月15日であるとき，賞与にかかる社会保険料は免除となりますが，給与にかかる社会保険料は徴収することになり，取扱いが異なります。給与にかかる社会保険料は前月分を控除することが原則であるためです（健保法167条，厚年法84条）。

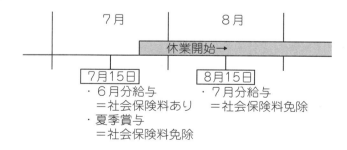

(2) その他給与控除の中断

財形貯蓄，生命保険料，持ち株会等，労使協定に基づき給与控除としているものがあれば，これらの控除の中断に関する社内手続も必要になります。これ

らは法令上控除が求められるものではないため，会社ごとにどのような取扱いとしているのかを確認した上で，必要に応じ手続を進めます。休業中の従業員には，育児休業給付金の支給がなされる2か月ごと等，一定期日に会社に振込等により支払いをしてもらうよう案内しておきます。

（安中　繁）

育児休業給付金の延長支給を受けるための留意点について知りたい

Q91
保育所への入所ができなかったことにより育児休業給付金の支給延長手続を行ったところ，要件に該当しないとして認められませんでした。今後のために制度上留意すべき点を教えてください。

育児休業給付金の延長支給を受けるためには，育児休業を延長する始期より前の日付での認可保育所に対する入所申込をしていることが求められます。

［解説］

1 育児休業給付金の支給期間

(1) 原則

育児休業給付金の支給期間は，育児休業取得者が出産した女性従業員である場合は産後休業の後（出産の翌日から57日目）から子の1歳の誕生日の前日までの期間となります。男性従業員が取得する場合は，子が出生した日が始期となります（雇保法61条の4）。

(2) 特例

ア　パパママ育休プラスの場合（1歳2か月まで）

原則にかかわらず，配偶者（たとえば妻）が子の1歳の誕生日の前日までの間に育児休業をしている場合，育児休業給付金は1歳2か月までの期間支給されます（雇保法61条の4）。

図：パパママ育休プラスの取得例（出典：厚生労働省HP）

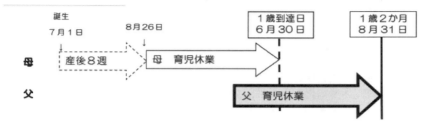

※　両親の育児休業期間が重複することも可能です。

イ　待機児童等特例の場合（１歳６か月まで）
　子が１歳に到達した時点で次の要件に該当する場合，育児休業給付金の支給期間はア又はイの期間の後，子が１歳６か月に達するまで延長されます（雇保法61条の４）。
①保育園待機児童を養育するとき。
②配偶者について，死亡・一定の障害・離婚・新たな妊娠等に該当したとき。

2　待機児童特例による延長を受ける際の留意点

　前記１（２）イ②の待機児童特例により延長を受けようとする場合には，市区町村から発行される認可保育所不承諾通知の書面及び入所申込書の控えを添付して給付金の申請を行うことになります。このとき，保育所入所希望日は，子の１歳の誕生日より前の日付となっていることが求められます。たとえば，８月23日に１歳の誕生日を迎える子について育児休業の延長を行い，育児休業給付金を受給するためには，少なくとも８月１日の入所を申込していることが必要で，市区町村が定める期日までに申込手続を行っていなければなりません。

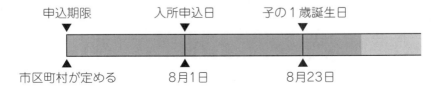

次の①から③については、育児休業給付金の延長給付が受けられないことを、本人に案内しておきましょう。
①子の１歳の誕生日の後の日付での入所申込をしている場合
②そもそも入所の申し込みをしていない場合
③入所申込を認可保育園以外の施設に行った場合

なお、育児休業給付金の延長にかかる「待機児童」は、あくまでも認可保育所への入所ができなかったことが要件であるため、認可外保育所（認証保育所や、民間の託児施設）に入所できているとしても、認可保育園での保育が行われない期間については延長給付を受けることができます。

平成29年１月１日以降の新しい雇用保険業務取扱要領から、従前の要領には無かった「市区町村の証明が取れない場合の被保険者の疎明書」の規定が追加されています。認可保育所不承諾通知の書面が提出できない場合であっても、被保険者の疎明書（被保険者による署名捺印付き）を提出することにより、延長給付の要件を満たすことができるようになったものです。

疎明書サンプル（出典：雇用保険業務取扱要領H29.11版）

```
                              疎明書

    私（被保険者氏名）は、子（入所児童氏名）について、保育所への入所申込を市町村（入所申込先の
  市町村）に対して行ったが、子が１歳の誕生日（パパ・ママ育休プラス制度の活用により、育児休業終了
  予定日が当該子の１歳の誕生日後である場合は、当該育児休業終了予定日。当該育児休業終了予定日が１
  歳２か月に達する日である場合は、１歳２か月の誕生日）において、保育所へ入所できなかったことを疎
  明します。

                                              平成　　年　　月　　日
    氏　名
                                                                    印
        公共職業安定所長　殿

   （注）　公共職業安定所から、事業主、被保険者又は市町村に対して、今回の育児休業給付延長の申出に
        かかる事実について確認させていただく場合があります。
```

3　社会保険料の免除について

　認可保育所不承諾通知の書面の添付が求められるのは、雇用保険の育児休業給付金であり、同様の要件は社会保険料の免除には設けられていません。したがって、育児休業給付金の延長給付が受けられなかった場合であっても、社会保険料の免除を受けることができます。

　この場合、延長することとなった期間に対応する「育児休業取得者申出書（延長）」を提出することとなります。社会保険料の免除は、3歳未満の子を養育するために休業している期間につき受けることができます（Q85も参照してください）。

届出書類の名称	申請期限	届出先
育児休業等取得者申出書（延長）	1歳以降の育児休業を取得する場合	年金事務所又は健康保険組合

4　育児休業期間の再延長

　平成29年10月から、子が1歳6か月に達した時点でも保育所等に入れない等の事情があれば、子が2歳に達するまで育児休業を再延長できるようになりました。この期間についても育児休業給付金が支給されることとなり、前記1（2）イの「1歳」は「1歳6か月」に、「1歳6か月」は「2歳」に読み替えます。

　給付金の手続きを取る際には、1歳時点での延長理由にかかわらず、1歳6か月時点で改めて保育所入所不承諾通知書等を提出することが必要です。

（安中　繁）

育児休業期間中の在宅勤務実施の際の留意点について知りたい

Q92 会社と従業員のニーズが合致したため，育児休業期間中に休業から復帰させることなく短い時間在宅で勤務をさせたいと思います。育児休業給付金の受給にどのような影響があるか教えてください。また，実施にあたって留意すべき事項があれば教えてください。

A 臨時かつ短日数又は短時間数（月10日まで又は80時間まで）の勤務であれば，引き続き給付金を受けることができます。ただし，支払われた賃金額に応じて給付金の額は調整されます。

[解説]

1 育児休業給付金の受給要件（雇保法61条の4）

（1）休業日数又は時間数の要件

育児休業給付金を受ける期間中に所定労働日数の一部を勤務した場合，その勤務した日数は支給単位期間ごとに10日までであれば給付金は支給されることとされています。ただし，11日以上の勤務があった場合であっても，支給単位期間中の総労働時間が80時間以内であれば給付金は支給されます。

なお，この時間は他社で就業した時間を含んで算定します。

（2）給与との調整

育児休業期間中に勤務し，給与の支払を受けている場合，給付金の額は次のように調整されることとなります。

支給単位期間に支払われた給与		育児休業給付金の額
休業開始時賃金日額に支給日数を乗じて得た額の	①80％以上	不支給
	②30％（13％※）超80％未満	休業開始時賃金日額に支給日数を乗じて得た額の80％相当額と給与の額との差額

※休業日数180日までは，給付金が67％支給されるため13％が基準となります。

　たとえば，休業開始時賃金日額に支給日数を乗じて得た額が30万円であって，休業日数181日以降である支給単位期間中に勤務をしたことにより給与が10万円支給されたとすると，②に該当するため，育児休業給付金は14万円（30万×80％－10万円）が支給されることになります。育休期間中は休業前給与の80％までは保障しようという趣旨です。

　そうすると，育児休業期間中に休業の状態のまま臨時で勤務をさせることは可能ですが，育児休業給付金は給与の支給額によって一部又は全部が不支給となることを知っておく必要があります。

　休業中の勤務を在宅で行わせることとする場合であって，育児休業給付金の支給額に全く影響を与えない範囲で行わせることとするなら，下記及び次頁の図のような制限時間を設定することとなります。

①当初6か月（180日目まで）は給付金は休業前賃金の67％が支給されるため，給与は育休開始前の13％までとします。所定労働時間に比例して算定された時給で給与の支払がなされると仮定した場合であって，所定労働時間を例えば160時間とすると，その13％に相当する時間数は約20時間であり，この範囲内で勤務させることになります。
②その後の育休期間（181日以降）は給付金は休業前賃金の50％が支給されるため，給与は育休開始前の30％までとします。前記①と同様の設定の場合，約48時間を上限として在宅勤務させることになります。

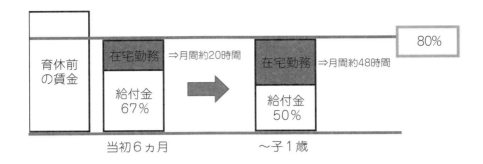

(3) 休業期間中の勤務は臨時的なものであること

前述のような上限を設定するなどして在宅勤務を計画的に行おうとする場合であっても、育児休業の取得申出をしている従業員ごとに協議・合意の上で実施すべきです。休業中の勤務はあくまでも臨時的なものであり、恒常的に行うものではないという考え方に立ち、個別の従業員の状況に合わせて無理のない範囲で実施していくことが重要です。

2 社会保険料の免除要件との比較

健康保険法及び厚生年金保険法においては、育児休業期間中の保険料を免除とする取扱いがありますが、免除期間が終了する時期、つまり「復帰」とみなす定義について、月の勤務時間が80時間を超えること等の明確な要件を設けていません。したがって、月80時間以内の勤務に留まっているなどの短時間勤務だとしても、会社に対して「復帰」の意思表示がなされており、社内で復帰したものとして取り扱っている場合は、社会保険料の免除期間は終了することになります。

休業期間中に行う臨時勤務なのか、復帰後の勤務形態として在宅勤務としているのか、社内での考え方を明確にしておくことが重要になります。

なお、復帰の取扱いとした場合、復帰日を含む月から連続3か月間の出勤日が17日未満（短時間労働被保険者にあっては15日/11日）である場合には、育児休業復帰時改定（Q85参照）は行われないことにも注意が必要です。このような場合、たとえば育休取得前の報酬が60万円であった従業員が復帰後

在宅勤務をすることとなり短時間勤務となったこともあいまって報酬が20万円程度に落ち込んだとしても，定時決定又は随時改定の時期が到来するまでは60万円に見合った保険料の負担が求められることになるのです。

3 その他在宅勤務にかかる留意事項

（1）労働時間管理

在宅での勤務が育児をしながら行うものであることを想定すると，労働時間を正確に把握することは困難です。そこで，「事業場外みなし労働時間制」により管理することを検討すべきです。事業場外で勤務する場合に実際の労働時間の把握が困難であるとき，実労働時間にかかわらず「みなし労働時間」で時間管理することができる仕組みです（労基法38条の2）。

（2）作業環境

在宅勤務を行うにあたっては，作業机と椅子，部屋の明るさ，温度・湿度等の環境は，職場と同等の環境が整備できるかを事前にヒアリングすべきです。在宅勤務の結果，腰痛を悪化させたり，視力を著しく低下させてしまったりしたとの申出が従業員からなされることがあります。

（3）作業内容

（1）でも述べたとおり，育児しながらの勤務であることを考えると，まとまった時間集中して作業することは難しく，会社が期待した成果が上がってこないことも十分に考えられます。作業内容は，①締切に余裕のあるものであること，②自宅の環境で十分遂行可能なものであること，に配慮する必要があります。

（安中　繁）

「育休復帰支援プラン」について知りたい

Q93 厚生労働省のモデル育児休業規程には,「育児休業の取得を希望する従業員に対して,円滑な取得及び職場復帰を支援するために,当該従業員ごとに育休復帰支援プランを作成し,同プランに基づく措置を実施する」とあるのですが,この措置は具体的にはどのようなものですか。また当該措置を実施することは義務なのでしょうか。

A 育休復帰支援プランの策定は法律上の義務ではありませんが,育介法により努力義務とされている制度の個別周知にあたることから,実施することをお勧めします。

[解説]

1 育休復帰支援プランとは

育休復帰支援プラン（以下「プラン」といいます）とは,従業員が円滑に育児休業等の取得と職場復帰ができるように会社が実施する支援を明らかにすべく策定する書面のことをいいます。プランの策定は法律上の義務ではありませんが,平成29年10月施行の改正育介法21条により本人又は配偶者が妊娠等した場合に,育児休業等の制度を個別に周知することが努力義務化され,ちょうどプランがその役割を担いますので,策定するケースが増えていくでしょう。策定・活用することを要件に受給できる助成金（両立支援等助成金：育休復帰支援プラン策定コース）もありますので,積極的に活用していくことが考えられます。

プランは,各企業の実態に合わせて作成すればよいものですが,主として次の項目が含まれているものであるべきとされています。
①対象育児休業者の業務の整理,引継ぎに関する措置
②育児休業中の職場に関する情報及び資料の提供に関する措置

図:育休復帰支援プランサンプル(出典:厚生労働省「中小企業のための「育休復帰支援プラン」策定マニュアル」)

育休復帰支援プラン　　　　　　　　　　　　　　　計画策定日:平成29年10月1日

対象従業員　氏名		○○　○○		
予定	出産予定日	平成30年5月12日		
	産前休業開始日	平成30年4月1日		
	育児休業取得期間	平成30年7月8日～平成31年4月30日		
実績	出産日			
	産前休業開始日			
	育児休業開始日			
育休取得・職場復帰に関する確認事項	法律で定められた措置・制度の整備状況		確認・整備日	平成29年1月1日
	対象従業員の希望の確認		確認日	平成29年9月15日
	職場の状況	・代替要員の確保が難しい・シフト制(土日勤務・夜勤あり)である ・所定外労働が多い・体力を要する仕事が中心である ・作業手順等の変更が多い		
	対象従業員の状況	女性従業員・男性従業員・役職者・有期契約労働者・専門性の高い職種 ・その他(		

取組計画		取組状況確認日
取組期間	取組内容	
平成29年10月	・対象従業員の業務棚卸しを行い、省略・廃止できる業務を洗い出す ・また、職位上位者に委ねる業務、周囲の従業員に広く分担させる業務、外部化できる業務、対象従業員の育休中は一旦保留しておくことのできる業務に振り分ける	
平成29年11月～ 平成30年3月	・新たに業務を分担する従業員が、対象従業員が休業に入るまでの間に業務を引き継ぐことができるよう、引継ぎ計画を作成し、引継ぎを行う ・並行して、当該担当者の負荷が過重とならないよう、既存業務の一部を廃止もしくは後輩社員への引継ぎを行う	
平成30年4月～ 平成31年4月 (休業中)	・休業中の従業員に対して、職場の状況や業務内容の変更などの情報提供を継続的に行う	

2 プランを策定しておくことの意義

　プランを策定しておくことで，休業を取得する従業員の個別の事情（従事する業務の特性・家族環境等）に合わせたきめ細やかな支援を計画的に行うことができるようになります。個別支援を行うことは，職場全体の業務改善のヒントにもなります。

3 プラン策定のために行うべき取組み

　支援プランを策定するために，以下の（１）から（４）のタイミングで次頁のような項目を含む情報を従業員からヒアリングします。個別面談を実施し，その記録を面談シートに記入していくことが有効です。また，面談の機会を設けること自体，支援プランの一環として行われるものであると位置づけることができます。
（１）妊娠報告後面談
（２）産前産後休業（育児休業）前面談
（３）復帰前面談
（４）復帰後面談

4 その他の支援内容

（１）休業中の情報提供
　定期的に社内報を送付したり，人事関係書類を送付したりする機会を通じて，人事異動等の会社の状況を知らせましょう。

（２）研修機会の提供
　育児に慣れてきた頃に多少時間に余裕ができ，この機会にスキルアップを図りたい，資格を取得したい，という従業員もいます。こういった従業員に会社としてなんらかの支援をすることができれば，従業員の会社に対する貢献意欲は高まると考えられます。研修の機会は休業中のみならず，復帰前，復帰後にも実施できれば望ましいです（休業中研修，復帰支援研修，復帰後研修など，Q40も参照）。

〈面談シート例〉（出典：厚生労働省　「中小企業のための「育休復帰支援プラン」策定マニュアル」）

| 取得予定者 | ［部署： | 社員番号： | 氏名： | ］ |

産休・育休復帰支援面談シート＜休業前＞

労働者から妊娠報告を受けたら、休業前までの働き方について本人と話し合いましょう。

質問事項	確認方法	内容
出産予定日はいつですか？	日付を確認してください。	年　　月　　日
産前休業はいつから取得しますか？	産前休業は、出産予定日を含め42日間取得可能です。取得する場合は、取得開始予定日を確認してください。	年　　月　　日
育休の取得予定はありますか？	取得予定時期を確認してください。	年　月　日〜　年　月　日 ※出産後等、取得が決定してから、申出書の提出を依頼下さい
体調面で、周囲に配慮してほしいことはありますか？	体調面で何か気になることがあるか確認し、記載してください。	
業務の引き継ぎスケジュールを話し合いましょう	休業前に、業務の進捗状況を整理し、本人と「誰に」「いつ」「どうやって」引き継ぎを行うか相談してください。	

上司 記入欄	人事・総務担当者 記入欄

| 面談日：　　／　　　／ | 人事・総務担当者サイン | 上司サイン | 本人サイン |

休業の2か月前になったら、休業中や復帰後について本人と話し合いましょう。

質問事項	確認方法	内容
前回の面談からの変更点はありますか？	産前休業の取得開始予定日や育休の予定期間など、前回の面談時から変更点があるか確認してください。	
休業中の連絡先を教えてください（※任意）	休業中に会社から連絡する場合の連絡先を記載してください。郵便物送付先が期間によって異なる場合は、人事・総務担当者がわかるように確認してください。	1．電話番号： 2．FAX： 3．メールアドレス： 4．郵便物（　月〜　月まで）〒 　　　　　（　月〜　月まで）〒
現在考えている「復帰後の就業イメージ」をお聞かせください	復帰前に改めて確認しますので、「現時点での」イメージを確認し、〇をつけてください。	① 休業前と同じ働き方をしたい ② 「育児時間」（1日2回各々少なくとも30分。子どもが1歳になるまで）を利用したい ③ 所定内労働時間を短縮したい（期間の定め） 　［　　　時　　　分〜　　　時　　　分］（　　　　　　まで） ④ 時間外労働・休日労働・深夜労働を免除してほしい ⑤ その他（　　　　　　　　　）
その他、休業に向けての相談・連絡事項はありますか？	何か気になることがあるか確認し、記載してください。	

上司 記入欄	人事・総務担当者 記入欄

| 面談日：　　／　　　／ | 人事・総務担当者サイン | 上司サイン | 本人サイン |

〈面談シート例（つづき）〉

※面談が終わったら、人事・総務担当者は「原本」を、上司と本人は「本シートのコピー」を保管してください。

産休・育休復帰支援面談シート＜休業中・復帰後＞

休業終了予定の1〜2か月前になったら、今後の働き方について本人と話し合いましょう。

質問事項	確認方法	内容
職場復帰日の変更希望はありますか？	変更の有無と、変更の場合は日付を確認してください。	①あり（　　年　　月　　日）　②なし
就業中の保育者（予定）を教えてください	該当するものに〇をつけてください。	①認可保育園　②認可外保育園　③配偶者　④親・親族　⑤その他（　　　）
保育園利用予定の場合、現在の状況を教えてください	該当するものに〇をつけてください。	①確定　②結果連絡待ち　③第2希望以降は確定　④未定
日常的に育児のサポートを受けられますか？	該当するものに〇をつけてください。	①受けられる（配偶者／親・親族／民間サービス／その他（　　））　②受けられない
緊急時に育児のサポートを受けられますか？	該当するものに〇をつけてください。	①受けられる（配偶者／親・親族／民間サービス／その他（　　））　②受けられない
勤務時間についての希望を聞かせてください	該当するものに〇をつけてください。③と④については、希望期間を確認してください。	① 育休取得前と同じ働き方をしたい ② 「育児時間」（1日2回各少なくとも30分。子どもが1歳になるまで）を利用したい ③ 所定内労働時間を短縮したい　　　時　　分〜　　時　　分］ 　→時間短縮を希望する場合、期間はいつまでを考えていますか？（　　年　　月まで） ④ 深夜労働・休日労働を免除してほしい 　→免除を希望する場合、期間はいつまでを考えていますか？（　　年　　月まで） ⑤ その他（　　　）
所定外・時間外労働に関して配慮が必要ですか？	該当するものに〇をつけてください。	①所定外労働の免除　②時間外労働の制限（月24時間、年150時間まで）　③その他（　　　）
遠距離の外出や出張に関して配慮が必要ですか？	配慮が必要な場合は、具体的に確認してください。	
職場復帰後の業務内容や役割分担などについての要望はありますか？	業務上の要望があるか確認してください。	※原則として育休取得時に交付した取扱通知書のとおりとなる点確認してください
仕事をする上で、周囲に配慮してほしいことはありますか？	何か気をつけてほしいことがあるか確認してください。	
その他、復帰に向けて相談・連絡事項はありますか？	本人やお子さんの体調面のことなど、懸念点を確認し記載してください。（育休中に資格取得をしたか確認し、その内容を記載してください）	

上司 記入欄	人事・総務担当者 記入欄
面談日：　／　　／	人事・総務担当者サイン　　上司サイン　　本人サイン

復帰から2か月経ったら、復帰後の就業状況について本人と話し合いましょう。

復職後の就業状況について共有しましょう	現在の状況とともに、業務・体調・育児の面などで気になることがあるか確認しましょう。	

上司 記入欄	人事・総務担当者 記入欄
面談日：　／　　／	人事・総務担当者サイン　　上司サイン　　本人サイン

5 プラン策定により受けられる助成制度

　職業生活と家庭生活の両立支援に対する事業主の取組を促すことを目的として，中小企業を対象に，プランを作成した後，育児休業を取得した従業員がいる場合，さらに，育児休業から復帰した従業員がいる場合に，「両立支援等助成金（育児休業等支援コース）」が支給されます。

（1）支給される額

　支給される額は次表のとおりです。

育休取得時	28.5万円（※36万円）
職場復帰時	28.5万円（※36万円）
職場支援加算	19万円（※24万円）

※一定の生産性向上にかかる要件を満たした場合
　一企業2人まで（無期雇用者，期間雇用者各1人）支給されます。また，育児休業取得者の業務を代替する従業員に，業務代替手当等を支給するとともに残業抑制のための業務見直しなどの職場支援の取り組みをした場合，加算がつきます。

（2）支給要件

　ア　育休取得時

■プランの策定と活用をしていること。具体的には次の要件を満たすこと。
　①プランにより，労働者の円滑な育児休業の取得及び職場復帰を支援する措置を実施する旨あらかじめ規定し，労働者へ周知していること。
　②対象育児休業取得者（又はその配偶者）の妊娠の事実（養子の場合は，養子縁組の成立）について把握後，対象育児休業取得者の育児休業の開始日の前日までに，対象育児休業取得者の上司又は人事労務担当者と対象育児休業取得者が面談を実施した上で結果について記録（面談シートを利用）し，プランを作成すること。
　③作成したプランに基づいて，業務の引継ぎを実施させていること。
■プラン策定対象となった育休取得者に，3か月以上の育児休業を取得させたこと。
■一般事業主行動計画を策定し，その旨を管轄労働局長に届け出ているこ

と。また，当該一般事業主行動計画を公表し，労働者に周知させるための措置を講じていること。

(例) 産前産後休業から引き続き育児休業を取得する場合

イ　職場復帰時
■育休取得時の助成を受けていること。
■取得時の助成を受けた対象育児休業取得者に対し，育休中及び復帰後もプランの活用をしていること。具体的には次の要件を満たすこと。
　①育児休業中に職場に関する情報及び資料の提供をしていること。
　②育児休業終了前と終了後に，上司又は人事労務担当者と面談をそれぞれ実施した上で結果について記録すること（面談シートを利用）。
　③面談結果を踏まえ，原則として原職等に復帰させること。
■対象育児休業取得者を，育児休業終了後，引き続き雇用保険の被保険者として6か月以上雇用していること。

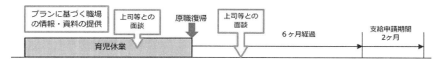

（3）申請手続

ア　育休取得時
　対象育児休業取得者の育児休業開始から3か月経過日の翌日から2か月以内に申請します。

イ　職場復帰時
　対象育児休業取得者の職場復帰から6か月経過日の翌日から2か月以内に申請します。

（安中　繁）

男性従業員の育児休業取得時の公的保険手続きについて知りたい

Q94 当社では,今般初めて男性従業員から育児休業の取得申請がありました。社会保険関連で特に留意すべき点を教えてください。

 男性の育児休業取得期間は女性と比較して短期間の傾向にありますが,給付や保険料免除の内容はほぼ女性と同じですので漏れなく手続をすることが重要です。

[解説]

1 休業が短期間である場合の留意点

男性従業員に対して,「配偶者出産休暇」などの名称で短期間の育児休業取得を推進する企業が増えています。短期間の休暇であっても,「育児休業」として扱われますので,育児休業給付金の申請,社会保険料の免除手続きなど,Q85で解説した手続きを行います。以下,個々の手続の留意点を解説します。

(1) 育児休業給付金の申請

　ア　休業期間中を無給としている場合

「配偶者出産休暇」などにより短期間休業する場合であっても,その間の給与が支給されていない等の要件を満たしていれば,育児休業給付金の支給が受けられますので,申請を忘れず行います(雇保法61条の4)。この場合の申請にあたっては育児休業申出書の写し等,育児休業の事実が確認できる書類の提出が求められます。産後休業から引き続き育児休業を取得する女性の場合は添付する必要ありませんから,取扱いが異なります。

また,会社の施策として短期間の休業を複数回取得できることとしている場合であっても,育児休業給付金は法定要件を満たした場合を除き,複数回支給されることはありませんので留意してください。

　イ　休業期間中を有給としている場合

休業期間中に給与が通常どおり支給される場合は、育児休業給付金の支給は受けられません。

（2）社会保険料の免除

ア　免除を受けられる休業

休業が短期間であったとしても、暦月をまたいで休業する場合及び休業終了日が月末日である場合には、社会保険料の免除を受けることができます（健保法159条の3，159条，厚年法81条の2の2，81条の2）。5日間，1週間などの短期間であっても、休業している期間中に「育児休業取得者申出書」を提出することが社会保険料の免除を受けるための要件ですので、期限管理に留意します。

イ　給与の支給を受けている休業

育児休業給付金の取扱いとは異なり、有給・無給にかかわらず社会保険料は免除されます。

（3）復帰後の標準報酬月額の改定

育児休業を取得した後、育児短時間勤務等を利用したことにより給与額が下がった場合には、育児休業終了時改定により標準報酬月額の改定を行うことができることを忘れずに本人に案内します（健保法43条の2，43条の2，厚年法23条の2，23条の3）。これにより、子が3歳に到達するまでの間、保険料負担は給与の実態に見合ったものとしつつ、年金記録は従前の高い標準報酬月額で記録されることとなります（Q85参照）。休業期間が短期間であるために手続ができるのにもかかわらず、これを行っていない例が実務上散見されます。

2　休業が長期間である場合の留意点

（1）育児休業給付金の申請

男性の育児休業については、配偶者の出産予定日から取得することができますが、育児休業給付金の支給は「実際の出産日以降で育児のための休業をした日」が対象となります。申請期間記入の際に間違えないようにします。

（2）社会保険料の免除

男性の育児休業の始期は、配偶者の出産予定日からとすることができること

は前記(1)のとおりですが,これにかかわらず,本人が会社の定めなどにより予定日前から休業を開始していたような場合であって,実際の出産日が予定日より早まったときは,免除を受けられる月数が増えることがありますので,既に給与から徴収した被保険者負担分の社会保険料があるときは,これを本人に返還することも忘れずに行います。

3 その他の留意事項

(1) パパママ育休プラスを活用する場合

この制度を利用して子が1歳2か月になるまでの間育児休業を取得する場合には,以下のような追加提出書面が必要になります。

ア 育児休業給付金
①世帯全員が記載された住民票
②配偶者の育児休業取扱通知書の写し(本人の申請書に配偶者の雇用保険被保険者番号が記載されており,配偶者の育児休業給付金の受給状況が確認できる場合は不要)

イ 社会保険料免除
備考欄に「パパママ育休プラス取得」の旨を追記

(2) パパ休暇により2度目の育児休業を取得する場合(育児休業給付金)

給付金の支給要件を判定するために使う支給単位期間は,1度目の育児休業(パパ休暇)の応答日をそのまま用いることとなります。1か月中の就業日数や就業時間数をみるときに間違わないように留意します(雇保法61条の4)。

(3) 社内環境整備のために

男性の育児休業については,社内に取得した実績者がいないという会社も少なくありません。「育児計画書」などの書面を整備することにより(次頁参照),会社の担当者だけでなく,男性従業員本人も,どのような施策を利用することができるのかを認識しておきたいものです。

また,上司や同僚の理解もすすむように事前のアナウンスが求められます。

男性従業員の育児計画書 ～夫婦共働き編（第1子誕生時）～

妊娠・出産・育児に関する流れ		妻	夫（自分） 【実際に行おうと思うものをできるだけ具体的に記入してください】 ●：当社制度の活用 ★：働き方の改善目標	当社の制度（例） 【各社で実施している制度を入れてください】
【産前】 妊娠	○妊婦の定期健診 ・妊娠23週まで： 　4週間に1回 ・妊娠24～35週まで： 　2週間に1回 ○両親学級	○妊婦の定期健診 ○両親学級	●年次有給休暇／失効年休積立休暇（両親学級参加）	●年次有給休暇 ●失効年休積立休暇
6週間前	○妊婦の定期健診 ・妊娠36週以降： 　1週間に1回	産前休業	○妊婦の定期健診		
【出産時】	出産	出産 （産前休業）		●育児休暇〔8週間〕（出産の立会い等）	●配偶者出産休暇〔2日間、有給〕 ●育児休業制度〔原則1歳に達するまで、無給〕 ●年次有給休暇
【産後】 8週間	○定期健診：産後4週間前後に1回	産後休業	○退院 ○1ヵ月健診	●（退院、退院後の育児、上の子の世話等）	●育児休業制度〔原則1歳に達するまで、無給〕 ●育児短時間勤務制度 ●所定外労働制限制度 ●時間外労働制限制度 ●深夜勤制限制度 ●フレックスタイム制度 ●在宅勤務制度〔小学校入学まで、特定部署〕
【5ヵ月頃～】 離乳食の開始	○定期健診：3～4ヵ月、6～7ヵ月、9～10ヵ月 ○予防接種	育児休業	○定期健診、予防接種の付き添いを夫と分担	●看護休暇、（定期健診、予防接種の付き添いを妻と分担） ●年次有給休暇／失効年休積立休暇（妻の育児疲れ等に応じて取得） ★所定外労働の削減（週2日程度をノー残業デーと定め、定時に帰宅し育児を行う）	●看護休暇〔上限5日間／年、有給〕 ●年次有給休暇 ●失効年休積立休暇〔子どもの看護、子どもの行事で利用可能〕
【1歳】	○定期健診：1歳 ○ならし保育		○定期健診の付き添い		
【1歳以降～】	○定期健診：1歳6ヵ月 ○予防接種 ○子どもの傷病等への対応 ○保育所入所 ○保育所の送迎 ○保育所の諸行事への参加	育児短時間勤務	○定期健診、予防接種の付き添いを夫と分担 ○子どもの看護を夫と分担 ○保育所への送迎を夫と分担 ○子どもの行事への出席	●看護休暇（子どもの傷病等発生時における看護、定期健診、予防接種の付き添いを妻と分担） ●年次有給休暇／失効年休積立休暇（子どもの行事等の際に取得） ★所定外労働の削減（週2日程度をノー残業デーと定め、定時に帰宅し育児を行う）	
【2歳】	○予防接種 ○子どもの傷病等への対応 ○保育所への送迎 ○保育所の諸行事への参加	育児短時間勤務	○予防接種の付き添いを夫と分担 ○子どもの看護を夫と分担 ○保育所への送迎を夫と分担 ○子どもの行事への出席	●看護休暇（子どもの傷病等発生時における看護、定期健診、予防接種の付き添いを妻と分担） ●年次有給休暇／失効年休積立休暇（子どもの行事等の際に取得） ●在宅勤務制度（妻の仕事の状況に応じて週1日程度活用する） ★所定外労働の削減（週2日程度をノー残業デーと定め、定時に帰宅し育児を行う）	
【3歳～5歳】	○定期健診：3歳 ○予防接種 ○子どもの傷病等への対応 ○保育所への送迎 ○保育所／幼稚園の諸行事への参加	通常勤務	○予防接種の付き添いを夫と分担 ○子どもの看護を夫と分担 ○保育所への送迎を夫と分担 ○子どもの行事への出席	●年次有給休暇／失効年休積立休暇（定期健診や予防接種の付き添いを妻と分担） ●看護休暇（子どもの傷病等発生時に看護を妻と分担） ●育児短時間勤務制度〔3ヵ月間〕（妻のフルタイム復帰直後は、業務に専念できるよう保育所の送迎等を行う） ●年次有給休暇／失効年休積立休暇（子どもの行事等の際に取得） ●在宅勤務制度（妻の仕事の状況に応じて週1日程度活用する） ★所定外労働の削減（週2日程度をノー残業デーと定め、定時に帰宅し育児を行う）	
【6歳以降～】	○小学校入学		○子どもの行事への出席	●年次有給休暇／失効年休積立休暇（入学式参加） ●フレックスタイム制度（夫婦で仕事の状況に応じて育児・家事を分担）	

4 男性の育児休業取得で受けられる助成制度

男性従業員が育児休業を取得しやすい職場環境をつくる会社に対して，「両立支援等助成金（出生時両立支援コース）」が支給されます。

（1）支給される額

支給される額は，企業規模により次表のとおりです。

	中小企業	大企業
取組1人目	57万円（※72万円）	28.5万円（※36万円）
2人目以降	14.25万円（※18万円）	

※一定の生産性向上にかかる要件を満たした場合，1企業あたり一年度につき各1人まで支給が受けられます。

（2）支給要件

■過去3年以内の期間において，連続した14日以上（中小企業事業主にあっては5日以上）の育児休業を取得した男性労働者がいないこと。

■男性労働者が育児休業を取得しやすい職場風土作りの取組を行っていること。

　㈰男性労働者を対象にした育児休業制度の利用を促進するための資料等の周知

　㈼管理職による，子が出生した男性労働者への育児休業取得の勧奨

　㈽男性労働者の育児休業取得についての管理職向けの研修の実施

■雇用保険の被保険者として雇用する男性労働者に，連続した14日以上（中小企業事業主にあっては5日以上）の育児休業を取得させたこと。ただし，当該育児休業は，当該育児休業の対象となった子の出生後8週間以内に開始している必要があること。

■一般事業主行動計画を策定し，その旨を都道府県労働局長に届け出ていること。また，当該一般事業主行動計画を公表し，労働者に周知させるための措置を講じていること。

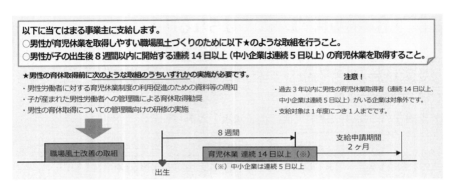

(3) 申請手続

　要件に該当する育児休業を取得した男性従業員について，育児休業を取得した日から14日（中小企業事業主にあっては5日）を経過した日から2か月以内に申請します。

5　プラチナくるみん認定

　男性の育児休業取得状況が一定水準以上であること等を認定要件として，次世代育成支援対策推進法に基づく認定制度が設けられており，企業イメージの向上等に寄与することが考えられます（次世代育成支援対策推進法15条の2）。男性の育児休業取得を推進する社内の取組みを加速させるためにも，認定マークの取得を目指すことが考えられます。

（安中　繁）

◆巻末資料

巻末資料一覧

資料①　均等法施行通達（抜粋掲載）
　　　　雇児発第1011002号H18.10.11
　　　　最終改正H28.8.2雇児発0802第1号

資料②　育介法施行通達（抜粋掲載）
　　　　職発0802第1号・雇児発0802第3号H28.8.2
　　　　改正H29.9.29雇均発0929第3号

資料③　性差別指針
　　　　H18厚労省告示第614号　労働者に対する性別を理由とする差別の禁止等に関する規定に定める事項に関し，事業主が適切に対処するための指針

資料④　マタハラ指針
　　　　H28厚労省告示312号　事業主が職場における妊娠，出産等に関する言動に起因する問題に関して雇用管理上講ずべき措置についての指針

資料⑤　育介指針
　　　　H21厚労省告示第509号　子の養育又は家族の介護を行い，又は行うこととなる労働者の職業生活と家庭生活との両立が図られるようにするために事業主が講ずべき措置に関する指針

資料⑥　派遣通達
　　　　H28.8.2雇児発0802第2号　労働者派遣事業の適正な運用の確保及び派遣労働者の保護等に関する法律第47条の2及び第47条の3の規定の運用について

資料⑦　均等法指針
　　　　H9.9.25労働省告示第105号　妊娠中及び出産後の女性労働者が保健指導又は健康診査に基づく指導事項を守ることができるようにするために事業主が講ずべき措置に関する指針

資料⑧　厚生労働省　妊娠・出産・育児休業等を契機とする不利益取扱いに係るQ&A

資料⑨　厚生労働省　H29育介法改正対応Q&A
資料⑩　厚生労働省　H28育介法改正対応Q&A
資料⑪　厚生労働省　H21育介法改正対応Q&A

資料①　均等法施行通達

雇児発第1011002号
平成18年10月11日
最終改正　平成28年8月2日雇児発0802第1号

各都道府県労働局長　殿

厚生労働省雇用均等・児童家庭局長
（公　印　省　略）

改正雇用の分野における男女の均等な機会及び待遇の確保等に関する法律の施行について

　「雇用の分野における男女の均等な機会及び待遇の確保等に関する法律及び労働基準法の一部を改正する法律（平成18年法律第82号。以下「平成18年改正法」という。）」については、平成18年6月21日付け基発第0620002号、雇児発第0621001号により、貴職あて通達したところであるが、平成18年10月11日、「雇用の分野における男女の均等な機会及び待遇の確保等に関する法律及び労働基準法の一部を改正する法律の施行に伴う関係省令の整備に関する省令（平成18年厚生労働省令第183号）」、「労働者に対する性別を理由とする差別の禁止等に関する規定に定める事項に関し、事業主が適切に対処するための指針（平成18年厚生労働省告示第614号。以下第2において「指針」という。）」及び「事業主が職場における性的な言動に起因する問題に関して雇用管理上講ずべき事項についての指針（平成18年厚生労働省告示第615号）」が公布又は告示され、平成19年4月1日から施行又は適用されているところである。
　また、本日、「雇用保険法等の一部を改正する法律の施行に伴う厚生労働省関係省令の整備等に関する省令（平成28年厚生労働省令第137号）」、「事業主が職場における性的な言動に起因する問題に関して雇用管理上講ずべき事項についての指針の一部を改正する件（平成28年厚生労働省告示第314号）」及び「事業主が職場における妊娠、出産等に関する言動に起因する問題に関して雇用管理上講ずべき措置についての指針（平成28年厚生労働省告示第312号）」（以下「改正省令等」という。）が公布又は告示され、平成29年1月1日から施行又は適用することとされた。
　平成18年改正法による改正後の「雇用の分野における男女の均等な機会及び待遇の確保等に関する法律（昭和47年法律第113号）」（以下「法」という。）、改正省令等による改正後の「雇用の分野における男女の均等な機会及び待遇の確保等に関する法律施行規則（昭和61年労働省令第2号）」（以下「則」という。）、「労働者に対する性別を理由とする差別の禁止等に関する規定に定める事項に関し、事業主が適切に対処するための指針（平成18年厚生労働省告示第614号）」（第2において「指針」という。）及び「事業主が職場における性的な言動に起因する問題に関して雇用管理上講ずべき事項についての指針（平成18年厚生労働省告示第615号）」（第3の1において「指針」という。）及び「事業主が職場

における妊娠、出産等に関する言動に起因する問題に関して雇用管理上講ずべき措置についての指針（平成28年厚生労働省告示312号）」（第３の２において「指針」という。）の趣旨、内容及び取扱いは下記のとおりであるので、その円滑な実施を図るよう配慮されたい。

記

第１　総則（法第１章）

法第１章は、法の目的、基本的理念、男女雇用機会均等対策基本方針等、法第２章及び第３章に規定する具体的措置に共通する基本的考え方を明らかにしたものであること。

1　目的（法第１条）
 (1) 法第１条は、法の目的が、第一に雇用の分野における男女の均等な機会及び待遇の確保を図ること、第二に女性労働者の就業に関して妊娠中及び出産後の健康を図る等の措置を推進することにあることを明らかにしたものであること。
 (2) 「法の下の平等を保障する日本国憲法の理念」とは、国民の国に対する権利として「すべて国民は、法の下に平等であって、人種、信条、性別、社会的身分又は門地により、政治的、経済的又は社会的関係において差別されない」と規定した日本国憲法第14条の考え方をいい、同規定自体は私人間に直接適用されるものではないものの、その理念は一般的な平等原則として法の基礎となる考え方であること。
 (3) 「雇用の分野における男女の均等な機会及び待遇の確保を図る」には、企業の制度や方針における労働者に対する性別を理由とする差別を禁止することにより、制度上の均等を確保することのみならず、法第２章第３節に定める援助により実質的な均等の実現を図ることも含まれるものであること。
 (4) 「妊娠中及び出産後の健康の確保を図る」措置とは、具体的には、保健指導又は健康診査を受けるために必要な時間の確保（法第12条）及び当該保健指導又は健康診査に基づく指導事項を守ることができるようにするための措置（法第13条）をいうものであること。
 (5) 「健康の確保を図る等」の「等」は、職場における性的な言動に起因する問題に関する雇用管理上の措置（法第11条）を指すものであること。

2　基本的理念（法第２条）
 (1) 法第２条第１項は、法の基本的理念が、労働者が性別により差別されることなく、また、女性労働者にあっては母性を尊重されつつ、充実した職業生活を営むことができるようにすることにあることを明らかにしたものであること。
 (2) 「労働者」とは、雇用されて働く者をいい、求職者を含むものであること。
 (3) 第２項は、事業主並びに国及び地方公共団体に対して、(1)の基本的理念に従って、労働者の職業生活の充実が図られるように努めなければならないことを明らかにしたものであること。
　　本項に関する事業主の具体的義務の内容としては、法第２章に規定されているが、事業主は、それ以外の事項についても(1)の基本的理念に従い、労働者の職業生活の充実のために努力することが求められるものであること。
 (4) 「事業主」とは、事業の経営の主体をいい、個人企業にあってはその企業主が、会社その他の法人組織の場合にはその法人そのものが事業主であること。また、事業主以外の従業者が自らの裁量で行った行為についても、事業主から委任された権限の範囲内で行ったものであれば事業主の

ために行った行為と考えられるので、事業主はその行為につき法に基づく責任を有するものであること。

(中略)

第2　性別を理由とする差別の禁止等（法第2章第1節）

　法第2章第1節は雇用の分野における男女の均等な機会及び待遇の確保を図るために、労働者に対する性別を理由とする差別の禁止、性別以外の事由を要件とする措置、婚姻、妊娠、出産等を理由とする不利益取扱いの禁止等を規定したものであること。

　法第5条から第7条まで及び第9条の規定の趣旨は、性別にかかわらず、労働者が雇用の分野における均等な機会を得、その意欲と能力に応じて均等な待遇を受けられるようにすること、すなわち、企業の制度や方針において、労働者が性別を理由として差別を受けること、性別以外の事由を理由とするものであっても実質的に性別を理由とする差別となるおそれがある措置を合理的な理由のない場合に講ずること、妊娠・出産等を理由とする解雇その他不利益な取扱いをすること等をなくしていくことにあること。

(中略)

4　婚姻、妊娠、出産等を理由とする不利益取扱いの禁止等（法第9条）
　(1)　第1項の「出産」とは、妊娠4箇月以上（1箇月は28日として計算する。したがって、4箇月以上というのは85日以上のことである。）の分娩をいい、生産のみならず死産をも含むものであること。
　(2)　第3項は、妊娠、出産は女性特有の問題であり、雇用の分野における男女の均等な機会及び待遇の確保を図るためには、妊娠、出産に関連して女性労働者が解雇その他不利益な取扱いを受けないようにすることが必要であることから、事業主がその雇用する女性労働者に対し、則第2条の2に掲げる事由を理由として解雇その他不利益な取扱いを行うことを禁止するものであること。
　　　なお、本項は、「その雇用する女性労働者」を対象としているものであるので、求職者は対象に含まないものであること。
　(3)　第3項の適用に当たっては、「労働者派遣事業の適正な運営の確保及び派遣労働者の就業条件の整備等に関する法律（昭和60年法律第88号）」第47条の2の規定により、派遣先は、派遣労働者を雇用する事業主とみなされるものであること。
　(4)　第3項は、産前産後の休業をしたことを理由として時期を問わず解雇してはならないことを定めたものであり、労働基準法第19条とは、目的、時期、罰則の有無を異にしているが、重なり合う部分については両規定が適用されるものであること。
　(5)　指針第4の3(1)柱書きの「法第九条第三項の「理由として」とは、妊娠・出産等と、解雇その他の不利益な取扱いの間に因果関係があることをいう。」につき、妊娠・出産等の事由を契機として不利益取扱いが行われた場合は、原則として妊娠・出産等を理由として不利益取扱いがなされたと解されるものであること。ただし、
　　　イ①円滑な業務運営や人員の適正配置の確保などの業務上の必要性から支障があるため当該不利益取扱いを行わざるを得ない場合において、
　　　　②その業務上の必要性の内容や程度が、法第九条第三項の趣旨に実質的に反しないものと認め

　　　られるほどに、当該不利益取扱いにより受ける影響の内容や程度を上回ると認められる特段の事情が存在すると認められるとき

又は

ロ　①契機とした事由又は当該取扱いにより受ける有利な影響が存在し、かつ、当該労働者が当該取扱いに同意している場合において、

　　②当該事由及び当該取扱いにより受ける有利な影響の内容や程度が当該取扱いにより受ける不利な影響の内容や程度を上回り、当該取扱いについて事業主から労働者に対して適切に説明がなされる等、一般的な労働者であれば当該取扱いについて同意するような合理的な理由が客観的に存在するとき

についてはこの限りでないこと。

　　なお、「契機として」については、基本的に当該事由が発生している期間と時間的に近接して当該不利益取扱いが行われたか否かをもって判断すること。例えば、育児時間を請求・取得した労働者に対する不利益取扱いの判断に際し、定期的に人事考課・昇給等が行われている場合においては、請求後から育児時間の取得満了後の直近の人事考課・昇給等の機会までの間に、指針第4の3(2)リの不利益な評価が行われた場合は、「契機として」行われたものと判断すること。

(6)　指針第4の3(1)なお書きの「妊産婦」とは、労働基準法第64条の3第1項に規定する妊産婦を指すものであること。

(7)　指針第4の3(2)のイからルまでに掲げる行為は、法第9条第3項により禁止される「解雇その他不利益な取扱い」の例示であること。したがって、ここに掲げていない行為について個別具体的な事情を勘案すれば不利益取扱いに該当するケースもあり得るものであり、例えば、長期間の昇給停止や昇進停止、期間を定めて雇用される者について更新後の労働契約の期間を短縮することなどは、不利益な取扱いに該当するものと考えられること。

イ　指針第4の3(2)ロの「契約の更新をしないこと」が不利益な取扱いとして禁止されるのは、妊娠・出産等を理由とする場合に限られるものであることから、契約の更新回数が決まっていて妊娠・出産等がなかったとしても契約は更新されなかった場合、経営の合理化のためにすべての有期契約労働者の契約を更新しない場合等はこれに該当しないものであること。

　　契約の不更新が不利益な取扱いに該当することになる場合には、休業等により契約期間のすべてにわたり労働者が労務の提供ができない場合であっても、契約を更新しなければならないものであること。

ロ　指針第4の3(2)ホの「降格」とは、指針第2の5(1)と同義であり、同列の職階ではあるが異動前の職務と比較すると権限が少ない職務への異動は、「降格」には当たらないものであること。

(8)　指針第4の3(3)は、不利益取扱いに該当するか否かについての勘案事項を示したものであること。

イ　指針第4の3(3)ロの「等」には、例えば、事業主が、労働者の上司等に嫌がらせ的な言動をさせるよう仕向ける場合が含まれるものであること。

ロ　指針第4の3(3)ハのなお書きについては、あくまで客観的にみて他に転換すべき軽易な業務がない場合に限られるものであり、事業主が転換すべき軽易な業務を探すことなく、安易に自宅待機を命じる場合等を含むものではないことに留意すること。

ハ　指針第4の3(3)への「通常の人事異動のルール」とは、当該事業所における人事異動に関する内規等の人事異動の基本方針などをいうが、必ずしも書面によるものである必要はなく、当

該事業所で行われてきた人事異動慣行も含まれるものであること。「相当程度経済的又は精神的な不利益を生じさせること」とは、配置転換の対象となる労働者が負うことになる経済的又は精神的な不利益が通常甘受すべき程度を著しく越えるものであることの意であること。

　　③の「原職相当職」の範囲は、個々の企業又は事業所における組織の状況、業務配分、その他の雇用管理の状況によって様々であるが、一般的に、（イ）休業後の職制上の地位が休業前より下回っていないこと、（ロ）休業前と休業後とで職務内容が異なっていないこと及び（ハ）休業前と休業後とで勤務する事業所が同一であることのいずれにも該当する場合には、「原職相当職」と評価されるものであること。

　ニ　指針第4の3(3)ト①の「派遣契約に定められた役務の提供ができる」と認められない場合とは、単に、妊娠、出産等により従来よりも労働能率が低下したというだけではなく、それが、派遣契約に定められた役務の提供ができない程度に至ることが必要であること。また、派遣元事業主が、代替要員を追加して派遣する等により、当該派遣労働者の労働能率の低下や休業を補うことができる場合についても、「派遣契約に定められた役務の提供ができる」と認められるものであること。②においても同様であること。

(9)　指針第4の3(1)ハからチまでに係る休業等については、労働基準法及び法がその権利又は利益を保障した趣旨を実質的に失わせるような取扱いを行うことは、公序良俗に違反し、無効であると判断された判例があることに留意すること。

(10)　法第9条第4項は、妊娠中の女性労働者及び出産後1年を経過しない女性労働者に対してなされた解雇についての民事的効力を定めたものであること。すなわち、妊娠中及び出産後1年以内に行われた解雇を、裁判で争うまでもなく無効にするとともに、解雇が妊娠、出産等を理由とするものではないことについての証明責任を事業主に負わせる効果があるものであること。

　　このような解雇がなされた場合には、事業主が当該解雇が妊娠・出産等を理由とする解雇ではないことを証明しない限り無効となり、労働契約が存続することとなるものであること。

5　指針（法第10条）

(1)　法第10条は、法第5条から第7条まで及び第9条第1項から第3項までに定める事項に関し、事業主が適切に対処することができるよう、厚生労働大臣が指針を定め、公表することとしたものであること。

(2)　指針は、法により性別を理由とする労働者に対する差別が禁止されることとなった直接差別（募集、採用、配置、昇進、降格、教育訓練、福利厚生、職種及び雇用形態の変更、退職の勧奨、定年及び解雇）、間接差別、婚姻・妊娠・出産等を理由とする不利益取扱い（婚姻・妊娠・出産を退職理由として予定する定め、婚姻したことを理由とする解雇、妊娠・出産等を理由とする解雇その他不利益な取扱い）各分野について、禁止される措置として具体的に明らかにする必要があると認められるものについて定めたものであること。指針に定めた例はあくまでも例示であり、限定列挙ではなく、これら以外の措置についても違法となる場合があること。

　　また、指針においては、法第5条から第7条までに関し、男女双方の例を挙げているものと男性又は女性の一方のみの例を挙げているものがあるが、これは、例示という性格にかんがみ、現実に男性及び女性の双方への差別が起こる可能性が高いものについては男女双方の例を、現実には一方の性に対する差別が起こる可能性が低いものについては男性又は女性の一方のみの例を掲げたものであること。したがって、男性又は女性のみの例示であるからといって、他方の性に対する差別を行ってよいというものではないこと。

(3) 指針第2の2(2)から13(2)までの「排除」とは、機会を与えないことをいうものであること。
(4) 指針第2の3(2)の「一定の職務」とは、特定の部門や特定の地域の職務に限られるものではなく、労働者を配置しようとする職務一般をいうものであること。これは、指針第2の6(2)において同様であること。
(5) 指針第2の1の「その他の労働者についての区分」としては、例えば、勤務地の違いによる区分が考えられるものであること。
(6) 指針第2の14(2)は、男女異なる取扱いをすることに合理的な理由があると認められることから、法違反とはならないものについて、明らかにしたものであること。
　イ　指針第2の14(2)イ①には、俳優、歌手、モデル等が含まれるものであること。
　　①には守衛、警備員であればすべて該当するというものではなく、単なる受付、出入者のチェックのみを行う等防犯を本来の目的とする職務でないものは含まれないものであること、また、一般的に単なる集金人等は含まれないが、専ら高額の現金を現金輸送車等により輸送する業務に従事する職務は含まれるものであること。
　　②の「宗教上（中略）必要性があると認められる職務」とは、例えば、一定の宗派における神父、巫女等が考えられること。また、「風紀上（中略）必要性があると認められる職務」とは、例えば、女子更衣室の係員が考えられること。
　　①、②及び③はいずれも拡大解釈されるべきではなく、単に社会通念上男性又は女性のいずれか一方の性が就くべきであると考えられている職務は含まれないものであること。
　ロ　指針第2の14(2)ロの「通常の業務を遂行するために」には、日常の業務遂行の外、将来確実な人事異動等に対応する場合は含まれるが、突発的な事故の発生等予期せざる事態、不確実な将来の人事異動の可能性等に備える場合等は含まれないものであること。
　　労働基準法について「均等な取扱いをすることが困難であると認められる場合」とは、男女の均等な取扱いが困難であることが、真に労働基準法の規定を遵守するためであることを要するものであり、企業が就業規則、労働協約等において女性労働者について労働基準法を上回る労働条件を設定したことによりこれを遵守するために男女の均等な取扱いをすることが困難である場合は含まれないものであること。
　ハ　指針第2の14（2）ハの「風俗、風習等の相違により男女のいずれかが能力を発揮し難い海外での勤務」とは、海外のうち治安、男性又は女性の就業に対する考え方の相違等の事情により男性又は女性が就業してもその能力の発揮が期待できない地域での勤務をいい、海外勤務すべてがこれに該当するものではないこと。
　　「特別の事情」には、例えば、勤務地が通勤不可能な山間僻地にあり、事業主が提供する宿泊施設以外に宿泊することができず、かつ、その施設を男女共に利用することができない場合など、極めて特別な事情をいい、拡大して解釈されるべきではなく、例示にある海外勤務と同様な事情にあることを理由とした国内での勤務は含まれないものであること。また、これらの場合も、ロと同様、突発的な事故の発生等予期せざる事態、不確実な将来の人事異動の可能性等に備える場合等は含まれないものであること。

第3　事業主の講ずべき措置（法第2章第2節）

　本章は雇用の分野における男女の均等な機会及び待遇の確保のための前提条件を整備する観点から、労働者の就業に関して講ずべき措置を規定したものであって、第2章第1節及び第3節の規定と相まって労働者の職業生活の充実を図ることを目的としているものであること。

（中略）

2 職場における妊娠、出産等に関する言動に起因する問題に関する雇用管理上の措置（法第11条の2）
(1) 事業主による妊娠、出産等を理由とする不利益取扱いについては、法第9条第3項により禁止されているところであるが、近年、事業主による不利益取扱いのみならず、上司又は同僚による妊娠、出産等に関する言動により当該女性労働者の就業環境が害されること（以下「職場における妊娠、出産等に関するハラスメント」という。）も見られるようになってきたところである。

　こうしたことから、法第11条の2第1項は、職場における妊娠、出産等に関するハラスメントを防止するため、その雇用する女性労働者からの相談に応じ、適切に対応するために必要な体制の整備その他の雇用管理上必要な措置を講ずることを事業主に義務付けることとしたものであること。

　また、第2項は、これらの措置の内容を具体化するために、厚生労働大臣が指針を定め、公表することとしたものであること。

(2) 指針は、事業主が防止のため適切な雇用管理上の措置を講ずることができるようにするため、防止の対象とするべき職場における妊娠、出産等に関するハラスメントの内容及び事業主が雇用管理上措置すべき事項を定めたものであること。

　イ 職場における妊娠、出産等に関するハラスメントの内容

　　指針2「職場における妊娠、出産等に関するハラスメントの内容」においては、事業主が、雇用管理上防止すべき対象としての職場における妊娠、出産等に関するハラスメントの内容を明らかにするために、その概念の内容を示すとともに、典型例を挙げたものであること。

　　また、実際上、職場における妊娠、出産等に関するハラスメントの状況は多様であり、その判断に当たっては、個別の状況を斟酌する必要があることに留意すること。

　　なお、法及び指針は、あくまで職場における妊娠、出産等に関するハラスメントが発生しないよう防止することを目的とするものであり、個々のケースが厳密に職場における妊娠、出産等に関するハラスメントに該当するか否かを問題とするものではないので、この点に注意すること。

　　① 職場

　　　指針2(2)は「職場」の内容と例示を示したものであること。「職場」には、業務を遂行する場所であれば、通常就業している場所以外の場所であっても、出張先、業務で使用する車中及び取引先との打ち合わせ場所等も含まれるものであること。

　　　なお、勤務時間外の「懇親の場」等であっても、実質上職務の延長と考えられるものは職場に該当するが、その判断に当たっては、職務との関連性、参加者、参加が強制的か任意か等を考慮して個別に行うものであること。

　　② 制度等の利用への嫌がらせ型

　　　指針2(4)は制度等の利用への嫌がらせ型の内容を示したものであること。なお、指針に掲げる制度等の利用への嫌がらせ型の典型的な例は限定列挙ではないこと。制度等の利用への嫌がらせ型については、女性労働者が指針2（4）イに規定する制度等の利用の請求等をしようとしたこと、制度等の利用の請求等をしたこと又は制度等の利用をしたことと、行為との間に因果関係あるものを指すこと。

　　　「解雇その他不利益な取扱いを示唆するもの」とは、女性労働者への直接的な言動である場合に該当すると考えられること。なお、解雇その他不利益な取扱いを示唆するものについては、

上司でなければ該当しないと考えられるが、一回の言動でも該当すると考えられること。
　「制度等の利用の請求等又は制度等の利用を阻害するもの」とは、単に言動があるのみでは該当せず、客観的にみて、一般的な女性労働者であれば、制度等の利用をあきらめざるを得ない状況になるような言動を指すものであること。これは、女性労働者への直接的な言動である場合に該当すると考えられること。また、上司の言動については、一回でも該当すると考えられる一方、同僚の言動については、繰り返し又は継続的なもの（意に反することを言動を行う者に明示しているにもかかわらず、さらに行われる言動を含む。）が該当すると考えられること。
　なお、労働者が制度等の利用の請求等をしたところ、上司が個人的に請求等を取り下げるよう言う場合については、職場における妊娠、出産等に関するハラスメントに該当し、指針に基づく対応が求められる。一方、単に上司が個人的に請求等を取り下げるよう言うのではなく、事業主として請求等を取り下げさせる（制度等の利用を認めない）場合については、そもそも制度等の利用ができる旨を規定した各法（例えば産前休業の取得であれば労働基準法第65条第１項）に違反することとなること。
　「制度等の利用をしたことにより嫌がらせ等をするもの」とは、単に言動があるのみでは該当せず、客観的にみて、一般的な女性労働者であれば、「能力の発揮や継続就業に重大な悪影響が生じる等当該女性労働者が就業する上で看過できない程度の支障が生じるようなもの」を指すものであること。これは、女性労働者への直接的な言動である場合に該当すると考えられること。また、上司と同僚のいずれの場合であっても繰り返し又は継続的なもの（意に反することを言動を行う者に明示しているにもかかわらず、さらに行われる言動を含む。）が該当すると考えられること。
③　状態への嫌がらせ型指針
　指針２(5)は状態への嫌がらせ型の内容を示したものであること。なお、指針に掲げる状態への嫌がらせ型の典型的な例は限定列挙ではないこと。
　状態への嫌がらせ型については、２(5)イに規定する事由と行為との間に因果関係があるものを指すこと。
　「解雇その他不利益な取扱いを示唆するもの」とは、女性労働者への直接的な言動である場合に該当すると考えられること。なお、解雇その他不利益な取扱いを示唆するものについては、上司でなければ該当しないと考えられるが、一回の言動でも該当すると考えられること。
　「妊娠等したことにより嫌がらせ等をするもの」とは、単に言動があるのみでは該当せず、客観的にみて、一般的な女性労働者であれば、「能力の発揮や継続就業に重大な悪影響が生じる等当該女性労働者が就業する上で看過できない程度の支障が生じるようなもの」を指すものであること。これは、女性労働者への直接的な言動である場合に該当すると考えられること。また、上司と同僚のいずれの場合であっても繰り返し又は継続的なもの（意に反することを言動を行う者に明示しているにもかかわらず、さらに行われる言動を含む。）が該当すると考えられること。
ロ　雇用管理上講ずべき事項
　指針３は、事業主が雇用管理上構ずべき措置として13項目挙げていること。
また、措置の方法については、企業の規模や職場の状況に応じ、適切と考える措置を事業主が選択できるよう具体例を示してあるものであり、限定列挙ではないこと。
①　「事業主の方針等の明確化及びその周知・啓発」
　指針３(1)は、職場における妊娠、出産等に関するハラスメントを防止するためには、まず事

業主の方針として職場における妊娠、出産等に関するハラスメントを許さないことを明確にするとともに、これを従業員に周知・啓発しなければならないことを明らかにしたものであること。

「その発生の原因や背景」とは、例えば、妊娠、出産等に関する制度等の利用に不寛容な職場風土が挙げられるものであり、具体的には、妊娠、出産等に関する否定的な言動（他の女性労働者の妊娠、出産等の否定につながる言動（当該女性労働者に直接行わない言動も含む。）をいい、単なる自らの意思の表明を除く。以下同じ。）も考えられること、また、妊娠、出産等に関する制度等の利用ができることを職場において十分に周知できていないことが考えられることを明らかにしたものであり、事業主に対して留意すべき事項を示したものであること。

イ①並びにロ①及び②の「その他の職場における服務規律等を定めた文書」として、従業員心得や必携、行動マニュアル等、就業規則の本則ではないが就業規則の一部を成すものが考えられるが、これらにおいて懲戒規定を定める場合には、就業規則の本則にその旨の委任規定を定めておくことが労働基準法上必要となるものであること。

イ③の「研修、講習等」を実施する場合には、調査を行う等職場の実態を踏まえて実施する、管理職層を中心に職階別に分けて実施する等の方法が効果的と考えられること。

② 「相談に応じ、適切に対応するために必要な体制の整備」

指針３(2)は、職場における妊娠、出産等に関するハラスメントの未然防止及び再発防止の観点から相談（苦情を含む。以下同じ。）への対応のための窓口を明確にするとともに、相談の対応に当たっては、その内容や状況に応じ適切かつ柔軟に対応するために必要な体制を整備しなければならないことを明らかにしたものであること。

指針３(2)イの「窓口をあらかじめ定める」とは、窓口を形式的に設けるだけでは足らず、実質的な対応が可能な窓口が設けられていることをいうものであること。この際、労働者が利用しやすい体制を整備しておくこと、労働者に対して周知されていることが必要であり、例えば、労働者に対して窓口の部署又は担当者を周知していることなどが考えられること。

指針３(2)ロの「その内容や状況に応じ適切に対応する」とは、具体的には、相談者や行為者に対して、一律に何らかの対応をするのではなく、労働者が受けている言動等の性格・態様によって、状況を注意深く見守る程度のものから、上司、同僚等を通じ、行為者に対し間接的に注意を促すもの、直接注意を促すもの等事案に即した対応を行うことを意味するものであること。

なお、対応に当たっては、公正な立場に立って、真摯に対応すべきことは言うまでもないこと。

指針３(2)ロの「広く相談に対応し」とは、職場における妊娠、出産等に関するハラスメントを未然に防止する観点から、相談の対象として、職場における妊娠、出産等に関するハラスメントそのものでなくともその発生のおそれがある場合や妊娠、出産等に関するハラスメントに該当するか否か微妙な場合も幅広く含めることを意味するものであること。例えば、指針３(2)ロで掲げる、放置すれば相談者が業務に専念できないなど就業環境を害するおそれがある場合又は妊娠、出産等に関する否定的な言動が原因や背景となって妊娠、出産等に関するハラスメントが生じるおそれがある場合のほか、休憩時間等において妊娠、出産等に関するハラスメントが生じた場合、妊娠、出産等に関するハラスメントが取引先等から行われる場合等も幅広く相談の対象とすることが必要であること。

指針３(2)ロ②の「留意点」には、相談者が相談窓口の担当者の言動等によってさらに被害を

受けること等を防止するために必要な事項も含まれるものであること。
　指針3(2)ハについては、近年、様々なハラスメントが複合的に生じているとの指摘もあり、労働者にとっては一つの窓口で相談できる方が利便性が高く、また解決にもつながりやすいと考えられることから、相談について一元的に受け付けることのできる体制を整備することが望ましいことを示したものであること。
③　「職場における妊娠、出産等に関するハラスメントに係る事後の迅速かつ適切な対応」
　指針3(3)は、職場における妊娠、出産等に関するハラスメントが発生した場合は、その事案に係る事実関係を迅速かつ正確に確認するとともに、当該事案に適正に対処しなければならないことを明らかにしたものであること。
　指針3(3)ロの「被害を受けた労働者に対する配慮のための措置を適正に行うこと」には、職場における妊娠、出産等に関するハラスメントを受けた女性労働者の継続就業が困難にならないよう環境を整備することや、女性労働者が職場における妊娠、出産等に関するハラスメントにより休業を余儀なくされた場合等であって当該女性労働者が希望するときには、本人の状態に応じ、原職又は原職相当職への復帰ができるよう積極的な支援を行うことなども含まれること。
　指針3(3)ロ①の「事業場内産業保健スタッフ等」とは、事業場内産業保健スタッフ及び事業場内の心の健康づくり専門スタッフ、人事労務管理スタッフ等をいうものであること。
④　「妊娠、出産等に関するハラスメントの原因や背景となる要因を解消する為の措置」
　指針3(4)イは、妊娠等した労働者の業務の分担等を行う他の労働者の業務負担が過大となり、妊娠、出産等に関する否定的な言動が行われる場合があるため、それらを解消する為の措置について定めたものであること。なお、「業務体制の整備など」には、代替要員の確保などについても含まれるものであること。
　指針3(4)ロは、職場における妊娠、出産等に関するハラスメントの原因や背景には、制度等の利用ができることを妊娠等した労働者自身が認識できていない場合があることや、妊娠中は体調の変化が起きやすく通常通りの業務遂行が難しくなることもあり、周囲の労働者とのコミュニケーションがより一層重要となることについて妊娠等した労働者自身が意識を持っていない場合があることから、周知・啓発等について望ましい旨定めたものであること。
ハ　併せて講ずべき措置
　指針3(5)は、事業主が(1)から(4)までの措置を講ずるに際して併せて講ずべき措置を明らかにしたものであること。
　指針3(5)イは、労働者の個人情報については、「個人情報の保護に関する法律（平成15年法律第57号）」及び「雇用管理に関する個人情報保護に関するガイドライン（平成24年厚生労働省告示第357号）」に基づき、適切に取り扱うことが必要であるが、職場における妊娠、出産等に関するハラスメントの事案に係る個人情報は、特に個人のプライバシーを保護する必要がある事項であることから、事業主は、その保護のために必要な措置を講じるとともに、その旨を労働者に周知することにより、労働者が安心して相談できるようにしたものであること。
　指針3(4)ロは、実質的な相談ができるようにし、また、事実関係の確認をすることができるようにするためには、相談者や事実関係の確認に協力した者が不利益な取扱いを受けないことが必要であることから、これらを理由とする不利益な取扱いを行ってはならない旨を定め、さらにその旨を労働者に周知・啓発することとしたものであること。
　また、上記については、事業主の方針の周知・啓発の際や相談窓口の設置にあわせて、周知

することが望ましいものであること。

3　妊娠中及び出産後の健康管理に関する措置（法第12条及び第13条）
　法第12条及び第13条、則第2条の3並びに「妊娠中及び出産後の女性労働者が保健指導又は健康診査に基づく指導事項を守ることができるようにするため事業主が講ずべき措置に関する指針（平成9年労働省告示第105号）」の趣旨及びその解釈については、引き続き「雇用の分野における男女の均等な機会及び待遇の確保等のための労働省関係法律の整備に関する法律の一部施行（第二次施行分）について（平成9年11月4日付け基発第695号、女発第36号）」によるものとすること。

（以下略）

資料② 育介法施行通達

職発0802　第1号
雇児発0802　第3号
平成28年8月2日
改正平成28年12月27日雇児発1227　第1号
改正平成29年3月31日雇児発0331　第15号
改正平成29年6月30日雇児発0630　第1号
改正平成29年9月29日雇均発0929　第3号

都道府県労働局長　殿

厚生労働省職業安定局長
（公印省略）
厚生労働省雇用均等・児童家庭局長
（公印省略）

育児休業、介護休業等育児又は家族介護を行う労働者の福祉に関する法律の施行について

　雇用保険法等の一部を改正する法律（平成28年法律第17号。以下「改正法」という。）については、平成28年3月31日に公布され、4月1日付け厚生労働省発雇児0401第4号により、貴職あて通達されたところであるが、本日、改正法の施行に関して、「雇用保険法等の一部を改正する法律の施行に伴う厚生労働省関係省令の整備等に関する省令」（平成28年厚生労働省令第137号）及び「子の養育又は家族の介護を行い、又は行うこととなる労働者の職業生活と家庭生活との両立が図られるようにするために事業主が講ずべき措置に関する指針の一部を改正する告示」（平成28年厚生労働省告示第313号。）が公布又は告示されたところであり、これらの省令及び告示は、改正法とともに平成29年1月1日から施行又は適用されることとなっている。
　改正法による改正後の「育児休業、介護休業等育児又は家族介護を行う労働者の福祉に関する法律（以下「法」という。）」、上記省令による改正後の「育児休業、介護休業等育児又は家族介護を行う労働者の福祉に関する法律施行規則（以下「則」という。）」及び上記告示による改正後の「子の養育又は家族の介護を行い、又は行うこととなる労働者の職業生活と家庭生活との両立が図られるようにするために事業主が講ずべき措置に関する指針」（以下「指針」という。）等の主たる内容及び取扱いは下記のとおりであるので、その的確な施行に遺漏なきを期されたい。
　なお、本通達の施行に伴い、平成21年12月28日付け職発第1228004号・雇児発第1228002号「育児休業、介護休業等育児又は家族介護を行う労働者の福祉に関する法律の施行について」は、廃止する。

(中略)

第1　総則（法第1章）

1　目的（法第1条）

(1) 子の養育又は家族の介護を行う労働者の雇用の継続及び育児・介護により退職した者の再就職の促進を図ることにより、主としてこれらの者の職業生活と家庭生活との両立に寄与することを通じて福祉の増進を図ること、また、副次的に、経済社会の発展に資することが目的であることを定めたものであり、そのための手段として、第一に育児休業及び介護休業に関する制度を設けること、第二に子の看護休暇及び介護休暇に関する制度を設けること、第三に子の養育及び家族の介護を容易にするため所定労働時間等に関し事業主が講ずべき措置を定めること、第四に子の養育又は家族の介護を行う労働者等に対する支援措置を講ずることを明らかにするものであること。

(2) 子の養育のために育児休業をするか否か、家族の介護のために介護休業をするか否か、子の看護のために看護休暇を取得するか否か、家族の介護その他の世話を行うために介護休暇を取得するか否か、また、事業主が講ずる所定労働時間の短縮等の措置を利用するか否かは、労働者自身の選択に任せられているものであること。

(3) 「育児休業及び介護休業に関する制度」とは、法第2章及び第3章に定めるところにより労働者に育児休業及び介護休業の民事的権利を与える「育児休業及び介護休業の制度」並びに事業主の努力義務としている法第21条の育児休業及び介護休業に関する定めの周知等の措置並びに法第22条の雇用管理等に関する措置の意であること。

(4) 「子の看護休暇及び介護休暇に関する制度」とは、法第4章に定めるところにより労働者に子の看護休暇の民事的権利を与える「子の看護休暇の制度」及び法第5章に定めるところにより労働者に介護休暇の民事的権利を与える「介護休暇の制度」の意であること。

(5) 「子の養育及び家族の介護を容易にするため所定労働時間等に関し事業主が講ずべき措置」とは、法第23条第1項の育児のための所定労働時間の短縮措置、同条第2項の育児休業に関する制度に準ずる措置及び始業時刻変更等の措置並びに同条第3項の介護のための所定労働時間の短縮等の措置のほか、法第24条の事業主が講ずるよう努めるべき措置を含むものであること。

(6) 「雇用の継続」とは、育児休業又は介護休業によって休業している期間等において労働契約関係が継続することの意であり、育児休業、介護休業その他の制度がなければ退職してしまうような労働者について、当該事業主との間において労働契約関係が退職により途切れることのないようにすることを目的としたものであること。

(7) 「再就職の促進」とは、妊娠、出産若しくは育児又は介護を理由として退職した者に対して再就職を促進するものであり、すぐに再就職をすることを希望する者に限らず、当面は育児又は介護に専念しつつ将来において再就職することを希望する者に対する再就職の促進を含むものであること。

(8) 「職業生活と家庭生活との両立」とは、「職業生活の全期間を通じてその能力を有効に発揮して充実した職業生活を営むとともに、育児又は介護について家族の一員としての役割を円滑に果たすことができるようにすること」（法第3条第1項）をいうものであること。

　「職業生活と家庭生活との調和」と基本的に同趣旨であるが、「調和」は全体としての釣り合いを重視する意味合いであるのに対して、「両立」はともに並び立つことを重視する意味合いであること。

2 定義（法第２条）
(1) 育児休業（法第２条第１号）

　労働者が、法第２章に定めるところにより、その子を養育するためにする休業をいうものとすること。この場合において、日々雇用される者は、育児を理由とする雇用の中断を防ぎ、その継続を図ることを目的として、子が１歳、１歳６か月又は２歳に達するまでの長期的な休業となり得る育児休業の性質になじまない雇用形態の労働者であることから、対象となる労働者から除くこととしたものであること。

　なお、法第９条の３における育児休業の定義は、同条に定めるところによるものであること。

イ 「労働者」とは、労働基準法（昭和22年法律第49号）第９条に規定する「労働者」と同義であり、同居の親族のみを雇う事業に雇用される者及び家事使用人は除外するものであること。

ロ 「日々雇用される者」とは、１日単位の労働契約期間で雇われ、その日の終了によって労働契約も終了する契約形式の労働者であること。なお、労働契約の形式上日々雇用されている者であっても、当該契約が期間の定めのない契約と実質的に異ならない状態となっている場合には、実質的に期間の定めのない契約に基づき雇用される労働者であるとして育児休業及び介護休業の対象となるものであること。

ハ 「子」とは、①労働者と法律上の親子関係がある子（養子を含むものであること。）、②特別養子縁組を成立させるために養親となる者が養子となる者を６か月以上の期間現実に監護しているときの当該期間（以下「監護期間」という。）にある者、③養子縁組里親に委託されている者及び④特別養子縁組により養親となろうとする者又は養子縁組里親に準ずる者として厚生労働省令で定める者に厚生労働省令で定めるところにより委託されている者をいうこと。なお、育児休業期間中に養子縁組が成立した場合には、法律上の子となるため、引き続き育児休業をすることが可能であること。また、子の看護休暇、育児をする労働者についての所定外労働の制限、時間外労働の制限、深夜業の制限、育児のための短時間勤務措置等についても同様であるが、介護休業、介護休暇等介護に関する制度については、①のみをいうものであること。

(イ) 特別養子縁組とは、原則として６歳未満の未成年者の福祉のため特に必要があるときに、未成年者とその実親側との法律上の親族関係を消滅させ、実親子関係に準じる安定した養親子関係を家庭裁判所が成立させる縁組制度であること（民法（明治29年法律第89号）第４編第３章第５款）。裁判所が特別養子縁組を成立させるには、養親となる者が養子となる者を６か月以上の期間監護した状況を考慮しなければならないものとされており（民法第817条の８第１項）、この期間について育児休業を認めるものであること。監護期間は、原則として家庭裁判所に特別養子縁組の成立の請求をした日から起算するものであること（同条第２項）。特別養子縁組の成立の請求が裁判所に係属するまでは、育児休業の対象とならないものであること。

(ロ) 養子縁組里親とは、保護者のない児童又は保護者に監護させることが不適当であると認められる児童（以下「要保護児童」という。）を養育すること及び養子縁組によって養親となることを希望する者（都道府県知事が厚生労働省令で定めるところにより行う研修を修了した者に限る。）のうち、児童福祉法第34の19に規定する養子縁組里親名簿に登録されたもののことをいうこと。委託措置が決定される前の一時的な預かりなどの期間は育児休業の対象とならないものであること。

(ハ) 特別養子縁組により養親となろうとする者及び養子縁組里親に準ずる者として厚生労働省令で定める者に厚生労働省令で定めるところにより委託されている者とは、児童相談所にお

いて、当該労働者に養子縁組里親として委託すべきである要保護児童として手続を進めていたにもかかわらず、委託措置決定を出す段階に至って実親等の親権者等が反対したため、養子縁組里親として委託することができず、やむなく当該労働者を養育里親として委託されている要保護児童をいうこと（則第1条）。これに該当するかは、平成28年雇児総発0802第1号・雇児福発0802第1号・雇児職発0802第1号に基づき児童相談所長が発行する証明書を参考に判断すべきこと。

ニ 「養育」とは、同居し監護するとの意であり、監護とは民法第820条に規定する監護と同義であること。病気、旅行により短期間同居に欠けていても「養育している」ことに変わりがないものであること。

ホ 「休業」とは、労働契約関係が存続したまま労働者の労務提供義務が消滅することをいい、労働基準法第89条第1号の「休暇」に含まれること。

「休暇」と「休業」とを厳密に区別する基準はないが、「休暇」のうち連続して取得することが一般的であるものを「休業」としている用語例（労働基準法第65条の産前産後の休業など）にならったものであること。

なお、民法第536条により、休業期間中の事業主の賃金支払義務は消滅すること。したがって、休業期間中の労働者に対する賃金の支払を義務づけるものではないこと。

（中略）

3 基本的理念（法第3条）
(1) 第1項は、法第1条の目的規定の「職業生活と家庭生活との両立」の内容を具体的に明らかにしたものであり、法による子の養育又は家族の介護を行う労働者等の福祉の増進の基本的理念が、この「職業生活と家庭生活との両立」にあることを明らかにしたものであること。

「職業生活の全期間を通じて」とあるのは、一時期職業生活から離れて家庭生活のみを送っていても、再び充実した職業生活を送ることとなるような場合も「職業生活と家庭生活との両立」に含める趣旨であること。

(2) 第2項は、子の養育又は家族の介護を行うための休業をする労働者は、その休業の趣旨が本人の雇用の継続のためであること、そのために事業主その他の関係者も本人の休業に配慮するものであること等にかんがみ、当該趣旨を没却させないよう、休業後の職場復帰に備えて心づもりをしておくべきであることを明らかにしたものであること。

また、この規定は、労働者に対して法的に具体的義務を課すというものではなく、訓示規定であること。

（中略）

第2 育児休業（法第2章）

（中略）

23 不利益取扱いの禁止（法第10条）
(1) 育児休業の権利行使を保障するため、労働者が育児休業申出をし、又は育児休業をしたことを理

　　由として、当該労働者に対して解雇その他不利益な取扱いをすることが禁止されることを明示したものであること。
(2)　「解雇その他不利益な取扱い」に該当する法律行為が行われた場合においては、当該行為は民事上無効と解されること。
(3)　指針第二の十一の（一）は、法第10条の規定により禁止される解雇その他不利益な取扱いとは、労働者が育児休業の申出又は取得をしたこととの間に因果関係がある行為であることを示したものであり、育児休業の期間中に行われる解雇等がすべて禁止されるものではないこと。
　　また、「因果関係がある」については、育児休業の申出又は取得をしたことを契機として不利益取扱いが行われた場合は、原則として育児休業の申出又は取得をしたことを理由として不利益取扱いがなされたと解されるものであること。ただし、
　イ（イ）　円滑な業務運営や人員の適正配置の確保などの業務上の必要性から支障があるため当該不利益取扱いを行わざるを得ない場合において、
　　（ロ）　その業務上の必要性の内容や程度が、法第10条の趣旨に実質的に反しないものと認められるほどに、当該不利益取扱いにより受ける影響の内容や程度を上回ると認められる特段の事情が存在すると認められるとき
　又は
　ロ（イ）　当該労働者が当該取扱いに同意している場合において、
　　（ロ）　当該育児休業及び当該取扱いにより受ける有利な影響の内容や程度が当該取扱いにより受ける不利な影響の内容や程度を上回り、当該取扱いについて事業主から労働者に対して適切に説明がなされる等、一般的な労働者であれば当該取扱いについて同意するような合理的な理由が客観的に存在するときについてはこの限りでないこと。
　　なお、「契機として」については、基本的に育児休業の申出又は取得をしたことと時間的に近接して当該不利益取扱いが行われたか否かをもって判断すること。例えば、育児休業を請求・取得した労働者に対する不利益取扱いの判断に際し、定期的に人事考課・昇給等が行われている場合においては、請求後から育児休業満了後の直近の人事考課・昇給等の機会までの間に、指針第二の十一の（二）リの不利益な評価が行われた場合は、「契機として」行われたものと判断すること。
(4)　指針第二の十一の（二）のイからルまでに掲げる行為は、「解雇その他不利益な取扱い」の例示であること。したがって、ここに掲げていない行為についても個別具体的な事情を勘案すれば不利益取扱いに該当するケースもあり得るものであり、例えば、期間を定めて雇用される者について更新後の労働契約の期間を短縮することなどは、不利益取扱いに該当するものと考えられること。
(5)　指針第二の十一の（三）は、不利益取扱いに該当するか否かについての勘案事項を示したものであること。
　イ　指針第二の十一の（三）のイは、育児休業及び介護休業は、期間を定めて雇用される者については雇用継続の可能性があれば取得できることから、育児休業期間又は介護休業期間の途中で契約の更新について事業主が判断する時期を迎えることが考えられるため、不利益取扱いに当たる雇止めに該当しない可能性が高いと考えられる事項を示したものであること。
　　（イ）　指針第二の十一の（三）のイの（イ）は、専ら事業の縮小や当該労働者が担当していた業務の終了・中止等の経営上の理由から、契約内容や更新回数などに照らして同様の地位にある期間を定めて雇用される者の全てを雇止めする場合であること。
　　（ロ）　指針第二の十一の（三）のイの（ロ）は、同様の地位にある期間を定めて雇用される者の

全てを雇止めする必要性はないものの、事業の縮小や当該労働者が担当していた業務の終了・中止等により、期間を定めて雇用される者の一部について雇止めをする場合に、雇止めをする者を選ぶ基準として、当該期間を定めて雇用される者の能力不足や勤務不良等に着目する場合であること。

「能力不足や勤務不良等は、育児休業又は介護休業の取得以前から問題とされていたこと」とは、例えば育児休業の取得前から勤務成績が不良であった場合等をいうものであるが、育児休業取得後に過去の非違行為が発覚した場合や育児休業中に非違行為を行っていた場合には、これらを理由とすることは当然可能であること。

ロ　指針第二の十一の（三）のホ（イ）は、育児休業及び介護休業をした期間について、人事考課において選考対象としないことは不利益取扱いには当たらないが、当該休業をした労働者について休業を超える一定期間昇進・昇格の選考対象としない人事評価制度とすることは、不利益取扱いに当たるものであること。

「休業期間を超える一定期間」とする趣旨は、例えば、休業期間が複数の評価期間にまたがる場合や、休業期間が評価期間より短い場合に、休業期間と評価期間にずれが生じることから、こうした場合に、休業期間を超えて昇進・昇格の選考対象としない人事評価制度とすることについて、一定の範囲でこれを認める趣旨であること。なお、「休業期間を超える一定期間」であるかどうかは、人事評価制度の合理性、公平性を勘案して個別に判断するものであること。

例えば、「三年連続一定以上の評価であること」という昇格要件がある場合に、休業取得の前々年、前年と２年連続一定以上の評価を得ていたにも関わらず、休業取得後改めて３年連続一定以上の評価を得ることを求める人事評価制度とすることは、不利益な取扱いに該当するものであること。

ハ　指針第二の十一の（三）のヘにより保障される復職先の職場の範囲は、指針第二の七の（一）に規定する「原職又は原職相当職」よりも広く、仮に別の事業所又は別の職務への復職であっても、通常の人事異動のルールから十分に説明できるものであれば、指針第二の十一の（二）のヌの「不利益な配置の変更」には該当しないものであること。

指針第二の十一の（三）のヘの「通常の人事異動のルール」とは、当該事業所における人事異動に関する内規等の人事異動の基本方針などをいうが、必ずしも書面によるものである必要はなく、当該事業所で行われてきた人事異動慣行も含まれるものであること。

指針第二の十一の（三）のヘの「相当程度経済的又は精神的な不利益を生じさせること」とは、配置転換の対象となる労働者が負うことになる経済的又は精神的な不利益が通常甘受すべき程度を著しく超えるものであることの意であること。

ニ　指針第二の十一の（三）のトの「等」には、例えば、事業主が、労働者の上司等に嫌がらせ的な言動をさせるよう仕向ける場合が含まれるものであること。

ホ　指針第二の十六の（二）及び同（三）は、労働者派遣法第47条の３の規定により、労働者派遣の役務の提供を受ける者がその指揮命令の下に労働させる派遣労働者の当該労働者派遣にかかる就業に関して、当該労働者派遣の役務の提供を受ける者もまた、当該派遣労働者を雇用する事業主とみなすことを踏まえ、不利益な取扱いにあたる場合を例示しているものであること。同条の詳細については、平成28年８月２日付け雇児発0802第２号「労働者派遣事業の適正な運営の確保及び派遣労働者の保護等に関する法律第47条の２及び第47条の３の規定の運用について」が発出されているものであること。

(中略)

第4　子の看護休暇（法第4章）

(中略)

3　子の看護休暇の申出の方法（法第16条の2第3項）
(1) 子の看護休暇の申出（以下「看護休暇申出」という。）は、子の看護休暇を取得する日を明らかにして行わなければならないこととしたほか、その方法を厚生労働省令で定めることとしたものであること。
　　厚生労働省令では、看護休暇申出は所定の事項を事業主に申し出ることによって行わなければならないこと、事業主は看護休暇申出に係る事実を証明することができる書類の提出を労働者に求めることができること等を規定したものであること（則第35条）。
(2) 則第35条第1項において申出の方法を書面等の提出に限定していないことから、労働者は、所定の事項を洩れなく申し出る限り、口頭での子の看護休暇申出も可能であること。
(3) 看護休暇申出の申出先は、あらかじめ本社人事部長、各支社長、工場長等具体的に明らかにしておくことが望ましいものであること。
(4) 子の看護休暇の制度が、子が負傷し、又は疾病にかかり、親の世話を必要とするその日に親である労働者に休暇の権利を保障する制度であることにかんがみれば、労働者が、休暇取得当日に電話により看護休暇申出をした場合であっても、事業主はこれを拒むことができないものであること。したがって、申出書の様式等を定め、当該申出書の提出を求める場合には、これをあらかじめ明らかにするとともに、申出書の提出は事後でも差し支えないものとすべきものであること。
(5) 則第35条第2項の「証明することができる書類」として利用可能な書類の例としては、同条第1項第4号の「負傷し、若しくは疾病にかかっている事実」については医療機関の領収書や、保育所を欠席したことが明らかとなる連絡帳等の写しなどが、同号の「前条に定める世話を行うこととする事実」については医療機関等の領収書や健康診断を受けさせることが明らかとなる市町村からの通知等の写しなどが考えられるものであること。また、看護休暇申出をする労働者に過大な負担を求めることのないように配慮するものとすること（指針事項）。
　　なお、事業主が看護休暇申出をした労働者に対して証明書類の提出を求め、その提出を当該労働者が拒んだ場合にも、看護休暇申出自体の効力には影響がないものであること。

4　子の看護休暇の申出があった場合における事業主の義務（法第16条の3）
(1) 第1項は、労働者が、事業主に申し出ることにより、申出に係る日について子の看護休暇を取得することができるという原則により、事業主が当該労働者の子の看護休暇の申出を拒むことができないことを明らかにしたものであること。

(中略)

(4) 事業主は、経営困難、事業繁忙その他どのような理由があっても労働者の適法な子の看護休暇の申出を拒むことはできないものであること。また、育児休業や介護休業とは異なり、事業主には子の看護休暇を取得する日を変更する権限は認められていないものであること。

(中略)

6　不利益取扱いの禁止（法第16条の４において準用する法第10条）
(1) 子の看護休暇の権利行使を保障するため、労働者が看護休暇申出をし、又は子の看護休暇を取得したことを理由として、当該労働者に対して解雇その他不利益な取扱いをすることが禁止されることを明示したものであること。
(2) 「解雇その他不利益な取扱い」に該当する法律行為が行われた場合における効果及び指針事項に係る解釈については、育児休業の場合と同様であること（第２の23(2)から(5)参照）。

(中略)

第６　所定外労働の制限（法第６章）

(中略)

11　不利益取扱いの禁止（法第16条の10）
(1) 所定外労働の制限の権利行使を保障するため、労働者が所定外労働の制限の請求をし、又は当該事業主が当該請求をした労働者について所定労働時間を超えて労働させてはならない場合に当該労働者が所定労働時間を超えて労働しなかったことを理由として、当該労働者に対して解雇その他不利益な取扱いをすることが禁止されることを明示したものであること。
(2) 「解雇その他不利益な取扱い」に該当する法律行為が行われた場合における効果及び指針事項に係る解釈については、育児休業の場合と同様であること（第２の23(2)から(5)参照）。

(中略)

第７　時間外労働の制限（法第７章）

(中略)

11　不利益取扱いの禁止（法第18条の２）
(1) 時間外労働の制限の権利行使を保障するため、労働者が時間外労働の制限の請求をし、又は当該事業主が当該請求をした労働者について制限時間を超えて労働させてはならない場合に当該労働者が制限時間を超えて労働しなかったことを理由として、当該労働者に対して解雇その他不利益な取扱いをすることが禁止されることを明示したものであること。
(2) 「解雇その他不利益な取扱い」に該当する法律行為が行われた場合における効果及び指針事項に係る解釈については、育児休業の場合と同様であること（第２の23(2)から(5)参照）。

(中略)

第８　深夜業の制限（法第８章）

(中略)

11　不利益取扱いの禁止（法第20条の２）
(1)　深夜業の制限の権利行使を保障するため、労働者が深夜業の制限の請求をし、又は当該事業主が当該請求をした労働者について深夜において労働させてはならない場合に当該労働者が深夜において労働しなかったことを理由として、当該労働者に対して解雇その他不利益な取扱いをすることが禁止されることを明示したものであること。
(2)　「解雇その他不利益な取扱い」に該当する法律行為が行われた場合における効果及び指針事項に係る解釈については、育児休業の場合と同様であること（第２の23(2)から(5)参照）。

(中略)

第９　事業主が講ずべき措置（法第９章）
１　育児休業等に関する定めの周知（法第21条第１項）
(1)　労働者が育児休業又は介護休業（以下「育児休業等」という。）をするか否かは労働者の選択に委ねられているが、その選択を適切に行うことができるようにし、かつ、後に紛争が起こることを未然に防止するため、育児休業等の期間中の待遇、育児休業等の後の賃金、配置等の労働条件及び厚生労働省令で定める必要な事項（則第70条で、①法第９条第２項第１号又は法第15条第３項第１号に掲げる事情が生じたことにより育児休業等の期間が終了した労働者の労務の提供の開始時期に関すること及び②労働者が介護休業の期間について負担すべき社会保険料を事業主に支払う方法に関することを規定した。）をあらかじめ定め、周知することを事業主の努力義務としたものであること。また、対象となる労働者、特に、男性労働者が育児休業等を取得しやすい職場環境とするため、労働者一般への周知に加え、労働者又はその配偶者が妊娠若しくは出産したこと又は労働者が対象家族を介護していることを知ったときに、当該労働者に対して個別に、育児休業等に関する事項を知らせることを事業主の努力義務としたものであること。
　　　「定め」に当たっては、労使の話合いの上、その合意に基づき行われることが望ましいものであること。
(2)　労働基準法第89条との関係については、以下の点に留意すること。
　イ　常時10人以上の労働者を使用する事業所の事業主は、法第21条第１項各号に規定する事項のうち、労働基準法第89条第１号から第３号までの規定において就業規則を作成しなければならない事項とされているものについては、同条の規定により当該事項を定め、同法第106条第１項の規定によりそれを周知する義務を負っており、その部分に関しては法第21条第１項は入念規定であること。
　　　また、法第21条第１項各号に規定する事項のうち、労働基準法第89条第３号の２から第10号までの規定において定めをする場合には就業規則を作成しなければならない事項とされているものについては、同法第106条第１項の規定により、その事項を定めた場合には、当該事業主は、それを周知する義務を負っており、その部分に関しては法第21条第１項は入念規定であること。
　　　これら以外の事項については、法第21条第１項により創設的に、定め、周知する努力義務を当該事業主に課したものであること。
　ロ　常時10人以上の労働者を使用しない事業所の事業主に対しては、法第21条第１項各号に規定す

るすべての事項について、同項により創設的に、定め、周知する努力義務を課したものであること。

(3) 第１号の「労働者の育児休業及び介護休業中における待遇に関する事項」とは、労働者が育児休業等をしている期間中の賃金その他の経済的給付、教育訓練、福利厚生施設の利用等の意であること。

(4) 第２号の「育児休業及び介護休業後における賃金」とは、育児休業等の終了後の賃金の額及びその算定の方法等の意であること。なお、ここでいう「賃金」とは、労働の対償として事業主が労働者に支払うすべてのものをいうものであり、退職金を含むものであること。

(5) 第２号の「配置」とは、労働者を一定の職務（ポスト）に就けること又は就けている状態をいい、従事すべき職務の内容及び就業の場所を主要な要素とするものであること。また、「配置」には、いわゆる出向及び労働者派遣法第２条第１号の労働者派遣も含まれるものであること。

(6) 第２号の「その他の労働条件に関する事項」とは、昇進、昇格、年次有給休暇等に関する事項の意であること。

(7) 則第70条第１号の「労務の提供の開始時期」の取扱いについては、育児休業等の期間が終了した労働者にとっても即日出勤が難しい状況にあることが予想されることから、当事者間の合意による期間中であれば無給の休業としての取扱いをすることも許されるものと解されること。

(8) 則第70条第２号の「社会保険料」には、健康保険法（大正11年法律第70号）、厚生年金保険法（昭和29年法律第115号）、労働保険の保険料の徴収等に関する法律（昭和44年法律第84号）及び介護保険法（平成９年法律第123号）の規定により被保険者として負担する保険料のほか、私立学校教職員共済法（昭和28年法律第245号）及び国家公務員共済組合法（昭和33年法律第128号）の規定により加入者及び組合員として負担する掛金が含まれるものであること。

(9) 則第70条第２号の「支払う方法に関すること」とは、事業主がその労働者負担分及び事業主負担分を一括して国庫等へ納入することを義務付けられている社会保険料について、当該労働者負担分を立替払をする事業主が当該労働者に対して求償する方法を定めるものであり、支払の時期、直接払又は振込の別等を含むものであること。

(10) 指針第二の六（一）の「一括して定め」とは、育児休業及び介護休業について一括して定めることのみの意ではなく、育児休業について一括して定め、かつ、介護休業について一括して定めることも含むものであること。

(11) 指針第二の六（二）は、労働者に両立支援制度を個別に周知する際には、労働者のプライバシーを保護する観点から、労働者が自発的に当該労働者若しくはその配偶者が妊娠若しくは出産したこと又は当該労働者が対象家族を介護していることを知らせることを前提としたものであること。そのためには、労働者が自発的に知らせやすい職場環境が重要であることから、法第25条に定める措置を事業主が講じている必要があることを改めて確認するものであること。

(12) 指針第二の六（三）は、労働者に両立支援制度を個別に周知する際に、あわせて知らせることが望ましい両立支援制度を例示したものであり、具体的には、以下のものがあること。イ及びロはあくまでも例示であってこれに限られるものではないこと。

　イ　法第５条第２項の規定による育児休業の再度取得の特例（パパ休暇）
　ロ　法第９条の２の規定による同一の子について配偶者が育児休業をする場合の特例（パパ・ママ育休プラス）

2　育児休業等に関する取扱いの明示（法第21条第２項）

(1) 法第21条第1項に規定する定めに基づく措置については、個々の労働者ごとに育児休業等の期間等に応じ結果として行われる取扱いが異なることがあり得るので、個々の労働者が具体的に自分がどのような取扱いを受けるのかについて知り得る状態を確保すべきものであることから、労働者に対してその取扱いを具体的に明示することを事業主の努力義務とすることとし、当該取扱いの明示をするに当たっての方法を厚生労働省令で定めることとしたものであること。
　厚生労働省令では、当該取扱いの明示は、労働者からの育児休業等の申出があった後速やかに、当該労働者に係る取扱いを明らかにした書面を交付することによって行うものとすることを規定したものであること（則第71条）。
(2) 「当該労働者に係る取扱い」とは、法第21条第1項各号に規定する事項についての定めを、育児休業等の期間等に応じ具体的に個々の労働者に適用した結果行われる当該労働者についての取扱いの意であること。
(3) 則第71条の「速やかに」とは、原則として労働者が育児休業申出をした時点からおおむね2週間以内に、介護休業申出をした時点からおおむね1週間以内に、との意であるが、育児休業申出の日から育児休業開始予定日までの期間が2週間に満たない場合又は介護休業申出の日から介護休業開始予定日までの期間が1週間に満たない場合にあっては、育児休業開始予定日又は介護休業開始予定日までにとの意であること。

3　雇用管理等に関する措置（法第22条）
(1) 労働者の育児休業等の申出及び育児休業等の休業後の再就業を円滑にするため、事業主に対し、育児休業等をする労働者が雇用される事業所における労働者の配置等の雇用管理、育児休業等により休業中の労働者の職業能力の開発及び向上等について、必要な措置を講ずる努力義務を事業主に課したものであること。
(2) 「事業所における労働者の配置」とは、配置転換の対象となる労働者、労働者派遣により受け入れられる労働者等を含めたその事業所の労働者全体の配置の意であり、育児休業等をすることができない労働者の配置も含まれるものであること。
　特に、育児休業等をする労働者の業務を処理するために臨時に採用した労働者（以下「代替要員」という。）の雇用管理については、養育していた子又は介護していた対象家族の死亡等により休業が終了した場合の取扱いに関し次の点に留意し、代替要員に予期せぬ不利益を与えないよう、あらかじめ雇用契約の内容を明確にしておく必要があること。
　イ　代替要員の雇用期間が確定日付で定められているような場合、休業取得者が職場復帰したとしても、当該代替要員の雇用期間の終了前に当該代替要員の雇用契約を終了させることはできないものであること。
　ロ　代替要員の雇用契約において、雇用期間が確定日付で定められ、かつ、休業取得者が職場復帰した場合には雇用契約を終了させる旨の留保条件が付されている場合、代替要員の雇用期間の終了前に当該代替要員の雇用契約を終了させることは可能であると考えられること。この場合においても、労働基準法第20条の解雇予告の規定は適用されるものであること。
　ハ　代替要員の雇用契約が、休業取得者が職場復帰した場合を除いて短期間の契約を一定の回数まで更新することとする内容である場合にあっては、特定の雇用契約期間中において当該休業取得者が職場復帰した場合、当該雇用期間の満了をもって雇用契約を更新しないこととすることは可能であること。
(3) 「その他の雇用管理」とは、他の労働者に対する業務の再配分、人事ローテーション等による配置

転換、派遣労働者の受入れ及び新たな採用等のうちの適切な措置をとることによって、当該育児休業等をする労働者が行っていた業務を円滑に処理する方策等の意であること。
(4) 「労働者の職業能力の開発及び向上等」の「等」には、育児休業等をする労働者の能力の維持や職場適応性の減退の防止、あるいは当該労働者が育児休業等の休業前に就いていた又は育児休業等の休業後に就くことが予想される業務に関する情報の提供等が含まれるものであること。
(5) 指針第二の七の(一)の「原職相当職」の範囲は、個々の企業又は事業所における組織の状況、業務配分、その他の雇用管理の状況によって様々であるが、一般的に、①休業後の職制上の地位が休業前より下回っていないこと、②休業前と休業後とで職務内容が異なっていないこと及び③休業前と休業後とで勤務する事業所が同一であることのいずれにも該当する場合には、「原職相当職」と評価されるものであること。
(6) 指針第二の八の(二)の「計画的に措置が講じられること」とは、労働者の状況に的確に対応するため、
　イ　育児休業をする労働者の発生を一定期間ごとに事前に予測し、その人数、属性等に応じた能力開発等の方法を検討の上、個々の労働者の適性、能力等に配慮した能力開発の機会が提供されるようプログラムを用意しておくこと
　ロ　労働者数の多い事業所においては、介護休業をする労働者の発生する数を事前に予測し、その人数に応じた能力開発等の方法を検討の上、様々な状況に対応できるよう、多様な類型のプログラムを用意するとともに、弾力的な運用が可能となるようにしておくこと
　ハ　労働者数の少ない事業所においては、急に介護休業をする労働者が発生する場合に備えて、他の類似の事業所における好事例を参考の上、当該事業所に適合したプログラムを用意すること
等の意であること。

4　3歳に満たない子を養育する労働者に関する所定労働時間の短縮措置（法第23条第1項）
(1)　育児休業から復帰し、又は育児休業をせずに、雇用を継続する労働者にとっては、ある程度心身が発達する3歳に達するまでの時期は子の養育に特に手がかかる時期であり、とりわけ保育所に子どもを預ける場合における送り迎えなど、子育ての時間を確保することが雇用を継続するために重要であることから、3歳に満たない子を養育する労働者であって育児休業をしていないもの（1日の所定労働時間が短い労働者として厚生労働省令で定めるものを除く。）に関して、所定労働時間を短縮することにより当該労働者が就業しつつ子を養育することを容易にするための措置（以下「育児のための所定労働時間の短縮措置」という。）を講ずる義務を事業主に課したものであること。
　　また、ただし書は、その例外として、労使の書面による協定により一定の範囲の労働者（①雇入れ後1年未満の労働者、②その他所定労働時間の短縮措置を講じないこととすることについて合理的な理由があると認められる労働者、③①及び②のほか、業務の性質又は業務の実施体制に照らして、育児のための所定労働時間の短縮措置を講ずることが困難と認められる業務に従事する労働者）を育児のための所定労働時間の短縮措置を講じないものとして定めることができるとしたものであること。
　　なお、育児のための所定労働時間の短縮措置の利用と、法第16条の8第1項の所定外労働の制限の請求とを同時に行うことは可能であること。
(2)　育児のための所定労働時間の短縮措置の適用対象者の考え方は、以下のとおりであること。

（中略）

　　ト　「労働者」のうち、労働基準法第41条に規定する者については、労働時間等に関する規定が適用除外されていることから、育児のための所定労働時間の短縮措置の義務の対象外であること。
　　　このうち、労働基準法第41条第2号に定める管理監督者については、同法の解釈として、労働条件の決定その他労務管理について経営者と一体的な立場にある者の意であり、名称にとらわれず、実態に即して判断すべきであることとされていること。したがって、職場で「管理職」として取り扱われている者であっても、同号の管理監督者に当たらない場合には、育児のための所定労働時間の短縮措置の義務の対象となること。
　　　また、同号の管理監督者であっても、法第23条第1項の措置とは別に、同項の育児のための所定労働時間の短縮措置に準じた制度を導入することは可能であり、こうした者の仕事と子育ての両立を図る観点からはむしろ望ましいものであること。
(3)　「労働者の申出に基づき」とは、育児のための所定労働時間を短縮する措置を受けるか否かを労働者の申出によらしめるとの意であり、短縮する時間数等まで自由に労働者の申出によらしめるものではないこと。
(4)　育児のための所定労働時間の短縮措置の考え方は、以下のとおりであること。

（中略）

　　ホ　労働基準法第67条に規定する育児時間は、1歳未満の子を育てている女性労働者が請求した場合、授乳に要する時間を通常の休憩時間とは別に確保すること等のために設けられたものであり、育児時間と本項に規定する所定労働時間の短縮措置は、その趣旨及び目的が異なることから、それぞれ別に措置すべきものであること。

（中略）

8　不利益取扱いの禁止（法第23条の2）
(1)　法第23条に規定する事業主の措置の適用を受けることを保障するため、労働者が同条の規定による申出をし、又は同条の規定により当該労働者に措置が講じられたことを理由として、当該労働者に対して解雇その他不利益な取扱いをすることが禁止されることを明示したものであること。
(2)　「解雇その他不利益な取扱い」に該当する法律行為が行われた場合における効果及び指針事項に係る解釈については、育児休業の場合と同様であること（第2の23(2)から(5)参照）。

（中略）

11　職場における育児休業等に関する言動に起因する問題に関する雇用管理上の措置（法第25条）
(1)　事業主による育児休業等の取得等を理由とする不利益取扱いについては、法第10条、第16条、第16条の4、第16条の7、第16条の10、第18条の2、第20条の2及び第23条の2により禁止されているところであるが、近年、事業主による不利益取扱いのみならず、上司又は同僚による育児休業等に関する言動により当該労働者の就業環境が害されること（以下「職場における育児休業等に関するハラスメント」という。）も見られるようになってきところである。
　　こうしたことから、法第25条は、職場における育児休業等に関するハラスメントを防止するため、その雇用する労働者からの相談に応じ、適切に対応するために必要な体制の整備その他の雇用管

上必要な措置を講ずることを事業主に義務付けることとしたものであること。
(2) 指針は、事業主が防止のため適切な雇用管理上の措置を講ずることができるようにするため、防止の対象とするべき職場における育児休業等に関するハラスメントの内容及び事業主が雇用管理上措置すべき事項を定めたものであること。
　イ　職場における育児休業等に関するハラスメントの内容
　　　指針第二の十四の（一）のイ「職場における育児休業等に関するハラスメントの内容」においては、事業主が、雇用管理上防止すべき対象としての職場における育児休業等に関するハラスメントの内容を明らかにするために、その概念の内容を示すとともに、典型例を挙げたものであること。
　　　また、実際上、職場における育児休業等に関するハラスメントの状況は多様であり、その判断に当たっては、個別の状況を斟酌する必要があることに留意すること。
　　　なお、法及び指針は、あくまで職場における育児休業等に関するハラスメントが発生しないよう防止することを目的とするものであり、個々のケースが厳密に職場における育児休業等に関するハラスメントに該当するか否かを問題とするものではないので、この点に注意すること。
　　①　職場
　　　指針第二の十四の（一）のロは「職場」の内容と例示を示したものであること。「職場」には、業務を遂行する場所であれば、通常就業している場所以外の場所であっても、出張先、業務で使用する車中及び取引先との打ち合わせ場所等も含まれるものであること。
　　　なお、勤務時間外の「懇親の場」等であっても、実質上職務の延長と考えられるものは職場に該当するが、その判断に当たっては、職務との関連性、参加者、参加が強制的か任意か等を考慮して個別に行うものであること。
　　②　その雇用する労働者に対する制度等の利用に関する言動により就業環境が害されるもの
　　　指針第二の十四の（一）のニは「その雇用する労働者に対する制度の利用に関する言動により就業環境が害されるもの」の内容を示したものであること。
　　なお、指針に掲げる「その雇用する労働者に対する制度の利用に関する言動により就業環境が害されるもの」の典型的な例は限定列挙ではないこと。
　　　「その雇用する労働者に対する制度等の利用に関する言動により就業環境が害されるもの」については、労働者が指針第二の十四の（一）のニの（イ）に規定する制度等の利用の申出等をしようとしたこと、制度等の利用の申出等をしたこと又は制度等の利用をしたことと、行為との間に因果関係あるものを指すこと。
　　　「解雇その他不利益な取扱いを示唆するもの」とは、労働者への直接的な言動である場合に該当すると考えられること。なお、解雇その他不利益な取扱いを示唆するものについては、上司でなければ該当しないと考えられるが、1回の言動でも該当すると考えられること。
　　　「制度等の利用の申出等又は制度等の利用を阻害するもの」とは、単に言動があるのみでは該当せず、客観的にみて、一般的な労働者であれば、制度等の利用をあきらめざるを得ない状況になるような言動を指すものであること。これは、労働者への直接的な言動である場合に該当すると考えられること。また、上司の言動については、1回でも該当すると考えられる一方、同僚の言動については、繰り返し又は継続的なもの（意に反することを言動を行う者に明示しているにもかかわらず、さらに行われる言動を含む。）が該当すると考えられること。
　　　「労働者の事情やキャリアを考慮して、早期の職場復帰を促すこと」として、労働者のキャリア等を考慮して、早期の職場復帰を助言するような場合等が考えられること。ただし、このような

場合であっても職場復帰の時期は労働者の選択に任せられるべきものであること。また、早期の職場復帰を強要し、育児休業の取得を阻害するような場合は、法第25条に違反するものであること。

なお、労働者が制度等の利用の申出等をしたところ、上司が個人的に請求等を取り下げるよう言う場合については、職場における育児休業等に関するハラスメントに該当し、指針に基づく対応が求められる。一方、単に上司が個人的に申出等を取り下げるよう言うのではなく、事業主として申出等を取り下げさせる（制度等の利用を認めない）場合については、そもそも制度等の利用ができる旨を規定した各法（例えば育児休業の利用であれば法第6条第1項）に違反することとなること。

「制度等の利用をしたことにより嫌がらせ等をするもの」とは、単に言動があるのみでは該当せず、客観的にみて、一般的な労働者であれば、「能力の発揮や継続就業に重大な悪影響が生じる等当該労働者が就業する上で看過できない程度の支障が生じるようなもの」を指すものであること。これは、労働者への直接的な言動である場合に該当すると考えられること。また、上司と同僚のいずれの場合であっても繰り返し又は継続的なもの（意に反することを言動を行う者に明示しているにもかかわらず、さらに行われる言動を含む。）が該当すると考えられること。

ロ　雇用管理上講ずべき事項

指針第二の十四の（二）は、事業主が雇用管理上講ずべき措置として13項目挙げていること。

また、措置の方法については、企業の規模や職場の状況に応じ、適切と考える措置を事業主が選択できるよう具体例を示してあるものであり、限定列挙ではないこと。

①　「事業主の方針等の明確化及びその周知・啓発」

指針第二の十四の（二）のイは、職場における育児休業等に関するハラスメントを防止するためには、まず事業主の方針として職場における育児休業等に関するハラスメントを許さないことを明確にするとともに、これを労働者に周知・啓発しなければならないことを明らかにしたものであること。

「その発生の原因や背景」とは、例えば、制度等の利用に不寛容な職場風土が挙げられるものであり、具体的には、育児休業等に関する否定的な言動（他の労働者の制度等の利用の否定につながる言動（当該労働者に直接行わない言動も含む。）をいい、単なる自らの意思の表明を除く。以下同じ。）も考えられること、また、制度等の利用ができることを職場において十分に周知できていないことが考えられることを明らかにしたものであり、事業主に対して留意すべき事項を示したものであること。

（イ）①並びに（ロ）①及び②の「その他の職場における服務規律等を定めた文書」として、従業員心得や必携、行動マニュアル等、就業規則の本則ではないが就業規則の一部を成すものが考えられるが、これらにおいて懲戒規定を定める場合には、就業規則の本則にその旨の委任規定を定めておくことが労働基準法上必要となるものであること。

（イ）③の「研修、講習等」を実施する場合には、調査を行う等職場の実態を踏まえて実施する、管理職層を中心に職階別に分けて実施する等の方法が効果的と考えられること。

②　「相談に応じ、適切に対応するために必要な体制の整備」

指針第二の十四の（二）のロは、職場における育児休業等に関するハラスメントの未然防止及び再発防止の観点から相談（苦情を含む。以下同じ。）への対応のための窓口を明確にするとともに、相談の対応に当たっては、その内容や状況に応じ適切かつ柔軟に対応するために必要な体制を整備しなければならないことを明らかにしたものであること。

　指針第二の十四の（二）のロの（イ）の「窓口をあらかじめ定める」とは、窓口を形式的に設けるだけでは足らず、実質的な対応が可能な窓口が設けられていることをいうものであること。この際、労働者が利用しやすい体制を整備しておくこと、労働者に対して周知されていることが必要であり、例えば、労働者に対して窓口の部署又は担当者を周知していることなどが考えられること。

　指針第二の十四の（二）のロの（ロ）の「その内容や状況に応じ適切に対応する」とは、具体的には、相談者や行為者に対して、一律に何らかの対応をするのではなく、労働者が受けている言動等の性格・態様によって、状況を注意深く見守る程度のものから、上司、同僚等を通じ、行為者に対し間接的に注意を促すもの、直接注意を促すもの等事案に即した対応を行うことを意味するものであること。

　なお、対応に当たっては、公正な立場に立って、真摯に対応すべきことは言うまでもないこと。

　指針第二の十四の（二）のロの（ロ）の「広く相談に対応し」とは、職場における育児休業等に関するハラスメントを未然に防止する観点から、相談の対象として、職場における育児休業等に関するハラスメントそのものでなくともその発生のおそれがある場合や育児休業等に関するハラスメントに該当するか否か微妙な場合も幅広く含めることを意味するものであること。例えば、指針第二の十四の（二）のロの（ロ）で掲げる、放置すれば相談者が業務に専念できないなど就業環境を害するおそれがある場合又は育児休業等に関する否定的な言動が原因や背景となって育児休業等に関するハラスメントが生じるおそれがある場合のほか、休憩時間等において育児休業等に関するハラスメントが生じた場合、育児休業等に関するハラスメントが取引先等から行われる場合等も幅広く相談の対象とすることが必要であること。

　指針第二の十四の（二）のロの（ロ）②の「留意点」には、相談者が相談窓口の担当者の言動等によってさらに被害を受けること等を防止するために必要な事項も含まれるものであること。

　指針第二の十四の（二）のロの（ハ）については、近年、様々なハラスメントが複合的に生じているとの指摘もあり、労働者にとっては１つの窓口で相談できる方が利便性が高く、また解決にもつながりやすいと考えられることから、相談について一元的に受け付けることのできる体制を整備することが望ましいことを示したものであること。

③　「職場における育児休業等に関するハラスメントに係る事後の迅速かつ適切な対応」

　指針第二の十四の（二）のハは、職場における育児休業等に関するハラスメントが発生した場合は、その事案に係る事実関係を迅速かつ正確に確認するとともに、当該事案に適正に対処しなければならないことを明らかにしたものであること。

　指針第二の十四の（二）のハの（ロ）の「被害を受けた労働者に対する配慮のための措置を適正に行うこと」には、職場における育児休業等に関するハラスメントを受けた労働者の継続就業が困難にならないよう環境を整備することや、労働者が職場における育児休業等に関するハラスメントにより休業を余儀なくされた場合等であって当該労働者が希望するときには、本人の状態に応じ、原職又は原職相当職への復帰ができるよう積極的な支援を行うことなども含まれること。

　指針第二の十四の（二）のハの（ロ）①の「事業場内産業保健スタッフ等」とは、事業場内産業保健スタッフ及び事業場内の心の健康づくり専門スタッフ、人事労務管理スタッフ等をいうものであること。

④　「育児休業等に関するハラスメントの原因や背景となる要因を解消する為の措置」

　指針第二の十四の（二）のニの（イ）は、育児休業等した労働者の業務の分担等を行う他の労働者の業務負担が過大となり、育児休業等に関する否定的な言動が行われる場合があるため、そ

れらを解消する為の措置について定めたものであること。なお、「業務体制の整備など」には、代替要員の確保などについても含まれるものであること。
　指針第二の十四の（二）のニの（ロ）は、職場における育児休業等に関するハラスメントの原因や背景には、制度等の利用ができることを労働者自身が認識できていない場合があることや、制度等の利用に際しては利用前と同様の業務遂行が難しくなることもあり、周囲の労働者とのコミュニケーションがより一層重要となることについて労働者自身が意識を持っていない場合があることから、周知・啓発等について望ましい旨定めたものであること。
　ハ　併せて講ずべき措置
　指針第二の十四の（二）のホは、事業主が（1）から（4）までの措置を講ずるに際して併せて講ずべき措置を明らかにしたものであること。
　指針第二の十四の（二）のホの（イ）は、労働者の個人情報については、「個人情報の保護に関する法律（平成15年法律第57号）」及び「雇用管理に関する個人情報保護に関するガイドライン（平成24年厚生労働省告示第357号）」に基づき、適切に取り扱うことが必要であるが、職場における育児休業等に関するハラスメントの事案に係る個人情報は、特に個人のプライバシーを保護する必要がある事項であることから、事業主は、その保護のために必要な措置を講じるとともに、その旨を労働者に周知することにより、労働者が安心して相談できるようにしたものであること。
　指針第二の十四の（二）のホの（ロ）は、実質的な相談ができるようにし、また、事実関係の確認をすることができるようにするためには、相談者や事実関係の確認に協力した者が不利益な取扱いを受けないことが必要であることから、これらを理由とする不利益な取扱いを行ってはならない旨を定め、さらにその旨を労働者に周知・啓発することとしたものであること。
　また、上記については、事業主の方針の周知・啓発の際や相談窓口の設置にあわせて、周知することが望ましいものであること。

12　労働者の配置に関する配慮（法第26条）

(1)　子の養育や家族の介護を行っている労働者にとって、住居の移転等を伴う就業の場所の変更が、雇用の継続を困難にしたり、職業生活と家庭生活との両立に関する負担を著しく大きくする場合があることから、労働者の配置の変更で就業の場所の変更を伴うものをしようとする場合において、その就業の場所の変更により就業しつつその子の養育又は家族の介護を行うことが困難となる労働者がいるときは、当該労働者の子の養育又は家族の介護の状況について配慮することを事業主に義務づけるものであること。
(2)　「配置の変更で就業の場所の変更を伴うもの」とは、例えば、ある地方の事業所から別の事業所への配置転換など、場所的に離れた就業の場所への配置の変更をいうものであり、同一事業所内で別の業務に配置換えすることは含まれないものであること。
(3)　「子」及び「養育」の解釈は、育児休業の場合と同様であること（第1の2（1）ハニ参照）。なお、「子」に「小学校就学の始期に達するまで」といった限定が付いていない以上、小学生や中学生の子も含まれるのは当然であること。
(4)　子の養育又は家族の介護を行うことが「困難となることとなる」とは、転勤命令の検討をする際等において、配置の変更後に労働者が行う子の養育や家族の介護に係る状況、具体的には、配置の変更後における通勤の負担、当該労働者の配偶者等の家族の状況、配置の変更後の就業の場所近辺における育児サービスの状況等の諸般の事情を総合的に勘案し、個別具体的に判断すべきものであること。

(5) 「配慮」とは、労働者の配置の変更で就業の場所の変更を伴うものの対象となる労働者について子の養育又は家族の介護を行うことが困難とならないよう意を用いることをいい、配置の変更をしないといった配置そのものについての結果や労働者の育児や介護の負担を軽減するための積極的な措置を講ずることを事業主に求めるものではないこと。

(6) 指針第二の十五は、「配慮」の内容として、当該労働者の子の養育又は家族の介護の状況を把握すること、労働者本人の意向をしんしゃくすること、配置の変更で就業の場所の変更を伴うものをした場合の子の養育又は家族の介護の代替手段の有無の確認を行うことを例示しているものであること。

13　再雇用特別措置等（法第27条）

(1) 妊娠、出産若しくは育児又は介護を理由として退職した者（以下「育児等退職者」という。）が、それらの理由がなくなったときに再び雇用されることを希望する場合、同一企業において再び雇用されることが、かつての経験を生かすことができ、労働者にとっても企業にとっても好ましいことから、事業主は、再雇用特別措置（育児等退職者であって、その退職の際に、その就業が可能となったときに再び雇用されることの希望を有する旨の申出をしていたものについて、当該事業主が、労働者の募集又は採用に当たって特別の配慮をする措置をいう。）その他これに準ずる措置を実施するように努めなければならないこととしたものであること。

　なお、このような再雇用特別措置等も、「職業生活の全期間を通じて・・・充実した職業生活を営む・・・ことができるようにすること」（法第3条第1項）に含まれるものであること（第1の3(1) 参照）。

(2) 「その他これに準ずる措置」とは、資本、資金、人事、取引等の状況からみて密接な関係にある事業主の事業所を退職した育児等退職者についても再雇用の対象とするなど、措置の対象を拡げる内容のものをいうものであること。

（以下略）

資料③ 性差別指針

労働者に対する性別を理由とする差別の禁止等に関する規定に定める事項に関し、事業主が適切に対処するための指針

平成18年厚生労働省告示第614号
最終改正：平成27年厚生労働省告示458号

第1 はじめに

この指針は、雇用の分野における男女の均等な機会及び待遇の確保等に関する法律（以下「法」という。）第10条第1項の規定に基づき、法第5条から第7条まで及び第9条第1項から第3項までの規定に定める事項に関し、事業主が適切に対処することができるよう、これらの規定により禁止される措置として具体的に明らかにする必要があると認められるものについて定めたものである。

第2 直接差別

1 雇用管理区分

第2において、「雇用管理区分」とは、職種、資格、雇用形態、就業形態等の区分その他の労働者についての区分であって、当該区分に属している労働者について他の区分に属している労働者と異なる雇用管理を行うことを予定して設定しているものをいう。雇用管理区分が同一か否かについては、当該区分に属する労働者の従事する職務の内容、転勤を含めた人事異動の幅や頻度等について、同一区分に属さない労働者との間に、客観的・合理的な違いが存在しているか否かにより判断されるものであり、その判断に当たっては、単なる形式ではなく、企業の雇用管理の実態に即して行う必要がある。

例えば、採用に際しては異なる職種として採用していても、入社後は、同一企業内の労働者全体について、営業や事務など様々な職務を経験させたり同一の基準で人事異動を行うなど特に取扱いを区別することなく配置等を行っているような場合には、企業全体で一つの雇用管理区分と判断することとなる。

2 募集及び採用（法第5条関係）

(1) 法第5条の「募集」とは、労働者を雇用しようとする者が、自ら又は他人に委託して、労働者となろうとする者に対し、その被用者となることを勧誘することをいう。

なお、労働者派遣事業の適正な運営の確保及び派遣労働者の就業条件の整備等に関する法律（昭和60年法律第88号）第2条第1号に規定する労働者派遣のうち、いわゆる登録型派遣を行う事業主（同法第5条第1項の許可を受けた者をいう。）が、派遣労働者になろうとする者に対し登録を呼びかける行為及びこれに応じた者を労働契約の締結に至るまでの過程で登録させる行為は、募集に該当する。

法第5条の「採用」とは、労働契約を締結することをいい、応募の受付、採用のための選考等募集を除く労働契約の締結に至る一連の手続を含む。

(2) 募集及び採用に関し、一の雇用管理区分において、例えば、次に掲げる措置を講ずることは、法第5条により禁止されるものである。ただし、14の（1）のポジティブ・アクションを講ずる場合については、この限りではない。

イ 募集又は採用に当たって、その対象から男女のいずれかを排除すること。

（排除していると認められる例）

　　①　一定の職種（いわゆる「総合職」、「一般職」等を含む。）や一定の雇用形態（いわゆる「正社員」、「パートタイム労働者」等を含む。）について、募集又は採用の対象を男女のいずれかのみとすること。
　　②　募集又は採用に当たって、男女のいずれかを表す職種の名称を用い（対象を男女のいずれかのみとしないことが明らかである場合を除く。）、又は「男性歓迎」、「女性向きの職種」等の表示を行うこと。
　　③　男女をともに募集の対象としているにもかかわらず、応募の受付や採用の対象を男女のいずれかのみとすること。
　　④　派遣元事業主が、一定の職種について派遣労働者になろうとする者を登録させるに当たって、その対象を男女のいずれかのみとすること。
　ロ　募集又は採用に当たっての条件を男女で異なるものとすること。
（異なるものとしていると認められる例）
　　募集又は採用に当たって、女性についてのみ、未婚者であること、子を有していないこと、自宅から通勤すること等を条件とし、又はこれらの条件を満たす者を優先すること。
　ハ　採用選考において、能力及び資質の有無等を判断する場合に、その方法や基準について男女で異なる取扱いをすること。
（異なる取扱いをしていると認められる例）
　　①　募集又は採用に当たって実施する筆記試験や面接試験の合格基準を男女で異なるものとすること。
　　②　男女で異なる採用試験を実施すること。
　　③　男女のいずれかについてのみ、採用試験を実施すること。
　　④　採用面接に際して、結婚の予定の有無、子供が生まれた場合の継続就労の希望の有無等一定の事項について女性に対してのみ質問すること。
　ニ　募集又は採用に当たって男女のいずれかを優先すること。
（男女のいずれかを優先していると認められる例）
　　①　採用選考に当たって、採用の基準を満たす者の中から男女のいずれかを優先して採用すること。
　　②　男女別の採用予定人数を設定し、これを明示して、募集すること。又は、設定した人数に従って採用すること。
　　③　男女のいずれかについて採用する最低の人数を設定して募集すること。
　　④　男性の選考を終了した後で女性を選考すること。
　ホ　求人の内容の説明等募集又は採用に係る情報の提供について、男女で異なる取扱いをすること。
（異なる取扱いをしていると認められる例）
　　①　会社の概要等に関する資料を送付する対象を男女のいずれかのみとし、又は資料の内容、送付時期等を男女で異なるものとすること。
　　②　求人の内容等に関する説明会を実施するに当たって、その対象を男女のいずれかのみとし、又は説明会を実施する時期を男女で異なるものとすること。
　3　配置（業務の配分及び権限の付与を含む。）（法第6条第1号関係）
(1)　法第6条第1号の「配置」とは、労働者を一定の職務に就けること又は就いている状態をいい、従事すべき職務における業務の内容及び就業の場所を主要な要素とするものである。
　　なお、配置には、業務の配分及び権限の付与が含まれる。また、派遣元事業主が、労働者派遣契

約に基づき、その雇用する派遣労働者に係る労働者派遣をすることも、配置に該当する。

法第6条第1号の「業務の配分」とは、特定の労働者に対し、ある部門、ラインなどが所掌している複数の業務のうち一定の業務を割り当てることをいい、日常的な業務指示は含まれない。

また、法第6条第1号の「権限の付与」とは、労働者に対し、一定の業務を遂行するに当たって必要な権限を委任することをいう。

(2) 配置に関し、一の雇用管理区分において、例えば、次に掲げる措置を講ずることは、法第6条第1号により禁止されるものである。ただし、14の(1)のポジティブ・アクションを講ずる場合については、この限りではない。

イ 一定の職務への配置に当たって、その対象から男女のいずれかを排除すること。
(排除していると認められる例)
① 営業の職務、秘書の職務、企画立案業務を内容とする職務、定型的な事務処理業務を内容とする職務、海外で勤務する職務等一定の職務への配置に当たって、その対象を男女のいずれかのみとすること。
② 時間外労働や深夜業の多い職務への配置に当たって、その対象を男性労働者のみとすること。
③ 派遣元事業主が、一定の労働者派遣契約に基づく労働者派遣について、その対象を男女のいずれかのみとすること。
④ 一定の職務への配置の資格についての試験について、その受験資格を男女のいずれかに対してのみ与えること。

ロ 一定の職務への配置に当たっての条件を男女で異なるものとすること。
(異なるものとしていると認められる例)
① 女性労働者についてのみ、婚姻したこと、一定の年齢に達したこと又は子を有していることを理由として、企画立案業務を内容とする職務への配置の対象から排除すること。
② 男性労働者については、一定数の支店の勤務を経た場合に本社の経営企画部門に配置するが、女性労働者については、当該一定数を上回る数の支店の勤務を経なければ配置しないこと。
③ 一定の職務への配置に当たって、女性労働者についてのみ、一定の国家資格の取得や研修の実績を条件とすること。
④ 営業部門について、男性労働者については全員配置の対象とするが、女性労働者については希望者のみを配置の対象とすること。

ハ 一定の職務への配置に当たって、能力及び資質の有無等を判断する場合に、その方法や基準について男女で異なる取扱いをすること。
(異なる取扱いをしていると認められる例)
① 一定の職務への配置に当たり、人事考課を考慮する場合において、男性労働者は平均的な評価がなされている場合にはその対象とするが、女性労働者は特に優秀という評価がなされている場合にのみその対象とすること。
② 一定の職務への配置の資格についての試験の合格基準を、男女で異なるものとすること。
③ 一定の職務への配置の資格についての試験の受験を男女のいずれかに対してのみ奨励すること。

ニ 一定の職務への配置に当たって、男女のいずれかを優先すること。
(優先していると認められる例)
営業部門への配置の基準を満たす労働者が複数いる場合に、男性労働者を優先して配置すること。

ホ 配置における業務の配分に当たって、男女で異なる取扱いをすること。

（異なる取扱いをしていると認められる例）
① 営業部門において、男性労働者には外勤業務に従事させるが、女性労働者については当該業務から排除し、内勤業務のみに従事させること。
② 男性労働者には通常の業務のみに従事させるが、女性労働者については通常の業務に加え、会議の庶務、お茶くみ、そうじ当番等の雑務を行わせること。
ヘ 配置における権限の付与に当たって、男女で異なる取扱いをすること。
（異なる取扱いをしていると認められる例）
① 男性労働者には一定金額まで自己の責任で買い付けできる権限を与えるが、女性労働者には当該金額よりも低い金額までの権限しか与えないこと。
② 営業部門において、男性労働者には新規に顧客の開拓や商品の提案をする権限を与えるが、女性労働者にはこれらの権限を与えず、既存の顧客や商品の販売をする権限しか与えないこと。
ト 配置転換に当たって、男女で異なる取扱いをすること。
（異なる取扱いをしていると認められる例）
① 経営の合理化に際し、女性労働者についてのみ出向の対象とすること。
② 一定の年齢以上の女性労働者のみを出向の対象とすること。
③ 女性労働者についてのみ、婚姻又は子を有していることを理由として、通勤が不便な事業場に配置転換すること。
④ 工場を閉鎖する場合において、男性労働者については近隣の工場に配置するが、女性労働者については通勤が不便な遠隔地の工場に配置すること。
⑤ 男性労働者については、複数の部門に配置するが、女性労働者については当初に配置した部門から他部門に配置転換しないこと。

4 昇進（法第6条第1号関係）
(1) 法第6条第1号の「昇進」とは、企業内での労働者の位置付けについて下位の職階から上位の職階への移動を行うことをいう。昇進には、職制上の地位の上方移動を伴わないいわゆる「昇格」も含まれる。
(2) 昇進に関し、一の雇用管理区分において、例えば、次に掲げる措置を講ずることは、法第6条第1号により禁止されるものである。ただし、14の（1）のポジティブ・アクションを講ずる場合については、この限りではない。
イ 一定の役職への昇進に当たって、その対象から男女のいずれかを排除すること。
（排除していると認められる例）
① 女性労働者についてのみ、役職への昇進の機会を与えない、又は一定の役職までしか昇進できないものとすること。
② 一定の役職に昇進するための試験について、その受験資格を男女のいずれかに対してのみ与えること。
ロ 一定の役職への昇進に当たっての条件を男女で異なるものとすること。
（異なるものとしていると認められる例）
① 女性労働者についてのみ、婚姻したこと、一定の年齢に達したこと又は子を有していることを理由として、昇格できない、又は一定の役職までしか昇進できないものとすること。
② 課長への昇進に当たり、女性労働者については課長補佐を経ることを要するものとする一方、男性労働者については課長補佐を経ることなく課長に昇進できるものとすること。
③ 男性労働者については出勤率が一定の率以上である場合又は一定の勤続年数を経た場合に昇

格させるが、女性労働者についてはこれらを超える出勤率又は勤続年数がなければ昇格できないものとすること。
　　④　一定の役職に昇進するための試験について、女性労働者についてのみ上司の推薦を受けることを受験の条件とすること。
　ハ　一定の役職への昇進に当たって、能力及び資質の有無等を判断する場合に、その方法や基準について男女で異なる取扱いをすること。
　（異なる取扱いをしていると認められる例）
　　①　課長に昇進するための試験の合格基準を、男女で異なるものとすること。
　　②　男性労働者については人事考課において平均的な評価がなされている場合には昇進させるが、女性労働者については特に優秀という評価がなされている場合にのみその対象とすること。
　　③　AからEまでの5段階の人事考課制度を設けている場合において、男性労働者については最低の評価であってもCランクとする一方、女性労働者については最高の評価であってもCランクとする運用を行うこと。
　　④　一定年齢に達した男性労働者については全員役職に昇進できるように人事考課を行うものとするが、女性労働者についてはそのような取扱いをしないこと。
　　⑤　一定の役職に昇進するための試験について、男女のいずれかについてのみその一部を免除すること。
　　⑥　一定の役職に昇進するための試験の受験を男女のいずれかに対してのみ奨励すること。
　ニ　一定の役職への昇進に当たり男女のいずれかを優先すること。
　（優先していると認められる例）
　　一定の役職への昇進基準を満たす労働者が複数いる場合に、男性労働者を優先して昇進させること。

5　降格（法第6条第1号関係）
(1)　法第6条第1号の「降格」とは、企業内での労働者の位置付けについて上位の職階から下位の職階への移動を行うことをいい、昇進の反対の措置である場合と、昇格の反対の措置である場合の双方が含まれる。
(2)　降格に関し、一の雇用管理区分において、例えば、次に掲げる措置を講ずることは、法第6条第1号により禁止されるものである。
　イ　降格に当たって、その対象を男女のいずれかのみとすること。
　（男女のいずれかのみとしていると認められる例）
　　一定の役職を廃止するに際して、当該役職に就いていた男性労働者については同格の役職に配置転換をするが、女性労働者については降格させること。
　ロ　降格に当たっての条件を男女で異なるものとすること。
　（異なるものとしていると認められる例）
　　女性労働者についてのみ、婚姻又は子を有していることを理由として、降格の対象とすること。
　ハ　降格に当たって、能力及び資質の有無等を判断する場合に、その方法や基準について男女で異なる取扱いをすること。
　（異なる取扱いをしていると認められる例）
　　①　営業成績が悪い者について降格の対象とする旨の方針を定めている場合に、男性労働者については営業成績が最低の者のみを降格の対象とするが、女性労働者については営業成績が平均以下の者は降格の対象とすること。

　② 一定の役職を廃止するに際して、降格の対象となる労働者を選定するに当たり、人事考課を考慮する場合に、男性労働者については最低の評価がなされている者のみ降格の対象とするが、女性労働者については特に優秀という評価がなされている者以外は降格の対象とすること。
　ニ　降格に当たって、男女のいずれかを優先すること。
（優先していると認められる例）
　　一定の役職を廃止するに際して、降格の対象となる労働者を選定するに当たって、男性労働者よりも優先して、女性労働者を降格の対象とすること。
6　教育訓練（法第6条第1号関係）
⑴　法第6条第1号の「教育訓練」とは、事業主が、その雇用する労働者に対して、その労働者の業務の遂行の過程外（いわゆる「オフ・ザ・ジョブ・トレーニング」）において又は当該業務の遂行の過程内（いわゆる「オン・ザ・ジョブ・トレーニング」）において、現在及び将来の業務の遂行に必要な能力を付与するために行うものをいう。
⑵　教育訓練に関し、一の雇用管理区分において、例えば、次に掲げる措置を講ずることは、法第6条第1号により禁止されるものである。ただし、14の（1）のポジティブ・アクションを講ずる場合については、この限りではない。
　イ　教育訓練に当たって、その対象から男女のいずれかを排除すること。
（排除していると認められる例）
　　① 一定の職務に従事する者を対象とする教育訓練を行うに当たって、その対象を男女のいずれかのみとすること。
　　② 工場実習や海外留学による研修を行うに当たって、その対象を男性労働者のみとすること。
　　③ 接遇訓練を行うに当たって、その対象を女性労働者のみとすること。
　ロ　教育訓練を行うに当たっての条件を男女で異なるものとすること。
（異なるものとしていると認められる例）
　　① 女性労働者についてのみ、婚姻したこと、一定の年齢に達したこと又は子を有していることを理由として、将来従事する可能性のある職務に必要な知識を身につけるための教育訓練の対象から排除すること。
　　② 教育訓練の対象者について、男女で異なる勤続年数を条件とすること。
　　③ 女性労働者についてのみ、上司の推薦がなければ教育訓練の対象としないこと。
　　④ 男性労働者については全員を教育訓練の対象とするが、女性労働者については希望者のみを対象とすること。
　ハ　教育訓練の内容について、男女で異なる取扱いをすること。
（異なる取扱いをしていると認められる例）
　　教育訓練の期間や課程を男女で異なるものとすること。
7　福利厚生（法第6条第2号・均等則第1条各号関係）
⑴　⑵において、「福利厚生の措置」とは、法第6条第2号の規定及び雇用の分野における男女の均等な機会及び待遇の確保等に関する法律施行規則（昭和61年労働省令第2号。以下「均等則」という。）第1条各号に掲げる以下のものをいう。
（法第6条第2号及び均等則第1条各号に掲げる措置）
　イ　住宅資金の貸付け（法第6条第2号）
　ロ　生活資金、教育資金その他労働者の福祉の増進のために行われる資金の貸付け（均等則第1条第1号）

　　ハ　労働者の福祉の増進のために定期的に行われる金銭の給付（均等則第１条第２号）
　　ニ　労働者の資産形成のために行われる金銭の給付（均等則第１条第３号）
　　ホ　住宅の貸与（均等則第１条第４号）
⑵　福利厚生の措置に関し、一の雇用管理区分において、例えば、次に掲げる措置を講ずることは、法第６条第２号により禁止されるものである。
　イ　福利厚生の措置の実施に当たって、その対象から男女のいずれかを排除すること。
　（排除していると認められる例）
　　　男性労働者についてのみ、社宅を貸与すること。
　ロ　福利厚生の措置の実施に当たっての条件を男女で異なるものとすること。
　（異なるものとしていると認められる例）
　　①　女性労働者についてのみ、婚姻を理由として、社宅の貸与の対象から排除すること。
　　②　住宅資金の貸付けに当たって、女性労働者に対してのみ、配偶者の所得額に関する資料の提出を求めること。
　　③　社宅の貸与に当たり、世帯主であることを条件とする場合において、男性労働者については本人の申請のみで貸与するが、女性労働者に対しては本人の申請に加え、住民票の提出を求め、又は配偶者に一定以上の所得がないことを条件とすること。

8　職種の変更（法第６条第３号関係）

⑴　法第６条第３号の「職種」とは、職務や職責の類似性に着目して分類されるものであり、「営業職」・「技術職」の別や、「総合職」・「一般職」の別などがある。
⑵　職種の変更に関し、一の雇用管理区分（職種の変更によって雇用管理区分が異なることとなる場合には、変更前の一の雇用管理区分をいう。）において、例えば、次に掲げる措置を講ずることは、法第６条第３号により禁止されるものである。ただし、14の⑴のポジティブ・アクションを講ずる場合については、この限りではない。
　イ　職種の変更に当たって、その対象から男女のいずれかを排除すること。
　（排除していると認められる例）
　　①　「一般職」から「総合職」への職種の変更について、その対象を男女のいずれかのみとすること。
　　②　「総合職」から「一般職」への職種の変更について、制度上は男女双方を対象としているが、男性労働者については職種の変更を認めない運用を行うこと。
　　③　「一般職」から「総合職」への職種の変更のための試験について、その受験資格を男女のいずれかに対してのみ与えること。
　　④　「一般職」の男性労働者については、いわゆる「準総合職」及び「総合職」への職種の変更の対象とするが、「一般職」の女性労働者については、「準総合職」のみを職種の変更の対象とすること。
　ロ　職種の変更に当たっての条件を男女で異なるものとすること。
　（異なるものとしていると認められる例）
　　①　女性労働者についてのみ、子を有していることを理由として、「一般職」から「総合職」への職種の変更の対象から排除すること。
　　②　「一般職」から「総合職」への職種の変更について、男女で異なる勤続年数を条件とすること。
　　③　「一般職」から「総合職」への職種の変更について、男女のいずれかについてのみ、一定の国

　　　家資格の取得、研修の実績又は一定の試験に合格することを条件とすること。
　　④　「一般職」から「総合職」への職種の変更のための試験について、女性労働者についてのみ上司の推薦を受けることを受験の条件とすること。
　ハ　一定の職種への変更に当たって、能力及び資質の有無等を判断する場合に、その方法や基準について男女で異なる取扱いをすること。
（異なる取扱いをしていると認められる例）
　　①　「一般職」から「総合職」への職種の変更のための試験の合格基準を男女で異なるものとすること。
　　②　男性労働者については人事考課において平均的な評価がなされている場合には「一般職」から「総合職」への職種の変更の対象とするが、女性労働者については特に優秀という評価がなされている場合にのみその対象とすること。
　　③　「一般職」から「総合職」への職種の変更のための試験について、その受験を男女のいずれかに対してのみ奨励すること。
　　④　「一般職」から「総合職」への職種の変更のための試験について、男女いずれかについてのみその一部を免除すること。
　ニ　職種の変更に当たって、男女のいずれかを優先すること。
（優先していると認められる例）
　　「一般職」から「総合職」への職種の変更の基準を満たす労働者の中から男女のいずれかを優先して職種の変更の対象とすること。
　ホ　職種の変更について男女で異なる取扱いをすること。
（異なる取扱いをしていると認められる例）
　　①　経営の合理化に際して、女性労働者のみを、研究職から賃金その他の労働条件が劣る一般事務職への職種の変更の対象とすること。
　　②　女性労働者についてのみ、年齢を理由として、アナウンサー等の専門職から事務職への職種の変更の対象とすること。
9　雇用形態の変更（法第6条第3号関係）
(1)　法第6条第3号の「雇用形態」とは、労働契約の期間の定めの有無、所定労働時間の長さ等により分類されるものであり、いわゆる「正社員」、「パートタイム労働者」、「契約社員」などがある。
(2)　雇用形態の変更に関し、一の雇用管理区分（雇用形態の変更によって雇用管理区分が異なることとなる場合には、変更前の一の雇用管理区分をいう。）において、例えば、次に掲げる措置を講ずることは、法第6条第3号により禁止されるものである。ただし、14の（1）のポジティブ・アクションを講ずる場合については、この限りではない。
　イ　雇用形態の変更に当たって、その対象から男女のいずれかを排除すること。
（排除していると認められる例）
　　①　有期契約労働者から正社員への雇用形態の変更の対象を男性労働者のみとすること。
　　②　パートタイム労働者から正社員への雇用形態の変更のための試験について、その受験資格を男女のいずれかに対してのみ与えること。
　ロ　雇用形態の変更に当たっての条件を男女で異なるものとすること。
（異なるものとしていると認められる例）
　　①　女性労働者についてのみ、婚姻又は子を有していることを理由として、有期契約労働者から正社員への雇用形態の変更の対象から排除すること。

②　有期契約労働者から正社員への雇用形態の変更について、男女で異なる勤続年数を条件とすること。
③　パートタイム労働者から正社員への雇用形態の変更について、男女のいずれかについてのみ、一定の国家資格の取得や研修の実績を条件とすること。
④　パートタイム労働者から正社員への雇用形態の変更のための試験について、女性労働者についてのみ上司の推薦を受けることを受験の条件とすること。
ハ　一定の雇用形態への変更に当たって、能力及び資質の有無等を判断する場合に、その方法や基準について男女で異なる取扱いをすること。
（異なる取扱いをしていると認められる例）
①　有期契約労働者から正社員への雇用形態の変更のための試験の合格基準を男女で異なるものとすること。
②　契約社員から正社員への雇用形態の変更について、男性労働者については、人事考課において平均的な評価がなされている場合には変更の対象とするが、女性労働者については、特に優秀という評価がなされている場合にのみその対象とすること。
③　パートタイム労働者から正社員への雇用形態の変更のための試験の受験について、男女のいずれかに対してのみ奨励すること。
④　有期契約労働者から正社員への雇用形態の変更のための試験の受験について、男女のいずれかについてのみその一部を免除すること。
ニ　雇用形態の変更に当たって、男女のいずれかを優先すること。
（優先していると認められる例）
　　パートタイム労働者から正社員への雇用形態の変更の基準を満たす労働者の中から、男女のいずれかを優先して雇用形態の変更の対象とすること。
ホ　雇用形態の変更について、男女で異なる取扱いをすること。
（異なる取扱いをしていると認められる例）
①　経営の合理化に際して、女性労働者のみを、正社員から賃金その他の労働条件が劣る有期契約労働者への雇用形態の変更の勧奨の対象とすること。
②　女性労働者についてのみ、一定の年齢に達したこと、婚姻又は子を有していることを理由として、正社員から賃金その他の労働条件が劣るパートタイム労働者への雇用形態の変更の勧奨の対象とすること。
③　経営の合理化に当たり、正社員の一部をパート労働者とする場合において、正社員である男性労働者は、正社員としてとどまるか、又はパートタイム労働者に雇用形態を変更するかについて選択できるものとするが、正社員である女性労働者については、一律パートタイム労働者への雇用形態の変更を強要すること。

10　退職の勧奨（法第6条第4号関係）
(1)　法第6条第4号の「退職の勧奨」とは、雇用する労働者に対し退職を促すことをいう。
(2)　退職の勧奨に関し、一の雇用管理区分において、例えば、次に掲げる措置を講ずることは、法第6条第4号により禁止されるものである。
イ　退職の勧奨に当たって、その対象を男女のいずれかのみとすること。
（男女のいずれかのみとしていると認められる例）
　　女性労働者に対してのみ、経営の合理化のための早期退職制度の利用を働きかけること。
ロ　退職の勧奨に当たっての条件を男女で異なるものとすること。

（異なるものとしていると認められる例）
　　① 女性労働者に対してのみ、子を有していることを理由として、退職の勧奨をすること。
　　② 経営の合理化に際して、既婚の女性労働者に対してのみ、退職の勧奨をすること。
　ハ　退職の勧奨に当たって、能力及び資質の有無等を判断する場合に、その方法や基準について男女で異なる取扱いをすること。
（異なる取扱いをしていると認められる例）
　　経営合理化に伴い退職勧奨を実施するに当たり、人事考課を考慮する場合において、男性労働者については最低の評価がなされている者のみ退職の勧奨の対象とするが、女性労働者については特に優秀という評価がなされている者以外は退職の勧奨の対象とすること。
　ニ　退職の勧奨に当たって、男女のいずれかを優先すること。
（優先していると認められる例）
　　① 男性労働者よりも優先して、女性労働者に対して退職の勧奨をすること。
　　② 退職の勧奨の対象とする年齢を女性労働者については45歳、男性労働者については50歳とするなど男女で差を設けること。

11　定年（法第6条第4号関係）
(1)　法第6条第4号の「定年」とは、労働者が一定年齢に達したことを雇用関係の終了事由とする制度をいう。
(2)　定年に関し、一の雇用管理区分において、例えば、次に掲げる措置を講ずることは、法第6条第4号により禁止されるものである。
　　定年の定めについて、男女で異なる取扱いをすること。
（異なる取扱いをしていると認められる例）
　　定年年齢の引上げを行うに際して、厚生年金の支給開始年齢に合わせて男女で異なる定年を定めること。

12　解雇（法第6条第4号関係）
(1)　法第6条第4号の「解雇」とは、労働契約を将来に向かって解約する事業主の一方的な意思表示をいい、労使の合意による退職は含まない。
(2)　解雇に関し、一の雇用管理区分において、例えば、次に掲げる措置を講ずることは、法第6条第4号により禁止されるものである。
　イ　解雇に当たって、その対象を男女のいずれかのみとすること。
（男女のいずれかのみとしていると認められる例）
　　経営の合理化に際して、女性のみを解雇の対象とすること。
　ロ　解雇の対象を一定の条件に該当する者とする場合において、当該条件を男女で異なるものとすること。
（異なるものとしていると認められる例）
　　① 経営の合理化に際して、既婚の女性労働者のみを解雇の対象とすること。
　　② 一定年齢以上の女性労働者のみを解雇の対象とすること。
　ハ　解雇に当たって、能力及び資質の有無等を判断する場合に、その方法や基準について男女で異なる取扱いをすること。
（異なる取扱いをしていると認められる例）
　　経営合理化に伴う解雇に当たり、人事考課を考慮する場合において、男性労働者については最低の評価がなされている者のみ解雇の対象とするが、女性労働者については特に優秀という評価がな

されている者以外は解雇の対象とすること。
　ニ　解雇に当たって、男女のいずれかを優先すること。
（優先していると認められる例）
　　解雇の基準を満たす労働者の中で、男性労働者よりも優先して女性労働者を解雇の対象とすること。

13　労働契約の更新（法第６条第４号関係）
⑴　法第６条第４号の「労働契約の更新」とは、期間の定めのある労働契約について、期間の満了に際して、従前の契約と基本的な内容が同一である労働契約を締結することをいう。
⑵　労働契約の更新に関し、一の雇用管理区分において、例えば、次に掲げる措置を講ずることは、法第６条第４号により禁止されるものである。
　イ　労働契約の更新に当たって、その対象から男女のいずれかを排除すること。
（排除していると認められる例）
　　経営の合理化に際して、男性労働者のみを、労働契約の更新の対象とし、女性労働者については、労働契約の更新をしない（いわゆる「雇止め」をする）こと。
　ロ　労働契約の更新に当たっての条件を男女で異なるものとすること。
（異なるものとしていると認められる例）
　　①　経営の合理化に際して、既婚の女性労働者についてのみ、労働契約の更新をしない（いわゆる「雇止め」をする）こと。
　　②　女性労働者についてのみ、子を有していることを理由として、労働契約の更新をしない（いわゆる「雇止め」をする）こと。
　　③　男女のいずれかについてのみ、労働契約の更新回数の上限を設けること。
　ハ　労働契約の更新に当たって、能力及び資質の有無等を判断する場合に、その方法や基準について男女で異なる取扱いをすること。
（異なる取扱いをしていると認められる例）
　　労働契約の更新に当たって、男性労働者については平均的な営業成績である場合には労働契約の更新の対象とするが、女性労働者については、特に営業成績が良い場合にのみその対象とすること。
　ニ　労働契約の更新に当たって男女のいずれかを優先すること。
（優先していると認められる例）
　　労働契約の更新の基準を満たす労働者の中から、男女のいずれかを優先して労働契約の更新の対象とすること。

14　法違反とならない場合
⑴　２から４まで、６、８及び９に関し、次に掲げる措置を講ずることは、法第８条に定める雇用の分野における男女の均等な機会及び待遇の確保の支障となっている事情を改善することを目的とする措置（ポジティブ・アクション）として、法第５条及び第６条の規定に違反することとはならない。
　イ　女性労働者が男性労働者と比較して相当程度少ない雇用管理区分における募集又は採用に当たって、当該募集又は採用に係る情報の提供について女性に有利な取扱いをすること、採用の基準を満たす者の中から男性より女性を優先して採用することその他男性と比較して女性に有利な取扱いをすること。
　ロ　一の雇用管理区分における女性労働者が男性労働者と比較して相当程度少ない職務に新たに労働者を配置する場合に、当該配置の資格についての試験の受験を女性労働者のみに奨励すること、

　　　　当該配置の基準を満たす労働者の中から男性労働者より女性労働者を優先して配置することその他男性労働者と比較して女性労働者に有利な取扱いをすること。
　　　ハ　一の雇用管理区分における女性労働者が男性労働者と比較して相当程度少ない役職への昇進に当たって、当該昇進のための試験の受験を女性労働者のみに奨励すること、当該昇進の基準を満たす労働者の中から男性労働者より女性労働者を優先して昇進させることその他男性労働者と比較して女性労働者に有利な取扱いをすること。
　　　ニ　一の雇用管理区分における女性労働者が男性労働者と比較して相当程度少ない職務又は役職に従事するに当たって必要とされる能力を付与する教育訓練に当たって、その対象を女性労働者のみとすること、女性労働者に有利な条件を付すことその他男性労働者と比較して女性労働者に有利な取扱いをすること。
　　　ホ　一の雇用管理区分における女性労働者が男性労働者と比較して相当程度少ない職種への変更について、当該職種の変更のための試験の受験を女性労働者のみに奨励すること、当該職種の変更の基準を満たす労働者の中から男性労働者より女性労働者を優先して職種の変更の対象とすることその他男性労働者と比較して女性労働者に有利な取扱いをすること。
　　　ヘ　一の雇用管理区分における女性労働者が男性労働者と比較して相当程度少ない雇用形態への変更について、当該雇用形態の変更のための試験の受験を女性労働者のみに奨励すること、当該雇用形態の変更の基準を満たす労働者の中から男性労働者より女性労働者を優先して雇用形態の変更の対象とすることその他男性労働者と比較して女性労働者に有利な取扱いをすること。
　⑵　次に掲げる場合において、2から4までにおいて掲げる措置を講ずることは、性別にかかわりなく均等な機会を与えていない、又は性別を理由とする差別的取扱いをしているとは解されず、法第5条及び第6条の規定に違反することとはならない。
　　　イ　次に掲げる職務に従事する労働者に係る場合
　　　　①　芸術・芸能の分野における表現の真実性等の要請から男女のいずれかのみに従事させることが必要である職務
　　　　②　守衛、警備員等のうち防犯上の要請から男性に従事させることが必要である職務
　　　　③　①及び②に掲げるもののほか、宗教上、風紀上、スポーツにおける競技の性質上その他の業務の性質上男女のいずれかのみに従事させることについてこれらと同程度の必要性があると認められる職務
　　　ロ　労働基準法（昭和22年法律第49号）第61条第1項、第64条の2若しくは第64条の3第2項の規定により女性を就業させることができず、又は保健師助産師看護師法（昭和23年法律第203号）第3条の規定により男性を就業させることができないことから、通常の業務を遂行するために、労働者の性別にかかわりなく均等な機会を与え又は均等な取扱いをすることが困難であると認められる場合
　　　ハ　風俗、風習等の相違により男女のいずれかが能力を発揮し難い海外での勤務が必要な場合その他特別の事情により労働者の性別にかかわりなく均等な機会を与え又は均等な取扱いをすることが困難であると認められる場合

第3　間接差別（法第7条関係）

1　雇用の分野における性別に関する間接差別
⑴　雇用の分野における性別に関する間接差別とは、①性別以外の事由を要件とする措置であって、②他の性の構成員と比較して、一方の性の構成員に相当程度の不利益を与えるものを、③合理的な理由がないときに講ずることをいう。

(2) (1)の①の「性別以外の事由を要件とする措置」とは、男性、女性という性別に基づく措置ではなく、外見上は性中立的な規定、基準、慣行等（以下第3において「基準等」という。）に基づく措置をいうものである。

(1)の②の「他の性の構成員と比較して、一方の性の構成員に相当程度の不利益を与えるもの」とは、当該基準等を満たすことができる者の比率が男女で相当程度異なるものをいう。

(1)の③の「合理的な理由」とは、具体的には、当該措置の対象となる業務の性質に照らして当該措置の実施が当該業務の遂行上特に必要である場合、事業の運営の状況に照らして当該措置の実施が雇用管理上特に必要であること等をいうものである。

(3) 法第7条は、募集、採用、配置、昇進、降格、教育訓練、福利厚生、職種及び雇用形態の変更、退職の勧奨、定年、解雇並びに労働契約の更新に関する措置であって、（1）の①及び②に該当するものを厚生労働省令で定め、（1）の③の合理的な理由がある場合でなければ、これを講じてはならないこととするものである。

厚生労働省令で定めている措置は、具体的には、次のとおりである。
（均等則第2条各号に掲げる措置）
　イ　労働者の募集又は採用に当たって、労働者の身長、体重又は体力を要件とすること（均等則第2条第1号関係）。
　ロ　コース別雇用管理における「総合職」の労働者の募集又は採用に当たって、転居を伴う転勤に応じることができることを要件とすること（均等則第2条第2号関係）。
　ハ　労働者の昇進に当たり、転勤の経験があることを要件とすること（均等則第2条第3号関係）。

2　労働者の募集又は採用に当たって、労働者の身長、体重又は体力を要件とすること（法第7条・均等則第2条第1号関係）

(1) 均等則第2条第1号の「労働者の募集又は採用に関する措置であつて、労働者の身長、体重又は体力に関する事由を要件とするもの」とは、募集又は採用に当たって、身長若しくは体重が一定以上若しくは一定以下であること又は一定以上の筋力や運動能力があることなど一定以上の体力を有すること（以下「身長・体重・体力要件」という。）を選考基準とするすべての場合をいい、例えば、次に掲げるものが該当する。
（身長・体重・体力要件を選考基準としていると認められる例）
　イ　募集又は採用に当たって、身長・体重・体力要件を満たしている者のみを対象とすること。
　ロ　複数ある採用の基準の中に、身長・体重・体力要件が含まれていること。
　ハ　身長・体重・体力要件を満たしている者については、採用選考において平均的な評価がなされている場合に採用するが、身長・体重・体力要件を満たしていない者については、特に優秀という評価がなされている場合にのみその対象とすること。

(2) 合理的な理由の有無については、個別具体的な事案ごとに、総合的に判断が行われるものであるが、合理的な理由がない場合としては、例えば、次のようなものが考えられる。
（合理的な理由がないと認められる例）
　イ　荷物を運搬する業務を内容とする職務について、当該業務を行うために必要な筋力より強い筋力があることを要件とする場合
　ロ　荷物を運搬する業務を内容とする職務ではあるが、運搬等するための設備、機械等が導入されており、通常の作業において筋力を要さない場合に、一定以上の筋力があることを要件とする場合
　ハ　単なる受付、出入者のチェックのみを行う等防犯を本来の目的としていない警備員の職務につ

　いて、身長又は体重が一定以上であることを要件とする場合
3　コース別雇用管理における総合職の労働者の募集又は採用に当たって、転居を伴う転勤に応じることができることを要件とすること（法第7条・均等則第2条第2号関係）
(1)　均等則第2条第2号の「当該事業主の運営の基幹となる事項に関する企画立案、営業、研究開発等を行う労働者が属するコース」（以下「総合職」という。）に該当するか否かの判断に当たっては、単なるコースの名称などの形式ではなく、業務の内容等の実態に即して行う必要がある。
(2)　均等則第2条第2号の「労働者の募集又は採用に関する措置（事業主が、その雇用する労働者について、労働者の職種、資格等に基づき複数のコースを設定し、コースごとに異なる雇用管理を行う場合において、当該複数のコースのうち当該事業主の事業の運営の基幹となる事項に関する企画立案、営業、研究開発等を行う労働者が属するコースについて行うものに限る。）であつて、労働者が住居の移転を伴う配置転換に応じることができることを要件とするもの」とは、コース別雇用管理を行う場合において、総合職の募集又は採用に当たって、転居を伴う転勤に応じることができること（以下「転勤要件」という。）を選考基準とするすべての場合をいい、例えば、次に掲げるものが該当する。
（転勤要件を選考基準としていると認められる例）
　イ　総合職の募集又は採用に当たって、転居を伴う転勤に応じることができる者のみを対象とすること。
　ロ　複数ある総合職の採用の基準の中に、転勤要件が含まれていること。
(3)　合理的な理由の有無については、個別具体的な事案ごとに、総合的に判断が行われるものであるが、合理的な理由がない場合としては、例えば、次のようなものが考えられる。
（合理的な理由がないと認められる例）
　イ　広域にわたり展開する支店、支社等がなく、かつ、支店、支社等を広域にわたり展開する計画等もない場合
　ロ　広域にわたり展開する支店、支社等はあるが、長期間にわたり、家庭の事情その他の特別な事情により本人が転勤を希望した場合を除き、転居を伴う転勤の実態がほとんどない場合
　ハ　広域にわたり展開する支店、支社等はあるが、異なる地域の支店、支社等で管理者としての経験を積むこと、生産現場の業務を経験すること、地域の特殊性を経験すること等が幹部としての能力の育成・確保に特に必要であるとは認められず、かつ、組織運営上、転居を伴う転勤を含む人事ローテーションを行うことが特に必要であるとは認められない場合
4　労働者の昇進に当たり、転勤の経験があることを要件とすること（法第7条・均等則第2条第3号関係）
(1)　均等則第2条第3号の「労働者の昇進に関する措置であつて、労働者が勤務する事業場と異なる事業場に配置転換された経験があることを要件とするもの」とは、一定の役職への昇進に当たり、労働者に転勤の経験があること（以下「転勤経験要件」という。）を選考基準とするすべての場合をいい、例えば、次に掲げるものが該当する。
（転勤経験要件を選考基準としていると認められる例）
　イ　一定の役職への昇進に当たって、転勤の経験がある者のみを対象とすること。
　ロ　複数ある昇進の基準の中に、転勤経験要件が含まれていること。
　ハ　転勤の経験がある者については、一定の役職への昇進の選考において平均的な評価がなされている場合に昇進の対象とするが、転勤の経験がない者については、特に優秀という評価がなされている場合にのみその対象とすること。

　ニ　転勤の経験がある者についてのみ、昇進のための試験を全部又は一部免除すること。
(2)　合理的な理由の有無については、個別具体的な事案ごとに、総合的に判断が行われるものであるが、合理的な理由がない場合としては、例えば、次のようなものが考えられる。
(合理的な理由がないと認められる例)
　イ　広域にわたり展開する支店、支社がある企業において、本社の課長に昇進するに当たって、本社の課長の業務を遂行する上で、異なる地域の支店、支社における勤務経験が特に必要であるとは認められず、かつ、転居を伴う転勤を含む人事ローテーションを行うことが特に必要であるとは認められない場合に、転居を伴う転勤の経験があることを要件とする場合
　ロ　特定の支店の管理職としての職務を遂行する上で、異なる支店での経験が特に必要とは認められない場合において、当該支店の管理職に昇進するに際し、異なる支店における勤務経験を要件とする場合

第４　婚姻・妊娠・出産等を理由とする不利益取扱いの禁止（法第９条関係）
１　婚姻・妊娠・出産を退職理由として予定する定め（法第９条第１項関係）
　女性労働者が婚姻したこと、妊娠したこと、又は出産したことを退職理由として予定する定めをすることは、法第９条第１項により禁止されるものである。
　法第９条第１項の「予定する定め」とは、女性労働者が婚姻、妊娠又は出産した場合には退職する旨をあらかじめ労働協約、就業規則又は労働契約に定めることをいうほか、労働契約の締結に際し労働者がいわゆる念書を提出する場合や、婚姻、妊娠又は出産した場合の退職慣行について、事業主が事実上退職制度として運用しているような実態がある場合も含まれる。
２　婚姻したことを理由とする解雇（法第９条第２項関係）
　女性労働者が婚姻したことを理由として解雇することは、法第９条第２項により禁止されるものである。
３　妊娠・出産等を理由とする解雇その他不利益な取扱い（法第９条第３項関係）
(1)　その雇用する女性労働者が妊娠したことその他の妊娠又は出産に関する事由であって均等則第２条の２各号で定めるもの（以下「妊娠・出産等」という。）を理由として、解雇その他不利益な取扱いをすることは、法第９条第３項（労働者派遣事業の適正な運営の確保及び派遣労働者の就業条件の整備等に関する法律第47条の２の規定により適用することとされる場合を含む。）により禁止されるものである。
　法第９条第３項の「理由として」とは、妊娠・出産等と、解雇その他不利益な取扱いとの間に因果関係があることをいう。
　均等則第２条の２各号においては、具体的に次のような事由を定めている。
(均等則第２条の２各号に掲げる事由)
　イ　妊娠したこと（均等則第２条の２第１号関係）。
　ロ　出産したこと（均等則第２条の２第２号関係）。
　ハ　妊娠中及び出産後の健康管理に関する措置（母性健康管理措置）を求め、又は当該措置を受けたこと（均等則第２条の２第３号関係）。
　ニ　坑内業務の就業制限若しくは危険有害業務の就業制限の規定により業務に就くことができないこと、坑内業務に従事しない旨の申出若しくは就業制限の業務に従事しない旨の申出をしたこと又はこれらの業務に従事しなかったこと（均等則第２条の２第４号関係）。
　ホ　産前休業を請求し、若しくは産前休業をしたこと又は産後の就業制限の規定により就業できず、若しくは産後休業をしたこと（均等則第２条の２第５号関係）。

　　ヘ　軽易な業務への転換を請求し、又は軽易な業務に転換したこと（均等則第2条の2第6号関係）。
　　ト　事業場において変形労働時間制がとられる場合において1週間又は1日について法定労働時間を超える時間について労働しないことを請求したこと、時間外若しくは休日について労働しないことを請求したこと、深夜業をしないことを請求したこと又はこれらの労働をしなかったこと（均等則第2条の2第7号関係）。
　　チ　育児時間の請求をし、又は育児時間を取得したこと（均等則第2条の2第8号関係）。
　　リ　妊娠又は出産に起因する症状により労務の提供ができないこと若しくはできなかったこと又は労働能率が低下したこと（均等則第2条の2第9号関係）。
　　　なお、リの「妊娠又は出産に起因する症状」とは、つわり、妊娠悪阻、切迫流産、出産後の回復不全等、妊娠又は出産をしたことに起因して妊産婦に生じる症状をいう。
(2)　法第9条第3項により禁止される「解雇その他不利益な取扱い」とは、例えば、次に掲げるものが該当する。
　　イ　解雇すること。
　　ロ　期間を定めて雇用される者について、契約の更新をしないこと。
　　ハ　あらかじめ契約の更新回数の上限が明示されている場合に、当該回数を引き下げること。
　　ニ　退職又は正社員をパートタイム労働者等の非正規社員とするような労働契約内容の変更の強要を行うこと。
　　ホ　降格させること。
　　ヘ　就業環境を害すること。
　　ト　不利益な自宅待機を命ずること。
　　チ　減給をし、又は賞与等において不利益な算定を行うこと。
　　リ　昇進・昇格の人事考課において不利益な評価を行うこと。
　　ヌ　不利益な配置の変更を行うこと。
　　ル　派遣労働者として就業する者について、派遣先が当該派遣労働者に係る労働者派遣の役務の提供を拒むこと。
(3)　妊娠・出産等を理由として（2）のイからへまでに掲げる取扱いを行うことは、直ちに不利益な取扱いに該当すると判断されるものであるが、これらに該当するか否か、また、これ以外の取扱いが（2）のトからルまでに掲げる不利益な取扱いに該当するか否かについては、次の事項を勘案して判断すること。
　　イ　勧奨退職や正社員をパートタイム労働者等の非正規社員とするような労働契約内容の変更は、労働者の表面上の同意を得ていたとしても、これが労働者の真意に基づくものでないと認められる場合には、（2）のニの「退職又は正社員をパートタイム労働者等の非正規社員とするような労働契約内容の変更の強要を行うこと」に該当すること。
　　ロ　業務に従事させない、専ら雑務に従事させる等の行為は、（2）のヘの「就業環境を害すること」に該当すること。
　　ハ　事業主が、産前産後休業の休業終了予定日を超えて休業すること又は医師の指導に基づく休業の措置の期間を超えて休業することを労働者に強要することは、（2）のトの「不利益な自宅待機を命ずること」に該当すること。
　　　なお、女性労働者が労働基準法第65条第3項の規定により軽易な業務への転換の請求をした場合において、女性労働者が転換すべき業務を指定せず、かつ、客観的にみても他に転換すべき軽

易な業務がない場合、女性労働者がやむを得ず休業する場合には、（2）のトの「不利益な自宅待機を命ずること」には該当しないこと。
ニ 次に掲げる場合には、（2）のチの「減給をし、又は賞与等において不利益な算定を行うこと」に該当すること。
① 実際には労務の不提供や労働能率の低下が生じていないにもかかわらず、女性労働者が、妊娠し、出産し、又は労働基準法に基づく産前休業の請求等をしたことのみをもって、賃金又は賞与若しくは退職金を減額すること。
② 賃金について、妊娠・出産等に係る就労しなかった又はできなかった期間（以下「不就労期間」という。）分を超えて不支給とすること。
③ 賞与又は退職金の支給額の算定に当たり、不就労期間や労働能率の低下を考慮の対象とする場合において、同じ期間休業した疾病等や同程度労働能率が低下した疾病等と比較して、妊娠・出産等による休業や妊娠・出産等による労働能率の低下について不利に取り扱うこと。
④ 賞与又は退職金の支給額の算定に当たり、不就労期間や労働能率の低下を考慮の対象とする場合において、現に妊娠・出産等により休業した期間や労働能率が低下した割合を超えて、休業した、又は労働能率が低下したものとして取り扱うこと。
ホ 次に掲げる場合には、（2）のリの「昇進・昇格の人事考課において不利益な評価を行うこと」に該当すること。
① 実際には労務の不提供や労働能率の低下が生じていないにもかかわらず、女性労働者が、妊娠し、出産し、又は労働基準法に基づく産前休業の請求等をしたことのみをもって、人事考課において、妊娠をしていない者よりも不利に取り扱うこと。
② 人事考課において、不就労期間や労働能率の低下を考慮の対象とする場合において、同じ期間休業した疾病等や同程度労働能率が低下した疾病等と比較して、妊娠・出産等による休業や妊娠・出産等による労働能率の低下について不利に取り扱うこと。
ヘ 配置の変更が不利益な取扱いに該当するか否かについては、配置の変更の必要性、配置の変更前後の賃金その他の労働条件、通勤事情、労働者の将来に及ぼす影響等諸般の事情について総合的に比較考量の上、判断すべきものであるが、例えば、通常の人事異動のルールからは十分に説明できない職務又は就業の場所の変更を行うことにより、当該労働者に相当程度経済的又は精神的な不利益を生じさせることは、（2）のヌの「不利益な配置の変更を行うこと」に該当すること。
例えば、次に掲げる場合には、人事ローテーションなど通常の人事異動のルールからは十分に説明できず、「不利益な配置の変更を行うこと」に該当すること。
① 妊娠した女性労働者が、その従事する職務において業務を遂行する能力があるにもかかわらず、賃金その他の労働条件、通勤事情等が劣ることとなる配置の変更を行うこと。
② 妊娠・出産等に伴いその従事する職務において業務を遂行することが困難であり配置を変更する必要がある場合において、他に当該労働者を従事させることができる適当な職務があるにもかかわらず、特別な理由なく当該職務と比較して、賃金その他の労働条件、通勤事情等が劣ることとなる配置の変更を行うこと。
③ 産前産後休業からの復帰に当たって、原職又は原職相当職に就けないこと。
ト 次に掲げる場合には、（2）のルの「派遣労働者として就業する者について、派遣先が当該派遣労働者に係る派遣の役務の提供を拒むこと」に該当すること。
① 妊娠した派遣労働者が、派遣契約に定められた役務の提供ができると認められるにもかかわ

らず、派遣先が派遣元事業主に対し、派遣労働者の交替を求めること。
② 妊娠した派遣労働者が、派遣契約に定められた役務の提供ができると認められるにもかかわらず、派遣先が派遣元事業主に対し、当該派遣労働者の派遣を拒むこと。

資料④　マタハラ指針

○事業主が職場における妊娠、出産等に関する言動に起因する問題に関して雇用管理上講ずべき措置についての指針（平成29年1月1日適用）

（平成28年厚生労働省告示312号）

1　はじめに

この指針は、雇用の分野における男女の均等な機会及び待遇の確保等に関する法律（以下「法」という。）第11条の2第1項に規定する事業主が職場において行われるその雇用する女性労働者に対する当該女性労働者が妊娠したこと、出産したことその他の妊娠又は出産に関する事由であって雇用の分野における男女の均等な機会及び待遇の確保等に関する法律施行規則（昭和61年労働省令第2号。以下「均等則」という。）第2条の3で定めるもの（以下「妊娠、出産等」という。）に関する言動により当該女性労働者の就業環境が害されること（以下「職場における妊娠、出産等に関するハラスメント」という。）のないよう雇用管理上講ずべき措置について、法第11条の2第2項の規定に基づき事業主が適切かつ有効な実施を図るために必要な事項について定めたものである。

2　職場における妊娠、出産等に関するハラスメントの内容

(1)　職場における妊娠、出産等に関するハラスメントには、上司又は同僚から行われる以下のものがある。なお、業務分担や安全配慮等の観点から、客観的にみて、業務上の必要性に基づく言動によるものについては、職場における妊娠、出産等に関するハラスメントには該当しない。

　イ　その雇用する女性労働者の労働基準法（昭和22年法律第49号）第65条第1項の規定による休業その他の妊娠又は出産に関する制度又は措置の利用に関する言動により就業環境が害されるもの（以下「制度等の利用への嫌がらせ型」という。）

　ロ　その雇用する女性労働者が妊娠したこと、出産したことその他の妊娠又は出産に関する言動により就業環境が害されるもの（以下「状態への嫌がらせ型」という。）

(2)　「職場」とは、事業主が雇用する女性労働者が業務を遂行する場所を指し、当該女性労働者が通常就業している場所以外の場所であっても、当該女性労働者が業務を遂行する場所については、「職場」に含まれる。

(3)　「労働者」とは、いわゆる正規雇用労働者のみならず、パートタイム労働者、契約社員等いわゆる非正規雇用労働者を含む事業主が雇用する労働者の全てをいう。また、派遣労働者については、派遣元事業主のみならず、労働者派遣の役務の提供を受ける者についても、労働者派遣事業の適正な運営の確保及び派遣労働者の保護等に関する法律（昭和60年法律第88号）第47条の2の規定により、その指揮命令の下に労働させる派遣労働者を雇用する事業主とみなされ、法第11条の2第1項の規定が適用されることから、労働者派遣の役務の提供を受ける者は、派遣労働者についてもその雇用する労働者と同様に、3の措置を講ずることが必要である。

(4)　「制度等の利用への嫌がらせ型」とは、具体的には、イ①から⑥までに掲げる制度又は措置（以下「制度等」という。）の利用に関する言動により就業環境が害されるものである。典型的な例として、ロに掲げるものがあるが、ロに掲げるものは限定列挙ではないことに留意が必要である。

　イ　制度等

　　① 妊娠中及び出産後の健康管理に関する措置（母性健康管理措置）（均等則第2条の3第3号関係）
　　② 坑内業務の就業制限及び危険有害業務の就業制限（均等則第2条の3第4号関係）
　　③ 産前休業（均等則第2条の3第5号関係）
　　④ 軽易な業務への転換（均等則第2条の3第6号関係）
　　⑤ 変形労働時間制がとられる場合における法定労働時間を超える労働時間の制限、時間外労働及び休日労働の制限並びに深夜業の制限（均等則第2条の3第7号関係）
　　⑥ 育児時間（均等則第2条の3第8号関係）
　ロ　典型的な例
　　① 解雇その他不利益な取扱い（法第9条第3項に規定する解雇その他不利益な取扱いをいう。以下同じ。）を示唆するもの
　　　女性労働者が、制度等の利用の請求等（措置の求め、請求又は申出をいう。以下同じ。）をしたい旨を上司に相談したこと、制度等の利用の請求等をしたこと、又は制度等の利用をしたことにより、上司が当該女性労働者に対し、解雇その他不利益な取扱いを示唆すること。
　　② 制度等の利用の請求等又は制度等の利用を阻害するもの
　　　客観的にみて、言動を受けた女性労働者の制度等の利用の請求等又は制度等の利用が阻害されるものが該当する。
　　（イ）女性労働者が制度等の利用の請求等をしたい旨を上司に相談したところ、上司が当該女性労働者に対し、当該請求等をしないよう言うこと。
　　（ロ）女性労働者が制度等の利用の請求等をしたところ、上司が当該女性労働者に対し、当該請求等を取り下げるよう言うこと。
　　（ハ）女性労働者が制度等の利用の請求等をしたい旨を同僚に伝えたところ、同僚が当該女性労働者に対し、繰り返し又は継続的に当該請求等をしないよう言うこと（当該女性労働者がその意に反することを当該同僚に明示しているにもかかわらず、更に言うことを含む。）。
　　（ニ）女性労働者が制度等の利用の請求等をしたところ、同僚が当該女性労働者に対し、繰り返し又は継続的に当該請求等を取り下げるよう言うこと（当該女性労働者がその意に反することを当該同僚に明示しているにもかかわらず、更に言うことを含む。）。
　　③ 制度等の利用をしたことにより嫌がらせ等をするもの
　　　客観的にみて、言動を受けた女性労働者の能力の発揮や継続就業に重大な悪影響が生じる等当該女性労働者が就業する上で看過できない程度の支障が生じるようなものが該当する。
　　　女性労働者が制度等の利用をしたことにより、上司又は同僚が当該女性労働者に対し、繰り返し又は継続的に嫌がらせ等（嫌がらせ的な言動、業務に従事させないこと又は専ら雑務に従事させることをいう。以下同じ。）をすること（当該女性労働者がその意に反することを当該上司又は同僚に明示しているにもかかわらず、更に言うことを含む。）。
(5)　「状態への嫌がらせ型」とは、具体的には、イ①から⑤までに掲げる妊娠又は出産に関する事由（以下「妊娠等したこと」という。）に関する言動により就業環境が害されるものである。典型的な例として、ロに掲げるものがあるが、ロに掲げるものは限定列挙ではないことに留意が必要である。
　イ　妊娠又は出産に関する事由
　　① 妊娠したこと（均等則第2条の3第1号関係）。
　　② 出産したこと（均等則第2条の3第2号関係）。

　　　③　坑内業務の就業制限若しくは危険有害業務の就業制限の規定により業務に就くことができないこと又はこれらの業務に従事しなかったこと（均等則第2条の3第4号関係）。
　　　④　産後の就業制限の規定により就業できず、又は産後休業をしたこと（均等則第2条の3第5号関係）。
　　　⑤　妊娠又は出産に起因する症状により労務の提供ができないこと若しくはできなかったこと又は労働能率が低下したこと（均等則第2条の3第9号関係）。なお、「妊娠又は出産に起因する症状」とは、つわり、妊娠悪阻、切迫流産、出産後の回復不全等、妊娠又は出産をしたことに起因して妊産婦に生じる症状をいう。
　　ロ　典型的な例
　　　①　解雇その他不利益な取扱いを示唆するもの
　　　　女性労働者が妊娠等したことにより、上司が当該女性労働者に対し、解雇その他不利益な取扱いを示唆すること。
　　　②　妊娠等したことにより嫌がらせ等をするもの
　　　　客観的にみて、言動を受けた女性労働者の能力の発揮や継続就業に重大な悪影響が生じる等当該女性労働者が就業する上で看過できない程度の支障が生じるようなものが該当する。
　　　　女性労働者が妊娠等したことにより、上司又は同僚が当該女性労働者に対し、繰り返し又は継続的に嫌がらせ等をすること（当該女性労働者がその意に反することを当該上司又は同僚に明示しているにもかかわらず、更に言うことを含む。）。
　3　事業主が職場における妊娠、出産等に関する言動に起因する問題に関し雇用管理上講ずべき措置の内容
　　事業主は、職場における妊娠、出産等に関するハラスメントを防止するため、雇用管理上次の措置を講じなければならない。なお、事業主が行う妊娠、出産等を理由とする不利益取扱い（就業環境を害する行為を含む。）については、既に法第9条第3項で禁止されており、こうした不利益取扱いを行わないため、当然に自らの行為の防止に努めることが求められる。
　　（1）　事業主の方針等の明確化及びその周知・啓発
　　　事業主は、職場における妊娠、出産等に関するハラスメントに対する方針の明確化、労働者に対するその方針の周知・啓発として、次の措置を講じなければならない。
　　　なお、周知・啓発をするに当たっては、職場における妊娠、出産等に関するハラスメントの防止の効果を高めるため、その発生の原因や背景について労働者の理解を深めることが重要である。その際、職場における妊娠、出産等に関するハラスメントの発生の原因や背景には、（ⅰ）妊娠、出産等に関する否定的な言動（他の女性労働者の妊娠、出産等の否定につながる言動（当該女性労働者に直接行わない言動も含む。）をいい、単なる自らの意思の表明を除く。以下同じ。）が頻繁に行われるなど制度等の利用又は制度等の利用の請求等をしにくい職場風土や、（ⅱ）制度等の利用ができることの職場における周知が不十分であることなどもあると考えられる。そのため、これらを解消していくことが職場における妊娠、出産等に関するハラスメントの防止の効果を高める上で重要であることに留意することが必要である。
　　イ　職場における妊娠、出産等に関するハラスメントの内容（以下「ハラスメントの内容」という。）及び妊娠、出産等に関する否定的な言動が職場における妊娠、出産等に関するハラスメントの発生の原因や背景となり得ること（以下「ハラスメントの背景等」という。）、職場における妊娠、出産等に関するハラスメントがあってはならない旨の方針（以下「事業主の方針」という。）並びに制度等の利用ができる旨を明確化し、管理・監督者を含む労働者に周知・啓発すること。

（事業主の方針等を明確化し、労働者に周知・啓発していると認められる例）
　　①　就業規則その他の職場における服務規律等を定めた文書において、事業主の方針及び制度等の利用ができる旨について規定し、当該規定と併せて、ハラスメントの内容及びハラスメントの背景等を労働者に周知・啓発すること。
　　②　社内報、パンフレット、社内ホームページ等広報又は啓発のための資料等にハラスメントの内容及びハラスメントの背景等、事業主の方針並びに制度等の利用ができる旨について記載し、配布等すること。
　　③　ハラスメントの内容及びハラスメントの背景等、事業主の方針並びに制度等の利用ができる旨を労働者に対して周知・啓発するための研修、講習等を実施すること。
　ロ　職場における妊娠、出産等に関するハラスメントに係る言動を行った者については、厳正に対処する旨の方針及び対処の内容を就業規則その他の職場における服務規律等を定めた文書に規定し、管理・監督者を含む労働者に周知・啓発すること。
（対処方針を定め、労働者に周知・啓発していると認められる例）
　　①　就業規則その他の職場における服務規律等を定めた文書において、職場における妊娠、出産等に関するハラスメントに係る言動を行った者に対する懲戒規定を定め、その内容を労働者に周知・啓発すること。
　　②　職場における妊娠、出産等に関するハラスメントに係る言動を行った者は、現行の就業規則その他の職場における服務規律等を定めた文書において定められている懲戒規定の適用の対象となる旨を明確化し、これを労働者に周知・啓発すること。
(2)　相談（苦情を含む。以下同じ。）に応じ、適切に対応するために必要な体制の整備
　事業主は、労働者からの相談に対し、その内容や状況に応じ適切かつ柔軟に対応するために必要な体制の整備として、イ及びロの措置を講じなければならず、また、ハの措置を講ずることが望ましい。
　イ　相談への対応のための窓口（以下「相談窓口」という。）をあらかじめ定めること。
（相談窓口をあらかじめ定めていると認められる例）
　　①　相談に対応する担当者をあらかじめ定めること。
　　②　相談に対応するための制度を設けること。
　　③　外部の機関に相談への対応を委託すること。
　ロ　イの相談窓口の担当者が、相談に対し、その内容や状況に応じ適切に対応できるようにすること。また、相談窓口においては、職場における妊娠、出産等に関するハラスメントが現実に生じている場合だけでなく、その発生のおそれがある場合や、職場における妊娠、出産等に関するハラスメントに該当するか否か微妙な場合等であっても、広く相談に対応し、適切な対応を行うようにすること。例えば、放置すれば就業環境を害するおそれがある場合や、妊娠、出産等に関する否定的な言動が原因や背景となって職場における妊娠、出産等に関するハラスメントが生じるおそれがある場合等が考えられる。
（相談窓口の担当者が適切に対応することができるようにしていると認められる例）
　　①　相談窓口の担当者が相談を受けた場合、その内容や状況に応じて、相談窓口の担当者と人事部門とが連携を図ることができる仕組みとすること。
　　②　相談窓口の担当者が相談を受けた場合、あらかじめ作成した留意点などを記載したマニュアルに基づき対応すること。
　ハ　職場における妊娠、出産等に関するハラスメントは、育児休業等に関するハラスメント（子の

養育又は家族の介護を行い、又は行うこととなる労働者の職業生活と家庭生活との両立が図られるようにするために事業主が講ずべき措置に関する指針（平成21年厚生労働省告示第509号）に規定する「職場における育児休業等に関するハラスメント」をいう。）、セクシュアルハラスメント（事業主が職場における性的な言動に起因する問題に際して雇用管理上講ずべき措置についての指針（平成18年厚生労働省告示第615号）に規定する「職場におけるセクシュアルハラスメント」をいう。以下同じ。）その他のハラスメントと複合的に生じることも想定されることから、例えば、セクシュアルハラスメント等の相談窓口と一体的に、職場における妊娠、出産等に関するハラスメントの相談窓口を設置し、一元的に相談に応じることのできる体制を整備することが望ましいこと。

（一元的に相談に応じることのできる体制を整備していると認められる例）
　①　相談窓口で受け付けることのできる相談として、職場における妊娠、出産等に関するハラスメントのみならず、セクシュアルハラスメント等も明示すること。
　②　職場における妊娠、出産等に関するハラスメントの相談窓口がセクシュアルハラスメント等の相談窓口を兼ねること。

(3)　職場における妊娠、出産等に関するハラスメントに係る事後の迅速かつ適切な対応
　事業主は、職場における妊娠、出産等に関するハラスメントに係る相談の申出があった場合において、その事案に係る事実関係の迅速かつ正確な確認及び適正な対処として、次の措置を講じなければならない。
イ　事案に係る事実関係を迅速かつ正確に確認すること。
（事案に係る事実関係を迅速かつ正確に確認していると認められる例）
　①　相談窓口の担当者、人事部門又は専門の委員会等が、相談を行った労働者（以下「相談者」という。）及び職場における妊娠、出産等に関するハラスメントに係る言動の行為者とされる者（以下「行為者」という。）の双方から事実関係を確認すること。
　　　また、相談者と行為者との間で事実関係に関する主張に不一致があり、事実の確認が十分にできないと認められる場合には、第三者からも事実関係を聴取する等の措置を講ずること。
　②　事実関係を迅速かつ正確に確認しようとしたが、確認が困難な場合などにおいて、法第18条に基づく調停の申請を行うことその他中立な第三者機関に紛争処理を委ねること。
ロ　イにより、職場における妊娠、出産等に関するハラスメントが生じた事実が確認できた場合においては、速やかに被害を受けた労働者（以下「被害者」という。）に対する配慮のための措置を適正に行うこと。
（措置を適正に行っていると認められる例）
　①　事案の内容や状況に応じ、被害者の職場環境の改善又は迅速な制度等の利用に向けての環境整備、被害者と行為者の間の関係改善に向けての援助、行為者の謝罪、管理監督者又は事業場内産業保健スタッフ等による被害者のメンタルヘルス不調への相談対応等の措置を講ずること。
　②　法第18条に基づく調停その他中立な第三者機関の紛争解決案に従った措置を被害者に対して講ずること。
ハ　イにより、職場における妊娠、出産等に関するハラスメントが生じた事実が確認できた場合においては、行為者に対する措置を適正に行うこと。
（措置を適正に行っていると認められる例）
　①　就業規則その他の職場における服務規律等を定めた文書における職場における妊娠、出産等に関するハラスメントに関する規定等に基づき、行為者に対して必要な懲戒その他の措置を講

　　　　ずること。あわせて、事案の内容や状況に応じ、被害者と行為者の間の関係改善に向けての援
　　　　助、行為者の謝罪等の措置を講ずること。
　　　② 法第18条に基づく調停その他中立な第三者機関の紛争解決案に従った措置を行為者に対して
　　　　講ずること。
　　ニ 改めて職場における妊娠、出産等に関するハラスメントに関する方針を周知・啓発する等の再
　　　発防止に向けた措置を講ずること。
　　　　なお、職場における妊娠、出産等に関するハラスメントが生じた事実が確認できなかった場合
　　　においても、同様の措置を講ずること。
（再発防止に向けた措置を講じていると認められる例）
　　　① 事業主の方針、制度等の利用ができる旨及び職場における妊娠、出産等に関するハラスメン
　　　　トに係る言動を行った者について厳正に対処する旨の方針を、社内報、パンフレット、社内
　　　　ホームページ等広報又は啓発のための資料等に改めて掲載し、配布等すること。
　　　② 労働者に対して職場における妊娠、出産等に関するハラスメントに関する意識を啓発するた
　　　　めの研修、講習等を改めて実施すること。
⑷　職場における妊娠、出産等に関するハラスメントの原因や背景となる要因を解消するための措
　　置
　　　事業主は、職場における妊娠、出産等に関するハラスメントの原因や背景となる要因を解消す
　　るため、イの措置を講じなければならず、また、ロの措置を講ずることが望ましい。
　　　なお、措置を講ずるに当たっては、
　　　（ⅰ） 職場における妊娠、出産等に関するハラスメントの背景には妊娠、出産等に関する否定的
　　　　　な言動もあるが、当該言動の要因の一つには、妊娠した労働者がつわりなどの体調不良のた
　　　　　め労務の提供ができないことや労働能率が低下すること等により、周囲の労働者の業務負担
　　　　　が増大することもあることから、周囲の労働者の業務負担等にも配慮すること
　　　（ⅱ） 妊娠等した労働者の側においても、制度等の利用ができるという知識を持つことや、周囲
　　　　　と円滑なコミュニケーションを図りながら自身の体調等に応じて適切に業務を遂行していく
　　　　　という意識を持つこと
　　　のいずれも重要であることに留意することが必要である。
　　イ 業務体制の整備など、事業主や妊娠等した労働者その他の労働者の実情に応じ、必要な措置を
　　　講ずること（派遣労働者にあっては、派遣元事業主に限る。）。
（業務体制の整備など、必要な措置を講じていると認められる例）
　　　① 妊娠等した労働者の周囲の労働者への業務の偏りを軽減するよう、適切に業務分担の見直し
　　　　を行うこと。
　　　② 業務の点検を行い、業務の効率化等を行うこと。
　　ロ 妊娠等した労働者の側においても、制度等の利用ができるという知識を持つことや、周囲と円
　　　滑なコミュニケーションを図りながら自身の体調等に応じて適切に業務を遂行していくという意
　　　識を持つこと等を、妊娠等した労働者に周知・啓発することが望ましいこと。
（周知・啓発を適切に講じていると認められる例）
　　　① 社内報、パンフレット、社内ホームページ等広報又は啓発のための資料等に、妊娠等した労
　　　　働者の側においても、制度等の利用ができるという知識を持つことや、周囲と円滑なコミュニ
　　　　ケーションを図りながら自身の体調等に応じて適切に業務を遂行していくという意識を持つこ
　　　　と等について記載し、妊娠等した労働者に配布等すること。

　② 妊娠等した労働者の側においても、制度等の利用ができるという知識を持つことや、周囲と円滑なコミュニケーションを図りながら自身の体調等に応じて適切に業務を遂行していくという意識を持つこと等について、人事部門等から妊娠等した労働者に周知・啓発すること。
(5) (1)から(4)までの措置と併せて講ずべき措置
　(1)から(4)までの措置を講ずるに際しては、併せて次の措置を講じなければならない。
イ　職場における妊娠、出産等に関するハラスメントに係る相談者・行為者等の情報は当該相談者・行為者等のプライバシーに属するものであることから、相談への対応又は当該妊娠、出産等に関するハラスメントに係る事後の対応に当たっては、相談者・行為者等のプライバシーを保護するために必要な措置を講ずるとともに、その旨を労働者に対して周知すること。
(相談者・行為者等のプライバシーを保護するために必要な措置を講じていると認められる例)
　　① 相談者・行為者等のプライバシーの保護のために必要な事項をあらかじめマニュアルに定め、相談窓口の担当者が相談を受けた際には、当該マニュアルに基づき対応するものとすること。
　　② 相談者・行為者等のプライバシーの保護のために、相談窓口の担当者に必要な研修を行うこと。
　　③ 相談窓口においては相談者・行為者等のプライバシーを保護するために必要な措置を講じていることを、社内報、パンフレット、社内ホームページ等広報又は啓発のための資料等に掲載し、配布等すること。
ロ　労働者が職場における妊娠、出産等に関するハラスメントに関し相談をしたこと又は事実関係の確認に協力したこと等を理由として、不利益な取扱いを行ってはならない旨を定め、労働者に周知・啓発すること。
(不利益な取扱いを行ってはならない旨を定め、労働者にその周知・啓発することについて措置を講じていると認められる例)
　　① 就業規則その他の職場における職務規律等を定めた文書において、労働者が職場における妊娠、出産等に関するハラスメントに関し相談をしたこと、又は事実関係の確認に協力したこと等を理由として、当該労働者が解雇等の不利益な取扱いをされない旨を規定し、労働者に周知・啓発をすること。
　　② 社内報、パンフレット、社内ホームページ等広報又は啓発のための資料等に、労働者が職場における妊娠、出産等に関するハラスメントに関し相談をしたこと、又は事実関係の確認に協力したこと等を理由として、当該労働者が解雇等の不利益な取扱いをされない旨を記載し、労働者に配布等すること。

資料⑤　育介指針

子の養育又は家族の介護を行い、又は行うこととなる労働者の職業生活と家庭生活との両立が図られるようにするために事業主が講ずべき措置に関する指針

（平成21年厚生労働省告示第509号）

第1　趣旨

　この指針は、育児休業、介護休業等育児又は家族介護を行う労働者の福祉に関する法律（以下「法」という。）に定める事項に関し、子の養育又は家族の介護を行い、又は行うこととなる労働者の職業生活と家庭生活との両立が図られるようにするために事業主が講ずべき措置について、その適切かつ有効な実施を図るために必要な事項を定めたものである。

第2　事業主が講ずべき措置の適切かつ有効な実施を図るための指針となるべき事項

1　法第5条及び第11条の規定による労働者の育児休業申出及び介護休業申出に関する事項
(1)　法第5条第1項及び第11条第1項に規定する期間を定めて雇用される者に該当するか否かを判断するに当たっての事項
　　労働契約の形式上期間を定めて雇用されている者であっても、当該契約が期間の定めのない契約と実質的に異ならない状態となっている場合には、法第5条第1項各号及び第11条第1項各号に定める要件に該当するか否かにかかわらず、実質的に期間の定めのない契約に基づき雇用される労働者であるとして育児休業及び介護休業の対象となるものであるが、その判断に当たっては、次の事項に留意すること。
　イ　有期労働契約の雇止めの可否が争われた裁判例における判断の過程においては、主に次に掲げる項目に着目して、契約関係の実態が評価されていること。
　　（イ）　業務内容の恒常性・臨時性、業務内容についてのいわゆる正規雇用労働者との同一性の有無等労働者の従事する業務の客観的内容
　　（ロ）　地位の基幹性・臨時性等労働者の契約上の地位の性格
　　（ハ）　継続雇用を期待させる事業主の言動等当事者の主観的態様
　　（ニ）　更新の有無・回数、更新の手続の厳格性の程度等更新の手続・実態
　　（ホ）　同様の地位にある他の労働者の雇止めの有無等他の労働者の更新状況
　ロ　有期労働契約の雇止めの可否が争われた裁判例においては、イに掲げる項目に関し、次の（イ）及び（ロ）の実態がある場合には、期間の定めのない契約と実質的に異ならない状態に至っているものであると認められていることが多いこと。
　　（イ）　イ（イ）に関し、業務内容が恒常的であること、及びイ（ニ）に関し、契約が更新されていること。
　　（ロ）　（イ）に加え、少なくとも次に掲げる実態のいずれかがみられること。
　　　①　イ（ハ）に関し、継続雇用を期待させる事業主の言動が認められること。
　　　②　イ（ニ）に関し、更新の手続が形式的であること。
　　　③　イ（ホ）に関し、同様の地位にある労働者について過去に雇止めの例がほとんどないこ

と。
ハ 有期労働契約の雇止めの可否が争われた裁判例においては、イ（イ）に関し、業務内容がいわゆる正規雇用労働者と同一であると認められること、又は、イ（ロ）に関し、労働者の地位の基幹性が認められることは、期間の定めのない契約と実質的に異ならない状態に至っているものであると認められる方向に働いているものと考えられること。
(2) 期間を定めて雇用される者が法第５条第１項各号及び第11条第１項各号に定める要件を満たす労働者か否かの判断に当たっては、次の事項に留意すること。
イ 法第５条第１項第１号及び第11条第１項第１号の「引き続き雇用された期間が１年以上」とは、育児休業申出又は介護休業申出のあった日の直前の１年間について、勤務の実態に即し雇用関係が実質的に継続していることをいうものであり、契約期間が形式的に連続しているか否かにより判断するものではないこと。
ロ 法第５条第１項第２号の「その養育する子が１歳６か月に達する日までに、その労働契約（労働契約が更新される場合にあっては、更新後のもの）が満了することが明らか」か否かについては、育児休業申出のあった時点において判明している事情に基づき子が１歳６か月に達する日において、当該申出の時点で締結している労働契約が終了し、かつ、その後労働契約の更新がないことが確実であるか否かによって判断するものであること。例えば、育児休業申出のあった時点で次のいずれかに該当する労働者は、原則として、労働契約の更新がないことが確実であると判断される場合に該当すること。ただし、次のいずれかに該当する労働者であっても、雇用の継続の見込みに関する事業主の言動、同様の地位にある他の労働者の状況及び当該労働者の過去の契約の更新状況等から、労働契約の更新がないことが確実であると判断される場合に該当しないものと判断され、育児休業の取得に係る法第５条第１項第２号の要件を満たすものと判断される場合もあること。
（イ）書面又は口頭により労働契約の更新回数の上限が明示されている労働者であって、当該上限まで労働契約が更新された場合の期間の末日が子が１歳６か月に達する日以前の日であるもの
（ロ）書面又は口頭により労働契約の更新をしない旨明示されている労働者であって、育児休業申出のあった時点で締結している労働契約の期間の末日が子が１歳６か月に達する日以前の日であるもの
ハ 法第11条第１項第２号の要件に該当するか否かについては、ロと同様に判断するものであること。この場合において、ロ中「子が１歳６か月に達する日」とあるのは、「介護休業開始予定日から起算して93日を経過する日から６か月を経過する日」と読み替えるものとすること。
(3) その他法第５条及び第11条の規定による労働者の育児休業申出及び介護休業申出に関する事項
育児休業及び介護休業については、労働者がこれを容易に取得できるようにするため、あらかじめ制度が導入され、規則が定められるべきものであることに留意すること。

2 法第16条の２の規定による子の看護休暇及び法第16条の５の規定による介護休暇に関する事項
(1) 子の看護休暇及び介護休暇については、労働者がこれを容易に取得できるようにするため、あらかじめ制度が導入され、規則が定められるべきものであることに留意すること。また、法第十六条の三第二項及び第十六条の六第二項の規定により、労使協定の締結をする場合であっても、事業所の雇用管理に伴う負担との調和を勘案し、当該事業主に引き続き雇用された期間が短い労働者であっても、一定の日数については、子の看護休暇及び介護休暇の取得ができるようにする

ことが望ましいものであることに配慮すること。
　(2)　子の看護休暇は、現に負傷し、若しくは疾病にかかったその子の世話又は疾病の予防を図るために必要なその子の世話を行うための休暇であること及び介護休暇は要介護状態にある対象家族の介護その他の世話を行うための休暇であることから、証明書類の提出を求める場合には事後の提出を可能とする等、労働者に過重な負担を求めることにならないよう配慮するものとすること。
　(3)　法第16条の３第２項及び第16条の６第２項の規定により、労使協定の締結により厚生労働省令で定める１日未満の単位での子の看護休暇又は介護休暇の取得ができないこととなる「業務の性質又は業務の実施体制に照らして、厚生労働省令で定める１日未満の単位で取得することが困難と認められる業務」とは、例えば、次に掲げるものが該当する場合があること。なお、次に掲げる業務は例示であり、これらの業務以外は困難と認められる業務に該当しないものではなく、また、これらの業務であれば困難と認められる業務に該当するものではないこと。
　　イ　国際路線等に就航する航空機において従事する客室乗務員等の業務等であって、所定労働時間の途中まで又は途中から子の看護休暇又は介護休暇を取得させることが困難な業務
　　ロ　長時間の移動を要する遠隔地で行う業務であって、半日単位の子の看護休暇又は介護休暇を取得した後の勤務時間又は取得する前の勤務時間では処理することが困難な業務
　　ハ　流れ作業方式や交替制勤務による業務であって、半日単位で子の看護休暇又は介護休暇を取得する者を勤務体制に組み込むことによって業務を遂行することが困難な業務
　(4)　労働者の子の症状、要介護状態にある対象家族の介護の状況、労働者の勤務の状況等が様々であることに対応し、時間単位での休暇の取得を認めること等制度の弾力的な利用が可能となるように配慮すること。

３　法第16条の８及び第16条の９の規定による所定外労働の制限に関する事項
　(1)　所定外労働の制限については、労働者がこれを容易に受けられるようにするため、あらかじめ制度が導入され、規則が定められるべきものであることに留意すること。
　(2)　労働者の子の養育の状況、労働者の要介護状態にある対象家族の介護の状況、労働者の勤務の状況等が様々であることに対応し、制度の弾力的な利用が可能となるように配慮するものとすること。

４　法第17条及び第18条の規定による時間外労働の制限に関する事項
　　時間外労働の制限については、労働者がこれを容易に受けられるようにするため、あらかじめ制度が導入され、規則が定められるべきものであることに留意すること。

５　法第19条及び第20条の規定による深夜業の制限に関する事項
　(1)　深夜業の制限については、労働者がこれを容易に受けられるようにするため、あらかじめ制度が導入され、規則が定められるべきものであることに留意すること。
　(2)　あらかじめ、労働者の深夜業の制限期間中における待遇（昼間勤務への転換の有無を含む。）に関する事項を定めるとともに、これを労働者に周知させるための措置を講ずるように配慮するものとすること。
　(3)　労働者の子の養育又は家族の介護の状況、労働者の勤務の状況等が様々であることに対応し、制度の弾力的な利用が可能となるように配慮するものとすること。

6　法第21条第１項の規定により育児休業及び介護休業に関する事項を定め、周知するに当たっての事項
　(1)　育児休業及び介護休業中の待遇、育児休業及び介護休業後の賃金、配置その他の労働条件その他必要な事項に関する規則を一括して定め、周知することが望ましいものであることに配慮すること。
　(2)　労働者のプライバシーを保護する観点から、労働者が自発的に当該労働者若しくはその配偶者が妊娠若しくは出産したこと又は当該労働者が対象家族を介護していることを知らせることを前提としたものであること。そのために、14に定める措置を事業主が講じている必要があること。
　(3)　労働者又はその配偶者が妊娠若しくは出産したことを知ったときに、当該労働者に対し育児休業に関する事項を知らせるに際しては、当該労働者が計画的に育児休業を取得できるよう、あわせて法第５条第２項の規定による育児休業の再度取得の特例、法第９条の２の規定による同一の子について配偶者が育児休業をする場合の特例、その他の両立支援制度を知らせることが望ましいこと。

7　法第22条の規定により育児休業又は介護休業をする労働者が雇用される事業所における労働者の配置その他の雇用管理に関して必要な措置を講ずるに当たっての事項
　(1)　育児休業及び介護休業後においては、原則として原職又は原職相当職に復帰させるよう配慮すること。
　(2)　育児休業又は介護休業をする労働者以外の労働者についての配置その他の雇用管理は、(1)の点を前提にして行われる必要があることに配慮すること。

8　法第22条の規定により育児休業又は介護休業をしている労働者の職業能力の開発及び向上等に関して必要な措置を講ずるに当たっての事項
　(1)　当該措置の適用を受けるかどうかは、育児休業又は介護休業をする労働者の選択に任せられるべきものであること。
　(2)　育児休業及び介護休業が比較的長期にわたる休業になり得ること、並びに育児休業又は介護休業後における円滑な就業のために必要となる措置が、個々の労働者の職種、職務上の地位、職業意識等の状況に応じ様々であることにかんがみ、当該労働者の状況に的確に対応し、かつ、計画的に措置が講じられることが望ましいものであることに配慮すること。
　(3)　介護休業申出が円滑に行われ、家族の介護を行い、又は行うこととなる労働者の職業生活と家庭生活との両立が図られるようにするため、次の事項に留意すること。
　　イ　介護休業等の法に定める仕事と介護の両立支援制度の内容、当該内容その他の仕事と介護の両立支援について事業主が定めた事項、介護に係るサービスに関する情報について、労働者が十分に情報を得ていることが重要であること。
　　ロ　事業主は、介護休業等の法に定める仕事と介護の両立支援制度の内容及び介護に係るサービスに関する情報に関し行政から提供される情報も活用しつつ、イの情報について労働者に周知を行うことが望ましいこと。
　　ハ　事業主は、労働者からの仕事と介護の両立に関する相談への対応のための窓口をあらかじめ定めることが望ましいこと。

9　法第23条第１項の規定による育児のための所定労働時間の短縮措置又は同条第２項に規定する育

児休業に関する制度に準ずる措置若しくは始業時刻変更等の措置を講ずるに当たっての事項
(1) 労働者がこれらの措置の適用を容易に受けられるようにするため、あらかじめ、当該措置の対象者の待遇に関する事項を定め、これを労働者に周知させるための措置を講ずるように配慮すること。
(2) 当該措置を講ずるに当たっては、労働者が就業しつつその子を養育することを実質的に容易にする内容のものとすることに配慮すること。
(3) 法第23条第1項第3号の規定により、労使協定を締結する場合には当該業務に従事する労働者について所定労働時間の短縮措置を講じないことができる「業務の性質又は業務の実施体制に照らして、所定労働時間の短縮措置を講ずることが困難と認められる業務」とは、例えば、次に掲げるものが該当する場合があること。なお、次に掲げる業務は例示であり、これら以外は困難と認められる業務に該当しないものではなく、また、これらであれば困難と認められる業務に該当するものではないこと。
　　イ　業務の性質に照らして、制度の対象とすることが困難と認められる業務
　　　国際路線等に就航する航空機において従事する客室乗務員等の業務
　　ロ　業務の実施体制に照らして、制度の対象とすることが困難と認められる業務
　　　労働者数が少ない事業所において、当該業務に従事しうる労働者数が著しく少ない業務
　　ハ　業務の性質及び実施体制に照らして、制度の対象とすることが困難と認められる業務
　　　（イ）流れ作業方式による製造業務であって、短時間勤務の者を勤務体制に組み込むことが困難な業務
　　　（ロ）交替制勤務による製造業務であって、短時間勤務の者を勤務体制に組み込むことが困難な業務
　　　（ハ）個人ごとに担当する企業、地域等が厳密に分担されていて、他の労働者では代替が困難な営業業務

10　法第23条第3項の規定による介護のための所定労働時間の短縮等の措置を講ずるに当たっての事項
　短時間勤務の制度は、労働者がその要介護状態にある対象家族を介護することを実質的に容易にする内容のものであることが望ましいものであることに配慮すること。

11　法第10条、第16条、第16条の4、第16条の7、第16条の10、第18条の2、第20条の2及び第23条の2の規定による育児休業、介護休業、子の看護休暇、介護休暇、所定外労働の制限、時間外労働の制限、深夜業の制限又は所定労働時間の短縮措置等の申出又は取得等を理由とする解雇その他不利益な取扱いの禁止に適切に対処するに当たっての事項
　育児休業、介護休業、子の看護休暇、介護休暇、所定外労働の制限、時間外労働の制限、深夜業の制限又は所定労働時間の短縮措置等の申出等又は取得等（以下「育児休業等の申出等」という。）をした労働者の雇用管理に当たっては、次の事項に留意すること。
　(1) 法第10条、第16条、第16条の4、第16条の7、第16条の10、第18条の2、第20条の2又は第23条の2の規定により禁止される解雇その他不利益な取扱いは、労働者が育児休業等の申出等をしたこととの間に因果関係がある行為であること。
　(2) 解雇その他不利益な取扱いとなる行為には、例えば、次に掲げるものが該当すること。
　　イ　解雇すること。

　　ロ　期間を定めて雇用される者について、契約の更新をしないこと（以下「雇止め」という。）。
　　ハ　あらかじめ契約の更新回数の上限が明示されている場合に、当該回数を引き下げること。
　　ニ　退職又はいわゆる正規雇用労働者をパートタイム労働者等のいわゆる非正規雇用労働者とするような労働契約内容の変更の強要を行うこと。
　　ホ　自宅待機を命ずること。
　　ヘ　労働者が希望する期間を超えて、その意に反して所定外労働の制限、時間外労働の制限、深夜業の制限又は所定労働時間の短縮措置等を適用すること。
　　ト　降格させること。
　　チ　減給をし、又は賞与等において不利益な算定を行うこと。
　　リ　昇進・昇格の人事考課において不利益な評価を行うこと。
　　ヌ　不利益な配置の変更を行うこと。
　　ル　就業環境を害すること。
　(3)　解雇その他不利益な取扱いに該当するか否かについては、次の事項を勘案して判断すること。
　　イ　次に掲げる場合には、育児休業又は介護休業をしている労働者の雇止めは、不利益取扱いに当たる雇止めに該当しない可能性が高いと考えられること。
　　　（イ）　専ら事業縮小や担当していた業務の終了・中止等により、育児休業又は介護休業をしている労働者を含め、契約内容や更新回数等に照らして同様の地位にある労働者の全員を雇止めすること。
　　　（ロ）　事業縮小や担当していた業務の終了・中止等により労働者の一部を雇止めする場合であって、能力不足や勤務不良等を理由に、育児休業又は介護休業をしている労働者を雇止めすること。ただし、この場合において、当該能力不足や勤務不良等は、育児休業又は介護休業の取得以前から問題とされていたことや育児休業又は介護休業を取得したことのみをもって育児休業又は介護休業を取得していない者よりも不利に評価したものではないこと等が求められることに留意すること。
　　ロ　勧奨退職やいわゆる正規雇用労働者をパートタイム労働者等のいわゆる非正規雇用労働者とするような労働契約内容の変更は、労働者の表面上の同意を得ていたとしても、これが労働者の真意に基づくものでないと認められる場合には、(2)ニの「退職又はいわゆる正規雇用労働者をパートタイム労働者等のいわゆる非正規雇用労働者とするような労働契約内容の変更の強要を行うこと」に該当すること。
　　ハ　事業主が、育児休業若しくは介護休業の休業終了予定日を超えて休業すること又は子の看護休暇若しくに介護休暇の取得の申出に係る日以外の日に休業することを労働者に強要することは、(2)ホの「自宅待機」に該当すること。
　　ニ　次に掲げる場合には、(2)チの「減給をし、又は賞与等において不利益な算定を行うこと」に該当すること。
　　　（イ）　育児休業若しくは介護休業の休業期間中、子の看護休暇若しくは介護休暇を取得した日又は所定労働時間の短縮措置等の適用期間中の現に働かなかった時間について賃金を支払わないこと、退職金や賞与の算定に当たり現に勤務した日数を考慮する場合に休業した期間若しくは休暇を取得した日数又は所定労働時間の短縮措置等の適用により現に短縮された時間の総和に相当する日数を日割りで算定対象期間から控除すること等専ら当該育児休業等により労務を提供しなかった期間は働かなかったものとして取り扱うことは、不利益な取扱いには該当しない。一方、休業期間、休暇を取得した日数又は所定労働時間の短縮

　　　措置等の適用により現に短縮された時間の総和に相当する日数を超えて働かなかったものとして取り扱うことは、(2)チの「不利益な算定を行うこと」に該当すること。
　　(ロ)　実際には労務の不提供が生じていないにもかかわらず、育児休業等の申出等をしたことのみをもって、賃金又は賞与若しくは退職金を減額すること。
　ホ　次に掲げる場合には、(2)リの「昇進・昇格の人事考課において不利益な評価を行うこと」に該当すること。
　　(イ)　育児休業又は介護休業をした労働者について、休業期間を超える1定期間昇進・昇格の選考対象としない人事評価制度とすること。
　　(ロ)　実際には労務の不提供が生じていないにもかかわらず、育児休業等の申出等をしたことのみをもって、当該育児休業等の申出等をしていない者よりも不利に評価すること。
　ヘ　配置の変更が不利益な取扱いに該当するか否かについては、配置の変更前後の賃金その他の労働条件、通勤事情、当人の将来に及ぼす影響等諸般の事情について総合的に比較考量の上、判断すべきものであるが、例えば、通常の人事異動のルールからは十分に説明できない職務又は就業の場所の変更を行うことにより、当該労働者に相当程度経済的又は精神的な不利益を生じさせることは、(2)ヌの「不利益な配置の変更を行うこと」に該当すること。また、所定労働時間の短縮措置の適用について、当該措置の対象となる業務に従事する労働者を、当該措置の適用を受けることの申出をした日から適用終了予定日までの間に、労使協定により当該措置を講じないものとしている業務に転換させることは(2)ヌの「不利益な配置の変更を行うこと」に該当する可能性が高いこと。
　ト　業務に従事させない、専ら雑務に従事させる等の行為は(2)ルの「就業環境を害すること」に該当すること。

12　法第24条第1項の規定により同項各号に定める制度又は措置に準じて、必要な措置を講ずるに当たっての事項
　(1)　労働者の申出に基づく育児に関する目的のために利用することができる休暇とは、例えば、次に掲げるものが考えられること。なお、これらの休暇は、必ずしも単独の制度である必要はないこと。
　　イ　配偶者の出産に伴い取得することができるいわゆる配偶者出産休暇
　　ロ　入園式、卒園式等の行事参加も含めた育児にも利用できる多目的休暇（いわゆる失効年次有給休暇の積立による休暇制度の一環として措置することを含む。）
　(2)　当該措置の適用を受けるかどうかは、労働者の選択に任せられるべきものであること。

13　法第24条第2項の規定により、介護休業の制度又は法第23条第3項に定める措置に準じて、その介護を必要とする期間、回数等に配慮した必要な措置を講ずるに当たっての事項
　(1)　当該措置の適用を受けるかどうかは、労働者の選択に任せられるべきものであること。
　(2)　次の事項に留意しつつ、企業の雇用管理等に伴う負担との調和を勘案し、必要な措置が講じられることが望ましいものであることに配慮すること。
　　イ　当該労働者が介護する家族の発症からその症状が安定期になるまでの期間又は介護に係る施設・在宅サービスを利用することができるまでの期間が、93日から法第11条第2項第2号の介護休業日数を差し引いた日数の期間を超える場合があること。
　　ロ　当該労働者がした介護休業により法第11条第2項第2号の介護休業日数が93日に達している

　　対象家族についても、再び当該労働者による介護を必要とする状態となる場合があること。
　ハ　対象家族以外の家族についても、他に近親の家族がいない場合等当該労働者が介護をする必要性が高い場合があること。
　ニ　要介護状態にない家族を介護する労働者であっても、その家族の介護のため就業が困難となる場合があること。
　ホ　当該労働者が家族を介護する必要性の程度が変化することに対応し、介護休業の更なる分割等、制度の弾力的な利用が可能となることが望まれる場合があること。

14　法第25条の規定により、事業主が職場における育児休業等に関する言動に起因する問題に関して雇用管理上必要な措置を講ずるに当たっての事項
　法第25条に規定する事業主が職場において行われるその雇用する労働者に対する育児休業、介護休業その他の育児休業、介護休業等育児又は家族介護を行う労働者の福祉に関する法律施行規則（以下「則」という。）第76条で定める制度又は措置（以下「制度等」という。）の利用に関する言動により当該労働者の就業環境が害されること（以下「職場における育児休業等に関するハラスメント」という。）のないよう雇用管理上講ずべき措置について、事業主が適切かつ有効な実施を図るために必要な事項については、次のとおりであること。
(1)　職場における育児休業等に関するハラスメントの内容
　イ　職場における育児休業等に関するハラスメントには、上司又は同僚から行われる、その雇用する労働者に対する制度等の利用に関する言動により就業環境が害されるものがあること。なお、業務分担や安全配慮等の観点から、客観的にみて、業務上の必要性に基づく言動によるものについては、職場における育児休業等に関するハラスメントには該当しないこと。
　ロ　「職場」とは、事業主が雇用する労働者が業務を遂行する場所を指し、当該労働者が通常就業している場所以外の場所であっても、当該労働者が業務を遂行する場所については、「職場」に含まれること。
　ハ　「労働者」とは、いわゆる正規雇用労働者のみならず、パートタイム労働者、契約社員等のいわゆる非正規雇用労働者を含み事業主が雇用する男女の労働者の全てをいうこと。
　　　また、派遣労働者については、派遣元事業主のみならず、労働者派遣の役務の提供を受ける者についても、労働者派遣事業の適正な運営の確保及び派遣労働者の保護等に関する法律（昭和60年法律第88号）第47条の3の規定により、その指揮命令の下に労働させる派遣労働者を雇用する事業主とみなされ、法第25条の規定が適用されることから、労働者派遣の役務の提供を受ける者は、派遣労働者についてもその雇用する労働者と同様に、(2)の措置を講ずることが必要であること。
　ニ　イに規定する「その雇用する労働者に対する制度等の利用に関する言動により就業環境が害されるもの」とは、具体的には（イ）①から⑩までに掲げる制度等の利用に関する言動により就業環境が害されるものであること。典型的な例として、（ロ）に掲げるものがあるが、（ロ）に掲げるものは限定列挙ではないことに留意が必要であること。
　　（イ）　制度等
　　　①　育児休業（則第76条第1号関係）
　　　②　介護休業（則第76条第2号関係）
　　　③　子の看護休暇（則第76条第3号関係）
　　　④　介護休暇（則第76条第4号関係）

　⑤　所定外労働の制限（則第76条第5号関係）
　⑥　時間外労働の制限（則第76条第6号関係）
　⑦　深夜業の制限（則第76条第7号関係）
　⑧　育児のための所定労働時間の短縮措置（則第76条第8号関係）
　⑨　始業時刻変更等の措置（則第76条第9号関係）
　⑩　介護のための所定労働時間の短縮措置（則第76条第10号関係）
（ロ）　典型的な例
　①　解雇その他不利益な取扱い（法第10条（法第16条、第16条の4及び第16条の7において準用する場合を含む。）、第16条の10、第18条の2、第20条の2及び第23条の2に規定する解雇その他不利益な取扱いをいう。以下同じ。）を示唆するもの
　　労働者が、制度等の利用の申出等をしたい旨を上司に相談したこと、制度等の利用の申出等をしたこと又は制度等の利用をしたことにより、上司が当該労働者に対し、解雇その他不利益な取扱いを示唆すること。
　②　制度等の利用の申出等又は制度等の利用を阻害するもの
　　客観的にみて、言動を受けた労働者の制度等の利用の申出等又は制度等の利用が阻害されるものが該当すること。ただし、労働者の事情やキャリアを考慮して、早期の職場復帰を促すことは制度等の利用が阻害されるものに該当しないこと。
　　(1)　労働者が制度等の利用の申出等をしたい旨を上司に相談したところ、上司が当該労働者に対し、当該申出等をしないよう言うこと。
　　(2)　労働者が制度等の利用の申出等をしたところ、上司が当該労働者に対し、当該申出等を取り下げるよう言うこと。
　　(3)　労働者が制度等の利用の申出等をしたい旨を同僚に伝えたところ、同僚が当該労働者に対し、繰り返し又は継続的に当該申出等をしないよう言うこと（当該労働者がその意に反することを当該同僚に明示しているにもかかわらず、更に言うことを含む。）。
　　(4)　労働者が制度等の利用の申出等をしたところ、同僚が当該労働者に対し、繰り返し又は継続的に当該申出等を撤回又は取下げをするよう言うこと（当該労働者がその意に反することを当該同僚に明示しているにもかかわらず、更に言うことを含む。）。
　③　制度等の利用をしたことにより嫌がらせ等をするもの
　　客観的にみて、言動を受けた労働者の能力の発揮や継続就業に重大な悪影響が生じる等当該労働者が就業する上で看過できない程度の支障が生じるようなものが該当すること。
　　労働者が制度等の利用をしたことにより、上司又は同僚が当該労働者に対し、繰り返し又は継続的に嫌がらせ等（嫌がらせ的な言動、業務に従事させないこと又は専ら雑務に従事させることをいう。以下同じ。）をすること（当該労働者がその意に反することを当該上司又は同僚に明示しているにもかかわらず、更に言うことを含む。）。
（2）　事業主が職場における育児休業等に関する言動に起因する問題に関し雇用管理上講ずべき措置の内容
　　事業主は、職場における育児休業等に関するハラスメントを防止するため、雇用管理上次の措置を講じなければならないこと。なお、事業主が行う育児休業等を理由とする不利益取扱い（就業環境を害する行為を含む。）については、既に法第10条（法第16条、第16条の4及び第16条の7において準用する場合を含む。）、第16条の10、第18条の2、第20条の2及び第23条の2で禁止されており、こうした不利益取扱いを行わないため、当然に自らの行為の防止に努めることが求め

られること。
イ　事業主の方針等の明確化及びその周知・啓発

　事業主は、職場における育児休業等に関するハラスメントに対する方針の明確化、労働者に対するその方針の周知・啓発として、次の措置を講じなければならないこと。

　なお、周知・啓発をするに当たっては、職場における育児休業等に関するハラスメントの防止の効果を高めるため、その発生の原因や背景について労働者の理解を深めることが重要であること。その際、職場における育児休業等に関するハラスメントの発生の原因や背景には、（ⅰ）育児休業等に関する否定的な言動（他の労働者の制度等の利用の否定につながる言動（当該労働者に直接行わない言動も含む。）をいい、単なる自らの意思の表明を除く。以下同じ。）が頻繁に行われるなど制度等の利用又は制度等の利用の申出等をしにくい職場風土や、（ⅱ）制度等の利用ができることの職場における周知が不十分であることなどもあると考えられること。そのため、これらを解消していくことが職場における育児休業等に関するハラスメントの防止の効果を高める上で重要であることに留意することが必要であること。

（イ）　職場における育児休業等に関するハラスメントの内容（以下「ハラスメントの内容」という。）及び育児休業等に関する否定的な言動が職場における育児休業等に関するハラスメントの発生の原因や背景になり得ること（以下「ハラスメントの背景等」という。）、職場における育児休業等に関するハラスメントがあってはならない旨の方針（以下「事業主の方針」という。）並びに制度等の利用ができる旨を明確化し、管理・監督者を含む労働者に周知・啓発すること。

（事業主の方針等を明確化し、労働者に周知・啓発していると認められる例）
①　就業規則その他の職場における服務規律等を定めた文書において、事業主の方針及び制度等の利用ができる旨について規定し、当該規定とあわせて、ハラスメントの内容及びハラスメントの背景等を、労働者に周知・啓発すること。
②　社内報、パンフレット、社内ホームページ等広報又は啓発のための資料等にハラスメントの内容及びハラスメントの背景等、事業主の方針並びに制度等の利用ができる旨について記載し、配布等すること。
③　ハラスメントの内容及びハラスメントの背景等、事業主の方針並びに制度等の利用ができる旨を労働者に対して周知・啓発するための研修、講習等を実施すること。

（ロ）　職場における育児休業等に関するハラスメントに係る言動を行った者については、厳正に対処する旨の方針及び対処の内容を就業規則その他の職場における服務規律等を定めた文書に規定し、管理・監督者を含む労働者に周知・啓発すること。

（対処方針を定め、労働者に周知・啓発していると認められる例）
①　就業規則その他の職場における服務規律等を定めた文書において、職場における育児休業等に関するハラスメントに係る言動を行った者に対する懲戒規定を定め、その内容を労働者に周知・啓発すること。
②　職場における育児休業等に関するハラスメントに係る言動を行った者は、現行の就業規則その他の職場における服務規律等を定めた文書において定められている懲戒規定の適用の対象となる旨を明確化し、これを労働者に周知・啓発すること。

ロ　相談（苦情を含む。以下同じ。）に応じ、適切に対応するために必要な体制の整備

　事業主は、労働者からの相談に対し、その内容や状況に応じ適切かつ柔軟に対応するために必要な体制の整備として、（イ）及び（ロ）の措置を講じなければならず、また、（ハ）の措置

　　　を講ずることが望ましいこと。
　（イ）　相談への対応のための窓口（以下「相談窓口」という。）をあらかじめ定めること。
　　　（相談窓口をあらかじめ定めていると認められる例）
　　　　①　相談に対応する担当者をあらかじめ定めること。
　　　　②　相談に対応するための制度を設けること。
　　　　③　外部の機関に相談への対応を委託すること。
　（ロ）　（イ）の相談窓口の担当者が、相談に対し、その内容や状況に応じ適切に対応できるようにすること。また、相談窓口においては、職場における育児休業等に関するハラスメントが現実に生じている場合だけでなく、その発生のおそれがある場合や、職場における育児休業等に関するハラスメントに該当するか否か微妙な場合等であっても、広く相談に対応し、適切な対応を行うようにすること。例えば、放置すれば就業環境を害するおそれがある場合や、職場における育児休業等に関する否定的な言動が原因や背景となって職場における育児休業等に関するハラスメントが生じるおそれがある場合等が考えられること。
　　　（相談窓口の担当者が適切に対応することができるようにしていると認められる例）
　　　　①　相談窓口の担当者が相談を受けた場合、その内容や状況に応じて、相談窓口の担当者と人事部門とが連携を図ることができる仕組みとすること。
　　　　②　相談窓口の担当者が相談を受けた場合、あらかじめ作成した留意点などを記載したマニュアルに基づき対応すること。
　（ハ）　職場における育児休業等に関するハラスメントは、妊娠、出産等に関するハラスメント（事業主が職場における妊娠、出産等に関する言動に起因する問題に関して雇用管理上講ずべき措置についての指針（平成28年厚生労働省告示第312号）に規定する「職場における妊娠、出産等に関するハラスメント」をいう。）、セクシュアルハラスメント（事業主が職場における性的な言動に起因する問題に関して雇用管理上講ずべき措置についての指針（平成18年厚生労働省告示第615号）に規定する「職場におけるセクシュアルハラスメント」をいう。以下同じ。）その他のハラスメントと複合的に生じることも想定されることから、例えば、セクシュアルハラスメント等の相談窓口と一体的に職場における育児休業等に関するハラスメントの相談窓口を設置し、一元的に相談に応じることのできる体制を整備することが望ましいこと。
　　　（一元的に相談に応じることのできる体制を整備していると認められる例）
　　　　①　相談窓口で受け付けることのできる相談として、職場における育児休業等に関するハラスメントのみならず、セクシュアルハラスメント等も明示すること。
　　　　②　職場における育児休業等に関するハラスメントの相談窓口がセクシュアルハラスメント等の相談窓口を兼ねること。
　ハ　職場における育児休業等に関するハラスメントに係る事後の迅速かつ適切な対応
　　事業主は、職場における育児休業等に関するハラスメントに係る相談の申出があった場合において、その事案に係る事実関係の迅速かつ正確な確認及び適正な対処として、次の措置を講じなければならないこと。
　（イ）　事案に係る事実関係を迅速かつ正確に確認すること。
　　　（事案に係る事実関係を迅速かつ正確に確認していると認められる例）
　　　　①　相談窓口の担当者、人事部門又は専門の委員会等が、相談を行った労働者（以下「相談者」という。）及び職場における育児休業等に関するハラスメントに係る言動の行為者

とされる者(以下「行為者」という。)の双方から事実関係を確認すること。
　　　また、相談者と行為者との間で事実関係に関する主張に不一致があり、事実の確認が十分にできないと認められる場合には、第三者からも事実関係を聴取する等の措置を講ずること。
　　② 事実関係を迅速かつ正確に確認しようとしたが、確認が困難な場合などにおいて、法第52条の5に基づく調停の申請を行うことその他中立な第三者機関に紛争処理を委ねること。
　(ロ)　(イ)により、職場における育児休業等に関するハラスメントが生じた事実が確認できた場合においては、速やかに被害を受けた労働者(以下「被害者」という。)に対する配慮のための措置を適正に行うこと。
　(措置を適正に行っていると認められる例)
　　① 事案の内容や状況に応じ、被害者の職場環境の改善又は迅速な制度等の利用に向けての環境整備、被害者と行為者の間の関係改善に向けての援助、行為者の謝罪、管理・監督者又は事業場内産業保健スタッフ等による被害者のメンタルヘルス不調への相談対応等の措置を講ずること。
　　② 法第52条の5に基づく調停その他中立な第三者機関の紛争解決案に従った措置を被害者に対して講ずること。
　(ハ)　(イ)により、職場における育児休業等に関するハラスメントが生じた事実が確認できた場合においては、行為者に対する措置を適正に行うこと。
　(措置を適正に行っていると認められる例)
　　① 就業規則その他の職場における服務規律等を定めた文書における職場における育児休業等に関するハラスメントに関する規定等に基づき、行為者に対して必要な懲戒その他の措置を講ずること。あわせて、事案の内容や状況に応じ、被害者と行為者の間の関係改善に向けての援助、行為者の謝罪等の措置を講ずること。
　　② 法第52条の5に基づく調停その他中立な第三者機関の紛争解決案に従った措置を行為者に対して講ずること。
　(ニ)　改めて職場における育児休業等に関するハラスメントに関する方針を周知・啓発する等の再発防止に向けた措置を講ずること。
　　　なお、職場における育児休業等に関するハラスメントが生じた事実が確認できなかった場合においても、同様の措置を講ずること。
　(再発防止に向けた措置を講じていると認められる例)
　　① 事業主の方針、制度等の利用ができる旨及び職場における育児休業等に関するハラスメントに係る言動を行った者について厳正に対処する旨の方針を、社内報、パンフレット、社内ホームページ等広報又は啓発のための資料等に改めて掲載し、配布等すること。
　　② 労働者に対して職場における育児休業等に関するハラスメントに関する意識を啓発するための研修、講習等を改めて実施すること。
ニ　職場における育児休業等に関するハラスメントの原因や背景となる要因を解消するための措置
　　事業主は、職場における育児休業等に関するハラスメントの原因や背景となる要因を解消するため、(イ)の措置を講じなければならず、また、(ロ)の措置を講ずることが望ましいこと。
　　なお、措置を講ずるに当たっては、
　(ⅰ)　職場における育児休業等に関するハラスメントの背景には育児休業等に関する否定的な

　　　　言動もあるが、当該言動の要因の1つには、労働者が所定労働時間の短縮措置を利用することで短縮分の労務提供ができなくなること等により、周囲の労働者の業務負担が増大することもあることから、周囲の労働者の業務負担等にも配慮すること
　　（ⅱ）労働者の側においても、制度等の利用ができるという知識を持つことや周囲と円滑なコミュニケーションを図りながら自身の制度の利用状況等に応じて適切に業務を遂行していくという意識を持つこと
　　のいずれも重要であることに留意することが必要である。
　（イ）業務体制の整備など、事業主や制度等の利用を行う労働者その他の労働者の実情に応じ、必要な措置を講ずること（派遣労働者にあっては、派遣元事業主に限る。）。
　　（業務体制の整備など、必要な措置を講じていると認められる例）
　　　① 制度等の利用を行う労働者の周囲の労働者への業務の偏りを軽減するよう、適切に業務分担の見直しを行うこと。
　　　② 業務の点検を行い、業務の効率化等を行うこと。
　（ロ）労働者の側においても、制度等の利用ができるという知識を持つことや、周囲と円滑なコミュニケーションを図りながら自身の制度の利用状況等に応じて適切に業務を遂行していくという意識を持つこと等を、制度等の利用の対象となる労働者に周知・啓発することが望ましいこと（派遣労働者にあっては、派遣元事業主に限る。）。
　　（周知・啓発を適切に講じていると認められる例）
　　　① 社内報、パンフレット、社内ホームページ等広報又は啓発のための資料等に、労働者の側においても、制度等の利用ができるという知識を持つことや、周囲と円滑なコミュニケーションを図りながら自身の制度の利用状況等に応じて適切に業務を遂行していくという意識を持つこと等について記載し、制度等の利用の対象となる労働者に配布等すること。
　　　② 労働者の側においても、制度等の利用ができるという知識を持つことや、周囲と円滑なコミュニケーションを図りながら自身の制度の利用状況等に応じて適切に業務を遂行していくという意識を持つこと等について、人事部門等から制度等の利用の対象となる労働者に周知・啓発すること。
ホ　イからニまでの措置とあわせて講ずべき措置
　イからニまでの措置を講ずるに際しては、あわせて次の措置を講じなければならないこと。
　（イ）職場における育児休業等に関するハラスメントに係る相談者・行為者等の情報は当該相談者・行為者等のプライバシーに属するものであることから、相談への対応又は当該育児休業等に関するハラスメントに係る事後の対応に当たっては、相談者・行為者等のプライバシーを保護するために必要な措置を講ずるとともに、その旨を労働者に対して周知すること。
　　（相談者・行為者等のプライバシーを保護するために必要な措置を講じていると認められる例）
　　　① 相談者・行為者等のプライバシーの保護のために必要な事項をあらかじめマニュアルに定め、相談窓口の担当者が相談を受けた際には、当該マニュアルに基づき対応するものとすること。
　　　② 相談者・行為者等のプライバシーの保護のために、相談窓口の担当者に必要な研修を行うこと。
　　　③ 相談窓口においては相談者・行為者等のプライバシーを保護するために必要な措置を

講じていることを、社内報、パンフレット、社内ホームページ等広報又は啓発のための資料等に掲載し、配布等すること。
（ロ） 労働者が職場における育児休業等に関するハラスメントに関し相談をしたこと又は事実関係の確認に協力したこと等を理由として、不利益な取扱いを行ってはならない旨を定め、労働者に周知・啓発すること。
（不利益な取扱いを行ってはならない旨を定め、労働者にその周知・啓発することについて措置を講じていると認められる例）
① 就業規則その他の職場における職務規律等を定めた文書において、労働者が職場における育児休業等に関するハラスメントに関し相談をしたこと、又は事実関係の確認に協力したこと等を理由として、当該労働者が解雇等の不利益な取扱いをされない旨を規定し、労働者に周知・啓発をすること。
② 社内報、パンフレット、社内ホームページ等広報又は啓発のための資料等に、労働者が職場における育児休業等に関するハラスメントに関し相談をしたこと、又は事実関係の確認に協力したこと等を理由として、当該労働者が解雇等の不利益な取扱いをされない旨を記載し、労働者に配布等すること。

15 法第26条の規定により、その雇用する労働者の配置の変更で就業の場所の変更を伴うものをしようとする場合において、当該労働者の子の養育又は家族の介護の状況に配慮するに当たっての事項

配慮することの内容としては、例えば、当該労働者の子の養育又は家族の介護の状況を把握すること、労働者本人の意向をしんしゃくすること、配置の変更で就業の場所の変更を伴うものをした場合の子の養育又は家族の介護の代替手段の有無の確認を行うこと等があること。

16 派遣労働者として就業する者に関する事項
（1） 派遣労働者として就業する者については、労働契約関係は派遣元事業主と派遣労働者との間にあるため、派遣元事業主は、当該労働者に対し、法の規定に基づく措置を適切に講ずる責任があることに留意すること。
（2） 解雇その他不利益な取扱いとなる行為には、例えば、派遣労働者として就業する者について、労働者派遣の役務の提供を受ける者が当該派遣労働者に係る労働者派遣の役務の提供を拒むことが該当すること。
（3） 次に掲げる場合には(2)の派遣労働者として就業する者について、労働者派遣の役務の提供を受ける者が当該派遣労働者に係る労働者派遣の役務の提供を拒むことに該当すること。
　イ 育児休業の開始までは労働者派遣契約に定められた役務の提供ができると認められるにもかかわらず、派遣中の派遣労働者が育児休業の取得を申し出たことを理由に、労働者派遣の役務の提供を受ける者が派遣元事業主に対し、当該派遣労働者の交替を求めること。
　ロ 労働者派遣契約に定められた役務の提供ができると認められるにもかかわらず、派遣中の派遣労働者が子の看護休暇を取得したことを理由に、労働者派遣の役務の提供を受ける者が派遣元事業主に対し、当該派遣労働者の交替を求めること。
（4） 派遣元事業主は、派遣労働者が育児休業から復帰する際には、当該派遣労働者が就業を継続できるよう、当該派遣労働者の派遣先に係る希望も勘案しつつ、就業機会の確保に努めるべきであることに留意すること。

資料⑥　派遣通達

雇児発0802第2号
平成28年8月2日

各都道府県労働局長　殿

厚生労働省雇用均等・児童家庭局長
（公　印　省　略）

労働者派遣事業の適正な運営の確保及び派遣労働者の保護等に関する法律第47条の2及び第47条の3の規定の運用について

　労働者派遣事業の適正な運営の確保及び派遣労働者の保護等に関する法律（昭和60年法律第88号。以下「派遣法」という。）第47条の2（雇用の分野における男女の均等な機会及び待遇の確保等に関する法律の適用に関する特例）の規定については、「労働者派遣事業の適正な運営の確保及び派遣労働者の就業条件の整備等に関する法律第47条の2の規定の施行について」（平成11年11月17日女発第324号）においてその具体的な取扱いを示してきたところである。

　今般、雇用保険法等の一部を改正する法律（平成28年法律第17号）の改正に伴い、雇用の分野における男女の均等な機会及び待遇の確保等に関する法律（昭和47年法律第113号。以下「均等法」という。）第11条の2（職場における妊娠、出産等に関する言動に起因する問題に関する雇用管理上の措置）の規定及び育児休業、介護休業等育児又は家族介護を行う労働者の福祉に関する法律（平成3年法律第76号。以下「育介法」という。）第25条（職場における育児休業等に関する言動に起因する問題に関する雇用管理上の措置）の規定を新設し、派遣法第47条の2の規定を改正し、同法第47条の3（育児休業、介護休業等育児又は家族介護を行う労働者の福祉に関する法律の適用に関する特例）の規定を新設し、平成29年1月1日から施行することとしている。

　これを受け、「労働者派遣事業の適正な運営の確保及び派遣労働者の就業条件の整備等に関する法律第47条の2の規定の施行について」（平成11年11月17日女発第324号）を廃止し、派遣法第47条の2及び第47条の3の規定についての具体的な取扱いを下記のとおり定めたので、その円滑な実施を図るよう配慮されたい。

記

1　労働者派遣の定義

　労働者派遣とは、「自己の雇用する労働者を、当該雇用関係の下に、かつ、他人の指揮命令を受けて、当該他人のために労働に従事させることをいい、当該他人に対し当該労働者を当該他人に雇用させることを約してするものを含まない」ものであること（派遣法第2条第1号）。

　したがって、労働者派遣における派遣元、派遣先及び派遣労働者の三者間の関係は、①派遣元と派遣労働者との間に雇用関係があり、②派遣元と派遣先との間に労働者派遣契約が締結され、この契約に基づき派遣元が派遣先に労働者を派遣し、③派遣先は、派遣元から委託された指揮命令権により派遣労働者を指揮命令するというものであること。

2 特例の適用を受ける労働者派遣の役務の提供を受ける者の範囲

派遣法第47条の2及び第47条の3の特例に基づき均等法第9条第3項、第11条第1項、第11条の2第1項、第12条及び第13条第1項の規定並びに育介法第10条（同法第16条、第16条の4及び第16条の7において準用する場合を含む。）、第16条の10、第18条の2、第20条の2、第23条の2及び第25条の規定が、労働者派遣契約に基づき労働者派遣の役務の提供を受ける者もまた当該派遣労働者を雇用する事業主とみなして（以下「派遣先の事業主」という。）適用されるものであり、ここでいう「事業主」については、「改正雇用の分野における男女の均等な機会及び待遇の確保等に関する法律の施行について」（平成18年10月11日付け雇児発第1011002号。以下「均等法施行通達」という。）第1の2の(4)及び「育児休業、介護休業等育児又は家族介護を行う労働者の福祉に関する法律の施行について」（平成28年8月2日付け職発0802第1号、雇児発0802第3号。以下「育介法施行通達」という。）第2の1の(3)に示したところと同義であること。

なお、均等法第32条により、国家公務員及び地方公務員については均等法第2章第1節及び第3節、第3章、第29条並びに第30条の規定は適用されず、また、一般職の国家公務員等については均等法第11条第1項、第11条の2第1項、第12条及び第13条第1項の規定は適用されないが、国に労働者派遣されている派遣労働者については派遣法が適用されることから、当該労働者派遣の役務の提供を受ける国についても当該派遣労働者を雇用する事業主とみなして、均等法第9条第3項、第11条第1項、第11条の2第1項、第12条及び第13条第1項の適用があること。

また、育介法第62条第1項により、国家公務員及び地方公務員については育介法第2章から第9章まで、第30条、第11章、第53条、第54条、第56条の2、第60条、第62条から第64条まで及び第66条の規定は適用されないが、国に労働者派遣されている派遣労働者については派遣法が適用されることから、当該労働者派遣の役務の提供を受ける国についても当該派遣労働者を雇用する事業主とみなして、育介法第10条（同法第16条、第16条の4及び第16条の7において準用する場合を含む。）、第16条の10、第18条の2、第20条の2、第23条の2及び第25条の適用があること。

3 適用に関する特例
(1) 派遣法第47条の2の規定の概要
  イ 派遣先の事業主の指揮命令の下に労働させる派遣労働者の当該労働者派遣に係る就業に関しては、派遣先の事業主もまた当該派遣労働者を雇用する事業主とみなして、均等法第9条第3項、第11条第1項、第11条の2第1項、第12条及び第13条第1項の規定が適用され、その結果派遣先の事業主についても均等法第9条第3項に基づく不利益取扱いの禁止並びに第11条第1項、第11条の2第1項、第12条及び第13条第1項の規定に基づく措置義務が課されるものであること。
  ロ 均等法第9条第3項、第11条第1項、第11条の2第1項、第12条及び第13条第1項の規定については派遣法第47条の2に規定する特例に基づき、派遣元の事業主と派遣先の事業主の双方が当該規定に基づく義務を負うが、この義務は、派遣元の事業主においては派遣労働者を雇用し当該労働者を派遣先の事業主に派遣するという立場から、派遣先の事業主においては派遣労働者の指揮命令を行うという立場から、それぞれが派遣労働者について不利益取扱いの禁止及び措置義務を別個に負うものであること。
(2) 均等法上の具体的な責務
  イ 妊娠・出産等を理由とする解雇その他不利益取扱いの禁止（均等法第9条第3項関係）
    妊娠・出産等を理由とする解雇その他不利益な取扱いについては、「労働者に対する性別を理由とする差別の禁止等に関する規定に定める事項に関し、事業主が適切に対処するための指針（平成18

　年厚生労働省告示第614号）」第4の3において示しているので、これに則って適切に対処しなければならないこと。
　ロ　職場における性的な言動に起因する問題に関する雇用管理上の措置（均等法第11条第1項関係）
（イ）　職場における性的な言動に起因する問題に関して雇用管理上講ずべき措置の内容については、「事業主が職場における性的な言動に起因する問題に関して雇用管理上講ずべき措置についての指針（平成18年厚生労働省告示第615号。以下、3(2)ロにおいて「指針」という。）」3において示しているので、これに則って適切に措置を講じなければならないこと。
（ロ）　指針3の(1)の「事業主の方針の明確化及びその周知・啓発」については、実際に労働者派遣が行われた場合においては、派遣労働者が実際に労務提供を行うのは派遣先事業場においてであり、作業の指揮命令及びそれに伴う管理を行っているのも派遣先の事業主であることから、派遣元の事業主は、派遣先事業場におけるセクシュアルハラスメントに関する事業主の方針、相談体制等派遣先の事業主が雇用管理上講じている措置内容を事前に派遣労働者に周知等しておくことが望ましいこと。
（ハ）　指針3の(2)の「相談（苦情を含む。以下同じ。）に応じ、適切に対応するために必要な体制の整備」については、派遣元の事業主が必要な措置を講じていると認められる例としては、例えば、派遣先事業場に派遣した派遣労働者等からの相談についても対応することができる体制を整えておく等の措置を講ずることが挙げられること。
（ニ）　指針3の(3)の「職場におけるセクシュアルハラスメントに係る事後の迅速かつ適切な対応」については、派遣元の事業主が必要な措置を講じていると認められる例としては、例えば、次に掲げる措置を講ずることが挙げられること。
　　①　派遣労働者から派遣先事業場においてセクシュアルハラスメントを受けた旨の相談又は苦情を受けた場合には、派遣先の事業主等に対して当該事案に関する事実関係の調査や再発防止のための措置等の適正な対処を申し入れる等派遣先事業場における担当部門と連携等をとりつつ円滑な対応を図ること。
　　②　派遣労働者が派遣先事業場においてセクシュアルハラスメントを行った場合において、派遣先の事業主等から相談又は苦情を受けた場合には、事案の内容や状況に応じ、他の労働者を派遣する等の雇用管理上の措置や就業規則等に基づく措置を講ずること。
（ホ）　指針3の(4)の「(1)から(3)までの措置と併せて講ずべき措置」については、労働者のプライバシーを保護すること及び当該労働者が不利益取扱いを受けないようにすること等については、労働者派遣が行われる場合においては、派遣先の事業主においても措置しなければならないこと。
　ハ　職場における妊娠、出産等に関する言動に起因する問題に関する雇用管理上の措置（均等法第11条の2第1項関係）
（イ）　職場における妊娠、出産等に関する言動に起因する問題に関して雇用管理上講ずべき措置の内容については、「事業主が職場における妊娠、出産等に関する言動に起因する問題に関して雇用管理上講ずべき措置についての指針（平成28年厚生労働省告示第312号。以下、3(2)ハにおいて「指針」という。）3において示したところであるので、これに則って適切に措置を講じなければならないこと。
（ロ）　指針3の(1)の「事業主の方針の明確化及びその周知・啓発」については、実際に労働者派遣が行われた場合においては、派遣労働者が実際に労務提供を行うのは派遣先事業場においてであり、作業の指揮命令及びそれに伴う管理を行っているのも派遣先の事業主であることから、

　　派遣元の事業主は、派遣先事業場における妊娠、出産等に関するハラスメントに関する事業主の方針、相談体制等派遣先の事業主が雇用管理上講じている措置内容を事前に派遣労働者に周知等しておくことが望ましいこと。
(ハ)　指針3の(2)の「相談（苦情を含む。以下同じ。）に応じ、適切に対応するために必要な体制の整備」については、派遣元の事業主が必要な措置を講じていると認められる例としては、例えば、派遣先事業場に派遣した派遣労働者等からの相談についても対応することができる体制を整えておく等の措置を講ずることが挙げられること。
(ニ)　指針3の(3)の「職場における妊娠、出産等に関するハラスメントに係る事後の迅速かつ適切な対応」については、派遣元の事業主が必要な措置を講じていると認められる例としては、例えば、次に掲げる措置を講ずることが挙げられること。
　　① 派遣労働者から派遣先事業場において妊娠、出産等に関するハラスメントを受けた旨の相談又は苦情を受けた場合には、派遣先の事業主等に対して当該事案に関する事実関係の調査や再発防止のための措置等の適正な対処を申し入れる等派遣先事業場における担当部門と連携等をとりつつ円滑な対応を図ること。
　　② 派遣労働者が派遣先事業場において妊娠、出産等に関するハラスメントを行った場合において、派遣先の事業主等から相談又は苦情を受けた場合には、事案の内容や状況に応じ、他の労働者を派遣する等の雇用管理上の措置や就業規則等に基づく措置を講ずること。
(ホ)　指針3の(4)の「職場における妊娠、出産等に関するハラスメントの原因や背景となる要因を解消するための措置」については、派遣元の事業主が必要な措置を講じていると認められる例としては、例えば、派遣労働者が妊娠等した場合において、派遣元事業主が、当該派遣労働者の労働能率の低下や休業を補い、派遣契約に定められた役務の提供ができるよう代替要員を追加して派遣することが挙げられること。
　　また、派遣元の事業主が望ましい措置を講じていると認められる例としては、例えば、派遣元の事業主が、派遣労働者が妊娠等した場合において、当該者に対し、制度等の利用ができるという知識を持つことや、周囲と円滑なコミュニケーションを図りながら自身の体調等に応じて適切に業務を遂行していくという意識を持つこと等を周知・啓発することが挙げられること。
(ヘ)　指針3の(5)の「(1)から(4)までの措置と併せて講ずべき措置」については、労働者のプライバシーを保護すること及び当該労働者が不利益取扱いを受けないようにすること等については、労働者派遣が行われる場合においては、派遣先の事業主においても措置しなければならないこと。
ニ　妊娠中及び出産後の健康管理に関する措置（均等法第12条及び第13条第1項関係）
(イ)　母子保健法の規定による保健指導又は健康診査を受けるための時間の確保
　　　母子保健法（昭和40年法律第141号）第10条及び第13条に規定する保健指導及び健康診査については、女性労働者の場合には受診の時間を確保することが困難な場合があることから、事業主は必要な時間を確保することができるようにしなければならないとされたことは「雇用の分野における男女の均等な機会及び待遇の確保等のための労働省関係法律の整備に関する法律の一部施行（第2次施行分）について（平成9年11月4日付け基発第695号女発第36号。以下「第2次施行分通達」という。）」第1の1において示したとおりであるが、労働者派遣が行われる場合においては、派遣先の事業主においても措置しなければならないものであること。
　　　なお、保健指導又は健康診査を受けるための必要な時間の確保については、妊産婦を労働者派遣した場合はもとより、派遣後に当該派遣労働者が妊娠した場合においても措置しなければ

　　　　ならないことは当然のことであること。
　　　　　おって、労働者派遣が行われた場合においても、労働基準法第65条に基づく産前産後休業の付与については派遣元の事業主の義務であること。また、派遣元事業主が、派遣労働者が妊娠又は出産することを退職理由として予定すること及び派遣労働者が妊娠又は出産したこと等を理由に解雇その他不利益な取扱いをすることは、均等法第9条に違反するものであること。
　（ロ）　保健指導又は健康診査に基づく指導事項を守ることができるようにするために講ずべき措置
　　　　　妊娠中及び出産後の女性労働者が均等法第12条の保健指導又は健康診査を受け、医師等から母体又は胎児の健康保持等について指導を受けた場合は、事業主が、当該女性労働者がその指導事項を守ることができるようにするために勤務時間の変更や勤務の軽減等の措置を講じなければならないことは第2次施行分通達第1の2において示したとおりであるが、労働者派遣が行われる場合においては、派遣先の事業主においても措置しなければならないものであること。
　　　　　したがって、派遣先の事業主は、「妊娠中及び出産後の女性労働者が保健指導又は健康診査に基づく指導事項を守ることができるようにするために事業主が講ずべき措置に関する指針（平成9年労働省告示第105号）」に則って、派遣労働者についても必要な措置を講じなければならないこと。
（3）派遣法第47条の3の規定の概要
　イ　派遣先の事業主の指揮命令の下に労働させる派遣労働者の当該労働者派遣に係る就業に関しては、派遣先の事業主もまた当該派遣労働者を雇用する事業主とみなして、育介法第10条（同法第16条、第16条の4及び第16条の7において準用する場合を含む。）、第16条の10、第18条の2、第20条の2、第23条の2及び第25条の規定が適用され、その結果派遣先の事業主についても育介法第10条（同法第16条、第16条の4及び第16条の7において準用する場合を含む。）、第16条の10、第18条の2、第20条の2及び第23条の2に基づく不利益取扱いの禁止並びに第25条の規定に基づく措置義務が課されるものであること。
　ロ　育介法第10条（同法第16条、第16条の4及び第16条の7において準用する場合を含む。）、第16条の10、第18条の2、第20条の2、第23条の2及び第25条の規定については、派遣法第47条の3に規定する特例に基づき、派遣元の事業主と派遣先の事業主の双方が当該規定に基づく義務を負うが、この義務は、派遣元の事業主においては派遣労働者を雇用し当該労働者を派遣先の事業主に派遣するという立場から、派遣先の事業主においては派遣労働者の指揮命令を行うという立場から、それぞれが派遣労働者について不利益取扱いの禁止及び措置義務を別個に負うものであること。
（4）育介法上の具体的な責務
　イ　育児休業等を理由とする解雇その他不利益取扱いの禁止（育介法第10条等関係）
　　　育児休業等を理由とする解雇その他不利益な取扱いについては、「子の養育又は家族の介護を行い、又は行うこととなる労働者の職業生活と家庭生活との両立が図られるようにするために事業主が講ずべき措置に関する指針」（平成21年厚生労働省告示第509号。以下「育介指針」という。）第2の11において示しているので、これに則って適切に対処しなければならないこと。
　ロ　職場における育児休業等に関する言動に起因する問題に関する雇用管理上の措置（育介法第25条関係）
　（イ）　職場における育児休業等に関する言動に起因する問題に関して雇用管理上講ずべき措置の内容については、育介指針第2の14において示したところであるので、これに則って適切に措置を講じなければならないこと。

(ロ) 育介指針第2の14の(2)のイの「事業主の方針の明確化及びその周知・啓発」については、実際に労働者派遣が行われた場合においては、派遣労働者が実際に労務提供を行うのは派遣先事業場においてであり、作業の指揮命令及びそれに伴う管理を行っているのも派遣先の事業主であることから、派遣元の事業主は、派遣先事業場における育児休業等に関するハラスメントに関する事業主の方針、相談体制等派遣先の事業主が雇用管理上講じている措置内容を事前に派遣労働者に周知等しておくことが望ましいこと。

(ハ) 育介指針第2の14の(2)のロの「相談（苦情を含む。以下同じ。）に応じ、適切に対応するために必要な体制の整備」については、派遣元の事業主が必要な措置を講じていると認められる例としては、例えば、派遣先事業場に派遣した派遣労働者等からの相談についても対応することができる体制を整えておく等の措置を講ずることが挙げられること。

(ニ) 育介指針第2の14の(2)のハの「職場における育児休業等に関するハラスメントに係る事後の迅速かつ適切な対応」については、派遣元の事業主が必要な措置を講じていると認められる例としては、例えば、次に掲げる措置を講ずることが挙げられること。

① 派遣労働者から派遣先事業場において育児休業等に関するハラスメントを受けた旨の相談又は苦情を受けた場合には、派遣先の事業主等に対して当該事案に関する事実関係の調査や再発防止のための措置等の適正な対処を申し入れる等派遣先事業場における担当部門と連携等をとりつつ円滑な対応を図ること。

② 派遣労働者が派遣先事業場において育児休業等に関するハラスメントを行った場合において、派遣先の事業主等から相談又は苦情を受けた場合には、事案の内容や状況に応じ、他の労働者を派遣する等の雇用管理上の措置や就業規則等に基づく措置を講ずること。

(ホ) 育介指針第2の14の(2)のニの「職場における育児休業等に関するハラスメントの原因や背景となる要因を解消するための措置」については、派遣元の事業主が必要な措置を講じていると認められる例としては、例えば、派遣労働者が子の看護休暇等を取得した場合において、派遣元事業主が、当該派遣労働者の不在等を補い、派遣契約に定められた役務の提供ができるよう代替要員を追加して派遣することが挙げられること。

また、派遣元の事業主が望ましい措置を講じていると認められる例としては、例えば、派遣元の事業主が、派遣労働者に対し、制度等の利用ができるという知識を持つことや、周囲と円滑なコミュニケーションを図りながら自身の制度の利用状況等に応じて適切に業務を遂行していくという意識を持つこと等を周知・啓発することが挙げられること。

(ヘ) 育介指針第2の14の(2)のホの「イからニまでの措置と併せて講ずべき措置」については、労働者のプライバシーを保護すること及び当該労働者が不利益取扱いを受けないようにすること等については、労働者派遣が行われる場合においては、派遣先の事業主においても措置しなければならないこと。

資料⑦　均等法指針

妊娠中及び出産後の女性労働者が保健指導又は健康診査に基づく指導事項を守ることができるようにするために事業主が講ずべき措置に関する指針

（平成九年九月二十五日）
（労働省告示第百五号）

　雇用の分野における男女の均等な機会及び待遇の確保等女性労働者の福祉の増進に関する法律（昭和四十七年法律第百十三号）第二十七条第二項の規定に基づき、事業主が講ずべき措置に関する指針を次のとおり定め、平成十年四月一日から適用することとしたので、同条第三項において準用する同法第六条第五項の規定に基づき、告示する。

1　はじめに
　この指針は、雇用の分野における男女の均等な機会及び待遇の確保等に関する法律第13条第2項の事業主が講ずべき措置に関し、その適切かつ有効な実施を図るために必要な事項を定めたものである。
2　事業主が講ずべき妊娠中及び出産後の女性労働者の母性健康管理上の措置
(1)　妊娠中の通勤緩和について
　事業主は、その雇用する妊娠中の女性労働者から、通勤に利用する交通機関の混雑の程度が母体又は胎児の健康保持に影響があるとして、医師又は助産師（以下「医師等」という。）により通勤緩和の指導を受けた旨の申出があった場合には、時差通勤、勤務時間の短縮等の必要な措置を講ずるものとする。
　また、事業主は、医師等による具体的な指導がない場合においても、妊娠中の女性労働者から通勤緩和の申出があったときは、担当の医師等と連絡をとり、その判断を求める等適切な対応を図る必要がある。
(2)　妊娠中の休憩に関する措置について
　事業主は、その雇用する妊娠中の女性労働者から、当該女性労働者の作業等が母体又は胎児の健康保持に影響があるとして、医師等により休憩に関する措置についての指導を受けた旨の申出があった場合には、休憩時間の延長、休憩の回数の増加等の必要な措置を講ずるものとする。
　また、事業主は、医師等による具体的な指導がない場合においても、妊娠中の女性労働者から休憩に関する措置についての申出があったときは、担当の医師等と連絡をとり、その判断を求める等適切な対応を図る必要がある。
(3)　妊娠中又は出産後の症状等に対応する措置について
　事業主は、その雇用する妊娠中又は出産後の女性労働者から、保健指導又は健康診査に基づき、医師等によりその症状等に関して指導を受けた旨の申出があった場合には、当該指導に基づき、作業の制限、勤務時間の短縮、休業等の必要な措置を講ずるものとする。
　また、事業主は、医師等による指導に基づく必要な措置が不明確である場合には、担当の医師等と連絡をとりその判断を求める等により、作業の制限、勤務時間の短縮、休業等の必要な措置を講ずる

ものとする。
3 その他
(1) 母性健康管理指導事項連絡カードの利用について
　事業主がその雇用する妊娠中及び出産後の女性労働者に対し、母性健康管理上必要な措置を適切に講ずるためには、当該女性労働者に係る指導事項の内容が当該事業主に的確に伝達され、かつ、講ずべき措置の内容が明確にされることが重要である。
　このため、事業主は、母性健康管理指導事項連絡カード（別記様式）の利用に努めるものとする。
(2) プライバシーの保護について
　事業主は、個々の妊娠中及び出産後の女性労働者の症状等に関する情報が、個人のプライバシーに属するものであることから、その保護に特に留意する必要がある。
(平12労告120・平18厚労告616・平19厚労告94・一部改正)
附　則（平成一二年一二月二五日労働省告示第一二〇号）抄
（適用期日）
第一　この告示は、内閣法の一部を改正する法律（平成十二年法律第八十八号）の施行の日（平成十三年一月六日）から適用する。
　改正文（平成一八年一〇月一一日厚生労働省告示第六一六号）抄
　平成十九年四月一日から適用することとしたので、同条第三項において準用する同法第四条第五項の規定に基づき、告示する。
　改正文（平成一九年三月三〇日厚生労働省告示第九四号）抄
　平成十九年四月一日から適用することとしたので、同条第三項において準用する同法第四条第五項の規定に基づき、告示する。

別記様式
　（平19厚労告94・全改）

（表）
母性健康管理指導事項連絡カード

平成　年　月　日

事業主　殿

医療機関等名
医師等氏名　　　　印

　下記の１の者は、健康診査及び保健指導の結果、下記２～４の措置を講ずることが必要であると認めます。

記

1　氏名等

氏名	妊娠週数	週	分娩予定日	年	月	日

2　指導事項（該当する指導項目に○を付けてください。）

症状等		指導項目	標準措置
つわり	症状が著しい場合		勤務時間の短縮
妊娠悪阻			休業（入院加療）
妊婦貧血	Hb 9 g／dl以上11g／dl未満		負担の大きい作業の制限又は勤務時間の短縮
	Hb 9 g／dl未満		休業（自宅療養）
子宮内胎児発育遅延	軽症		負担の大きい作業の制限又は勤務時間の短縮
	重症		休業（自宅療養又は入院加療）
切迫流産（妊娠22週未満）			休業（自宅療養又は入院加療）
切迫早産（妊娠22週以後）			休業（自宅療養又は入院加療）
妊娠浮腫	軽症		負担の大きい作業、長時間の立作業、同一姿勢を強制される作業の制限又は勤務時間の短縮
	重症		休業（入院加療）
妊娠蛋白尿	軽症		負担の大きい作業、ストレス・緊張を多く感じる作業の制限又は勤務時間の短縮
	重症		休業（入院加療）
妊娠高血圧症候群（妊娠中毒症）	高血圧が見られる場合	軽症	負担の大きい作業、ストレス・緊張を多く感じる作業の制限又は勤務時間の短縮
		重症	休業（入院加療）
	高血圧に蛋白尿を伴う場合	軽症	負担の大きい作業、ストレス・緊張を多く感じる作業の制限又は勤務時間の短縮
		重症	休業（入院加療）
妊娠前から持っている病気（妊娠により症状の悪化が見られる場合）	軽症		負担の大きい作業の制限又は勤務時間の短縮
	重症		休業（自宅療養又は入院加療）

(裏)

症状等			指導項目	標準措置
妊娠中にかかりやすい病気	静脈瘤	症状が著しい場合		長時間の立作業、同一姿勢を強制される作業の制限又は横になっての休憩
	痔	症状が著しい場合		
	腰痛症	症状が著しい場合		長時間の立作業、腰に負担のかかる作業、同一姿勢を強制される作業の制限
	膀胱炎	軽症		負担の大きい作業、長時間作業場所を離れることのできない作業、寒い場所での作業の制限
		重症		休業（入院加療）
多胎妊娠（　　胎）				必要に応じ、負担の大きい作業の制限又は勤務時間の短縮 多胎で特殊な例又は三胎以上の場合、特に慎重な管理が必要
産後の回復不全		軽症		負担の大きい作業の制限又は勤務時間の短縮
		重症		休業（自宅療養）

標準措置と異なる措置が必要である等の特記事項があれば記入してください。

3　上記2の措置が必要な期間（当面の予定期間に○を付けてください。）		4　その他の指導事項（措置が必要である場合は○を付けてください。）	
1週間（　月　日～　月　日）		妊娠中の通勤緩和の措置	
2週間（　月　日～　月　日）		妊娠中の休憩に関する措置	
4週間（　月　日～　月　日）			
その他（　　　　）			

〔記入上の注意〕
(1)　「4　その他の指導事項」の「妊娠中の通勤緩和の措置」欄には、交通機関の混雑状況及び妊娠経過の状況にかんがみ、措置が必要な場合、○印をご記入下さい。
(2)　「4　その他の指導事項」の「妊娠中の休憩に関する措置」欄には、作業の状況及び妊娠経過の状況にかんがみ、休憩に関する措置が必要な場合、○印をご記入下さい。

指導事項を守るための措置申請書

上記のとおり、医師等の指導事項に基づく措置を申請します。

　平成　年　月　日

　　　　　　　　　　　　　　　　　　　　　　　　　　　　所属

　　　　　　　　　　　　　　　　　　　　　　　　　　　　氏名　　　　　印

　事業主　殿

この様式の「母性健康管理指導事項連絡カード」の欄には医師等が、また、「指導事項を守るための措置申請書」の欄には女性労働者が記入してください。

資料⑧　厚生労働省　妊娠・出産・育児休業等を契機とする不利益取扱いに係るQ&A

妊娠・出産・育児休業等を契機とする不利益取扱いに係るQ&A

> 問1　妊娠・出産・育児休業等を理由とする不利益取扱いに関しては、平成26年の最高裁判決を踏まえた解釈通達において、妊娠・出産・育休等の事由を「契機として」不利益取扱いが行われた場合は、原則として妊娠・出産・育休等を「理由として」不利益取扱いがなされたと解され、法違反だとされている。
> また、同通達では、「契機として」いるか否かは、基本的に、妊娠・出産・育休等の事由と時間的に近接しているかで判断するとされているが、具体的にはどのように判断するのか。

（答）
　原則として、妊娠・出産・育休等の事由の終了から1年以内に不利益取扱いがなされた場合は「契機として」いると判断する。
　ただし、事由の終了から1年を超えている場合であっても、実施時期が事前に決まっている、又は、ある程度定期的になされる措置（人事異動（不利益な配置変更等）、人事考課（不利益な評価や降格等）、雇止め（契約更新がされない）など）については、事由の終了後の最初のタイミングまでの間に不利益取扱いがなされた場合は「契機として」いると判断する。

> 問2　妊娠・出産・育児休業等を「契機として」いても、法違反ではないとされる「例外」の1つ目として、『業務上の必要性から不利益取扱いをせざるを得ず、業務上の必要性が、当該不利益取扱いにより受ける影響を上回ると認められる特段の事情が存在するとき』とされている。
> 具体的に、どのような場合であれば「特段の事情が存在」するものとして、違法でないと言えるのか。

（答）
1　「特段の事情が存在」するものとして違法でないと言い得るのは、
　(1)　「業務上の必要性」から不利益取扱いをせざるを得ない状況であり、かつ、
　(2)　業務上の必要性が、不利益取扱いにより受ける影響（※）を上回る場合である。
　（※不利益取扱いや、不利益取扱いの契機となった事由に、有利な影響がある場合（例：本人の意向に沿った業務負担の軽減等）は、それも加味した影響）

　この場合は、妊娠・出産・育児休業等を「契機として」いても、法が禁止している妊娠・出産・育児休業等を「理由とする」不利益取扱いではないと解される。

2　上記の(1)（「業務上の必要性」から不利益取扱いをせざるを得ない状況であるか）については、例えば、経営状況（業績悪化等）や本人の能力不足等を理由とする場合、以下の事項等を勘案して判

断する。
(1) 経営状況（業績悪化等）を理由とする場合
　① 事業主側の状況（職場の組織・業務態勢・人員配置の状況）
　　・債務超過や赤字の累積など不利益取扱いをせざるを得ない事情が生じているか
　　・不利益取扱を回避する真摯かつ合理的な努力（他部門への配置転換等）がなされたか
　② 労働者側の状況（知識・経験等）
　　・不利益取扱いが行われる人の選定が妥当か（職務経験等による客観的・合理的基準による公正な選定か）
(2) 本人の能力不足・成績不良・態度不良等を理由とする場合（ただし、能力不足等は、妊娠・出産に起因する症状によって労務提供ができないことや労働能率の低下等ではないこと）
　① 事業主側の状況（職場の組織・業務態勢・人員配置の状況）
　　・妊娠等の事由の発生以前から能力不足等を問題としていたか
　　・不利益取扱いの内容・程度が、能力不足等の状況と比較して妥当か
　　・様の状況にある他の（問題のある）労働者に対する不利益取扱いと均衡が図られているか
　　・改善の機会を相当程度与えたか否か（妊娠等の事由の発生以前から、通常の（問題のない）労働者を相当程度上回るような指導がなされていたか等）
　　・同様の状況にある他の（問題のある）労働者と同程度の研修・指導等が行われていたか
　② 労働者側の状況（知識・経験等）
　　・改善の機会を与えてもなお、改善する見込みがないと言えるか

> 問３　妊娠・出産・育児休業等を「契機として」いても、法違反ではないとされる「例外」の２つ目として、『労働者が同意している場合で、有利な影響が不利な影響の内容・程度を上回り、事業主から適切に説明がなされる等、一般的な労働者なら同意するような合理的な理由が客観的に存在するとき』とされている。
> 　具体的に、どのような場合であれば違法でないと言えるのか。労働者本人が同意していればよいのか。

（答）
１　単に当該労働者が同意しただけでは足りず、有利な影響が不利な影響を上回っていて、事業主から適切な説明を受けたなど、当該労働者以外の労働者であっても合理的な意思決定ができる者であれば誰しもが同意するような理由が客観的に存在している状況にあることが必要である。

この場合は、そもそも法が禁止する「不利益な取扱い」には当たらないものと解される。

２　このため、具体的には以下の事項等を勘案して判断することとなる。
・事業主から労働者に対して適切な説明が行われ、労働者が十分に理解した上で当該取扱いに応じるかどうかを決めることができたか
・その際には、不利益取扱いによる直接的影響だけでなく、間接的な影響（例：降格（直接的影響）に伴う減給（間接的影響）等）についても説明されたか
・書面など労働者が理解しやすい形で明確に説明がなされたか

- 自由な意思決定を妨げるような説明（例：「この段階で退職を決めるなら会社都合の退職という扱いにするが、同意が遅くなると自己都合退職にするので失業給付が減額になる」と説明する等）がなされていないか
- 契機となった事由や取扱いによる有利な影響（労働者の意向に沿って業務量が軽減される等）があって、その<u>有利な影響が不利な影響を上回っているか</u>

> 問4　平成26年の最高裁判決を踏まえた解釈通達によって、これまで禁止されてきた妊娠・出産・育児休業等を理由とする不利益取扱いの範囲は拡大されたのか。

（答）

1　<u>今回の解釈通達は、禁止される不利益取扱いの範囲を変更するものではない。</u>

2　従来より、男女雇用機会均等法や育児介護休業法では、一定の事由（※下表の左欄）を「理由として」一定の不利益取扱い（※下表の右欄）を行うことを禁止してきている。
　この禁止される不利益取扱いの範囲そのものに変更はないが、一方で、従来は、どのような状況であれば<u>「理由として」いる、すなわち因果関係があると判断されるのかが必ずしも十分に明らかではなかった。</u>

以下のような事由を理由として	不利益取扱いを行うことは違法です
妊娠中・産後の女性労働者の… ・妊娠、出産 ・妊婦健診などの母性健康管理措置 ・産前・産後休業 ・軽易な業務への転換 ・つわり、切迫流産などで仕事ができない、労働能率が低下した ・育児時間 ・時間外労働、休日労働、深夜業をしない 子どもを持つ労働者の… ・育児休業 ・短時間勤務 ・子の看護休暇 ・時間外労働、深夜業をしない	不利益取扱いの例 ・解雇 ・雇止め ・契約更新回数の引き下げ ・退職や正社員を非正規社員とするような契約内容変更の強要 ・降格 ・減給 ・賞与等における不利益な算定 ・不利益な配置変更 ・不利益な自宅待機命令 ・昇進・昇格の人事考課で不利益な評価を行う ・仕事をさせない、もっぱら雑務をさせるなど就業環境を害する行為をする

【根拠法令：男女雇用機会均等法第9条第3項、男女雇用機会均等法施行規則第2条の2「労働者に対する性別を理由とする差別の禁止等に関する規定に定める事項に関し、事業主が適切に対処するための指針」第4の3／育児介護休業法第10条等、「子の養育又は家族の介護を行い、又は行うこととなる労働者の職業生活と家庭生活との両立が図られるようにするために事業主が講ずべき措置に関する指針」第二の十一】

3 平成26年の最高裁判決において、どのような状況であれば「理由として」いる、すなわち因果関係があると判断されるかについての考え方が示されたことを踏まえ、今回の解釈通達では、この因果関係の判断の方法について示したもの。

問5 労働者から雇用均等室に相談があった場合、どうなるのか。

（答）
1 労働者から雇用均等室へ相談があった場合、まず、妊娠・出産・育児休業等を「契機として」行われた不利益取扱いであるか等を労働者から聴取する。その上で、労働者の意向を最大限尊重しつつ、必要な場合は、事業主に対し、「例外」に該当するかどうか（法違反には当たらないとされる特段の事情等が存在するかどうか）等の事実関係について、雇用均等室より報告徴収を行うこととなる。

2 報告徴収を行った上で、今般の通達に基づき、「例外」に該当しない（法違反となる不利益取り扱いに該当する）と判断した場合、以下のように厳正に助言・指導・勧告を行い、是正を求めることとなるが、厚生労働大臣名での勧告書を交付しても、なお是正されない場合には、企業名を公表することとなる。

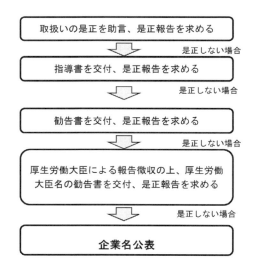

資料⑨　厚生労働省　H29育介法改正対応Q&A

1　2歳までの育児休業について

> 1－1　2歳までの育休の対象となる子の範囲は何年何月何日生まれからか。

(答)
　2歳までの育休に、平成28年3月31日以降生まれの子が対象となる。
　2歳までの育児休業の対象者は、1歳6か月に達する日の翌日が平成29年10月1日以降、つまり1歳6か月に達する日が平成29年9月30日以降の子である。
　4月1日生まれの子が1歳6か月に達する日は、1歳6ヶ月の誕生日に当たる日（以下、誕生日応当日という。）である10月1日の前日、つまり9月30日となる。
　他方、3月31日生まれの子については、誕生日応当日となるべき9月31日が存在しないため、民法143条第2項の規定により、1歳6か月までの育児休業期間はその月の末日、すなわち9月30日に終了し、その日が1歳6か月に達する日となる。よって平成28年3月31日以降生まれの子が2歳までの育児休業の対象となる。

(参考)
○民法（明治29年法律第89号）抄
（暦による期間の計算）
第百四十三条　週、月又は年によって期間を定めたときは、その期間は、暦に従って計算する。
2　週、月又は年の初めから期間を起算しないときは、その期間は、最後の週、月又は年においてその起算日に応当する日の前日に満了する。ただし、月又は年によって期間を定めた場合において、最後の月に応当する日がないときは、その月の末日に満了する。
○明治三十五年法律第五十号（年齢計算ニ関スル法律）
1　年齢ハ出生ノ日ヨリ之ヲ起算ス
2　民法第百四十三条ノ規定ハ年齢ノ計算ニ之ヲ準用ス
3　明治六年第三十六号布告ハ之ヲ廃止ス

> 1－2　10月1日よりも前に会社独自の規定で2歳までの育児休業を取得させていた場合、育児休業給付の対象となるか。

(答)
　育児休業給付の対象となるのは、育児・介護休業法上の育児休業であり、10月1日よりも前に開始された2歳までの育児休業については、育児休業給付の対象とはならない。

> 1-3 保育所に入所できないという理由で2歳までの育児休業を申し出る際には、1歳から1歳6ヶ月までの育休を取得する際に保育所の不承諾通知書を提出していても、再度の不承諾通知書の提出が必要か。また、書類の提出がない場合に育児休業給付金は支給されるのか。

（答）
　2歳までの育児休業を取得する際には、保育所に入所できない理由で1歳から1歳6か月までの育児休業を取得していた場合であっても、改めて、1歳6か月時点で保育所に入れない事実を事業主に申し出なければならない。ただし、事業主は証明書類の提出がなくとも労働者の申出を拒むことはできないため、不承諾通知書等がない場合でも、育児休業を取得することが可能である。
　育児休業給付の申請においては、1歳又は1歳6か月以降の延長を行う場合には、1歳又は1歳6か月に達する日の翌日において延長の要件に該当していることの確認のため、その都度「市町村が発行した保育所等の入所保留の通知書など当面保育所等において保育が行われない事実を証明することができる書類」等を原則として求めることとしている。市町村からの発行が困難な場合はハローワークにご相談されたい。

> 1-4 育児休業終了日の繰り下げ変更は1歳までの育児休業、1歳6ヶ月までの育児休業、2歳までの育児休業のそれぞれにつき1回可能なのか。

（答）
　育児休業終了日の繰り下げ変更については、1歳までの育児休業、1歳6ヶ月までの育児休業、2歳までの育児休業のそれぞれにつき1回ずつ可能とすることが法律上事業主の義務となっている。

> 1-5 育児休業の撤回後の再度の申出は1歳までの育児休業、1歳6ヶ月までの育児休業、2歳までの育児休業のそれぞれについて可能なのか。

（答）
　育児休業の撤回後の再度の申出については、特別の事情があれば（施行規則第19条参照）1歳までの育児休業、1歳6ヶ月までの育児休業、2歳までの育児休業のそれぞれにつき1回ずつ可能である。
（参考）
○育児休業、介護休業等育児又は家族介護を行う労働者の福祉に関する法律施行規則（抄）
（法第8条第2項の厚生労働省令で定める特別の事情）
第19条法第8条第2項の厚生労働省令で定める特別の事情がある場合は、次のとおりとする。
　一　育児休業申出に係る子の親である配偶者の死亡
　二　前号に規定する配偶者が負傷、疾病又は身体上若しくは精神上の障害により育児休業申出に係る子を養育することが困難な状態になったこと。
　三　婚姻の解消その他の事情により第1号に規定する配偶者が育児休業申出に係る子と同居しないこととなったこと。
　四　法第5条第1項の申出に係る子が負傷、疾病又は身体上若しくは精神上の障害により、2週間以上の期間にわたり世話を必要とする状態になったとき。

五　法第5条第1項の申出に係る子について、保育所等における保育の利用を希望し、申込みを行っているが、当面その実施が行われないとき。

1-6　2歳までの育児休業は、それまで育児休業を取得していた配偶者と交替することなく、両親が同時に取得することも可能か。

（答）
　可能である。
　2歳までの育児休業を取得するための要件は、①労働者又は配偶者が1歳6か月時点で育児休業をしていること、②子の1歳6か月に達する日後の期間について休業することが雇用の継続のために特に必要と認められること、である。
　よって上記2要件を満たす限りにおいて、両親が同時に2歳までの育児休業を取得することも可能である。
　なお、このことは1歳6か月までの育児休業においても同様である。

2．個別周知について

2-1　育介指針第2の6⑶の「その他の両立支援制度」には、育児・介護休業法に基づく両立支援制度のほか、企業が独自に設けた両立支援制度も含まれるのか。

（答）
　労働者が計画的に育児休業を取得できるようにするという指針の趣旨に照らして、企業独自の両立支援制度も併せて周知することが望ましい。
（参考）
○子の養育又は家族の介護を行い、又は行うこととなる労働者の職業生活と家庭生活との両立が図られるようにするために事業主が講ずべき措置に関する指針
　第2　事業主が講ずべき措置の適切かつ有効な実施を図るための指針となるべき事項
　6　法第21条第1項の規定により育児休業及び介護休業に関する事項を定め、周知するに当たっての事項
　⑴　育児休業及び介護休業中の待遇、育児休業及び介護休業後の賃金、配置その他の労働条件その他必要な事項に関する規則を一括して定め、周知することが望ましいものであることに配慮すること。
　⑵　労働者のプライバシーを保護する観点から、労働者が自発的に当該労働者若しくはその配偶者が妊娠若しくは出産したこと又は当該労働者が対象家族を介護していることを知らせることを前提としたものであること。そのために、14に定める措置を事業主が講じている必要があること。
　⑶　労働者又はその配偶者が妊娠若しくは出産したことを知ったときに、当該労働者に対し育児休業に関する事項を知らせるに際しては、<u>当該労働者が計画的に育児休業を取得できるよう、あわせて法第5条第2項の規定による育児休業の再度取得の特例、法第9条の2の規定による同一の子について配偶者が育児休業をする場合の特例、その他の両立支援制度を知らせること</u>

が望ましいこと。

3．育児目的休暇について

> 3－1　どのような条件を満たす休暇を設ければ、法第21条の育児目的休暇設置の努力義務を果たしたとみなされるのか。（最低限満たすべき条件は何か。）

（答）

　育児目的休暇の期間や回数については、法律上規定していないが、未就学児を養育する労働者が育児に関する目的のために使える休暇を、子の看護休暇や介護休暇及び年次有給休暇とは別に設けることで努力義務を果たしたとみなされる。

　具体的な例としては、いわゆる配偶者出産休暇や、入園式、卒園式などの行事参加も含めた育児にも利用できる多目的休暇などが考えられるが、いわゆる失効年次有給休暇の積立による休暇制度の一環として「育児に関する目的で利用できる休暇」を措置することも含まれる。各企業の実情に応じた整備が望まれる。

4．ハラスメントについて

> 4－1　育介指針第2の14(1)ニ（ロ）②において「労働者の事情やキャリアを考慮して、早期の職場復帰を促すことは制度等の利用が阻害されるものに該当しないこと。」とされたが、早期の職場復帰を促す時点等について、ハラスメントに該当するか否かの基準となるものはあるか。

（答）

　早期の職場復帰を促す時点等については、法令上規定していない。

　ここで留意いただきたいのは、早期の職場復帰を促す場合であっても、職場復帰の時期は労働者の選択に任されていることである。

資料⑩ 厚生労働省 H28育介法改正対応Q&A

1 介護休業

1-1 介護休業の通算取得日数を1年まで、分割5回までとすることは可能か。

(答)
通算取得日数も分割回数も法を上回っているので可能である。
　なお、例えば「介護休業期間通算93日、分割5回まで」も「介護休業期間通算120日、分割3回まで」もいずれも、「介護休業93日、分割3回」という法の基準を上回っているので可能である。

1-2 介護休業について、1回の取得期間を2週間以上とすることは可能か。

(答)
　介護休業の1回の取得期間については育児・介護休業法上規定はなく、通算93日までの労働者が申し出た期間取得できることになっているため、1回の最低取得期間を設けることは認められない。
　ただし、法を上回る部分について、例えば、
・93日を超える部分については1回の取得期間を2週間以上とする
・分割4回目からは、1回の取得期間を2週間以上とする
とすることは可能である。

1-3 介護休業の取得について、介護休業開始日から1年以内で上限3回までという限定をつけることは可能か。※1年以内であれば365日取得でも構わない場合。

(答)
　介護休業の分割取得は、通算93日について、具体的な期間の上限等なく3回までの分割取得を認める制度であるため、通算93日とならない場合、介護休業開始日から1年を超えたとしても2回目以降の取得は可能であることから、介護休業開始日から1年以内で上限3回までと限定をつけることは認められない。

1-4 改正法施行前に、通算93日の介護休業を取得しているが、取得回数は3回に満たない場合、改正法施行後、同一の対象家族について、新たに介護休業を取得することはできるか。

(答)
　通算93日という法定の上限日数を既に取得しているので、改正法施行後、同一の対象家族について新たに介護休業を取得することはできない。

> 1-5　改正法施行前に、3回の介護休業を取得しているが、取得日数は通算93日に満たない場合、改正法施行後、同一の対象家族について、新たに介護休業を取得することはできるか。

（答）
　3回という法定の上限回数を既に取得しているので、改正法施行後、同一の対象家族について新たに介護休業を取得することはできない。

> 1-6　改正法施行前に、介護休業1回（30日）と介護勤務時間短縮等の措置63日の合わせて93日制度を利用している場合、改正法施行後、介護休業を新たに取得できるか。

（答）
　改正法施行後、同一の対象家族について通算63日まで、残り2回を上限として分割して介護休業を取得することができる。

> 1-7　要介護状態の判断基準について法定より緩やかな基準をもとに介護休業を取得した場合、通算93日の取得日数や、上限3回の取得回数のカウントに含めてよいのか。

（答）
　法を上回る運用の下で取得した介護休業は、取得日数や、取得回数のカウントに含めて差し支えないが、労働者への説明・周知を十分に行うことが求められる。

> 1-8　介護保険の要介護状態区分では要介護1以下と判定されているが、労働者が常時介護を必要とする状態に関する判断基準を満たすと労働者が主張する場合には、どのように取り扱うべきか。

（答）
　「常時介護を必要とする状態に関する判断基準」の表に照らして判断できる場合には、要介護状態となる。

「常時介護を必要とする状態に関する判断基準」はこちら
http://www.mhlw.go.jp/file/06-Seisakujouhou-11900000-Koyoukintoujidoukateikyoku/0000145708.pdf

※問2-9も参照。

2 選択的措置義務

> 2-1 選択的措置義務として介護のための時短措置を設ける場合は、利用開始から3年の間で2回以上できるようにしなければならないのであれば、就業規則で「3年の間で2回までの範囲で利用できる」としても法を満たすということか。

（答）

　法律上、事業主は選択的措置義務を3年の間で2回以上利用できるように措置しなければならない。したがって、法律上の最低限の義務を果たす場合の規定は「3年の間に2回まで（上限2回）」となる。

　もちろん、法を上回る措置を導入し、「3年の間で3回まで」「3年の間で何回でも」と規定することは、労働者がより仕事と介護との両立をしやすくなるための措置として望ましい。

※問2-9も参照。

> 2-2 介護のための所定労働時間の短縮等の措置は、2回以上の利用が可能な措置としなければならないが、何回でも利用可能とした上で、1回に申出できる期間の上限（1回につき最大1年間まで等）を事業主が設定してもよいか。

（答）

　1回に申出できる期間については育児・介護休業法上規定はなく、制度利用開始日から3年間以上の期間、2回以上の利用が可能な制度となっていれば、1回に申出できる期間の上限を事業主が設定しても差し支えない。

> 2-3 介護のための所定労働時間の短縮等の措置は、連続する3年間以上の期間における措置を講じることとされているが、改正法施行前に既に介護のための所定労働時間短縮等の措置を利用した労働者については、「3年間以上の期間」の起算点はいつになるのか。

（答）

　介護のための所定労働時間の短縮等の措置については、改正法施行日前の労働者の利用状況に関わらず、利用開始日から連続する3年間以上の期間講じる必要がある。したがって「3年以上の期間」の起算点は、すでに利用実績があった場合でも、改正法施行日の平成29年1月1日以降初めて制度の利用を開始する日として労働者が申し出た日となる。

> 2-4 選択的措置義務の1つである介護のための時短措置を企業が講じている場合、3年間継続的に制度を利用することは可能か。

（答）

　可能である。

> 2－5　選択的措置を講じるに当たって、初めの1年は短時間勤務、残り2年はフレックス勤務とする等、3年の中で講じる措置の内容を変えることは可能か。

(答)
　可能である。

> 2－6　「育児・介護休業等に関する規則の規定例（簡易版）」のp9によれば、事業主が選択的措置義務として介護のための時短措置を設ける場合、「対象家族1人につき介護休業とは別に、利用開始から3年の間で2回以上できるようにしなければなりません。」とされているのに、p8の規定例（第9条第3項）では「3年の間で2回までの範囲で」となっているのはどういう趣旨か。

(答)
　法律上、事業主が講じる介護のための選択的措置については、3年以上の期間で2回以上利用できるような制度としなければならない。
　したがって、法律上の最低限の義務を果たす場合の規定は規定例で示したように、「3年の間に2回まで（上限2回）」となる。
　もちろん、「3年の間で3回まで」「3年の間で何回でも」等、法を上回る規定することは、労働者がより仕事と介護との両立をしやすくなるための措置として望ましい。

育児・介護休業等に関する規定の規定例〔簡易版〕はこちら
http://www.mhlw.go.jp/stf/seisakunitsuite/bunya/0000130583.html

> 2－7　管理職について、介護のための所定労働時間短縮等の措置を講じる必要はあるのか。

(答)
　法第23条第3項の介護のための所定労働時間短縮措置等の措置義務（選択的措置義務）の趣旨は、働きながら介護を続けるために労働時間を工夫する、介護のために自由になる時間を捻出することにある。
　このため、所定労働時間の短縮、時差出勤、フレックスタイム制度が選択肢として列挙されているのであり、業務の性質上これらの措置が困難な場合のために、介護サービス費用の助成という選択肢が用意されている。
　管理職のうち労基法第41条第2号に定める管理監督者については、労働時間等に関する規定が適用除外されており、自ら労働時間管理を行うことが可能な立場にあることから、法第23条第3項の措置を講じる必要性はない。
　なお、労基法第41条第2号に定める管理監督者については、同法の解釈として、労働条件の決定その他労務管理について経営者と一体的な立場にある者との意であり、名称にとらわれず、実態に即して判断すべきであるとされている。このため、職場で「管理職」として取り扱われている者であって

も、同号の管理監督者に当たらない場合は、選択的措置義務を講じる必要がある。

> 2－8　裁量労働制が適用されている業務に従事する者について、介護のための所定労働時間短縮等の措置を講じる必要はあるのか。

（答）
　法第23条第3項の規定により労使協定等により対象外とされた労働者を除き、対象となる。
　裁量労働制の適用を受けている者は、選択的措置義務の1つである時差出勤が可能になっていると考えられ、これにより、介護との両立が可能になっていれば、事業主としての義務は果たしていると考えられる。
　ただし、他の労働者に対して、所定労働時間の短縮措置を講じているのであれば、裁量労働制の適用者もこの措置を使えるようにすることが望ましい。
この場合、2つの方法が考えられる。
① 労働者を裁量労働制の対象から外し、通常の労働者の労働時間管理を行うこととした上で、所定労働時間の短縮措置等の対象とする。
② 労働者を裁量労働制の対象としつつ、所定労働時間の短縮措置等の対象とする。
　このうち、②とする場合は、以下に留意すること。
・事業主は、制度を設けるだけではなく、実際に短時間勤務ができることを確保することが必要であること。このため、事業主は、必要に応じ、みなし労働時間を短縮するとともに業務内容・量の削減などを行い、実際に短時間勤務ができることを確保することが必要であり、単にみなし労働時間を短縮するだけで、常態として短時間勤務が実現されていない場合は、事業主の義務を果たしたとは評価されないこと。ただし、裁量労働制においては、時間配分の決定に関して具体的な指示をすることはできないことに留意すること。
・みなし労働時間を変更する場合は、労働基準法第38条の3に基づく労使協定又は第38条の4に基づく労使委員会決議を変更する必要があること。

> 2－9　介護のための所定労働時間の短縮措置について、就業規則で「3年の間で2回までの範囲で利用できる」とした上で、1回に申し出る期間について下限（1回につき1ヶ月以上等）を設定し、2回目の申出期間が下限に達していない場合に申出を拒んでもよいか。

（答）
　1回に申出できる期間については育児・介護休業法上規定はなく、制度利用開始から3年以上の期間で2回以上の利用が可能な制度となっていれば、1回に申出できる期間の上限を事業主が設定しても差し支えない。
　したがって、上記問のような制度の下で、2回目の取得を希望する期間が下限より短い場合に申出を拒んだとしても育児・介護休業法違反とはならないが、労働者が継続できるよう柔軟な運用をすることが望ましい。

※問2－1も参照。

> 2－10　介護サービスの費用の助成については、「2回以上の利用ができることを要しない」とされていることから、介護サービスの利用開始の日から3年間に利用したもののうち、1回分のみ費用を助成する制度としてもよいか。

（答）
　介護のための所定労働時間短縮等の措置は、「労働者の申出に基づく連続する3年の期間以上の期間」講ずる必要があることから、介護サービス費用の助成制度で措置する場合は、助成措置の対象となる期間を3年以上とする制度とする必要がある。
　また、「2回以上の利用ができることを要しない」というのは、助成措置の対象となる期間が3年以上担保されていれば、支払いは一括としても差し支えないという助成回数のことであり、介護サービスの利用回数のことではない旨留意されたい。
　したがって、上記問のような制度は助成措置の対象となる期間を3年以上とする制度となっていないため、認められない。

3　子の看護休暇／介護休暇

> 3－1　労使協定で半日の単位を午前3時間・午後5時間とするような場合、かつ当該休暇が無給の場合の賃金計算は、1日分の1／2としてよいのか、あるいは実際の欠勤時間分の控除でないといけないのか。

（答）
　賃金控除は実際の欠勤時間分としなければならない。
　なお、実際の欠勤時間分を下回る時間数を控除することは差し支えない。

> 3－2　所定労働時間数が8時間のところ、労使協定により、半日の単位を、午前3時間、午後5時間とした場合に、午前3時間を2回取った時はトータル6時間だが、それでも1日分を取得したことになるのか。
> 　その場合、賃金計算はどのようにすればよいか。

（答）
　半日単位で2回取得しているので、1日分取得したこととなる。
　休暇が無給の場合において、賃金計算については、3時間の控除を2回行うこととなる。

> 3－3　既に社内規則で子の看護休暇・介護休暇の半日単位取得を導入している場合でも、所定労働時間の1／2とは異なる時間を半日としている場合には、改めて半日単位取得の時間数について労使協定を結ぶ必要があるのか。

（答）

育児・介護休業法施行規則第34条第2項において、労使協定の締結を要件としているため、労使協定で①対象となる労働者の範囲、②取得の単位となる時間数、③休暇1日当たりの時間数について定める必要がある。

> 3-4　時間単位で取得できる制度を設けている事業所であってもさらに半日単位で取得できる制度を設けることが必要か。

（答）
　時間単位での取得が可能な制度があり、当該制度が全ての労働者に適用されている場合は、すでに法を上回る内容となっているため、半日単位取得についてさらに定めることは必要ない。

> 3-5　労使協定を締結することにより、1日の所定労働時間の2分の1以外の時間数を「半日」とすることができるが、「始業時間から昼休みの前まで」「昼休み後から終業時間まで」のような定め方はできるか。

（答）
　原則として、労使協定で、取得の単位となる時間数を定める必要があるが、所定労働時間の定めが細分化されているなど、どうしてもこれに依りがたい場合に、個々の労働条件通知書等で、具体的な時間数について明記していることの確認ができ、時間数を定めたことと同様の効果があると考えられる場合は、上記のような規定についても時間数を定めたと見なして差し支えない。
　なお、取得の単位となる時間数は、1時間に満たない端数があってもよい。

〈労使協定例〉
　労働条件通知書を交付されている従業員が、子の看護休暇、介護休暇を取得するときの取得の単位及び休暇1日あたりの時間数は以下のとおりとする。
1　労働条件通知書に明記された始業時刻から昼休憩開始時刻まで、昼休憩終了時刻から終業時刻までをそれぞれ半日とし、具体的な時間数は個々の労働契約によることとする。
2　休暇1日あたりの時間数は、個々の労働契約に基づく1日の所定労働時間数とする。

> 3-6　労働基準法に基づく年次有給休暇は、労使協定を締結すれば5日分を限度として時間単位で取得できる。
> 　それと同様に考えれば、子の看護休暇や介護休業の半日休暇は対象家族が2名以上であれば10日取得できるが、半日休暇は5日まで認めればいいのか。

（答）
　育児・介護休業法上の介護休暇の半日休暇については、原則として、対象家族1人であれば年5日、対象家族が2人以上であれば年10日すべて半日取得も可能とすることが必要である。
　年次有給休暇は日単位での取得が原則であるが、仕事と生活の調和を図る観点から、年次有給休暇を有効に活用できるようにするため、労使協定により、5日を限度として時間単位付与を可能とした

ものである。
　これに対して、介護休暇については半日単位の取得を、ケアマネージャーとの打合せ、通院の付き添い等、1日の休暇を要しない場合も想定されることから、より柔軟に休暇取得できるように認めるものであり、半日単位で取得できる回数に制限があるものではない。年5日付与されている者であれば、最大10回まで、年10日付与されている者であれば、最大20回まで半日取得を可能とする必要がある。

> 3－7　労使協定で、交替制勤務による業務のうち夜勤の時間帯に行われる業務のみを「半日単位取得が困難な業務」とすることは可能か。

（答）
　可能である。
　労使協定を締結し、「交替制勤務のうち、夜勤勤務に当たる時間帯に行われる業務」を半日単位取得が困難な業務とすることが考えられる。
　なお、労使で工夫して、より多くの労働者が半日単位取得できるようにすることが望ましい。

> 3－8　半日の時間数の算出根拠である、「1日所定労働時間数」について、日によって所定労働時間数が異なる場合は、どのように算定するのか。

（答）
　年間の所定労働時間の総計÷年間の所定労働日数

> 3－9　すでに半日単位で取得できる規定はあるが、時間数が1日の所定労働時間の1／2となっていない時に、労使協定を締結していない場合は、どのように対応すればよいか。

（答）
　1日の所定労働時間の1／2以外の時間数を半日と定める労使協定を締結するまでは、法に基づき1日の所定労働時間の1／2の単位で取得できることから、申出があれば取得させることとなる。

> 3－10　裁量労働制の適用される業務に従事する労働者は、子の看護休暇・介護休暇を半日単位で取得できるか。

（答）
　取得できる。（育児・介護休業法第16条の3第2項に基づき、労使協定で除外された労働者を除く。）
　裁量労働制の適用される業務に従事する労働者が半日単位で取得する場合の時間数は、所定労働時間（1時間に満たない端数がある場合には、端数を切り上げ）の1／2となる。

3−11 事業場外労働のみなし労働時間制が適用される業務に従事する労働者は子の看護休暇・介護休暇を半日単位で取得できるか。

（答）
　取得できる。（育児・介護休業法第16条の３第２項に基づき、労使協定で除外された労働者を除く。）
　事業場外労働のみなし労働時間制が適用される業務に従事する労働者が半日単位で取得する場合の時間数は、所定労働時間（１時間に満たない端数がある場合には、端数を切り上げ）の１／２となる。

3−12 変形労働時間制が適用される労働者は子の看護休暇・介護休暇を半日単位で取得できるか。

（答）
　取得できる。（育児・介護休業法第16条の３第２項に基づき、労使協定で除外された労働者を除く。）
　変形労働時間制が適用される労働者が半日単位で取得する場合の時間数は、変形期間における１日平均所定労働時間（１時間に満たない端数がある場合には、端数を切り上げ）の１／２となる。

3−13 フレックスタイム制が適用される労働者は子の看護休暇・介護休暇を半日単位で取得できるか。

（答）
　取得できる。（育児・介護休業法第16条の３第２項に基づき、労使協定で除外された労働者を除く。）
　フレックスタイム制が適用される労働者が半日単位で取得する場合の時間数は、労使協定で定めた基準となる１日の労働時間（１時間に満たない端数がある場合には、端数を切り上げ）の１／２となる。

3−14 １日の所定労働時間（１時間に満たない端数がある場合は１時間に切り上げる）の２分の１を半日とし、始業時刻から連続、又は終業時刻まで連続して設定しようとする場合、所定労働時間が8:30〜17:00（休憩12:00〜13:00）の７時間30分の企業では、始業時間から４時間取得すると休憩時間に差し掛かってしまうが、どのように設定すればよいのか。

（答）
　労務提供義務のない休憩時間に休暇を重ねて請求する余地はないため、休憩時間を除いた、実所定労働時間でみて、始業時刻から連続、又は終業時刻まで連続して半日単位で休暇を取得できるように規定することとなる。上記企業においては、8:30〜12:00及び13:00〜13:30の４時間又は13:00〜17:00の４時間となる。

3-15 所定労働時間が8時間である会社において、育児のための所定労働時間短縮制度を利用して、所定労働時間が6時間となっている労働者が、子の看護休暇を半日単位で取得する場合、半日の時間数は短縮前の所定労働時間の2分の1（4時間）か、それとも短縮後の所定労働時間の2分の1（3時間）となるのか。

（答）
　短縮後の所定労働時間の2分の1（3時間）となる。

4　有期契約労働者の育児休業の取得要件

4-1　契約期間が相当に短い者（2ヶ月、3ヶ月）であっても、申出時点で過去1年以上継続雇用されており、子が1歳6ヶ月になるまでに雇用契約がなくなることが確実でなければ、育児休業の対象となるのか。

（答）
　育児休業の対象となる。

4-2　有期契約労働者が、改正法施行日以降を育児休業の開始予定日とする申出を、改正法施行日より前に行った場合、育児休業の取得要件は、改正前後いずれで判断するのか。

（答）
　有期契約労働者が育児休業の取得要件を満たすか否かは、申出時点で判断することとなるため、質問のような場合は、改正前の育児・介護休業法による取得要件を満たさなければ育児休業を取得することはできない。

4-3　「育児・介護休業等に関する規則の規定例（簡易版）」のp2では、有期契約労働者の育児休業取得要件は
　　一　入社1年以上であること
　　二　子が1歳6ヶ月（4の申出にあっては2歳）になるまでに労働契約期間が満了し、更新されないことが明らかでないこと
　とあるが、二の要件については、どういう趣旨なのか。

（答）
　育児休業の対象となる有期契約労働者は、申出時点で、同一の事業主に引き続き1年以上雇用されている者が該当するが、二の要件により、雇用継続の可能性として、「子が1歳6ヶ月（2歳までの育児休業の申出にあっては2歳）になるまでに労働契約期間（労働契約が更新される場合にあっては、更新後のもの）が満了し更新されないことが明らかである者を除く」という趣旨である。
　二の要件については、記載としては以下のような書き方も考えられる。
○　子が1歳6ヶ月（2歳までの育児休業の申出にあっては2歳）になるまでに労働契約期間が満了

することが明らかでないこと、また、子が1歳6ヶ月（2歳までの育児休業の申出にあっては2歳）になるまでに労働契約期間が更新されないことが明らかでないこと
○ 子が1歳6ヶ月（2歳までの育児休業の申出にあっては2歳）になるまでに労働契約期間（労働契約期間が更新される場合にあっては更新後のもの）が満了することが明らかでないこと

育児・介護休業等に関する規定の規定例〔簡易版〕はこちら
http://www.mhlw.go.jp/stf/seisakunitsuite/bunya/0000130583.html

---

4－4　派遣法第30条の雇用安定化措置の対象となる労働者は育児休業を取得できるか。

（答）
　派遣法第30条の雇用安定化措置の対象となる労働者であっても、①事業主に引き続き雇用された期間が1年以上、②子が1歳6か月（2歳までの育児休業においては2歳）に達する日までに、労働契約が満了することが明らかでないこと、の育児・介護休業法の育児休業取得のための2要件を満たせば、育児休業を取得することができる。
　ただし、派遣法第30条第1項第1号の規定により、派遣先と雇用契約を締結することが明らかな場合には、労働契約の相手先事業主が変わるため、派遣先との労働契約が有期契約の場合、あるいは無期契約でも入社1年未満のものを育休の対象から除外する労使協定を締結している場合は、派遣先に雇用されてから1年以上経過しなければ育児休業の取得はできない。
　なお、その場合でも、派遣元での育児休業を取得できなくなるのは、同法第1項第1号の規定による措置を派遣元事業主が講じ、派遣先との直接雇用に至った時点であり、直接雇用に至らないと判明した場合には、上記育児・介護休業法の2要件を満たす限りにおいて、派遣元における育児休業を取得できる。

（参考）
○労働者派遣事業の適正な運営の確保及び派遣労働者の保護等に関する法律
　抄
（特定有期雇用派遣労働者等の雇用の安定等）
　第三十条派遣元事業主は、その雇用する有期雇用派遣労働者（期間を定めて雇用される派遣労働者をいう。以下同じ。）であつて派遣先の事業所その他派遣就業の場所における同一の組織単位の業務について継続して一年以上の期間当該労働者派遣に係る労働に従事する見込みがあるものとして厚生労働省令で定めるもの（以下「特定有期雇用派遣労働者」という。）その他雇用の安定を図る必要性が高いと認められる者として厚生労働省令で定めるもの又は派遣労働者として期間を定めて雇用しようとする労働者であつて雇用の安定を図る必要性が高いと認められるものとして厚生労働省令で定めるもの（以下この項において「特定有期雇用派遣労働者等」という。）に対し、厚生労働省令で定めるところにより、次の各号の措置を講ずるように努めなければならない。
　一　派遣先に対し、特定有期雇用派遣労働者に対して労働契約の申込みをすることを求めること。
　二　派遣労働者として就業させることができるように就業（その条件が、特定有期雇用派遣労働者等の能力、経験その他厚生労働省令で定める事項に照らして合理的なものに限る。）の機会を確保するとともに、その機会を特定有期雇用派遣労働者等に提供すること。

　三　派遣労働者以外の労働者として期間を定めないで雇用することができるように雇用の機会を確保するとともに、その機会を特定有期雇用派遣労働者等に提供すること。
　四　前三号に掲げるもののほか、特定有期雇用派遣労働者等を対象とした教育訓練であつて雇用の安定に特に資すると認められるものとして厚生労働省令で定めるものその他の雇用の安定を図るために必要な措置として厚生労働省令で定めるものを講ずること。
　2　派遣先の事業所その他派遣就業の場所における同一の組織単位の業務について継続して三年間当該労働者派遣に係る労働に従事する見込みがある特定有期雇用派遣労働者に係る前項の規定の適用については、同項中「講ずるように努めなければ」とあるのは、「講じなければ」とする。

4－5　労働契約法第18条の無期転換申込権が生じる前に、無期転換申込権を行使することを前提に育児休業の申出をすることは可能か。

（答）
　労働契約法第18条の無期転換申込権が生じる前の労働者で、労働契約期間の末日が子が1歳6か月（2歳までの育児休業にあっては2歳）に達する日以前である労働者であっても、雇用の継続の見込みに関する事業主の言動や同様の地位にある他の労働者の状況及び当該労働者の過去の契約更新状況等から、労働契約の更新がないことが確実であると判断される場合に該当しないものと判断される場合は、育児休業の申出は可能である。

（参考）
○労働契約法抄
　　　（有期労働契約の期間の定めのない労働契約への転換）
　第十八条　同一の使用者との間で締結された二以上の有期労働契約（契約期間の始期の到来前のものを除く。以下この条において同じ。）の契約期間を通算した期間（次項において「通算契約期間」という。）が五年を超える労働者が、当該使用者に対し、現に締結している有期労働契約の契約期間が満了する日までの間に、当該満了する日の翌日から労務が提供される期間の定めのない労働契約の締結の申込みをしたときは、使用者は当該申込みを承諾したものとみなす。この場合において、当該申込みに係る期間の定めのない労働契約の内容である労働条件は、現に締結している有期労働契約の内容である労働条件（契約期間を除く。）と同一の労働条件（当該労働条件（契約期間を除く。）について別段の定めがある部分を除く。）とする。
　2　当該使用者との間で締結された一の有期労働契約の契約期間が満了した日と当該使用者との間で締結されたその次の有期労働契約の契約期間の初日との間にこれらの契約期間のいずれにも含まれない期間（これらの契約期間が連続すると認められるものとして厚生労働省令で定める基準に該当する場合の当該いずれにも含まれない期間を除く。以下この項において「空白期間」という。）があり、当該空白期間が六月（当該空白期間の直前に満了した一の有期労働契約の契約期間（当該一の有期労働契約を含む二以上の有期労働契約の契約期間の間に空白期間がないときは、当該二以上の有期労働契約の契約期間を通算した期間。以下この項において同じ。）が一年に満たない場合にあっては、当該一の有期労働契約の契約期間に二分の一を乗じて得た期間を基礎として厚生労働省令で定める期間）以上であるときは、当該空白期間前に満了した有期労働契約の契約期間は、通算契約

期間に算入しない。

5　育児休業等の対象となる子の範囲

> 5－1　育児休業の対象となる子の範囲が特別養子縁組の監護期間中の子、養子縁組里親に委託されている子等に拡大されるが、子の看護休暇、育児のための所定外労働の制限、時間外労働の制限、深夜業の制限、短時間勤務の対象となる子の範囲も同様か。
> また、介護休業等の対象となる子の範囲は変更されないのか。

（答）
　子の看護休暇、育児のための所定外労働の制限、時間外労働の制限、深夜業の制限、短時間勤務の対象となる子の範囲も同様である。
　介護休業等の対象となる子の範囲については、法律上の親子関係がある子から変更はない。

> 5－2　特別養子縁組の監護期間中の子、養子縁組里親に委託されている子について、その関係について証明する書類としてはどのようなものがあるのか。

（答）
　特別養子縁組の監護期間にある子に関しては「家庭裁判所等の発行する事件係属証明書」、養子縁組里親に委託されている子に関しては「委託措置決定通知書」を、これらに準ずる子に関しては「児童相談所長の発行する証明書」を想定している。

6　介護のための所定外労働の制限

> 6－1　管理職に所定外労働の制限の対象となるか。

（答）
　管理職のうち、労働基準法第41条第2号に定める管理監督者については、労働時間等に関する規定が適用除外されていることから、所定外労働の免除の対象外となる。
　なお、労働基準法第41条第2号に定める管理監督者については、同法の解釈として、労働条件の決定その他労務管理について経営者と一体的な立場にある者の意であり、名称にとらわれず、実態に即して判断すべきであるとされている。このため、職場で「管理職」として取り扱われている者であっても、同号の管理監督者に当たらない場合には、所定外労働の免除の対象となる。

> 6－2　介護のための所定外労働の制限が適用される期間であっても、労働者の希望により残業させてもかまわないか。

（答）
　所定外労働の免除が適用される期間であっても、労働者が一時的に介護のために早く退社する必要がなくなった期間等について、労働者の真の希望に基づいて残業を行わせることは差し支えない。

7　その他

7-1　育児と介護のダブルケアという問題を聞くが、どれくらいの人が実施しているのか。

(答)

　晩婚化・晩産化等を背景に、育児期にある者（世帯）が、親の介護も同時に担う、いわゆる「ダブルケア」問題が指摘されるようになった。

　内閣府が発表した「育児と介護のダブルケアの実態に関する調査」（内閣府委託調査：株式会社NTTデータ経営研究所実施）（注1）によれば、ダブルケアを行う者の人口は約25万人と推計されている（注2）。

　ダブルケアを行う者の平均年齢は、男女ともに40歳前後である。また、就業状況を見ると、ダブルケアを行う女性の半数、男性の約9割が有業者である。

（注1）「育児と介護のダブルケアの実態に関する調査」（内閣府委託調査：株式会社NTTデータ経営研究所実施）
　　　〇調査報告書のポイント
http://www.gender.go.jp/research/kenkyu/pdf/ikuji_point.pdf
　　　〇調査報告書
http://www.gender.go.jp/research/kenkyu/wcare_research.html

（注2）総務省「就業構造基本調査」平成24年より内閣府にて特別集計

7-2　育児と介護のダブルケアを行う者に対して、企業としてどのような対策が必要か。

(答)

　株式会社NTTデータ経営研究所の調査によれば（注）、ダブルケアを行う者が勤め先の支援策のうち、「最も充実してほしい」と回答したのは、男女とも「子育てのために一定期間休める仕組み」であった。

　これ以外に、男性で多かったのは、「介護のために一定期間休める仕組み」「介護のために一日単位で休める仕組み」、女性で多かったのは、「介護のために一定期間休める仕組み」「柔軟な労働時間制（フレックスタイム制等）」「休暇・休業を取得しやすい職場環境の整備」であった。

　今回の育児・介護休業法の改正では、
①　介護休業の分割取得
②　介護休暇、子の看護休暇の半日単位での取得
③　介護のための所定労働時間の免除
④　フレックスタイム制度を選択肢に含む選択的措置義務を利用開始から
　　3年間で2回以上利用可能な制度に等、上記調査で求められている支援策を含む内容としたところである。

　企業におかれては、育児・介護休業法の内容を含む育児・介護との両立のための制度を労働者に周

知頂くとともに、制度を利用しやすい環境を作って頂くことが必要であると考えている。

(注) インターネットモニター調査「育児と介護のダブルケアに関するアンケート」(平成28年2月実施)

資料⑪ 厚生労働省 H21育介法改正対応Q&A

改正育児・介護休業法に関するQ&A

(平成22年2月26日版)

目　次

【育児休業関係】
Q1　出産後8週間以内の育児休業の特例の対象となるためには、8週間以内に育児休業が終了している必要がありますか？
Q2　パパ・ママ育休プラスの対象を、男性労働者に限定しても構いませんか？
Q3　配偶者が労働者より先に育児休業を取得する予定であるが、労働者の申出時点ではまだ配偶者が育児休業を開始していない場合も、パパ・ママ育休プラスによる子が1歳2か月までの育児休業をすることが可能ですか？
Q4　パパ・ママ育休プラスと1歳6か月までの育児休業との関係はどうなりますか？

【子の看護休暇関係】
Q5　当社では、4月1日～翌年3月31日までを年度としています。改正法が平成22年6月30日に施行されますが、平成22年度については、子の看護休暇の増加分について、年度の残りの日数で按分して付与しても構いませんか？
Q6　子の看護休暇について、子どもが年度の途中で生まれたり、亡くなったりした場合の付与日数については、どうすればよいですか？
Q7　対象となる子の人数が2人の場合に、1人の看護のために10日の休暇を利用することも可能ですか？

【介護休暇関係】
Q8　介護休暇の「要介護状態」、「対象家族」とは、介護休業における定義と同じですか？
Q9　介護休暇の対象となる世話には、家事や買い物など、対象家族を直接介護しないものも含まれますか？

【育児のための所定外労働の免除関係】
Q10　管理職は、所定外労働の免除の対象となりますか？
Q11　裁量労働制の適用される労働者は、所定外労働の免除の対象となりますか？
Q12　事業場外労働のみなし制の適用される労働者は、所定外労働の免除の対象となりますか？
Q13　1か月単位・1年単位の変形労働時間制の適用される労働者は、所定外労働の免除の対象となりますか？
Q14　フレックスタイム制の適用される労働者は、所定外労働の免除の対象となりますか？
Q15　所定外労働の免除が適用される期間であっても、労働者と合意の上で、残業をさせても構いませんか？

【育児のための所定労働時間の短縮措置（短時間勤務）関係】
Q16 所定労働時間の短縮措置の内容については、どのように定めればよいですか？
Q17 所定労働時間の短縮措置の手続については、どのように定めればよいですか？
Q18 「業務の性質又は業務の実施体制に照らして、所定労働時間の短縮措置を講ずることが困難と認められる業務」とは、労使協定でどの程度具体的に定める必要がありますか？
Q19 管理職は、所定労働時間の短縮措置の対象となりますか？
Q20 裁量労働制の適用される労働者は、所定労働時間の短縮措置の対象となりますか？
Q21 事業場外労働のみなし制の適用される労働者は、所定労働時間の短縮措置の対象となりますか？
Q22 1か月単位・1年単位の変形労働時間制の適用される労働者は、所定労働時間の短縮措置の対象となりますか？
Q23 フレックスタイム制の適用される労働者は、所定労働時間の短縮措置の対象となりますか？
Q24 派遣労働者については、派遣先で業務上困難として労使協定が結ばれていれば、その業務については所定労働時間の短縮措置の対象外として構いませんか？
Q25 所定労働時間の短縮措置の対象となっている労働者に、残業をさせても構いませんか？
Q26 現在、育児のための時差出勤の制度を導入しているのですが、法改正にあわせ、当該制度を廃止して、新たに所定労働時間の短縮措置、所定外労働の免除制度を導入することは、問題がありますか？
Q27 労使協定で適用除外とされている業務に従事する労働者から、所定労働時間の短縮措置の申出があった場合、この労働者を所定労働時間の短縮措置が講じられている他の業務に異動させて、その業務で短時間勤務をさせることは、不利益取扱いに当たりますか？
Q28 所定労働時間の短縮措置は、法令上、1日の所定労働時間が6時間以下の労働者は対象外とされていますが、変形労働時間制が適用される労働者については、変形期間を平均した1日あたりの労働時間が6時間以下であれば、対象外として構いませんか？
Q29 所定労働時間の短縮措置の対象となっている期間については、労働基準法第67条に定める育児時間を与えなくても構いませんか？
Q30 業務の性質又は業務の実施体制に照らして、所定労働時間の短縮措置を講ずることが困難と認められる業務に従事する労働者への代替措置として、子が1歳までの労働者について、育児休業に関する制度に準ずる措置により対応しても構いませんか？

【改正法の施行日関係】
Q31 「常時」とはどのような意味ですか？派遣労働者や期間雇用者については人数にカウントしなくても構いませんか？また、複数の事業所がある場合には、事業所ごとに人数をカウントして構いませんか？

【育児休業関係】

Q1 出産後8週間以内の育児休業の特例の対象となるためには、8週間以内に育児休業が終了している必要がありますか？

A 出産後8週間以内に育児休業した場合の育児休業再度取得の特例の対象となるためには、出産後8週間以内（子の出生の日から起算して8週間を経過する日の翌日まで）に育児休業を開始し、か

つ終了している必要があります。

　ただし、出産予定日より実際の出産日が早まった場合は、実際の出産日から出産予定日の8週間後まで、出産予定日より実際の出産日が遅れた場合には、出産予定日から実際の出産日の8週間後までの期間内に、育児休業を開始し、かつ終了している必要があります。

Q2　パパ・ママ育休プラスの対象を、男性労働者に限定しても構いませんか？

A　法律上、男女とも、パパ・ママ育休プラスとして要件を満たす場合には、1歳2か月まで育児休業を取得できることとされており、男性労働者のみを対象とすることは許されません。

Q3　配偶者が労働者より先に育児休業を取得する予定であるが、労働者の申出時点ではまだ配偶者が育児休業を開始していない場合も、パパ・ママ育休プラスによる子が1歳2か月までの育児休業をすることが可能ですか？

A　パパ・ママ育休プラスによる子が1歳2か月までの育児休業の申出は、配偶者が労働者より先に育児休業をしているなど、法に定める要件を満たす見込みで行うことも可能です。
　この場合、労働者の育児休業の開始予定日までに、配偶者が育児休業をしなかった場合の取扱いは、以下のとおりとなります。
① 労働者の育児休業の終了予定日が、子の1歳到達日以前である場合には、申出どおり育児休業を取得できます。
② 労働者の育児休業の終了予定日が、子の1歳到達日より後である場合には、育児休業の申出は、されなかったものとみなされます。

Q4　パパ・ママ育休プラスと1歳6か月までの育児休業との関係はどうなりますか？

A　パパ・ママ育休プラスとして1歳到達日後1歳2か月までの間で育児休業を取得している場合でも、一定の要件（※）を満たせば、1歳6か月まで育児休業を延長できます。
　この場合、1歳6か月までの育児休業の開始予定日は、子の1歳到達日後である本人又は配偶者の育児休業終了予定日の翌日としなければなりません。

（※）
①本人又は配偶者が子の1歳到達日後の育児休業終了予定日において育児休業をしていること
②子の1歳到達日後、保育所に入れないなどの要件を満たすこと、が必要であり、当該要件に該当するか否かは、申出時点で判断することとなります。

【子の看護休暇関係】

> Q5　当社では、4月1日～翌年3月31日までを年度としています。改正法が平成22年6月30日に施行されますが、平成22年度については、子の看護休暇の増加分について、年度の残りの日数で按分して付与しても構いませんか？

A　お尋ねのように、年度を定めている場合に、改正法の施行日である平成22年6月30日以降の平成22年度の付与日数は、年度の残りの日数で按分することは許されず、対象となる子が1人の場合は5日、2人以上の場合は10日付与する必要があります。

> Q6　子の看護休暇について、子どもが年度の途中で生まれたり、亡くなったりした場合の付与日数については、どうすればよいですか？

A　子の看護休暇の付与日数は、申出時点の子の人数で判断します。
　例えば、子どもが年度の途中で生まれ、小学校就学前までの子が2人となった場合、年度の途中であっても、その年度におけるそれまでの付与日数と合計して年10日までの休暇を認めることが必要です。
　なお、子どもが途中で亡くなった場合などの理由により子の看護休暇の付与日数が減少した結果、同一の年度において既に取得した子の看護休暇の日数が付与日数を上回る場合であっても、既に取得した子の看護休暇は有効であり、当該上回る日数について、遡及して不就業と取り扱うことや、翌年度分に付与される子の看護休暇の日数から差し引くことは許されません。

> Q7　対象となる子の人数が2人の場合に、1人の看護のために10日の休暇を利用することも可能ですか？

A　対象となる子が2人以上の場合、同一の子の看護のために年10日の看護休暇を利用することも可能です。

【介護休暇関係】

> Q8　介護休暇の「要介護状態」、「対象家族」とは、介護休業における定義と同じですか？

A　介護休暇における「要介護状態」、「対象家族」とは、介護休業における定義と同様であり、具体的には以下のとおりです。
・「要介護状態」：負傷、疾病又は身体上若しくは精神上の障害により、2週間以上の期間にわたり常時介護を必要とする状態
・「対象家族」：配偶者（婚姻の届出をしていないが、事実上婚姻関係と同様の事情にある者を含む）、父母及び子（これらの者に準ずる者として、労働者が同居し、かつ、扶養している祖父母、兄弟姉妹及び孫を含む。）、配偶者の父母

> Q9　介護休暇の対象となる世話には、家事や買い物など、対象家族を直接介護しないものも含まれますか？

A　介護休暇の対象となる世話は、
- 対象家族の介護
- 対象家族の通院等の付添い、対象家族が介護サービスの適用を受けるために必要な手続きの代行
その他の対象家族に必要な世話

であり、対象家族を直接介護するものに限られず、対象家族のために行う家事や買い物などについても、対象家族の世話と認められるものであれば含まれます。

【育児のための所定外労働の免除関係】

> Q10　管理職は、所定外労働の免除の対象となりますか？

A　管理職のうち、労働基準法第41条第2号に定める管理監督者については、労働時間等に関する規定が適用除外されていることから、所定外労働の免除の対象外となります。
　なお、労働基準法第41条第2号に定める管理監督者については、同法の解釈として、労働条件の決定その他労務管理について経営者と一体的な立場にある者の意であり、名称にとらわれず、実態に即して判断すべきであるとされています。このため、職場で「管理職」として取り扱われている者であっても、同号の管理監督者に当たらない場合には、所定外労働の免除の対象となります。

> Q11　裁量労働制の適用される労働者は、所定外労働の免除の対象となりますか？

A　対象となります（育児・介護休業法第16条の8第1項の規定により労使協定等により対象外とされた労働者を除きます。）。
　この場合、以下の2つの方法が考えられます。
①労働者を裁量労働制の対象から外し、通常の労働者の労働時間管理を行うこととした上で、所定外労働の免除の対象とする。
②労働者を裁量労働制の対象としたまま、所定外労働の免除の対象とする。
　このうち、②とする場合には、以下に留意してください。
- 事業主は、制度を設けるだけではなく、所定外労働が免除されることを実際に確保することが必要であること。このため、事業主は、必要に応じ、みなし労働時間を短縮するとともに業務内容・量の削減などを行い、労働者が所定外労働を免除されることを実際に確保することが必要であり、単にみなし労働時間を短縮するだけで、常態として所定外労働の免除が実現されていない場合は、事業主の義務を果たしたとは評価されないこと。ただし、裁量労働制においては、時間配分の決定に関して具体的な指示をすることはできないことに留意すること。
- みなし労働時間を変更する場合は、労働基準法第38条の3に基づく労使協定又は第38条の4に基づく労使委員会決議を変更する必要があること。

Q12　事業場外労働のみなし労働時間制の適用される労働者は、所定外労働の免除の対象となりますか？

A　対象となります（育児・介護休業法第16条の8第1項の規定により労使協定等により対象外とされた労働者を除きます。）。
　この場合、以下の2つの方法が考えられます。
①労働者をみなし労働時間制の対象から外し、通常の労働者の労働時間管理を行うこととした上で、所定外労働の免除の対象とする。
②労働者をみなし労働時間制の対象としつつ、所定外労働の免除の対象とする。
　このうち、②とする場合には、以下に留意してください。
・事業主は、制度を設けるだけではなく、所定外労働が免除されることを実際に確保することが必要であること。このため、事業主は、必要に応じ、みなし労働時間を短縮するとともに業務内容・量の削減や実労働時間の把握などを行い、労働者が所定外労働を免除されることを実際に確保することが必要であり、単にみなし労働時間を短縮するだけで、常態として所定外労働の免除が実現されていない場合は、事業主の義務を果たしたとは評価されないこと。
・みなし労働時間を労働基準法第38条の2に基づく労使協定で定めている場合は、当該労使協定を変更する必要があること。

Q13　1か月単位・1年単位の変形労働時間制の適用される労働者は、所定外労働の免除の対象となりますか？

A　対象となります（育児・介護休業法第16条の8第1項の規定により労使協定等により対象外とされた労働者を除きます。）。
　また、労働者を1か月単位・1年単位の変形労働時間制の対象から外し、通常の労働者の労働時間管理を行うこととした上で、所定労働時間の免除の対象とすることも考えられます。この場合、対象労働者を変更することや、対象期間の途中で1年単位の変形労働時間制の対象外とする場合は労働基準法第32条の4の2の規定による清算が必要となります。

Q14　フレックスタイム制の適用される労働者は、所定外労働の免除の対象となりますか？

A　対象となります（育児・介護休業法第16条の8第1項の規定により労使協定等により対象外とされた労働者を除きます。）。

Q15　所定外労働の免除が適用される期間であっても、労働者の意見により残業をさせても構いませんか？

A　所定外労働の免除が適用される期間であっても、労働者が一時的に子の養育をする必要がなくなった期間等について、労働者の真の意見に基づいて残業を行わせることは差し支えありません。ただ

し、頻繁に残業を行わせることは望ましくありません。

【育児のための所定労働時間の短縮措置（短時間勤務）関係】

Q16　所定労働時間の短縮措置の内容については、どのように定めればよいですか？

A　所定労働時間の短縮措置の内容は、1日の所定労働時間を原則として6時間とする措置を含むものとしなければなりません。

「原則として6時間」とは、所定労働時間の短縮措置は、1日の所定労働時間を6時間とすることを原則としつつ、通常の所定労働時間が7時間45分である事業所において短縮後の所定労働時間を5時間45分とする場合などを勘案し、短縮後の所定労働時間について、1日5時間45分から6時間までを許容する趣旨です。

なお、例えば、1日の所定労働時間を7時間とする措置や、隔日勤務等の所定労働日数を短縮する措置など所定労働時間を短縮する措置を、1日の所定労働時間を6時間とする措置とあわせて措置することは可能です。

Q17　所定労働時間の短縮措置の手続については、どのように定めればよいですか？

A　所定労働時間の短縮措置の手続については、一義的には事業主が定めることが可能ですが、適用を受けようとする労働者にとって過重な負担を求めることにならないよう配慮しつつ、育児休業や所定外労働の免除など育児・介護休業法に定める他の制度に関する手続も参考にしながら適切に定めることが求められます。

このため、例えば、育児休業等と同様に、所定労働時間の短縮措置の適用を受けるためには1か月前までに申し出なければならない、とすることは、問題ないと考えられます。一方、適用期間を1か月単位とすることは、他の制度が基本的に労働者の申し出た期間について適用されることを踏まえれば、適当でないと考えられます。

Q18　「業務の性質又は業務の実施体制に照らして、所定労働時間の短縮措置を講ずることが困難と認められる業務」とは、労使協定でどの程度具体的に定める必要がありますか？

A　まず、事業所で行われているそれぞれの業務が、所定労働時間の短縮措置の対象となるのかどうかが客観的に分かるように、対象外となる業務の範囲を具体的に定めることが必要です。

また、客観的にみて「困難」と認められない業務については、所定労働時間の短縮措置の適用除外となりませんので、こうした業務が含まれないように、対象外となる業務の範囲を定めてください。

なお、労使協定を締結した場合には、労働者が、自分の従事する業務が所定労働時間の短縮措置の対象となるのかどうかが分かるよう、必要な周知を行ってください。

Q19　管理職は、所定労働時間の短縮措置の対象となりますか？

A　管理職のうち、労働基準法第41条第2号に定める管理監督者については、労働時間等に関する規定が適用除外されていることから、所定労働時間の短縮措置を講じなくても構いません。

　なお、労働基準法第41条第2号に定める管理監督者については、同法の解釈として、労働条件の決定その他労務管理について経営者と一体的な立場にある者の意であり、名称にとらわれず、実態に即して判断すべきであるとされています。このため、職場で「管理職」として取り扱われている者であっても、同号の管理監督者に当たらない場合には、所定労働時間の短縮措置を講じなければなりません。

　また、同号の管理監督者であっても、育児・介護休業法第23条第1項の措置とは別に、同項の所定労働時間の短縮措置に準じた制度を導入することは可能であり、こうした者の仕事と子育ての両立を図る観点からは、むしろ望ましいものです。

Q20　裁量労働制の適用される労働者は、所定労働時間の短縮措置の対象となりますか？

A　対象となります（育児・介護休業法第23条第1項の規定により労使協定等により対象外とされた労働者を除きます。）。
　この場合、以下の2つの方法が考えられます。
①労働者を裁量労働制の対象から外し、通常の労働者の労働時間管理を行うこととした上で、所定労働時間の短縮措置の対象とする。
②労働者を裁量労働制の対象としつつ、所定労働時間の短縮措置の対象とする。
　このうち、②とする場合には、以下に留意してください。
・事業主は、制度を設けるだけではなく、実際に短時間勤務ができることを確保することが必要であること。このため、事業主は、必要に応じ、みなし労働時間を短縮するとともに業務内容・量の削減などを行い、実際に短時間勤務ができることを確保することが必要であり、単にみなし労働時間を短縮するだけで、常態として短時間勤務が実現されていない場合は、事業主の義務を果たしたとは評価されないこと。ただし、裁量労働制においては、時間配分の決定に関して具体的な指示をすることはできないことに留意すること。
・みなし労働時間を変更する場合は、労働基準法第38条の3に基づく労使協定又は第38条の4に基づく労使委員会決議を変更する必要があること。

Q21　事業場外労働のみなし労働時間制の適用される労働者は、所定労働時間の短縮措置の対象となりますか？

A　対象となります（育児・介護休業法第23条第1項の規定により労使協定等により対象外とされた労働者を除きます。）。
　この場合、以下の2つの方法が考えられます。
①労働者をみなし労働時間制の対象から外し、通常の労働者の労働時間管理を行うこととした上で、所定労働時間の短縮措置の対象とする。
②労働者をみなし労働時間制の対象としつつ、所定労働時間の短縮措置の対象とする。
　このうち、②とする場合には、以下に留意してください。

- 事業主は、制度を設けるだけではなく、実際に短時間勤務ができることを確保することが必要であること。このため、事業主は、必要に応じ、みなし労働時間を短縮するとともに業務内容・量の削減や実労働時間の把握などを行い、実際に短時間勤務ができることを確保することが必要であり、単にみなし労働時間を短縮するだけで、常態として短時間勤務が実現されていない場合は、事業主の義務を果たしたとは評価されないこと。
- みなし労働時間を労働基準法第38条の2に基づく労使協定で定めている場合は、当該労使協定を変更する必要があること。

Q22　1か月単位・1年単位の変形労働時間制の適用される労働者は、所定労働時間の短縮措置の対象となりますか？

A　対象となります（育児・介護休業法第23条第1項の規定により労使協定等により対象外とされた労働者を除きます。）。
　この場合、労働基準法第32条の4の規定による労使協定について、対象期間開始前に労働日ごとの労働時間等を変更するための変更が必要となる場合があります。
　具体的には、以下の対応が考えられます。
　ア　すべての労働日において1日6時間を超えないよう労働時間を定める。
　イ　1日6時間を超えて労働時間が定められた労働日においては6時間を超える部分の労働義務を免ずる。
　なお、対象期間中の労働日を平均して1日6時間以下とする制度では、育児・介護休業法に不適合となりますので、注意してください。
　また、労働者を1か月単位・1年単位の変形労働時間制の対象から外し、通常の労働者の労働時間管理を行うこととした上で、所定労働時間の短縮措置の対象とすることも考えられます。この場合、対象労働者を変更することや、対象期間の途中で1年単位の変形労働時間制の対象外とする場合は労働基準法第32条の4の2の規定による清算が必要となります。

Q23　フレックスタイム制の適用される労働者は、所定労働時間の短縮措置の対象となりますか？

A　対象となります（育児・介護休業法第23条第1項の規定により労使協定等により対象外とされた労働者を除きます。）。
　この場合、清算期間における総労働時間は、「○○時間（清算期間における労働日×6時間）」又は「所定労働日」及び「労働日1日当たり6時間」等と設定することが通常であると考えられ、労働基準法第32条の3の規定による労使協定の変更が必要となります。

Q24　派遣労働者については、派遣先で業務上困難として労使協定が結ばれていれば、その業務については所定労働時間の短縮措置の対象外として構いませんか？

A　派遣労働者については、派遣元との間に労働契約関係があることから、派遣元において締結された労使協定が適用されます。

　したがって、派遣元は、派遣先の業務に所定労働時間の短縮措置を講じることが困難と認められる業務があり、こうした業務について適用除外とする場合には、あらかじめ、労使協定によりこうした業務を適用除外として定める必要があります。
　なお、所定労働時間の短縮措置の具体的な内容や手続については、通常の労働者に関する場合と同様となります。

Q25　所定労働時間の短縮措置の対象となっている労働者に、残業をさせても構いませんか？

A　所定労働時間の短縮措置は、1日の所定労働時間を原則として6時間にすることを内容とするものであり、所定外労働をさせないことまでを内容とするものではありません。
　ただし、子育ての時間を確保するという所定労働時間の短縮措置の趣旨に照らして、頻繁に所定外労働が行われることは、通常望ましくないものと考えられます。
　なお、労働者は、所定労働時間の短縮措置が適用されている期間に、重ねて所定外労働の免除を請求することも可能です。

Q26　現在、育児のための時差出勤の制度を導入しているのですが、法改正にあわせ、当該制度を廃止して、新たに所定労働時間の短縮措置、所定外労働の免除制度を導入することは、問題がありますか？

A　今回の法改正により、3歳に満たない子を養育する労働者に関する所定労働時間の短縮措置、育児のための所定外労働の免除等が義務化されることにあわせ、改正前のその他の勤務時間短縮等の措置については、事業主の努力義務となります。
　ただし、業務上困難として労使協定により所定労働時間の短縮措置の対象外となる労働者に対しては、代替措置として、①フレックスタイム制度、②時差出勤の制度、③事業所内保育施設の設置運営その他これに準ずる便宜の供与、④育児休業に準じる措置、のいずれかを講じることが事業主の義務となります。
　時差出勤の制度等従来の制度を廃止する場合は、労働条件の変更なので、労働者の合意を得る必要がありますが、これを就業規則の変更により行う場合には、労働組合等からの意見聴取など労働基準法に定める手続に則して行うとともに、変更が合理的なものであることや変更後の就業規則を労働者に周知すること等労働契約法に定めるルールに則ったものとなるよう注意してください。

Q27　労使協定で適用除外とされている業務に従事する労働者から、所定労働時間の短縮措置の申出があった場合、この労働者を所定労働時間の短縮措置が講じられている他の業務に異動させて、その業務で短時間勤務をさせることは、不利益取扱いに当たりますか？

A　お尋ねの労働者からの申出については、事業主は、これに応じる義務はありません。
　この場合、こうした労働者を短時間勤務が可能である他の業務に異動させることは、育児・介護休業法の規制の枠組み外の取扱いとなりますが、一般的に、異動について労働者の同意を得ている場合には、不利益取扱いとならないものと考えられます。

資料⑪　厚生労働省　H21育介法改正対応Q&A

なお、こうした取扱いを行う場合には、短時間勤務が終了した後の配置等の取扱いについて、労使であらかじめ取り決めておくことが、トラブル防止の観点から望ましいと考えられます。

> Q28 所定労働時間の短縮措置は、法令上、1日の所定労働時間が6時間以下の労働者は対象外とされていますが、変形労働時間制が適用される労働者については、変形期間を平均した1日あたりの労働時間が6時間以下であれば、対象外として構いませんか？

A 法令上、所定労働時間の短縮措置の対象外とされている「1日の所定労働時間が6時間以下」の労働者とは、すべての労働日の所定労働時間が6時間以下であることをいい、対象期間を平均した場合の1日の所定労働時間をいうものではありません。

> Q29 所定労働時間の短縮措置の対象となっている期間については、労働基準法第67条に定める育児時間を与えなくても構いませんか？

A 育児時間は、労働基準法上、労働者の権利として認められたものであるので、所定労働時間の短縮措置の適用を受けたことをもって育児時間を請求できないとすることはできません。
　したがって、所定外労働の短縮措置の適用により所定労働時間が6時間となった労働者についても、育児時間を請求することができます。
　一方、所定労働時間の短縮措置は、1日の所定労働時間を原則として6時間とする措置を含むものとされています。このため、育児時間の請求を行う労働者については、育児時間による所定労働時間の短縮分を含めて、1日6時間の措置とすることは可能です。

> Q30 業務の性質又は業務の実施体制に照らして、所定労働時間の短縮措置を講ずることが困難と認められる業務に従事する労働者への代替措置として、子が1歳までの労働者について、育児休業制度により対応しても構いませんか？

A お尋ねの代替措置については、育児休業制度、フレックスタイム制度、時差出勤の制度又は事業所内保育施設の設置運営その他これに準ずる便宜の供与、のいずれかの措置を講じることが義務付けられています。
　子が1歳までの労働者についても、代替措置を育児休業制度とすることは可能です。しかし、子が1歳までの労働者は、法律上、育児休業をすることができることとされているため、代替措置としては、それ以外の措置を講ずることがより望ましいものです。

【改正法の施行日関係】

> Q31 「常時」とはどのような意味ですか？派遣労働者や期間雇用者については人数にカウントしなくても構いませんか？また、複数の事業所がある場合には、事業所ごとに人数をカウントして構いませんか？

A 「常時」とは、常態として、という意味であり、したがって「常時100人以下の労働者を雇用する」とは、常態として100人以下の労働者を雇用している場合をいい、臨時に労働者を雇い入れた場合、臨時的に欠員を生じた場合等については、労働者の数が変動したものとしては取り扱いません。

この場合の「労働者」には、日々雇用される者や期間を定めて雇用される者も含まれ、こうした者を常時雇用している場合には人数に含まれます。また、派遣労働者は派遣元の事業主に雇用される労働者として算定します。複数の事業所を擁する事業主において、100人以下の労働者を雇用する事業主であるかどうかは、事業主単位で算定し、事業所ごとにカウントするものではありません。

■編者・執筆者一覧

【編者】

小山　博章（こやま　ひろあき）

弁護士（第一芙蓉法律事務所）

2007年慶應義塾大学大学院法務研究科修了，2008年弁護士登録。第一東京弁護士会労働法制委員会基礎研究部会副部会長。経営法曹会議会員。日本労働法学会会員。

経営者側労働法専門弁護士で，労働審判・仮処分・労働訴訟の係争案件対応，団体交渉対応，人事労務に関する相談等を得意分野とする。企業内研修，経営者向けセミナー，社会保険労務士向けセミナーなどを多数開催している。

主な著書として，『労務専門弁護士が教えるSNS・ITをめぐる雇用管理－Q&Aとポイント・書式例－』（編著，新日本法規出版），『企業労働法実務入門』（編著，日本リーダーズ協会），『問題社員対応マニュアル』（上巻・下巻）（編著，労働調査会），『最先端の議論に基づく人事労務担当者のための書式・規定例』（編著，日本法令），『企業労働法実務入門（書式編）』（編著，日本リーダーズ協会），『退職・解雇・雇止め－適正な対応と実務－』（共著，労働行政），『チェックリストで分かる　有期・パート・派遣社員の法律実務』（共著，労働行政），『ローヤリング労働事件』（共著，労働開発研究会），『企業実務に役立てる！　最近の労働裁判例27』（共著，労働調査会），『最新裁判例にみる職場復帰・復職トラブル予防のポイント』（共著，新日本法規出版），『フロー＆チェック　労務コンプライアンスの手引』（共著，新日本法規出版），『リスクを回避する労働条件ごとの不利益変更の手法と実務』（共著，日本法令），『Q＆A人事労務規程変更マニュアル』（共著，新日本法規出版），『退職金・退職年金をめぐる紛争解決事例集』（共著，新日本法規出版），『最新　労働紛争予防の実務と書式』（共著，新日本法規出版）など多数。

【編著者】

町田　悠生子（まちだ　ゆきこ）

弁護士（五三・町田法律事務所）

2008年慶應義塾大学大学院法務研究科修了，2009年弁護士登録。2012年五三（いつみ）・町田法律事務所開設。第二東京弁護士会労働問題検討委員会副委員長。経営法曹会議会員。日本労働法学会会員。

経営者側労働法専門弁護士で，日々顧問先等からの様々な人事労務相談対応，労働審判・仮処分・労働訴訟の係争案件対応を行うとともに，複数社のヘルプライン窓口（内部通報窓口）となり相談（通報）があった際の対応・サポート業務を行っている。このほか，社内研修，行政や経営者団体主催セミナー等の講演にも登壇。

主な著書として，『労務専門弁護士が教えるSNS・ITをめぐる雇用管理－Q&Aとポイント・書式例－』（編著，新日本法規出版），『女性雇用実務の手引（加除式）』（執筆担当，新日本法規出版），『企業法務のための労働組合法25講』（共著，商事法務），『就業規則の変更をめぐる判例考察』（編著，三協法規出版），『労働契約の終了をめぐる判例考察』（編著，三協法規出版）など。

主な論考として，「近時の裁判例にみるパワーハラスメントの法的意義」（季刊労働法2017年冬掲載），「コンパクトに理解する労働法対応アップデート　労務コンプライアンス研修のポイント」（ビジネスロー・ジャーナル2017年4月号掲載），「判例研究　パートタイム労働法8条違反が不法行為を構成するとされた例－N社（ニヤクコーポレーション）事件（大分地裁平25.12.10）－」（経営法曹183号掲載，2014年）など。

【執筆者】

西頭　英明（さいとう　ひであき）
弁護士（第一芙蓉法律事務所），ニューヨーク州弁護士，元国税審判官
2006年東京大学法科大学院修了，2007年弁護士登録。2016年University of California, Berkeley, School of Law（LL.M. Traditional Track）卒業。主な著作・論文等として，「障害を理由とする雇用上の差別の禁止－Americans with Disabilities Act概説（合理的配慮の提供を中心として）－」（JILA No.4・7頁以下），『最新 有期労働者の雇用管理実務』（共著，労働開発研究会）など多数。

石井　悦子（いしい　えつこ）
弁護士（オエノンホールディングス株式会社　戦略法務室　室長）
2006年慶應義塾大学大学院法務研究科（法科大学院）修了，2007年弁護士登録。東京弁護士会男女共同参画推進本部委員。主要著作として，日本組織内弁護士協会監修，芦原一郎＝稲田博志編『事例でわかる問題社員への対応アドバイス』（新日本法規出版，2013年）第10章（有期労働契約社員等），「性別にかかわりなく個性と能力を発揮できる弁護士会を」LIBRA2015年10月号（2015年）。

冨田　啓輔（とみだ　けいすけ）
弁護士（第一芙蓉法律事務所）
2009年慶應義塾大学法科大学院法務研究科修了，2011年弁護士登録。経営法曹会議員。第一東京弁護士会労働法制委員会労働契約法部会副部会長。著書に『変化する雇用社会における人事権』（共著，労働開発研究会），『労働者派遣法の詳解－法的課題　その理論と実務－』（共著，労務行政）など多数。労働裁判，労働審判や団体交渉等係争案件を得意とする。

古屋　勇児（ふるや　ゆうじ）
弁護士（第一芙蓉法律事務所。執筆当時）
2008年中央大学卒業，2010年慶應義塾大学大学院法務研究科修了，2012年裁判官任官（秋田地方裁判所判事補），2015年4月より「判事補及び検事の弁護士職務経験に関する法律」に基づき弁護士職務に従事（2017年3月まで）。

西内　愛（にしうち　あい）
弁護士（アンダーソン・毛利・友常法律事務所）
2011年東京大学法科大学院修了，2012年弁護士登録。経営法曹会議会員。第一東京弁護士会労働法制委員会委員。著作は「決定版！問題社員対応マニュアル（下）」（共著，労働調査会），「女性活躍推進法の概要と企業に求められる対応」（共著，会社法務Ａ２Ｚ 2016年4月号），「無期転換とそれに伴う雇止めの実務対応，法律上の留意点」（共著，労政時報 No.3916 2016年9月23日号）等。

安中　繁（あんなか　しげる）
特定社会保険労務士（ドリームサポート社会保険労務士法人　代表社員）
立教大学社会学部卒業，税理士事務所勤務を経て2007年社労士登録とともに安中社会保険労務士事務所設立。2015年法人化により現職就任。著書に『週4正社員のススメ』（経営書院），『社会保障オールガイド』（監修，そらふブックス），『管理職のための労基署対策マニュアル』（監修，宝島社）などがある。

裁判例や通達から読み解くマタニティ・ハラスメント

2018年2月20日　第1版1刷発行

編　者　小山博章
編著者　町田悠生子

著　者　西頭英明
　　　　石井悦子
　　　　冨田啓輔
　　　　古屋勇児
　　　　西内愛
　　　　安中繁

発行者　江曽政英
発行所　株式会社労働開発研究会

〒162-0812　東京都新宿区西五軒町8-10
電話　03-3235-1861　FAX　03-3235-1865
http://www.roudou-kk.co.jp
info@roudou-kk.co.jp

© 小山博章　町田悠生子　西頭英明　石井悦子　　　2018　Printed in Japan
　 冨田啓輔　古屋勇児　西内愛　安中繁
ISBN978-4-903613-20-8　　　　　　　　　　　　　印刷・製本　第一資料印刷株式会社

本書の一部または全部を無断で複写、複製転載することを禁じます。
　落丁、乱丁の際はお取り替えいたしますので弊社までお送りください。（送料弊社負担）